BANKRUPTCY
LAW

破 产 法 文 库

学术系列
徐阳光 主编

企业破产法与担保物权法

法理融合与制度协调

范志勇 著

法 律 出 版 社 LAW PRESS·CHINA
北京

图书在版编目(CIP)数据

企业破产法与担保物权法 : 法理融合与制度协调 / 范志勇著. -- 北京 : 法律出版社, 2023
(破产法文库 / 王欣新总主编)
ISBN 978 - 7 - 5197 - 7867 - 5

Ⅰ. ①企… Ⅱ. ①范… Ⅲ. ①破产法 - 研究 - 中国②担保 - 物权法 - 研究 - 中国 Ⅳ. ①D922.291.924 ②D923.24

中国国家版本馆 CIP 数据核字(2023)第 087982 号

企业破产法与担保物权法:法理融合与制度协调
QIYE POCHANFA YU DANBAO WUQUANFA: FALI RONGHE YU ZHIDU XIETIAO

范志勇 著

策划编辑 沈小英
责任编辑 刘晓萌
装帧设计 李 瞻

出版发行 法律出版社
编辑统筹 法治与经济出版分社
责任校对 王 丰
责任印制 吕亚莉
经 销 新华书店

开本 710 毫米 × 1000 毫米 1/16
印张 18.5 字数 339 千
版本 2023 年 6 月第 1 版
印次 2023 年 6 月第 1 次印刷
印刷 固安华明印业有限公司

地址:北京市丰台区莲花池西里 7 号(100073)
网址:www.lawpress.com.cn
投稿邮箱:info@lawpress.com.cn
举报盗版邮箱:jbwq@lawpress.com.cn

销售电话:010 - 83938349
客服电话:010 - 83938350
咨询电话:010 - 63939796

书号:ISBN 978 - 7 - 5197 - 7867 - 5
定价:106.00 元

凡购买本社图书,如有印装错误,我社负责退换。电话:010 - 83938349

总　序

现代破产法融清算退出与挽救更生程序于一体，是警醒正常市场主体“向死而生”之法，是帮助困境企业“涅槃重生”之法，是促使失败企业“规范退出”之法。破产法律制度是市场经济法律体系不可或缺的重要组成部分，甚至被称为市场经济之“宪法”。市场经济社会的基本法则乃公平竞争、优胜劣汰。故，凡市场经济之法治国家，无不将破产法视为其法律体系不可或缺之重要组成部分，并将其作为评价一国市场经济地位和营商环境水准的重要标志。

中国自改革开放以来，高度重视营商环境建设。1986 年 12 月 2 日第六届全国人民代表大会常务委员会第十八次会议审议通过了《企业破产法(试行)》，于 1988 年 11 月 1 日起施行。2006 年 8 月 27 日第十届全国人民代表大会常务委员会第二十三次会议审议通过了《企业破产法》，自 2007 年 6 月 1 日起施行，《企业破产法(试行)》同时废止。2013 年 11 月《中共中央关于全面深化改革若干重大问题的决定》指出：“健全优胜劣汰市场化退出机制，完善企业破产制度”。2014 年 10 月《中共中央关于全面推进依法治国若干重大问题的决定》指出：“社会主义市场经济本质上是法治经济。使市场在资源配置中起决定性作用和更好发挥政府作用，必须以保护产权、维护契约、统一市场、平等交换、公平竞争、有效监管为基本导向,完善社会主义市场经济法律制度。"2018 年 8 月第十三届全国人大常委会立法规划发布,《企业破产法》的修订纳入立法规划,属于"需要抓紧工作、条件成熟时提请审议"的项目。2018 年 11 月中央全面深化改革委员会第五次会议审议通过了《加快完善市场主体退出制度改革方案》,将加快以破产法为核心的市场主体退出制度建立健全的步伐,以更好地服务供给侧结构性改革和营商环境优化建设。

我国破产法的历史虽然短暂,但也已走过了 30 余个春秋,《企业破产法》及其司法解释构成了较为完整的破产法制度体系,全国各地各级法院组建了约 100 家破产审判庭,北京、上海、深圳三地更是在最高人民法院的批准下组建了破产法庭,破产审判的法治化、专业化建设取得了长足的进步,破产案件数量逐渐上升,破产法的理念、文化与制度规则也得到了更广泛的传播和认可。

破产法律制度的建立健全和破产审判的法治化、常态化推进,是市场经济可持续发展、营商环境优化建设的重要保障,市场经济之发展亦注定离不开破产法学研究之繁荣。中国人民大学破产法研究中心和北京市破产法学会自成立以来,始终坚持学术为本、理论联系实际和以问题为导向的研究理念,不遗余力地创办"中国破产法论坛"及其专题研讨会等权威交流平台,多年来持续编辑出版《破产法论坛》等图书,凝聚了中国破产法理论与实务界之顶尖研究力量,致力于破产法治事业之发展与进步,赢得了全体"破人"之赞誉与支持。

为进一步整合中国破产法理论界与实务界之研究力量,经与浙江省高级人民法院民四庭庭长章恒筑法官、中国人民大学破产法研究中心副主任郑志斌律师、中国人民大学破产法研究中心副主任兼秘书长徐阳光教授、法律出版社法治与经济出版分社社长沈小英编审反复商议,中国人民大学破产法研究中心、北京市破产法学会决定联合法律出版社创办"破产法文库",面向国内外同仁开放。

"破产法文库"设置 5 个子系列,其中,学术系列希冀广纳中国学界高水准之破产法专著;译著系列拟推介域外之经典破产法文献与法典;论坛文集系列继续推出"中国破产法论坛"及其专题研讨会之优秀论文;实务系列侧重出版破产法实务经验总结之佳作;茶座系列则旨在分享破产法实施中的趣闻轶事以及破产法同仁办理破产案件的心得体会。

从历史上看,中国缺乏破产法文化传统与理论实务研究积淀。"破产法为一重要之法律,然学者研究之者,远不如研究民刑之法之夥;良以向者适用较少,兴趣遂减。”民国法学家吴传颐先生数十年前之感慨，仍让今人有现实之叹。而今，破产法的社会调整作用日益得到人们的认可与重视，破产法的研究也日益深入。破产法是一个综合性的法学领域，破产法治建设是我们共同的事业追求。但愿“破产法文库”之创办能够团结更多法学同仁来关注和研究破产法理论与实践之重点难点问题，并将自己高水平的研究成果纳入文库中出版，共同推动中国破产法学术之繁荣、立法之完善与司法之进步。

是为序！

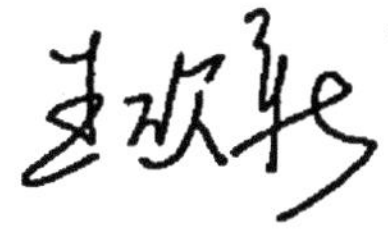[*]

2016 年 7 月 16 日撰写

2019 年 2 月 26 日修订

---

* 中国人民大学法学院教授、博士研究生导师，中国人民大学破产法研究中心主任，北京市破产法学会会长。

序言

破产与担保均是人类文明发展史中古老却又“日久弥新”的制度，二者在看似独立发展的演进过程中，产生了重要的交互影响，毕竟担保制度防范的主要风险就是债务人破产。在非破产情况下，享有担保物权的债权人较无担保债权人而言，在债权的实质性受偿利益层面差异并不显著，仅在请求权行使的对象选择与便捷性等方面具有优势。

担保物权为融资而生，亦为防范破产风险而设。破产法强调债权的平等受偿。债务人无力清偿带来的损失由全体债权人共同承担，这与担保物权的优先受偿需求产生了形式上的抵牾。现代破产法的发展，使破产法律制度呈现公平偿债、困境拯救等多元价值，其立法目标的实现必然要求对担保物权的权利内容和实现方式予以必要的调整，重整制度的诞生更是对担保制度产生了重要的影响。

担保物权制度的发展也给破产法带来了极大的挑战。首先，担保标的物的范围不断扩充，导致企业进入破产程序时可供偿债的无担保财产锐减。破产法的“终极性”特征决定了优先权和普通债权之间的冲突远比非破产程序更为激烈，担保物权制度的发展，尤其是浮动抵押制度的出现，在一定意义上削弱了普通债权人参与破产程序的意义。其次，担保物权在非破产情境下的实现程序渐趋简化。例如,我国《民事诉讼法》第十五章设置了“实现担保物权”的特别程序,配合担保物权人的自力行权,极大提升了担保物权实现的效率。破产程序中担保物权的行权程序是否延续非破产情境下的法律规则?抑或基于破产法的立法宗旨,为保证破产程序的进行而对担保物权的行权施加必要的限制?这些问题的解决,须秉持破产法与担保物权法的制度价值相互协调的态度,妥当进行程序规则层面的调适。正如《联合国国际贸易法委员会破产立法指南》所言:“(通过适用中止来保护破产财产)必须平衡兼顾通过实施广泛的中止以限制债权人的行动而使债务人得到的眼前利益和通过限制中止干扰债务人与债权人尤其是担保债权人之间的合同关系的程度而可能产生的长远利益。”最后,非典型担保的迅速发展给破产程序中的债权确认和有序清偿带来了挑战。所有权保留、融资租赁、有追索权的保理、让与担保等权利移转型的非典型担保,是破产法实施中经常遭遇的难点问题。我国《民法典》及其司法解释颁布后,部分非典型担保形态作为担保物权处理的法律地位获得了民事立法有条件的肯认,其在债务人破产程序中的实体与程序方面的效力仍需深入研讨。

现代企业破产法原则上尊重和承认担保物权优先受偿的法律规定,但基于挽救企业之立法目的,亦不同程度地确立了限制担保物权的规则,包括管理人接管债务人财产、担保权人的行权(自动)中止、重整期间暂停行权等诸多限制。在破产法对担保物权的维护与限制之间,应当确立何种逻辑主线作为正当性判断的标准,是破产法与担保物权法调适的核心问题,也是处理破产法与私法实体规范的关键所在。

范志勇博士撰写的《企业破产法与担保物权法:法理融合与制度协调》一书,对企业破产法与担保物权法的发展及其相互影响进行了全面深入的分析。作者在探究企业破产法与担保物权法调适的法理基础上,深入分析、完善物权担保债权在破产程序中的行权规则体系,系统梳理企业破产程序中担保物权受限的法理基础,形成禁止权利滥用、权利交界处之必要容忍义务、合意约束以及破产征收的四阶层结构,进而就破产程序中担保物权的限制与保护规范提出创新见解。作者撰写本书的初衷是,从学理上促进担保物权法与企业破产法的对话与交流,研究内容横跨企业破产法与担保物权法两大重要法律领域,虽然研究篇幅已经较长,但也仅仅是选取了两法衔接的部分重要问题展开研讨,论证深度与力度亦可进一步加强,论述范围尚未全面覆盖学理研究与立法规范中的相关问题。即便如此，本书作为法学领域为数不多的有关破产担保问题的公开出版物之一，仍然具有十分重要的理论意义与实践价值。

范志勇是我指导的第一位博士生，他在本科和硕士研究生期间就对学术研究颇感兴趣，在硕士毕业后从事了多年的保险法实务工作，但内心深处种下的学术种子不断发芽，历经数年努力，终是圆得考博之梦，以全日制博士研究生的身份重归校园深造，学术研究的态度也变得更加坚定，问题意识更加明确。在攻读博士学位的四年期间，他全身心投入破产法理论与实践的研究，进行了大量的文献阅读、实证调研和写作训练，也承担了多项科研项目，参与了多届中国破产法论坛及其专题研讨会的举办，得到了全方位的锻炼，我非常看好他在学术道路上的成长。

范志勇博士毕业后进入北京交通大学法学院任教，全身心投入教学科研工作，并决定将其博士学位论文修改出版，这是一件好事情，也是一个阶段的学术小结。范志勇博士在学问上的孜孜以求和教学科研中的严谨认真态度，让我看到了中国人民大学破产法研究中心学术风格的传承与发展。作为导师，我深感欣慰，并祝愿范志勇博士在学术道路上继续保持谦虚谨慎严谨认真务实包容的态度，继续保持以问题为导向进行跨专业跨学科跨领域探索的研究风格，不断推出更多更好的研究成果。

《中华人民共和国企业破产法》修改在即，相信本书的出版能够对立法有所裨益，并期待更多有识之士和年轻学子对破产程序中的担保处理等破产法实施中的重要议题展开更为全面深入系统的研究，推动破产法与相关法律制度的协调发展，以破产法的市场化法治化常态化实施，助力国家经济社会高质量发展和中国式现代化建设。

是为序！

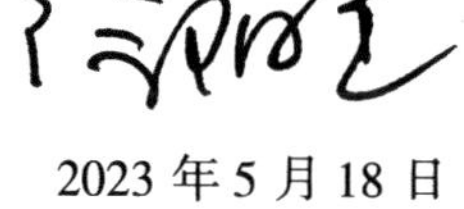 *

2023 年 5 月 18 日

---

* 中国人民大学法学院教授、博士研究生导师，中国人民大学破产法研究中心副主任兼秘书长，北京市破产法学会会长。

目　录

导　论

法学学术研究忌讳“唯理主义”式的凭空创造与“浪漫主义”式的天马行空，而强调对既有知识传统的继承，唯有在此基础上开展的理论反思与贡献的知识增量，方才谈得上创新。[①] 笔者选取的破产程序中担保物权的理论基础与制度调适的主题融合了担保物权与企业破产这两项古老的法律制度，探究的问题大多属于老问题，但处于现代担保物权制度快速发展，以及企业破产法律制度突破单一的公平清偿债权而衍化出挽救困境企业营业事务、促进社会公共利益等多元化价值目标的法治背景下，旧问题之上产生出全新解读的必要。

就研究背景而言，源于罗马法的担保物权制度，自始作为保障债权实现的强势措施，对充分满足债权人的安全诉求与利益预期发挥了重大作用，也提升了债务人所有之物的利用价值，缓解了债务人融资难的困境，弥合了债权人与债务人之间信息不对称的隔阂，控制了整个信贷行业的风险，促进了国民经济的健康、可持续发展。步入现代社会，在繁荣的市场经济与便利的金融机制的共同推动下，新的担保形态层出不穷，担保物权的类型愈加丰富，可用于担保的财产范围不断扩张，担保物权的制度

---

① 参见张世明：《经济法学理论演变研究》，中国民主法制出版社2009年版，第26页。

价值越发彰显出来,担保物权制度的内容更加丰富,制度渐趋完善,担保物权为市场主体所重点关注。不论制度如何发展,担保物权的核心内容始终集中体现在其就担保物的优先受偿力之上,这也是其处于物权体系的关键因素,优先受偿力决定了担保物权制度的"生存利益",丧失此项核心内容,担保物权制度也将"名存实亡"。债权最需要担保物权发挥作用的场域就是债务人丧失债务清偿能力之时,当债务人进入破产程序,未获得优先权待遇的债权人,能够避免债权利益"打折扣"获偿的唯一可依赖的保障往往是担保物权,担保物权的优先受偿力的意义于破产程序中尤其突出。而企业破产法作为一体化解决债权债务关系的终极集体处理机制,其公平清偿债权的传统价值强调债权的平等受偿,对于债务人无力清偿的损失由全体债权人共同承担,这与担保物权的优先受偿需求产生了形式上的抵牾。而且现代企业破产法于传统的清偿债权的价值之外,还衍生出多元化的主旨目标,这一般无关乎债权人所关心的利益内容,还经常会与债权人的权益主张发生冲突,在物权担保债权之处集中表现出来。企业破产程序要求限制担保物权,包括担保物权的行权时点、行权方式以及权利实现的程序等,而破产程序中其他权利人,如普通债权人、股东、劳动债权人、税收债权人、特别优先权人、一般优先权人等无时无刻不试图分享担保物权人得以优先受偿的担保物的交换价值,甚至担保物权内部也基于不同的权利类型呈现同一担保物之上的权利冲突,担保物权内部与外部各类权利主体对优先受偿权的争夺,加剧了破产程序中担保物权的危机,也使破产程序中各方利益主体的竞争越发激烈,担保物权的优先受偿地位在破产法中面临挑战。

破产法对担保物权的限制有其合理性,在现代商事实践中,债务人的破产财产之上往往负有物权担保,破产管理人开展的破产工作实际上成为服务于担保物权人的权利实现程序,严重影响了普通破产债权人的受偿利益,甚至普通债权人于破产程序中成为"陪跑队员"。不仅破产法影响担保物权的制度价值,担保物权的扩张也给企业破产法的主旨功能带来挑战。因此,企业破产程序中的担保物权问题成为担保物权法与企业破产法所共同关注的重大难题。破产法对法律体系具有"破坏"的冲动与表现,如破产法院对相关诉讼的受理,强制执行措施的解除,股东出资加速到期,诉讼时效重新起算等。但破产法对法律体系的"破坏"是在宪法秩序格局中展开的,其与整体宪法的价值一致,本身具有正面的意义,我们需要研究的是如何界定破产法对担保物权法等法律规范进行调整的正当性边界,并将其贯彻到破产法与其他部门法之间的法际关系中。担保物权制度天然具有“破产隔离”的功能,即所谓“别除权”机制,这是担保物权制度的设置初衷与核心价值,担保债权因为获得了担保物权的“加持”,受到了破产法较小的影响,但其引发的争议也正在于此。现代社会的破产法面临继承与革新的任务,在这一过程中,担保物权法不是旁观者,而是参与者。破产法与担保物权法在理念与规范等各个方面亟须进行深层互适,以消除在宪法确立的法律体系下互相抵牾的问题,在和谐的法际关系中共生共荣,以优化对社会关系的调整效果。

关于企业破产法与担保物权法调适的主题研究具有理论价值与现实意义。2010 年我国已经初步建立起中国特色的社会主义法律体系,2020 年《中华人民共和国民法典》(以下简称《民法典》)出台,民事法律的体系化有了实定法的依据。在理想的法律体系中,法律概念、法律规则以及法律制度构成界限清晰、价值融洽、形式统一、逻辑自足的规范群,这就要求法律体系内部的法律规范之间在形式上不存在根本矛盾。破产法对其他部门法的理论基础与制度内容的调整是法律体系内部融洽性的要求与体现。凯尔森提出的法律规范层级理论主张,法律规范之间呈现不同的效力等级,而最高法律规范为基础法律规范,一般为宪法规范,其最高效力的根本来源为其核心价值的重要性。因此,处理不同部门法律规范矛盾关系的一条合理且可行的路径是,将相互冲突的法律规范与价值纳入宪法层面予以考量,进而比较分析得出应然层面的学理决断结论。这也是宪法在法律体系中重要的实用价值,是其“根本大法”的权威效力的体现。破产法应尽量保障担保物权人设置担保物权的核心目的不在破产程序中落空,主要表现为在破产程序中维护担保物权的优先受偿力,最大限度地尊重私法实体规范,这是宪法基本权利的制度性保障功能的要求,也是破产法尊重私法实体规范这一破产法基本理念的主要内容,由此决定了破产法对担保物权法调整的合宪性边界。而破产法对其他部门法调适本身是破产法体系强制力的表现,包括为了价值层面的内在体系与规范层面的外在体系的和谐而进行的调整,但这一过程具有双向性,其他部门法的基本价值与核心规范必须在破产程序中得到维护。破产法的体系强制力对此无能为力,这实际上是破产法与其他部门法矛盾关系充分“发挥”之后的结果,考察其宪法依据,可以得出破产法属于广义经济宪法的结论,以建构市场主体有序退出的经济秩序为己任的破产法,其发挥体系强制力来合理限制担保物权行权的根本目的恰恰是保障担保物权的优先受偿力能够实现。

随着市场经济的发展，我国的担保物权制度逐步完善，担保物的范围实现了极大扩张，破产债务人的财产之上往往负担着各种各样的物权担保。不可否认的是，担保物权制度有力地保障了债权人利益目标的实现，促进了市场的繁荣与信贷的安全，缓解了中小企业融资难的困境，在降低信贷成本的同时维护了金融系统的稳定，也有助于提升全社会的信用水平。然而，在担保物权法律制度发展的背景下，清理与实现担保物权成为破产法所调整的破产程序的主要工作之一，而其横跨企业破产法与担保物权法，不仅立法尚未完善，司法适用与实践操作也不成熟，增加了破产程序中担保物权的行权难度。对破产程序中担保物权相关主题的理论著述主要集中在对别除权的抽象讨论上，对担保物权的法理与规范细节欠缺面向破产法理的全面与深入的探究，担保物权法与企业破产法停留在“各说各话”抑或浮于表面的比较研究阶段。担保物权的优先受偿力固然需要在破产程序中得到维持，但除此之外，担保物权的其他物权效力以及结合其所担保的债权所展现出来的物权担保债权形态于破产程序中的法律地位等均须有所交代。担保物权内部以及担保物权与其他权利类型在破产程序中的清偿顺位之争也须予以系统性研究，以妥善建立破产权利图谱。对于实质担保观下担保物权范围向移转所有权型担保延展的新趋势，破产法也不能置身事外，应积极对非典型担保的破产效力进行评价。详言之，学理层面对破产法与担保物权法的关系从宪法视角的研究成果较少，目前尚未形成体系化的理论，更多地局限于分别从企业破产法与担保物权法各自的立法理念、法律价值等角度进行独立的研究，谈及破产法的宪法性时更多地从宏观角度论述破产法之于市场经济的重要性，但此宪法性并不具有特殊性，也就是说，其放在其他民商经济类的部门法之上同样成立。所以，笼统地谈论破产法的宪法性对处理破产法与担保物权法之关系的意义不大，但可以尝试深入宪法规范秩序内部，从宪法价值的精髓即基本权利方面，揭示作为财产权的担保物权之不可被剥夺的核心内容，以明确破产程序中担保物权受限的合宪性界限，并同样在宪法中找寻破产法体系强制力的依据，即以建立从根本上保障基本权利价值的经济秩序为目标的广义经济宪法对普通法律规范具有体系强制力，破产法作为广义经济宪法，其对担保物权的限制是发挥体系强制力的表现，而破产法体系强制力的目的正在于保护基本权利，包括保障担保物权的核心内容。本书沿循立法冲突的合宪性处理路径,对妥当处理企业破产法与担保物权法价值与规范的调适问题创造了可能性,有利于在宪法秩序下形成融洽的法际正义,在满足破产程序调整目标的同时,最大限度地维持担保物权法的核心制度内容。

第一章　企业破产法与担保物权法的调适原理

担保物权作为源于罗马法的古老法律制度,[①]在现代社会获得了快速发展,担保的制度供给渐趋丰富、担保物范围扩大以及担保物权实现程序的简便化演进,使其成为市场交易中难以缺席的重要法律制度。[②] 进入企业破产程序的债务人的财产之上经常设有担保物权,企业破产与担保物权在特定场域发生了交叉与融合。就实现债权人的债权受偿利益而言,企业破产与担保物权两项制度具有一致的调整目标。与此同时,企业破产法的立法主旨在于公平处理债权债务关系,促进债务人事业的重生,以及增进社会公共福利,而担保物权人往往只关心债权利益的受偿,破产制度的多元化追求与其无涉,二者存在经济秩序与私人利益之间的价值抵牾,以及体系强制与意思自治的调整方法的对立,担保物权与企业破产

---

① 若就单个的担保方式而言,可能并非始于罗马法,但就整个担保物权体系的形成而言,则应归功于罗马法,此为学术界之共识。在罗马法上,担保物权被称为"实物担保",它本身是为弥补人保的不足而逐渐形成和发展起来的。在古典法时代,实物担保的典型形式,除属于公法领域的"地产抵押"(Praediatura)外,还有私法领域的信托(Fiducia)、质权(Pignus)和抵押(Hypotheca)三种担保方式,后者经历了一个依次由信托—质权—抵押权的漫长发展历程。参见陈本寒:《担保物权法比较研究》,武汉大学出版社 2003 年版,第 2 ~ 3 页。

② 参见李林启主编:《实现担保物权实证研究》,中国政法大学出版社 2018 年版,第 308 ~ 309 页。

法律制度面临从法理念到法规范的系统性调适的艰巨任务。①

一、调和法律规范冲突的合宪性路径

企业破产法与担保物权法调整领域的重合与主旨目标的差异,带来了法律规范的冲突现象,不仅体现在司法适用的实践中,其根源更在于立法之上。两部法律在法律体系中作为具有平等位阶的部门法,一方并不具有强制要求另一方为了自身立法价值而妥协的“权力”。立足于法律规范体系,平等法律规范之间的冲突在普通法律的层面将面临“无解”的结局,对此,只能回溯到宪法的根本法之中探寻解决之道,合宪性路径为调和法律规范之间冲突提供了可能性。

(一)法律规范间冲突的普遍性

法律冲突本为国际私法上的概念,专指调整某一具体法律问题的跨境民商事法律规范的相互冲突。② 着眼于一国立法体系内部,法律冲突主要体现为基于同一法律关系所连接的不同法律规范适用效果中的矛盾状态,既包括能够为法律冲突规则所解决的常态化法律冲突,如上位法优于下位法、特别法优于一般法、新法优于旧法,也涵盖了同位阶的无法区别特殊与一般的法律之间合乎法律秩序要求的不一致,而后者常常是立法者无能力避免的。③ 部门法律之间的冲突经常是在立法阶段埋下的“隐患”,而行政执法或司法裁判环节仅仅是部门法冲

① 一般破产主义是当今世界破产法的发展趋势,也是大多数国家所普遍采取的破产立法体例,因此,以债务人主体类型划分,破产法包括自然人破产与企业(法人)破产两部分主要内容。但不可否认的是,自然人破产程序中的担保物权的调适理念和些许规则与企业破产程序有所殊异,破产法与担保物权法的比较研究有区分不同债务人主体进行的必要性,但笔者为避免论题过大与分散,且便于结合我国目前的企业破产立法规范进行法解释学研究,着意聚焦企业破产程序中的担保物权的调整问题,并涉及自然人破产与企业破产程序中担保物权予以调适的共通性法理的研讨。全书提及破产程序、破产法等表述,均专指企业破产程序、企业破产法等。

② 参见蔡定剑:《法律冲突及其解决的途径》,载《中国法学》1999年第3期。

③ 参见胡余旺:《权利冲突的法哲学思考》,载《河北法学》2010年第8期;董书萍:《论法律规范冲突——以同一部宪法下的法律规范为分析对象》,载《法学论坛》2010年第5期。

突所展现出来的具体的场域。①

法律冲突是普遍存在的,部门法律规范之间的冲突更具有易发性,直接原因在于不同部门法基于各自特有的核心价值与方法就交叉的调整范围予以规范,价值的差异引发了规范的冲突,企业破产与担保物权法律规范间的冲突即为典例。冲突的法律规范背后是法律所保障的相互竞争、不可兼容的利益,多元的利益主体以其掌控的立法资源实现其利益的最大化,从而引发所制定的法律规范间的抵触,但以权利形式所确认的利益具有正当性与合法性,轻易否认何者都是不可取的,妥当的处理路径在于对各方矛盾的利益尽量予以协调与平衡。② 由此,不同部门法之间的规范冲突在相互平等的合法性层面无法解决,需要一个绝对权威者对冲突利益进行居间裁断。作为根本大法、处于法律体系最高地位的宪法具有承担该职责的能力,宪法不仅是"法",能够覆盖一般法律的效力,而且宪法作为"高级法",更逾越了一般法律的位阶,控制着对一般法律价值的最终解释权,宪法是衡量立法合宪性的唯一标尺。在一国形成的统一、有序、清晰、和谐的层级法律体系中,宪法掌握着整个法律体系的意义。宪法基本原则与基本权利规范蕴含着丰富的价值冲突调适规则,各部门法均以宪法为制定依据,宪法可以妥当调处部门法规范的冲突。

(二)宪法决断的必然性

法学作为研究法律事物的科学,在追求对象的本质属性与历史经验的继承方面,强调法哲学与法律史视野的同时,必须着力展开法教义学层面的思考,"将所有我们借着对法律之认识与掌握,而获致之暂时性的高点与终点,汇集于经验与事实,并且基于实际使用之目的安排这些素材,进行科学的阐释"③。法教义学

---

① 有学者主张部门法规范的冲突,在法律实务上主要体现为特定行政机关或司法机关立足于某一特定部门法之规范体系,如民法、刑法、行政法,在相关案件之审理、裁决中涉及该部门法与其他部门法规范之交涉、取舍及适用。部门法规范冲突之情形在审判实践中涉及私法规则与私法原则之冲突,或者因私法行为作为公法规范适用之法律事实而牵涉公法原则与私法规则之取舍。参见周刚志:《论部门法规范冲突的宪法调适》,载《法商研究》2011 年第 3 期。笔者认为,一项范畴的界定不宜以其表现方式来试图揭示其本质内涵,法律冲突的根源仍在于立法环节,且各领域中法律规范之间均可能存在冲突,公私法规范之间或私法原则与规范之间才存在冲突的观点犯了以偏概全的错误,即便在私法体系内部,或公法范围里,法律规范冲突的现象也同样存在。

② 参见[美]罗斯科·庞德:《法理学》(第 4 卷),王保民、王玉译,法律出版社 2007 年版,第 34 页。

③ [德]冯·耶林、李君韬:《法学是一门科学吗?》(下),载《比较法研究》2008 年第 2 期。

秉持分析实证法学的研究方法,其探究法律现象本身的规律,而不预设太多间接的本质基础,无形中契合了哲学现象学的方法论,是一种科学的认识论。因此,面向法律规范体系来探析企业破产法与担保物权法的交互关系,有赖于屏蔽诸多价值前见不确定性的干扰,依靠宪法作为根本法的约束力,在纯粹法学内部建构法律规范间的良序,以建立处理法律规范冲突的合宪性路径的宪法依据。

1. 法律体系的层级结构

汉斯·凯尔森(Hans Kelsen)以基础规范理论为基点全面构建了法律层级结构的效力体系,作为其纯粹法学理论大厦的重要组成部分。凯尔森认为,法律秩序是以一种特种社会技术调整人们的行为,以此形成的强制规范秩序,这也是区别法律与社会、法学与社会学的关键因素。法律规范的效力不是源于对事实的符合性,而须求诸规范内部,经由上一效力层级的规范探求某规范效力的理由,层层回溯以至于无法再找寻到更高规范的效力"授权"的最高规范,可称之为"基础规范"(basic norm)。基础规范作为法律规范效力的共同源泉、最终理由与纽带,将其他的多种不同规范组织起来,以形成、建构静态的规范体系。而基础规范同时具有权威的授权力,基础规范通过自身建立的最高权威,授予其他权威创造诸规范,依次经过委托的权威意志而不是逻辑推导的智力行为所创造的诸规范形成动态规范体系,实在法体系是动态规范体系。基础规范往往表现为宪法规范,①普通立法者也可以在宪法的授权下,以宪法价值思维来作为宪法立法者创制普通法律规范,宪法通过自身价值影响普通法律的立法内容。② 宪法在实质意义上可被理解为制定规范的规范形态,立宪的目标在于建立一种稳定的法律再生产的有机结构。③ 除非宪法放弃某一领域的规范调整权力,将其概括授予立法者制定法律,否则,法律的创立将受到宪法价值与内容的约束。宪法规范不会授权立法者制定与宪法内容相悖的法律规范,这是基础法律规范不做自相矛盾的规定这一基本逻辑原则所决定的,否则将引发法律体系的混乱,且宪法规定的内容作为基础规范,不应有被法律所更改的例外情形,其与普通法律规范的性质

---

① 现代宪法学者主张基础规范存在于法律世界的内部,存在于宪法之中。宪法规定的关于人的尊严的规范,以及人民主权与基本权利保障规范等构成了宪法中的基础规范。参见林来梵:《宪法学讲义》(第2版),法律出版社2015年版,第60页。

② 参见[奥]凯尔森:《法与国家的一般理论》,沈宗灵译,商务印书馆2013年版,第59页、第173~179页、第195页、第236页。

③ 参见季卫东:《法律程序的意义》(增订版),中国法制出版社2012年版,第12页。

不同。

申言之,虽然在法律的动态规范体系中,普通规范来自基础规范的授权,前者不能由后者在逻辑层面直接推理出来,但基础规范在规范体系中的源泉地位,并不仅得益于其作为最高权威的地位,基础规范对普通规范的授权亦并非“一劳永逸”的行为,授权本身须要求被授权者严格遵守上一级规范的价值原则,且不得与上一级规范在同一内容上发生抵牾,而被授权创造特殊规范的主体意志不可避免地存在有意或无意的局限性,特殊规范是否严守授权要求,法律体系之内能否维持和谐统一的格局,有赖于其建立自我审查机制,而审查的最终依据仍是基础规范,这在现代社会往往表现为司法审查或者违宪审查机制。因此,以宪法为基础规范的一国法律体系,应当具有统归于基础规范的“最大公约数”规则,也可以表现为一种价值理念或基本原则。① 实在法往往呈现凯尔森所主张的层级规范结构。法律规范效力的有无只与由高级规范(superior norm)与低级规范(inferior norm)组成的法律规范层级秩序有关,基础规范决定着创造普通规范的方式甚至内容,所有普通法律规范的效力均可直接或间接追溯至基础规范,法律调整着它自己的创造,此即合法性(legitimacy)原则的拘束,违反基础规范的法律不称其为法律,违宪法律是无效法律的陈述是没有意义的。②

2. 从合法性到合宪性

依照凯尔森的法律规范层级理论的观点,法律规范存在不同的效力等级,最高法律规范为基础规范,在实定法中即为宪法规范,其最高效力的根本来源为其核心价值的重要性。宪法的制度规范中充斥着制宪者的价值理念,是对正义的权威界定。③ 宪法保证了由其产生并赋予效力的法律体系的完整、统一,内部的

---

① 法律价值理念、法律基本原则通常也是以法律规范或法律规则的形式展现的,如《中华人民共和国宪法》(以下简称《宪法》)第33条第3款规定:“国家尊重和保障人权。”该规定既为法律规则,也是贯穿整个法律规范体系的法律价值与基本原则。

② 参见[奥]凯尔森:《法与国家的一般理论》,沈宗灵译,商务印书馆2013年版,第181~183页、第193页、第233~235页。

③ 参见范进学、夏泽祥、秦强:《中国宪法学基本范畴体系论》,上海三联书店2013年版,第241页。正义是具有“先验性”的绝对价值,无须再寻求更高的价值依据,正义可划分为作为个人德性的主观正义与作为社会关系属性的客观正义,主要作为司法审判者的正义的前者取决于后者之实现的态度,后者是立法层面的正义,由宪法作为最终确定依据。参见[德]古斯塔夫·拉德布鲁赫:《法哲学入门》,雷磊译,商务印书馆2019年版,第28页。

法律规范因宪法价值的“掌控”而并行不悖。① 基于保障人民权利的核心价值目标,宪法对国家权力的运行划定了重要的边界,包括为立法权的开展指明了价值方向,所有部门法在宪法确立的客观价值秩序基础的约束下,有义务进行一体化的遵守与落实,以有效防范普通法律规范的冲突。② 但宪法作为最高法律规范,由维护其基础性地位的需要所产生的抽象性的规范特点,使部门法在领悟、贯彻宪法价值要素方面难免存有偏差,由此促生了部门法律规范交叉调整领域的规范适用矛盾。③ 与此同时,我国当前部门法学研究认识不到法体系的整体价值,违背了划分部门法的初衷。④ 去掉我国法学研究现有的“分裂主义”的成见遮蔽,将细化的法律要素再度整合为法律体系,在系统性思维中去认识部门法律规范间的冲突问题是一种看似革命性实则回归式的认识方法。统合的基点为统摄法律秩序的宪法价值,对多元多层渊源产出而不免在效果上相互冲突的公私法规范,经由各自向宪法价值靠拢而迂回地发生调和的效果⑤。

因此,处理不同部门法律规范矛盾关系的一条合理且可行的路径是,将其相互竞存的法律规范与价值纳入宪法层面进行考量,进而比较分析得出应然层面的学理决断结论。这也是宪法在法律体系中重要的实用价值,是其“根本大法”的权威效力的体现。法律价值伴随法律规范的层级结构呈现“金字塔”式的结构特点,不同法律价值基本上可以溯源至宪法所保障的基本价值之中,且当不同立法的核心价值相抵牾,在合法性层面无法解决冲突问题之时,立法须向宪法寻求规范建构的基础与解释的合宪性路径,即产生立法向宪法“逃逸”的现象。宪法为部门法的回溯探究提供了“意义关联”与“效力关联”的接口。⑥ 向宪法进行回溯,就“合宪性”层面寻求法律规范冲突的解决之道,是契合法律体系建构初衷与根本目的的进路。企业破产法与担保物权法在法律体系中具有平等性,在二者必然交叉的法律适用冲突的领域,其矛盾的解决必须在法律规范体系中基于二

---

① 参见张浩:《法律体系的自治性》,中国政法大学出版社 2012 年版,第 165 页。

② 参见胡丽文:《论经济法学正当性建构的经济宪法基础——基于范式转换的视角》,载《甘肃政法学院学报》2020 年第 3 期。

③ 参见吴信华:《宪法释论》(修订 3 版),台北,三民书局股份有限公司 2018 年版,第 7 页。

④ 参见钱大军、马新福:《法律体系的重释——兼对我国既有法律体系理论的初步反思》,载《吉林大学社会科学学报》2007 年第 2 期。

⑤ 参见苏永钦:《民法立法与公私法的接轨》,北京大学出版社 2005 年版,第 105 页。

⑥ 参见郑贤君:《宪法虚伪主义与部门法批判》,载《中国法律评论》2016 年第 1 期。

者的规范层级向上追溯,即至宪法层面进行价值的调和与决断,以明确担保物权既有的常态性规范在企业破产程序中这一特殊场域下调适所应遵循的基本原则,在此融通后的法理念的指导下,再行开展重叠调整领域中的法规则的交互式建构。

(三)合宪性审思的基本权利视角

当上溯宪法层面进行价值调和的目标被确立后,如何针对企业破产与担保物权的法律规范间的冲突进行合宪性调适,成为接下来必须面对的问题。就宪法规范的形式而言,其主要内容包括基本权利与国家机构两项主要规范类型,①前者被称为"自由规范"或"人权规范",后者有"组织规范"或"授权规范"之谓,并分别蕴含权利保障原理与主权在民原理这两个内在的规范要素。② 也有学者从权力角度将现代民主宪法规范分为两类:第一类是构成与组织立法权、行政权与司法权的规范,其中心主题是赋权;第二类是约束与指导公权力的规范,主要体现为基本权利规范。③ 宪法规范的两种分类方式的角度不同,但其实质内容差别不大。从立宪民主主义的进路出发,国家机构规范以保障公民的基本权利为依归,可以说,宪法价值基本内含于基本权利条款之中。④ 而且,企业破产法与担保物权法在国家机构层面不存在冲突的现象,因此,两部法律冲突的合宪性考察可转换为宪法基本权利的理解与适用的问题。

1. 基本权利的双重属性

宪法文本所确认并保障的权利,即宪法基本权利,是宪法规范价值主旨的集

---

① 譬如美国《宪法》,自其诞生之日起,就被视为是一份努力实现两方面微妙平衡的文件:一方面,用以实现政府权力;另一方面,蕴含个体自由价值的基本权利。参见[美]劳伦斯·H. 却伯、[美]迈克尔·C. 多尔夫:《解读宪法》,陈林林、储智勇译,上海三联书店 2007 年版,第 9 页。

② 参见林来梵:《从宪法规范到规范宪法:规范宪法学的一种前言》,商务印书馆 2017 年版,第 75 页、第 80 页。

③ See Robert Alexy, *Constitutional Rights, Balancing, and Rationality*, Ratio Juris, Vol. 16, Issue 2, 2003, p. 131.

④ 从宪法结构上可以看到,各国宪法仅对公民提供基本权利之保障、对政府施加尊重权利之义务,而一般不对公民施加法律义务。我国《宪法》例外地规定了公民的基本义务,但即使如此,宪法义务也和一般法律规定不同,对违反义务的行为并不提供任何具体的制裁。总的来说,宪法是一部保障权利的"法"。宪法的主要目的不是规定个人义务——因为那是普通法律的事情,而是防止法律对公民自由的过分控制。在这个意义上,宪法是"控制法律的法律"。

中体现。[①] 在德国,“权利”(recht)一词有着权利与法律的多义,[②]法学界在此衍生出基本权利的两层含义,基本权利具有主观权利与客观规范的双重属性。[③] 前者是权利人为实现个人利益,而向国家主张履行消极不干涉义务或履行积极给付义务的请求权,也就是宪法赋予公民要求国家为一定行为或不作为的权能,[④]对应着防御权与收益权功能。[⑤] 后者则意味着基本权利是宪法确立的全社会所共同追求的客观价值秩序,国家须维护这一秩序,并创造有利于基本权利实现的条件,至此,基本权利逾越了权利主体请求的层面。[⑥] 德国《基本法》第 1 条第 3 款被认为是直接体现基本权利的客观规范属性的法律依据,其规定基本权利均应当作为直接有效的法律,可拘束所有国家权力。作为客观规范的基本权利,国家义务的范围相当宽泛,权利内容只能通过解释确定,但这也使得宪法对整个法律规范体系产生了实质性的拘束力。[⑦]

基本权利的属性与功能具有“一体两面”的难以区分性,可以认为,在双重属性的基础上,基本权利衍生出双重功能,二者具有一一对应的关系。基本权利的主观请求权功能的发挥以法制的存在为前提,有赖于法制对其的创设、承认与保护。[⑧] 作为客观规范的基本权利,其具有的客观价值功能包括制度性保障功能、组织与程序保障功能、基本权利的第三人效力、立法保护义务等。[⑨] 除此之外,基

---

① 基本权利与人权概念在实然性与应然性上有着些许不同。在现代宪法中,人权所指的是“人”作为法律上的主体,其出生即应享有的一种权利,如生命、自由、健康及财产等;而基本权利则系宪法上所明文保障的权利,或者可以说,基本权利即为宪法上所保障的人权。人权主要作为自然权利存在,而基本权利属于实定法中的权利范畴。参见吴信华:《宪法释论》(修订 3 版),台北,三民书局股份有限公司 2018 年版,第 173 ~ 174 页。也有学者认为区分不同术语并无太多意义,宪法权利、宪法上的权利、基本权利、基本人权等用语所要表达的内涵本质上是相同的。参见徐振东:《基本权利冲突认识的几个误区——兼与张翔博士、马岭教授商榷》,载《法商研究》2007 年第 6 期。

② 参见林来梵:《宪法学讲义》(第 2 版),法律出版社 2015 年版,第 279 页。

③ 基本权利的双重属性论源于德国学者耶林内克的“地位理论”,并经现代德国法学理论界和实务界的阐释,形成了比较完整的体系。参见汪进元:《基本权利的保护范围:构成、限制及其合宪性》,法律出版社 2013 年版,第 27 页。

④ 参见[德]哈特穆特·毛雷尔:《行政法学总论》,高家伟译,法律出版社 2000 年版,第 152 页。

⑤ 参见朱全宝:《宪法权利实施研究》,中国社会科学出版社 2015 年版,第 93 页。

⑥ 参见张翔:《基本权利的规范建构》(增订版),法律出版社 2017 年版,第 37 ~ 38 页。

⑦ 参见方立新、徐钢:《论宪法在私法秩序内的意义》,载《浙江大学学报(人文社会科学版)》2004 年第 6 期。

⑧ 参见[德]格奥格·耶利内克:《主观公法权利体系》,曾韬、赵天书译,中国政法大学出版社 2012 年版,第 10 页。

⑨ 参见张翔:《基本权利的规范建构》(增订版),法律出版社 2017 年版,第 104 页。

本权利还具有宪法委托功能，即宪法规范的抽象性与简洁性更增强了国家合理探求宪法意旨的义务，并应在各种国家行为中积极、具体落实宪法的价值，包括宪法委托立法者在立法行为中负担落实宪法条文具体内容的义务。① 虽然宪法委托理论较德国的古典法律实证论在学理上有一定的推进，但其所谓使立法者负担的宪法义务仍未成功脱离道德的层面。考虑到基本权利作为宪法权利的规范最高性与价值指导性，基本权利的直接拘束性仍然需要被严格限制，所以，基本权利作为一种制度性保障的客观功能在推动实现以宪法为核心的和谐、统一的法律体系中具有重要的价值，较"宪法委托"所重点关注的规范层面，其着眼点更为宏观，二者从不同的角度共同维护了一国的宪法秩序。

2. 基本权利的制度性保障功能

就笔者所关注的法律规范冲突而言，其缘起于立法环节，基本权利的制度性保障功能可通过基本权利的客观价值秩序约束立法机关在立法行为中整合不同部门法的价值宗旨，对于消除法律规范之间的矛盾具有重要的意义。具体而言，基本权利的客观价值功能要求立法机关应当通过立法行为建立具体的法律制度，以落实宪法基本权利的价值与内容，为宪法价值秩序提供充分保障，基本权利的该种具体功能即为制度性保障（Institutionelle Garantien）功能，国家立法机关对此负有制度性保障的义务。② 基本权利的这一功能随着近代议会政治的发展进程而生，议会作为立法者存在立法恣意的风险，作为议会立法对象的普通法律无法规制议会的立法行为，只有将立法权的行使纳入宪法框架，以基本权利的客观价值秩序作为立法导向，对立法者实施价值约束，如此方能确保立法的合宪性，以维护统一的法律体系。③ 申言之，由基本权利所衍生的某些普通权利是如此重要，以至于受到宪法的制度性保障，从而豁免于立法机关的立法行为，除非基于宪法理由予以修改。④ 譬如作为基本权利的财产权对立法制度有着保障性要求，作为财产权一分子的担保物权，通过立法形式将宪法财产权的客观价值予以落实，其他法律包括破产法在内，不得对担保物权的核心价值进行破坏性改

① 参见吴信华：《宪法释论》（修订3版），台北，三民书局股份有限公司2018年版，第19页。

② Vgl. Michael Sachs, Verfassungsrecht Ⅱ Grundrechte, Berlin u. A. Springer, 2000. S. 49. ff. 转引自张翔：《基本权利的规范建构》（增订版），法律出版社2017年版，第229页。

③ 参见欧爱民：《德国宪法制度性保障的二元结构及其对中国的启示》，载《法学评论》2008年第2期。

④ 参见于文豪：《基本权利》，江苏人民出版社2016年版，第46页。

变,否则将违反宪法基本权利的制度性保障要求。

二、部门法调整财产权的合宪性基准

企业破产法与担保物权法有着不同的规范特点,前者主要体现为一种市场主体有序退出的秩序之法,而后者则集中于界定与保障特定权利,二者在交互作用的过程中,破产的公平清偿秩序的建构要求形成了对担保物权就担保物优先行权的压力。对此,在剖析了法律规范冲突的合宪性宏观理论基础之后,有必要在宪法学层面进一步结合担保物权的基本权利属性予以深入探究,以从合宪性的角度搭建通往破产法与担保物权法的具体调适原则的桥梁。担保物权隶属于财产权序列,而财产权因其内容的丰富性超越了宪法的设定能力,宪法财产权的制度性保障功能要求立法机关通过立法配合宪法一并调整财产权,财产权因此同时呈现基本权利与普通法律权利的多重面向。宪法对财产权立法设置了法律保留的形式约束,并对财产权的核心内容实施立法限制的豁免。宪法财产权的客观价值秩序属性所形成的制度性保障功能,使立法者负担了财产权的立法义务,并为其立法行为设置了合宪性边界。

(一)财产权内容的立法形成

财产权作为宪法私权利而成为一种可以被合理限制的基础性的基本权利,其蕴涵的财产利益与人格利益,在宪法发展史上发挥着重要的作用。围绕财产权的保护问题,宪法以及普通法律衍生出诸多经济权利,在宪法价值秩序的统一规制下,形成经济宪法。[①] 在财产权受到保障的基础上,个人得以通过自由选择的方式来满足最大化偏好,进而增加社会整体的福利水平。[②]

宪法财产权存在先天的“缺陷”,较其他基本权利类型,宪法财产权的内容相对空洞,亟须普通法律在基本权利价值秩序的指引下进行灌输、补充,唯有宪法与普通法律规范相互配合,财产权方能成为完善的权利类型。当然,这也是由宪法基本权利的概括性、宏观性与抽象性的特点所决定的,普通法律承担着具体化

① 参见张扩振:《经济宪法初论——经济宪法的理念、制度与权利》,中国政法大学出版社 2017 年版,第 6 页。

② 参见[英]蒂姆·莫尔根:《理解功利主义》,谭志福译,山东人民出版社 2012 年版,第 92 页。

基本权利的职责，只不过在财产权这里体现得更为明显。[①] 基本权利的权利主体是全体国民意义上的公民，普通法律规范确认的权利主体为个人（包括自然人或法人），因此，基本权利具有个人的不可放弃性，基本权利作为原生权利可以派生出多项法律权利。[②] 现代宪法摒弃了国家职能的"分裂主义"，面向宪法价值秩序的目标通过权力分立机制，将国家职能凝聚成整体性的权力。[③]《宪法》第13条确立了财产权的基本权利地位，并为私法上的财产权规范提供了宪法依据，《民法典》第113条对私法中的财产权进行了总括式规定，并经由具体民法规范形成了私法财产权体系。进一步探究宪法与普通法律针对财产权的规范，宪法中财产权的外延可以包括民法上的全部财产权类型，如所有权、用益物权、担保物权、具有财产价值的占有权、股权、继承权等，以及著作权、专利权、商标权等知识产权，甚至合同债权也被囊括在内，其是一种动态的、流转性的财产权。[④] 此外，就词源意义上讲，财产权的所有关系主要呈现为"私有"，即私人享有，而非依据私法享有，公法亦可为私有财产权设置保护规范。[⑤] 更有学者针对私有财产权的局限，提出向国家取得的财产扩展的、在权力层面存在的公共财产权的概念，[⑥]从而实现宪法财产权在普通法律体系中的全面覆盖。

（二）财产权立法的宪法约束

基本权利的双重属性，即主观权利与客观规范不存在明显的界限，就个案而言，基本权利的防御权是主观权利，而换一种观察角度，就个案所归属的同类法律关系所形成的基本权利规范体系来讲，基本权利又组成了客观规范。基本权

---

① 参见张翔：《财产权的社会义务》，载《中国社会科学》2012年第9期；梁成意：《中国公民基本权利》，中国政法大学出版社2016年版，第27页。

② 参见马岭：《宪法权利与法律权利：区别何在？》，载《环球法律评论》2008年第1期。

③ 参见［德］鲁道夫·斯门德：《宪法与实在宪法》，曾韬译，商务印书馆2019年版，第120页。

④ 参见房绍坤、王洪平：《从财产权保障视角论我国的宪法财产权条款》，载《法律科学（西北政法大学学报）》2011年第2期；张庆福主编：《宪法学基本理论》，社会科学文献出版社2015年版，第586页。

⑤ 参见赵清林：《论公法上财产权——以存在根据、成立要件和表现形式为主》，载《江苏行政学院学报》2009年第4期。

⑥ 参见刘剑文、王桦宇：《公共财产权的概念及其法治逻辑》，载《中国社会科学》2014年第8期。

利虽然立基于法律之中，以规范性为核心特征，①但因其抽象性、普遍涵摄力与根本法之中的规范地位，在事实上产生了对法律体系的价值指引功能。立法机关就其享有的立法权对权利主体所享有的基本权利的对待义务既可以对应于客观价值秩序功能的国家保护义务，即通过立法为宪法财产权的保障与实现创造积极条件，也可以展现为不得制定侵犯公民宪法财产权的普通法律的国家尊重义务。宪法对财产权的立法行为提出了明确的要求，立法机关不得取消财产权制度或在没有正当的宪法依据的情况下削减财产权类型。② 实现社会公共利益的需要，即社会义务是一种限制财产权的功利主义的理由，基于社会功利主义的考量而限制财产权的立法行为并不罕见，社会公益的宽泛外延与模糊内涵降低了其适用的门槛，现代连带社会中的财产权也确有在特定场合为社会福利目标让步的必要性。③ 但功利主义的因素并不构成对公民财产权进行限制的足够正当且充分的理由。立法者从事任何限制财产权的立法行为，包括为财产设定社会义务，均须受到宪法保障财产权的价值秩序的反限制，并接受合宪性的审查。这意味着，纳入宪法保障视野的财产权内容是合法的，但该法律必须首先具有合宪性，宪法基本权利的客观价值秩序，为国家立法权的行使设置了宪法界限。④

宪法对财产权立法限制的约束方式，在形式上表现为“法律保留原则”，也就是在宪法的概括授权之下，只有民意代表机关以国民意志的方式形成法律，方能够对作为基本权利的财产权予以限制，除立法机关之外，其他公权力机关无权以

---

① 参见[德]哈贝马斯：《在事实与规范之间：关于法律和民主法治国的商谈理论》，童世骏译，生活·读书·新知三联书店2003年版，第316页。

② 参见房绍坤、王洪平：《从财产权保障视角论我国的宪法财产权条款》，载《法律科学(西北政法大学学报)》2011年第2期。

③ 参见[美]安东尼·奥格斯：《财产权与经济活动自由》，载[美]路易斯·亨金、[美]阿尔伯特·J.罗森塔尔编：《宪政与权利：美国宪法的域外影响》，郑戈、赵晓力、强世功译，生活·读书·新知三联书店1996年版，第155页。

④ 参见张翔：《宪法释义学——原理·技术·实践》，法律出版社2013年版，第188～189页；胡丽文：《论经济法学正当性建构的经济宪法基础——基于范式转换的视角》，载《甘肃政法学院学报》2020年第3期。

任何方式限制财产权，且立法机关仅得以通过法律限制财产权。[①] 然而，立法机关获得宪法授权并不难，法律保留原则只是为立法行为设置了形式的框架，但并未深入立法内容的审查与约束，法律保留原则本身无法保证立法对财产权限制的合宪性。正当程序、平等保护原则和比例原则等也是对财产权立法限制行为进行合宪性审查可采取的路径。[②] 除此之外，关于财产权立法限制的实质性合宪审查标准，应当从宪法基本权利的价值秩序中探寻，固然，保障财产权是重要的考量因子，但不宜局限于此，而应采取基本权利秩序的体系化思维，譬如，宪法自由权在私法领域表现为私人意思自治与契约自由等原则，普通法律对财产权的限制应当尊重自由权的要求。[③]

（三）立法不得限制财产权的核心内容

随着外部干涉强度的增加，宪法基本权利的对抗效力逐渐增强，因为于基本权利之中存在绝对禁止侵犯的核心内容。[④] 德国《基本法》第 19 条第 2 款规定："在任何情况下，不得危及基本权利的本质。"由此提出了"基本权利的本质内容"的概念，又称"基本权利的核心内容"（Der Wesensgehalt der Grundrechte），是指宪法与法律均不得限制的基本权利的精髓部分，当最根本的内容被抽空之后，基本权利将消亡。不过，究竟何为基本权利的核心部分，在学理与实践中均未能明确，德国联邦宪法法院曾主张不受国家侵扰的私域为基本权利的核心。根据我国《宪法》"尊重和保障人权"的规定，可以考虑将人格尊严视为核心内容。[⑤] 基本权利的核心内容有被合理界定的必要，否则将不当限制立法者行使权力。[⑥]

---

① 参见张翔：《基本权利的规范建构》（增订版），法律出版社 2017 年版，第 129 页。有学者区分了法律保留原则与宪法授权原则，认为立法机关只能适用宪法授权原则。宪法授权主要是一项拘束立法机关的权利限制原则，而法律保留则是用来约束行政机关和司法机关的一项限权原则。参见汪进元：《基本权利的保护范围：构成、限制及其合宪性》，法律出版社 2013 年版，第 56 页。但笔者认为，法律保留原则应采广义视角，囊括宪法授权在内，否则立法行为缺位的法律保留原则，无法在根本上满足该原则保障公民基本权利的目标。

② 参见汪进元：《基本权利的保护范围：构成、限制及其合宪性》，法律出版社 2013 年版，第 235 页。

③ 参见汪进元、高新平：《财产权的构成、限制及其合宪性》，载《上海财经大学学报》2011 年第 5 期。

④ See Robert Alexy, *Constitutional Rights, Balancing, and Rationality*, Ratio Juris, Vol. 16, Issue 2, 2003, p. 140.

⑤ BVerfGE 21, 329/353；24, 119/138. 转引自张翔：《基本权利的规范建构》（增订版），法律出版社 2017 年版，第 142 页。

⑥ 参见吴信华：《宪法释论》（修订 3 版），台北，三民书局股份有限公司 2018 年版，第 4 页。

基本权利类型庞杂,不同的基本权利的内容各异。现代宪法中的财产权与人格要素相剥离,人格尊严难以直接成为财产权的核心内容。结合财产权的特点,经济自由与契约自由构成了财产权中的重要内容。同时,当从正面难以清晰界定某一范畴的内涵时,可以采取反面排除法。倘若国家立法对某一具体的财产权类型进行限制,致使在没有宪法依据的情况下该财产权难以存在,该普通法律就涉嫌侵入财产权的核心内容,且违反合宪性要求。财产权的核心内容一说具有重要意义,作为基本权利的财产权之制度性保障功能旨在维护与促成财产权本质部分的实现,而非核心与非本质内容难以实现也不存在宪法上的实质意义,①国家有义务依循财产权的制度性保障义务的要求,为财产权的实现提供不低于最低限度(财产权之核心内容)的保障。②

三、"布纳原则"面向担保物权的适用

宪法对作为基本权利的财产权的保障,为部门法对待公民的财产权的方式提出了同样的要求。企业破产法作为以宪法为价值模板与效力之源的法律体系中的重要部门法,必须遵守宪法基本权利的价值秩序。隶属于物权体系的担保物权是一项重要的私有财产权类型,其制度规范内容为私法所确认,企业破产法对担保物权的私法实体规范效力的处理,须受到宪法财产权的制度性保障功能的约束,不得改变担保物权的核心内容——就担保物的优先受偿权,这也是对私人意思自治原则的最大尊重,因为意定担保物权构成担保物权的主要类型,而对担保物权的非核心内容可以基于破产法主旨目标的考量而予以必要的调整。相较破产法对担保物权的此种处置路径,美国破产法中的"布纳原则"体现了同样的思想,强调破产法对私法实体规范的尊重,除非有违联邦利益(类同于宪法价值秩序),否则破产法不得改变非破产法既有的规范格局。"布纳原则"(Butner Principle)的根本依据是宪法基本权利的制度性保障功能,其合宪性的负担是由以宪法为中心的法律层级规范结构所带来的,宪法的根本法地位以及破产法与担保物权法规范效力的平等性决定了企业破产程序中担保物权的调适只能回溯

---

① 参见林来梵:《从宪法规范到规范宪法:规范宪法学的一种前言》,商务印书馆2017年版,第205~206页。

② 参见[德]罗尔夫·施托贝尔:《经济宪法与经济行政法》,谢立斌译,商务印书馆2008年版,第122~123页。

至宪法层面完成,并在基本权利的双重属性所衍生出的财产权制度性保障功能与私法效力的框架内进行探究。在合宪性视野下,有必要对"布纳原则"的内涵进行深入研讨,即破产法应尊重私法实体规范,并结合担保物权在破产程序中的特殊性,揭示担保物权版本下的"布纳原则"对企业破产法的限制要求。

(一)"布纳原则"的内涵:破产法应尊重私法实体规范

美国联邦最高法院在布纳诉美国案(Butner v. Unied States)①中确立了"布纳原则",旨在破产程序中尊重非破产法权利,即在不与破产法集中公平清理债务人的对外债权债务关系以及挽救债务人经营事业等核心价值与法政策相抵触的情况下,应在破产程序中维持实体法律规范的适用效力。由于破产法主要调整私人利益关系,隶属于私法体系,因此,"布纳原则"重点强调破产法对私法实体权利规范内容的维护。在美国的联邦法与州法二元并立的法制体系下,"布纳原则"的产生有着特殊的背景与适用要求。美国《宪法》第1条第8款授予了国会18项权力,其中第4项明确规定制定一致适用的有关破产的法律属于联邦立法事项。② 而在破产程序中不可避免地将涉及破产法之外的私法实体规范所规定的权利义务关系的内容,甚至可以说,在一定程度上,破产法主要呈现为程序法的特征,③破产实体规则由私法实体规范填充,如何处理破产程序中的实体权利规范成为破产法必须面对的问题。在美国,债务人财产之上以及债权人等权利人享有的财产权益基本上均由州法创设,"布纳原则"主张,除非有违联邦利益,如美国《破产法典》确立的破产分配顺位规则,否则破产程序不应对利害关系人享有的由州法确定的权利进行特殊调整。如此处理意在防止恶意当事人通过破产程序"套利",因为私法实体规范在破产程序内外的差别对待之间的空隙为"不当得利"提供了生长的土壤,以至于当事人提出破产申请的主要动机就是为了获取该项不当的意外之利,从而影响了破产法实施的社会效果。换言之,有效运作的破产制度的目标是使破产程序中的所有债权人表现得好像他们是债务人

---

① See Butner v. United States, 440 U. S. 48, 55 (1979).

② 参见《外国宪法选译》,肖君拥等译校,法律出版社2015年版,第167页。

③ 破产概念源自罗马法对债务人财产的概括拍卖(Venditio Bonorum),以及其后演进为选任管理人(Curator)之个别拍卖(Distracctio Bonorum)等有关债务人财产执行变卖与分配等方法制度。从破产法的历史起源可以看出,破产法缘起于特殊程序的实践需要,并在之后的发展演进中其特殊的调整规则主要体现为程序法性质的规范。参见陈荣宗:《破产法》,台北,三民书局股份有限公司2001年版,第19页。

财产的唯一所有人,并在寻求他们投资回报的最大化,鉴于破产程序的功能在于将债务人的利害关系人集合起来,以收益最大化的方式处置破产财产,破产法就必须对非破产实体权利规范予以最小限度的变更,否则,改变与破产法的目标无关的非破产实体权利规范将对某些当事人形成激励,可能使他们为利用破产程序内外的权利的变化而申请启动破产程序,从而背离了破产程序作为符合所有人最佳集体利益的平台的初衷。① 如果承认过多的某些仅在破产程序中存在的权利,本身会带来巨大的成本,而且如果实质权利的存在或范围取决于权利主体是否处于破产状态,一些债权人或利害关系人就会产生使用或威胁使用破产程序的不良动机,即使没有充分的理由将债务催收的过程集体化,也会积极申请破产程序的启动。② 当然,州法的实体规范效力的维持还须经过破产法的检验,州法实体规范同样不能对破产程序内外的适用场景有所区别,州法的全面适用性与"破产中立"(bankruptcy neutral)的基本立场是其获得破产法尊重的前提条件。③ 美国《破产法典》第541条规定,州法不应涉足破产法中的联邦利益事项,不能对破产程序中的财产分配予以干涉,将破产事实作为违约的约定条款也是无效的。④ 可以引申出,私法实体规范也应当尊重破产法的专门调整事项。

超越联邦法律体制的限制,"布纳原则"具有被普遍借鉴的能力。"布纳原则"的主要要求包括三个方面:第一,在破产程序中,普通债权仍然可以合理期待债务人的所有财产作为债权受偿的财产基础,除非债务人财产之上依法设立有对抗力的担保物权,破产财产的界定有赖于破产法之外的私法实体规范。第二,在企业债务人的主体资格被依法注销之前,在破产程序中其基于私法规范所确认的独立的拟制法律人格仍应获得维持。第三,关于企业之间竞争的法律规范

---

① See Robert H. George, *Bankruptcy for Nonbankruptcy Purposes: Are There Any Limits?* Review of Litigation, Vol. 6, Issue 1, 1987, p. 102－103.

② See Douglas G. Baird, *A World without Bankruptcy*, Law and Contemporary Problems, Vol. 50, Issue 2, 1987, p. 185.

③ 参见[美]查尔斯·J.泰步:《美国破产法新论》(第3版),韩长印、何欢、王之洲译,中国政法大学出版社2017年版,第451～453页。

④ 参见[美]道格拉斯·G.贝尔德:《美国破产法精要》(第6版),徐阳光、武诗敏译,法律出版社2020年版,第129页。

效力在破产程序中应被遵守。① 根据“布纳原则”,破产法在自身适用的过程中,作为适用的前提将不得不对破产法之外的实体法规范予以评价,而评价基准则为“布纳原则”的内容——在不与破产集中清理等价值理念抵触的情况下破产法应尊重私法实体规范,这也是以宪法为核心的法律层级规范体系对破产法的约束和要求,是宪法价值对不同部门法价值调和的结果。一个部门法的立法主旨追求不享有逾越相互平等的其他部门法规范的权力,而应在合宪性的视角下,彼此予以最大化的尊重与一体化的对待。破产法对非破产的实体法规范应秉持中立态度,否则会使一些债权人在自利动机的推动下,促成或阻挠破产程序。② 就财产权利的清偿顺位而言,破产程序只是将债权的实现方式由个别执行向概括执行进行了转变,原则上私法实体规范预先确立的各项财产权利的优劣地位不会因债务人破产而改变。③

(二)破产法尊重私法实体规范的法律逻辑

“债权或请求给付的权利之所以存在,是因为债务人有支付义务。这种义务最终都落脚到法律确认的某种行为。创设义务的行为以及限制或进一步确定该义务的条件和情况,都由破产法之外的法律来规定。”④作为破产法规范对象的债权的基本法律地位与权利的法定内容由私法中的债法确立,破产法是对债务人既存的债权债务关系的终极处置程序,其是针对破产法之外的私法实体规范已然形成的债之法律关系进行的二次评价,延续着私法调整债权的重要任务,但倘若破产法在私法规范基础上额外赋予当事人新的权利,将会激化其与私法实体

---

① 参见许德风:《破产法基本原则再认识》,载《法学》2009 年第 8 期。譬如企业竞争规范被破产法所改变,会促使债务人基于不当动机申请破产,并通过破产程序获取在正常竞争中本不该获得的额外利益,从而无法真正地实现破产法“优胜劣汰”“奖勤罚懒”的功能。参见许德风:《破产法论——解释与功能比较的视角》,北京大学出版社 2015 年版,第 78 页。

② See Thomas H. Jackson, *The Logic and Limits of Bankruptcy Law*, Harvard University Press, 1986, p.29. 以担保物权为例,担保物权是一种重要的破产法之外的权利,破产法尊重当事人在破产之前达成的权利契约,有助于保护市场经济主体对其交易的合理预期,避免破产法成为交易主体逃避义务的工具。鉴于担保债权人对担保物财产权的信赖在民商事交易中的重要性,破产法更应该保护这种信赖,防止债务人基于机会主义激励利用破产重整逃避担保义务,破产法不应当成为别有用心之人借机打压担保物权人的优先受偿权的“帮凶”。参见王佐发:《上市公司重整中债权人与中小股东的法律保护》,中国政法大学出版社 2014 年版,第 66 页。

③ 参见韩长印:《破产优先权的公共政策基础》,载《中国法学》2002 年第 3 期;Long v. Bullard, 117 U. S. 617 (1886).

④ [美]大卫·G. 爱泼斯坦等:《美国破产法》,韩长印等译,中国政法大学出版社 2003 年版,第 78 页。

规范的冲突,影响法律系统的稳定与和谐。[①] 破产法并不产生新的权利,即便如破产别除权、取回权、撤销权、抵销权等破产权利类型,也均有着私法权利的"原型",依据私法原理而设。所以,破产法必须给予其权利来源的其他部门法规范以最基本的尊重,对后者核心的法价值进行切实的保障,否则,破产法将造成民事法律体系的混乱,破坏整体法秩序的统一。破产法不歧视对待债务人、债权人以及利害关系人依据破产之外的私法实体规范所享有的权利,这也是宪法平等原则对权利平等的要求。[②] 换言之,以破产法尊重私法实体规范为内涵的"布纳原则"延续了宪法的平等理念,处于破产程序中的债务人在遵守相同的法律规范方面,与其他市场主体没有区别,破产法需要全面梳理私法实体规范确立的权利,改变与破产法核心价值相悖的不合时宜的权利,而不是另起炉灶再塑权利,债务人不应有经由破产程序获得新权利的虚幻的期望。[③] 英国学者古德(Goode)总结的企业破产法的10项基本原则中即包括尊重实体法规范原则与担保物权受尊重原则。[④] 其实,破产法如果能够尊重以私法为主的实体法规范,担保物权基于优先受偿效力对担保物价值的支配权自然能够得到保障。除合宪性视角下基本权利的制度性保障功能这一基本依据之外,在普通法律的层面,破产法尊重私法实体规范还存在以下原因。

1. 保障非破产法律关系的稳定性

考察"布纳原则"时,不宜将目光局限于破产个案之中,否则,即使破产程序任意修改非破产法实体规则,对已然发生过的破产程序启动前的法律关系的影响也是极为有限的,据此会得出破产法与非破产实体规范之间具有无关性的错误结论。当秉持宏观视角,脱离破产个案的束缚进行探究,会发现微观视角下因在破产程序中大幅改变实体法律规范的内容而取得的良好的社会效果,会在接

---

① 参见张卫平:《破产程序导论》,中国政法大学出版社1993年版,第52页;王福强:《破产重整中的营业保护机制研究》,法律出版社2015年版,第42~43页。

② See Thomas Jackson, *Bankruptcy, Non-Bankruptcy Entitlements, and the Creditors' Bargain*, Yale Law Journal, Vol. 91, Issue 5, 1982, p. 857 - 858.

③ 参见[美]道格拉斯·G. 贝尔德:《美国破产法精要》(第6版),徐阳光、武诗敏译,法律出版社2020年版,"中文版序言"第5页。

④ See Roy Goode, *Principles of Corporate Insolvency Law*, Sweet & Maxwell, 2005, p. 69 - 81. 其他8项基本原则为破产财产限于债务人所有财产的原则、维持破产财产上原有限制与抗辩原则、债权与物权区分原则、公司对公司财产的信托所有人资格因破产而丧失原则、债权及于一般财产原则、未到期债权提前到期原则、普通债权人平等受偿原则、股东对公司债务负有限责任原则。

下来常态化的经济运行中为市场主体形成交易预期的误导,影响当事人对既定的法律关系稳定性的信赖感,因为一旦债务人进入破产程序,破产法将改变现有法律关系的主要内容。① 因此,“布纳原则”尊重非破产实体法律规范,也就保证了破产程序之前合法、正当的法律关系的稳定性,维护了市场交易安全。以担保物权为例,担保物权人就担保物所享有的优先受偿权不是一种“特权”,而是通过市场自由交易以降低利率、发放(增加)贷款、不干涉企业债务人经营等为对价来获取的。在担保物权法律关系中当事人之间的利益是平衡的,倘若破产程序,尤其是破产重整程序过度限制担保物权人行权,却不给予其相应的充分保护,甚至直接侵犯担保物权人的优先受偿权,造成担保物的灭失等,则违背了当事人原始的权益格局,实质上形成了不公正的局面。② 如此一来,破产个案将向市场经济产生错误的传导效应,必将对信贷市场造成负面影响,③增大企业融资的难度。

2. 维护法律制度的竞争格局

以担保物权制度为例,其与信托制度存在竞争,倘若担保物权优先受偿的核心制度价值不能在债务人破产程序中得到实质性的维护,将极大地降低担保物权制度的实践功能,使其在与信托制度的竞争中处于绝对劣势,客观上会鼓励担保信贷面向信托层面进行金融创新,从而规避破产法对担保物权的“不友好性”调整,进一步恶化隐形担保的问题,对市场交易安全造成巨大的冲击。美国相关金融创新立法演进中的教训值得反思。20 世纪六七十年代以来,美国《统一商法典》第 9 编为降低融资成本、繁荣金融市场,不断放松私法规制要求,设立了统一担保公示制度不适用于金融资产的融资交易,而针对不同的金融交易分别适用自动公示、占有公示或控制公示的方法,实质上并未对资产证券化“真实出售”施

---

① 参见[日]山本和彦:《日本倒产处理法入门》,金春等译,法律出版社 2016 年版,第 42 ~ 43 页。

② 参见陈英:《破产重整中的利益分析与制度构造——以利益主体为视角》,山东大学出版社 2013 年版,第 94 页。

③ 即使限制担保债权的意义重大,其负外部性仍不容忽视。担保制度所依存的秩序对交易安全及信用文化起着积极作用。实际上,担保制度产生的经济利益由债权人和债务人共享。通过优先清偿的便捷性,担保权人对债务回收不需要投入更多成本,债务人通过提供担保财产以降低融资代价。反之,如果不存在担保财产之保障,债权人必然需要对债务人的高风险经营甚至是非法转移财产的行为进行有效的监督。如果担保制度整体受挫,借贷合同中的限制性条款必然增加,贷款人也必然越发谨慎,其代价是显而易见的。参见李忠鲜:《担保债权受破产重整限制之法理与限度》,载《法学家》2018 年第 4 期。

加公示负担，担保融资的方式被有选择地进行了逃避，以资产证券化交易、场外的金融衍生合约等隐形担保的形式，架空了美国《统一商法典》关于担保权益的设定与完善（公示）规则。而美国《破产法典》在建立了破产重整制度之后，基于促进债务人事业的“重新开始”、增加破产财产价值以及保障全体普通债权人受偿利益等因素的考虑，将自动中止规则适用于担保物权的行权中，使担保物权人的权利受到了严格的限制。与此同时，美国《破产法典》赋予金融创新产品以“超级优先权”，使之优先于担保物权获得清偿，且不受破产程序的约束。在信托层面的金融创新与担保物权制度的一升一降之中，出现了“担保信贷死亡”的现象，美国的金融风险累积形成系统性风险，最终导致金融危机的爆发。①

此外，缺少能够充分彰显优先受偿力的担保物权制度的保护，为恢复受到破坏的市场交易制度，保障债权获偿的安全性，债权人仍须寻求担保物权的替代品作为债权保障工具，这无疑增加了附加成本。② 况且，当事人在市场交易活动中付出巨大的额外成本，经由意思自治探索确立的新的债权保障措施，亦将不可避免地面临债务人破产程序的考验。换言之，仅在债务人进入破产程序后仍能确保优先受偿力，且不受破产集体清偿程序限制的措施方为真正安全的债之保全方式，但这只不过是担保物权的“翻版”，成本的支出并无实益，徒增经济上的浪费。由此可见，担保物权的优先受偿力在破产程序中的持续具有强烈的必要性，反映出市场交易主体追求交易安全的刚性需求。

3. 立法保障经济秩序须坚持市场优先

私法作为关于个人相互间的意志与利益交涉的法，原则上尊重私人意思的优先性，只有基于维护社会秩序之必要时，才由法律去调整。③ 当债务人丧失债务清偿能力之时，债权人有足够的利益动机以开展“执行竞赛”，为妥当解决债权人有序的集体行动问题，减轻企业债务人破产对社会经济秩序造成的冲击，破产法律程序应运而生。不可否认的是，作为介入市场主体法律关系之中的特别程序法，破产法的立法主旨体现出对市场运行的干预与对良好经济秩序的维护。而再次回归宪法中考察市场经济与国家干预之关系，能够推导出市场优先原则。

---

① 参见王乐兵：《担保法专论》，对外经济贸易大学出版社 2018 年版，第 28 ~ 35 页。

② 参见陈英：《破产重整中的利益分析与制度构造——以利益主体为视角》，山东大学出版社 2013 年版，第 93 页。

③ 参见[日]美浓部达吉：《公法与私法》，黄冯明译，中国政法大学出版社 2003 年版，第 34 页。

我国《宪法》第 15 条第 1 款确立了我国的社会主义市场经济体制的宪法地位,可视为宪法基本原则,而第 2 款、第 3 款涉及国家干预的相关具体原则,坚持市场经济的基本原则具有优先性,要求国家在必要介入的情况下仍需面向市场机制进行间接的法治干预,尊重市场的自发机制。① "社会主义市场经济"的宪法规范在对市场机制予以确认的同时,也对国家权力的干预划定了边界,市场资源的配置仍应以市场自发调节为主。② 市场经济所蕴含的自由理念,与社会正义是相互联系的,在市场自由交易的基础上产生了平等性,这种形式上的平等对维护社会公正至关重要。③ 自由社会为人类的发展提供了可能性,而非确切的馈赠,但失去自由的同时,机会也将丧失。④ 国家干预虽然以中和市场机制与社会经济秩序为美好的愿望,但在调控过程中难免会出现偏差,公共意志并不一定较私人选择天然具有达致善果的优越性。⑤ 市场主体一般有必要的智识,依靠市场规律与法律法规,安排自己的经济生活。⑥ 所以,国家以企业破产法治的形式干预市场的自我出清必须坚持必要性与谨慎性原则,最大限度地维护市场机制的自运行,在法律体系中即表现为尊重私法实体法律规范在破产程序中的适用效力。

4. 破产立法的谦抑性

以社会契约论的视角进行分析,国家立法的出现是人们为了人身与财产等共同利益所作出的选择,在个体自动调整能力范围内的纯粹私域中的事项,理论上并不在公众授权国家立法的条目内,保障与引导个体自由的私法实体规范不

---

① 参见单飞跃、徐开元:《"社会主义市场经济"的宪法内涵与法秩序意义》,载《东南学术》2020 年第 2 期。

② 参见韩大元:《中国宪法上"社会主义市场经济"的规范结构》,载《中国法学》2019 年第 2 期。

③ 参见[美]凯斯·R. 孙斯坦:《自由市场与社会正义》,金朝武、胡爱平、乔聪启译,中国政法大学出版社 2002 年版,第 1 页。

④ 参见[英]弗里德里希·奥古斯特·哈耶克:《自由宪章》,杨玉生、冯兴元、陈茅等译,中国社会科学出版社 2012 年版,第 104 页。

⑤ 参见高红梅:《论国家干预的制度逻辑》,载《深圳大学学报(人文社会科学版)》2014 年第 6 期。

⑥ 参见[德]恩斯科-约阿希姆·麦斯特梅克尔(Ernst-Joachim Mestmä cher):《一个没有法律的法律理论:波斯纳与哈耶克关于法律经济分析的争论》,张世明译,载张世明、刘亚丛、王济东主编:《经济法基础文献会要》,法律出版社 2012 年版,第 287~288 页。

应为国家立法所取消。基于社会契约论原理,[①]法律应对所调整的主体对象自由的限制保持最大限度的谦抑性与克制力。同时,基于立法规范面对不断发展的社会所呈现的滞后性与人类智识的局限性,法律必然是不完备的,这也为立法的谦抑性提供了辅证。法律一旦有违"时宜",形式精致的法律规范也会成为社会经济发展的绊脚石。[②] 而担保物权法律规范的核心价值是在框定的不影响交易安全等市场秩序的范围内,充分保障私人之间意思自治的自由,对此,破产法尊重担保物权法等私法实体规范内容,就是竭力维护私人自治的价值理念,尽量少地介入或不干预市民社会的自治领域。相反,如果破产法中的权利实现顺位等规范寻求过度地更改私法实体规范的内容,不良债权人就会有动机去推动债务人破产,利用破产程序获得更优先的清偿顺位的机会,以不当赚取更多的清偿利益。[③]

5. 发挥破产程序价值的需要

"布纳原则"的正当理由还在于,如果破产法不保留担保物权的优先受偿力,那么物权担保债权人就不愿意加入非但不会取得收益反而会出现利益极大受损结果的债务人破产程序。然而,将物权担保债权人纳入破产程序是普通破产债权人享受集体行动成果的必要条件。如果物权担保债权人在破产程序中缺位,普通破产债权人的利益也难以实现最大化,因为破产机制为债权人提供了一个集体平台,解决了典型的"囚徒困境"问题,并为普通破产债权人提供了更多的利益分配。譬如,破产管理人可以通过行使破产撤销权否定某些破产临界期的偏颇清偿行为,而且破产重整程序还可以经由债务人营业事业的持续使普通破产债权人获得超过企业清算价值的持续营运价值。[④]

(三)我国相关主张

针对破产法与民法等相关财产法律规范之间关系的处理,我国破产法学界也提出了与"布纳原则"类似的破产法之核心理念的主张,其与"布纳原则"之间

---

① 社会契约论不仅可以作为立宪论的基础原理,也可以成为以宪法为根本法的法治体系下立法的理论基础与指导原则,即社会契约通过以宪法为最高位阶的法律规范的等级层次体系而发生效力的贯通。

② 参见陈清秀:《法理学》(修订2版),台北,元照出版有限公司2017年版,第119页。

③ 参见焦杰等:《魁北克商法》,中国政法大学出版社2014年版,第121~122页。

④ See Robert E. Scott, *Through Bankruptcy with the Creditors' Bargain Heuristic*, University of Chicago Law Review, Vol. 53, Issue 2, 1986, p. 695-696.

有着异曲同工之妙,但二者的融合适用仍须立足于我国法治的背景,以证成其合宪性。

1. 破产程序法的特点决定了其对私法实体规范的基本维持立场

程序的本质特点不在于形式性或实质性,而体现为一种静中有动的交涉的过程,程序法是交涉过程的制度化、法治化,程序法规范的重点不在于决定的内容与交涉的结果,而是如何决定与交涉。[①] 在程序中,以遵守既定的基本程序规则为前提,参与程序者拥有一定的自由谈判空间,可通过自由意志的博弈、交涉,经由程序作出决定。参与程序者交涉所必须依据的实体规则也基本为实体性法律规范所供给,程序法不宜涉足。就破产事件的性质而言,往往以程序的样态表现于外,但其不同于民事诉讼或非诉程序,与执行程序之间也存在个别执行与概括执行的区别,破产机制是为全体债权人的利益而处置丧失债务清偿能力的债务人之破产财产的特别司法程序,全程由法院主导,并由破产管理人等专业人员以居中的立场公正处理破产事务。作为司法程序的破产程序,其与执行等司法程序有着相似性,均无法涉足当事人之间的实体法律关系中的争议,须留待破产程序之外的诉讼、仲裁等方式解决。《中华人民共和国企业破产法》(以下简称《企业破产法》)第 4 条针对破产法未涉及事项准用民事诉讼法规则的规定,充分证明了破产事件的程序法特点,以及其与民事诉讼程序的密切关联性。

王欣新教授认为,破产程序的特点决定了其不具备解决民事实体法律关系争议的基本能力,只有当事人在实体权利义务关系方面无争议,或者已经过诉讼、仲裁等司法程序中生效司法文书对争议内容进行了裁判,才可顺利进入破产程序。[②] 因此,破产程序较其他司法程序,在某些方面更强调民事法律关系的稳定。破产程序中不同债权人在面对债权竞争的格局时,尝试改变自身权利现状的努力会激化破产法律关系当事人之间的利益冲突。[③] 受制于程序法的特点,且为破产程序顺畅、高效运行而考虑,破产法须遵守程序法原则上不得更改私法实

① 参见季卫东:《法律程序的意义》(增订版),中国法制出版社 2012 年版,第 32 ~ 33 页。

② 参见王欣新:《破产法》(第 4 版),中国人民大学出版社 2019 年版,第 8 页。

③ See Thomas H. Jackson, *The Logic and Limits of Bankruptcy Law*, Harvard University Press, 1986, p. 125.

体权利规范的圭臬。[①] 许德风教授针对破产法与民法的关系,从二者分别表现出的程序法与实体法特征入手,认为二者存在互补关系。民法侧重规范民事主体的产生、权利和义务及民事主体参与交易的规则;破产法关注民事主体的消灭或再生,从保持法律体系的和谐、经济,以及促进法律适用等因素进行衡量。破产法是建立在民法既有规范框架基础上的特别程序法,从破产法之程序法的特性出发,处理破产法与民法的基本方案应当是:除非具备特别理由,否则作为程序法的破产法应当尊重、维持民事实体法的规定。[②] 笔者赞同许德风教授的观点,破产法的程序性无疑构成了其与民法等私法实体规范关系调适的重要抓手,但在我国法律体系中,破产法作为程序法并非个例,况且破产法兼具程序法与实体法的特点,其与破产法"布纳原则"均有进一步深入探究的空间,以期揭示其共同的、初始的本质渊源。

2. 破产法原则上应尊重财产法的既有秩序

许德风教授进一步提炼出破产法尊重非破产法实体规范的理念,要求破产法原则上应当尊重财产法的既有秩序,许德风教授将其运用于针对破产程序中担保物权的实现规则的分析中。[③] 齐明教授认为,破产程序之外的财产法世界彰显了市场机制对社会经济生活的主导力量,现代市场经济体制下的破产立法体系尊重市场机制,即意味着破产法应尽量减少破产本身对非破产私法制度的冲击,因为破产法基于自身的价值目标与秩序追求,可能会对破产法之外的财产法秩序格局产生负面影响,将增加特定债权债务关系运行的社会成本,由此,破产法应当遵循尽可能对现有的财产法的运行环境产生最小影响的原则,即破产法原则上应尊重财产法的既有秩序。[④] 而韩长印教授从破产法立法主旨的角度提出,随着投资者有限责任制度与破产免责制度的确立,现代破产法从以保障债权人利益为中心,逐步演化为平衡债权人与债务人权益,并增进社会公共利益的多

---

① 破产法应当保持相对的中立性,其定位应当是提供团体意思自治的协议平台。这就意味着,它需要为私主体的意思自治设置合理的边界与底线,而并非试图去更改主体所依据的私法实体规范。参见李忠鲜:《担保债权受破产重整限制之法理与限度》,载《法学家》2018 年第 4 期。

② 参见许德风:《破产法论:解释与功能比较的视角》,北京大学出版社 2015 年版,第 14 页。

③ 同上书,第 78 ~ 83 页;许德风:《论担保物权在破产程序中的实现》,载《环球法律评论》2011 年第 3 期。

④ 参见齐明:《破产法学:基本原理与立法规范》,华中科技大学出版社 2013 年版,第 23 ~ 24 页。

元化价值目标,因此,破产法对待其他法律规范,尤其是私法财产权利的态度也发生了转变,不再强调破产法对私法实体规范的复制与“翻译”,只是尽可能少地调整破产法程序前已存在的私法权利义务关系格局。① 就财产权利的清偿顺位而言,破产程序只是将债权的实现方式由个别执行向概括执行进行了转变,原则上私法实体规范预先确立的各项财产权利的优劣地位不会因债务人破产而改变。② 韩长印教授的观点同样体现出破产法原则上应尊重财产法既有秩序的核心论点,并揭示了当前破产法对财产法实体权利的调整权力及其边界,摒弃完全维持与彻底否定之后的“中庸”选择。申言之,破产法原则上应尊重财产法的既有秩序,即破产法应尊重私法实体规范,其与破产法“布纳原则”均应进一步回答的关键问题是,如何划定抑或发现破产法维持与调整财产法既有秩序的边界。

(四)担保物权的优先受偿力

担保物权人就担保物优先受偿是担保物权法的核心价值所在,是由担保物权作为物权价值权的基本属性决定的,倘若企业破产程序改变担保物权的优先受偿力,担保物权将失去作为物权的基本效力。破产程序中担保物权的物权法律地位的丧失将对担保物权法的制度价值产生根本性破坏,进而直接撼动作为财产权的担保物权的宪法地位,违反了财产权的制度性保障功能。

1. 担保物权优先受偿力的来源

担保物权作为支配担保物之交换价值的物权类型,其对担保物的优先受偿权源于物权的优先效力。③ 物权是大陆法系特有的法律概念,罗马法中的“对物之诉”(iura in rem)和“对人之诉”(iura in personam)的不同的权利救济程序包含着区分物权与债权的观念,但罗马法以及近代的法国《民法典》均未产生物权的概念,直至1811年的奥地利《普通民法典》第307条才首次在立法中出现物权的称谓,并为1900年的德国《民法典》作为主要的私法财产权加以规定,渐成体

① 参见韩长印:《破产理念的立法演变与破产程序的驱动机制》,载《法律科学(西北政法学院学报)》2002年第4期。

② 参见韩长印:《破产优先权的公共政策基础》,载《中国法学》2002年第3期。

③ 参见陈华彬:《我国物权立法难点问题研究》,首都经济贸易大学出版社2014年版,第293页。

系。[①] 物权的优先效力源于其对物的支配力，是物权排他性的当然结果。[②] 意定物权经由公示而向社会公开，以对世性确保了对物支配力的实现，物权也因此被称为绝对权，其效力超越了当事人双方，与仅具有相对效力的债权产生了分野，当债权于同一标的物上请求受偿之时，物权优先于债权实现。[③] 物权的优先效力体现在不同的场景中，一般情形中的担保物权优先于普通债权、担保物权优先于执行债权、破产程序中担保物权优先于普通债权等。[④] 通说认为，实际生活中，一物上可能负担有多项权利，形成"物上权利束"，不同权利须有实现的先后次序。[⑤] 因此，物权的优先效力还包括在不违反一物一权原则的前提下，同一标的物上的多项相容的物权并存时，设立在先者优先，此即物权之间的优先效力。[⑥] 不同的担保物权也可能就同一担保物产生竞合，原则上将遵循设立在先、清偿在先的原则。[⑦] 针对不同性质的物权，如所有权与限定物权并存于一物之上，由于所有权人在所有物上设定限制物权负担的目的就是通过限制所有权以取得其他的对价，此时，限定物权优先于所有权。[⑧] 物权的优先效力是破产立法的柱石与根基，正是在物权优先力的基础上，债务人所有的财产才会被转为破产财产以供债权人分配，物权担保债权也由此具有了优先于普通债权的优先受偿力。[⑨] 担保物权对担保物的绝对支配力有排他性，具有排除其他无担保债权人对担保物的清偿请求的效力，而担保物权本身的绝对性又"剥夺"了无担保债权人对此提出异议的资格，因为后者负有尊重物权人的物权以对世性的方式绝对实现的义务。

---

① 参见马俊驹、陈本寒主编：《物权法》（第2版），复旦大学出版社2014年版，第3页；吴道霞编著：《物权法比较研究》，中国人民公安大学出版社2004年版，第9页。

② 参见王泽鉴：《民法物权：通则·所有权》，中国政法大学出版社2001年版，第20页。即使在实定法中未承认物权行为理论，但物权的排他性是物权人意志上的绝对独占性，物权人的意思表示内容在根本上决定了物权的排他性与优先效力。

③ 参见姚瑞光：《民法物权论》，中国政法大学出版社2011年版，第5页；常鹏翱：《物权法的基础与进阶》，中国社会科学出版社2016年版，第310~311页。

④ 参见郭明瑞、房绍坤：《担保法》（第3版），中国政法大学出版社2015年版，第97~98页。

⑤ 参见孙宪忠：《中国物权法总论》（第4版），法律出版社2018年版，第101页。

⑥ 参见申卫星：《物权法原理》（第2版），中国人民大学出版社2016年版，第93页；[日]近江幸治：《民法讲义Ⅱ：物权法》，王茵译，北京大学出版社2006年版，第17页。

⑦ 留置权等法定担保物权，以及动产购置款抵押权等特殊的意定担保物权，基于对特定群体利益进行倾斜性保障的考量，即便其设立在后，在满足一定的法定条件的前提下，也可优先于设立在先的担保物权类型。

⑧ 参见孙宪忠：《中国物权法总论》（第4版），法律出版社2018年版，第106页。

⑨ 参见张先贵：《物权基本原理研究》，合肥工业大学出版社2018年版，第37页。

担保物权受偿力源于物权的支配性。

2. 担保物权的核心内容

基本权利的核心内容为权利的立法限制形成了实质界限。我国《宪法》并未如德国《基本法》第19条第2款一般规定了基本权利核心内容的保障要求,但基本权利的核心内容事实上存在于权利受限的学理与立法实践之中。担保物权是一种债务人在市场交易中的增信措施,担保物权法以"保障债权"作为立法宗旨,①决定了其核心价值在于就担保物优先受偿的效力,除此之外,担保物权无法保障债权人的债权受偿利益。债务人设立物权担保的主要目的就是在债务人丧失债务清偿能力之时,给予债权人就特定财产优先受偿的保障,即倘若在破产程序中反而取消担保物权的优先受偿效力,不仅与当事人最初的本意相悖,而且彻底违反担保物权制度存在的实质意义。因为在债务人尚保有清偿能力之时,债权人是否享有担保物权的"加持"并无实益上的不同,普通债权人此时也能够得到全额受偿。② 而且,就市场经济实践来看,破产法承认担保物权的优先原则是信贷机构的核心利益所在,以此保证债务人对其债权的责任财产基础不至于因其他债权人的加入等因素而恶化。易言之,破产程序取消担保物权的优先受偿力,将彻底影响信贷行业发展的稳定性,对企业融资需求等造成巨大冲击,其带来的外部性是破产法"不能承受之重"。③

(五)债权平等受偿原则与担保物权的优先受偿

破产法尊重私法实体规范的理念不是绝对的,在破产政策有特殊调整要求的情况下,私法实体规范应当在合宪性的框架下予以相应变动,由破产集体清偿程序所决定的债权平等原则即为典例,同时,破产程序结束后,企业债务人未清偿的债务将获得实质性免除,也就是债权未实现部分将被消灭,从而彻底改变了私法实体权利的内容。④ 破产法对实体法规范效果的"破坏力"具有向前的"溢

---

① 从历史上看,担保物权对债的保障功能不是与生俱来的,罗马法中最早的信托担保并非专为担保债权而设立即是例证。这种功能随着经济的发展,伴随质权和抵押权制度的出现而不断得到强化。但这一功能一经产生,便获得了普遍意义。无论日耳曼的古质或者新质,还是英国的按揭(mortgage)制度,甚至罗马法中的质权和抵押权制度,均无一例外地彰显了以担保债权实现为核心的理念。参见徐海燕、李莉:《物权担保前沿理论与实务探讨》,中国法制出版社2012年版,第54页。

② 参见李永军、王欣新、邹海林、徐阳光:《破产法》(第2版),中国政法大学出版社2017年版,第123页。

③ 参见[德]M. 沃尔夫:《物权法》(第2版),吴越、李大雪译,法律出版社2004年版,第294页。

④ 参见许德凤:《破产法基本原则再认识》,载《法学》2009年第8期。

出”效应，以减缓破产程序“临门一脚”的终结对法律关系带来过大的改变，破产撤销权、无效行为制度等使得破产程序对启动前的私法关系也具有了调控力。就担保物权而言，其与破产的立法主旨存在竞争性，二者在促进债权人实现债权的路径与目标方面有着重大的差别，担保物权人要求就担保物价值优先、个别受偿，且不受破产程序的干扰，而破产制度则试图将担保物权人拉入破产的平台上来共同清偿，以践行各债权人平等受偿的原则。①

1. 破产程序中的债权平等受偿原则

近代财产权从人身依附性中奋勇挣扎出来，而现代财产权又进一步剥离了人格利益，作为纯粹财产利益之保障的财产权，对权利人进行相同的保护。② 作为财产权一分子的债权，其平等性并无理论障碍。债权的客体在于相对人的给付行为，也被称为请求权，③从而与作为绝对权的物权产生本质区别，虽然债权的目标往往指向获得特定财产的物权，但债权本身并无对物的支配力，债权人对债务人的特定财产不享有“特权”，从而得以于债务人的全部财产之上，设立数项竞存之债权。④ 在现代社会频繁的市场交易中，债权重叠现象普遍，为了实现债权人之间的公平受偿，法律特别规定在债务人破产的情形下，在不存在担保物权或优先权时，无论债权成立时间的先后，全部普通债权就债务人财产平等受偿。⑤债权的无排他性决定了多项债权可以共存于同一债务人的财产之上，某一债权不具有排除其他债权并独占债务人全部财产的效力，在债务人无法满足全部债权请求的情况下，处理共存的多项普通债权之间关系的方法只能是债权平等受偿原则。⑥ 在破产程序以外的司法分配程序中，平等分配原则由于个别债权人或

---

① 参见许德风：《论担保物权的经济意义及我国破产法的缺失》，载《清华法学》2007 年第 3 期。

② 参见[德]罗尔夫·施托贝尔：《经济宪法与经济行政法》，谢立斌译，商务印书馆 2008 年版，第 187 页。

③ 债权自身蕴含“死亡”因子，债权的目标就是通过债务人的清偿被消灭，债权的存在表明债权的目的尚未实现，债权中的利益就是有待将来实现或者正在实现的利益，这与其他权利类型的特点不同。正因为债权的实现需要债务人给付行为的配合，所以，债权的实现既与债务人的主观意愿有关，也与债务人的客观清偿能力相连，后者主要属于破产法所关注的课题。参见唐义虎：《担保物权制度研究》，北京大学出版社 2011 年版，第 1 页。

④ 参见尹田：《物权法》（第 2 版），北京大学出版社 2017 年版，第 23 页。

⑤ 参见程啸：《担保物权研究》，中国人民大学出版社 2017 年版，第 7 页。

⑥ 破产法针对的并不是交易相对人，而是其他债权人。这也意味着破产法债权人保护机制的重心更多地在于利益趋同的多方协调，而不在于利益对立的双边博弈。参见许德风：《论公司债权人的体系保护》，载《中国人民大学学报》2017 年第 2 期。

债权人群体享有的各种优先权而大为削弱,这使得司法分配过程更加复杂与耗时。但在破产程序中,平等分配原则的“王者地位”得到复兴,并成为破产程序分配环节的重要支柱,破产法所承认的平等分配原则的例外之处仅局限于担保物权以及基于特殊立法政策的优先权类型,同时面向破产法的调整目标而对优先性权利的内容予以必要的改变。① 债务人破产程序中的债权平等受偿的安排也是效率最高、最能公平处理债权人之间关系的集体、有序的制度安排。②

债权平等受偿原则是由民事主体平等原则所决定的,平等的民事主体与同一债务人基于同样的基础发生的债权,其法效果不应有差别。③ 法理上也是如此,贝勒斯指出:“公平分配就是平等分配,除非有充分理由实行另一种可选分配。”④据此,有学者认为,于同一标的上成立的数个债权,不论时间而依债权额平等受偿的债权平等原则,又可称为债权人平等原则。⑤ 但就具体法律关系而言,债权平等原则只能适用于破产程序中,相应表现为债权平等受偿原则,在债务人有足够的能力清偿全部债务的情况下,对债权的清偿主张按照到期或提出请求的“先来后到”的时间顺序处理更为公允,否则,对积极主张债权或为行权付出成本的债权人不公平。债权平等受偿原则是各国破产法所赖以奠基的最核心原则,⑥其最早作为衡平法原则体现于1542年英国《破产法》第2条。⑦ 我国《企业破产法》第31条、第32条规定的破产撤销权规则也体现出债权平等受偿的理念,在债务人具备了破产原因但尚未步入破产程序的特定期间,个别普通债权人不应较其他债权人获得优先或偏颇清偿,企业债务人与普通债权人关于优先清偿的特别约定也因有违债权平等受偿原则而无效。当然,平等受偿原则也使得本在“执行竞赛”中处于优势的债权人的“执行优先权”被强制剥夺,但在债务人

---

① See Volkmar Gessner, Barbara Rhode, Gerhard Strate & Klaus A. Ziegert, *Three Functions of Bankruptcy Law: The West German Case*, Law & Society Review, Vol. 12, Issue 4, 1978, p. 506 – 507.

② 参见李曙光:《破产法的宪法性及市场经济价值》,载《北京大学学报(哲学社会科学版)》2019年第1期。

③ 参见孙东雅:《民事优先权研究》,中国法制出版社2018年版,第87页。

④ [美]迈克尔·D. 贝勒斯:《法律的原则——一个规范的分析》,张文显等译,中国大百科全书出版社1996年版,第11~12页。

⑤ 参见[日]近江幸治:《民法讲义Ⅱ:物权法》,王茵译,北京大学出版社2006年版,第18页。

⑥ See R. M. Goode, *Principles of Corporate Insolvency Law*, Sweet & Maxwell, 1997, p. 141.

⑦ 参见张钦昱:《破产优先权之限制理论研究》,法律出版社2016年版,第122页。

不能清偿全部债务的情形下，社会稳定与经济秩序的价值显然更具有正当性。①而且，破产机制体现出广义上的保险观念，在债务人财产已无法满足债权人的全部利益诉请时，强制要求债权人集体平等受偿的另一面即全体分摊债务人财产不足造成的债权损失，倘若承认部分债权人在执行程序中取得的优势地位，将致使少数债权人负担了债务人破产带来的全部损失，给其带来巨大的破坏力，甚至也会将其从正常的生产、生活中拉入破产的深渊，如此一来，殊不公平。② 由于债务人财产不足，破产法放弃了绝对公平的追求，而致力于力所能及的相对公平，可以说，破产法的价值与目标均建立在不完美的基础上。③

2. 宪法平等原则中的权利平等

宪法权利在形式上主要分为自由权与平等权两大类。

有学者从主要针对主体平等保护的宪法平等原则中进一步提炼出了权利类型之间的平等保护原则，即权利平等之原则。其认为，权利是具体主体所享有的法定利益，当立法赋予某一权利以优先于其他权利类型的地位时，意味着前者的权利主体享有了特权，违背了主体平等的宪法平等原则，当然，也不符合权利平等的子原则。④ 然而，这一论点忽视了形式平等与实质平等的不同层次的权利平等类型，权利的形式平等产生了权利的冲突，梯次分明的权利差序格局中是不会有权利冲突的，形式平等的权利也可能会关联实质不平等。所谓的债权平等受偿原则突出的是破产程序中债权的形式平等而非实质平等，譬如，作为特殊债权的一般优先权、获得担保物权保障的破产债权，⑤均在形式平等的债权的基础上

---

① 参见[德]乌尔里希·福尔斯特：《德国破产法》（第7版），张宇晖译，中国法制出版社2020年版，第9~10页。

② 参见吴传颐编著：《比较破产法》，商务印书馆2013年版，第8页。延伸说来，破产程序本身代表着公平分担利益与风险的正向价值，但破产状态本身意味着对债权人、债务人、其他关系人乃至社会公共利益的巨大不利益。因此，要区分破产法的善与破产状态的恶，我国以往社会观念混淆二者，导致了全社会对破产法的敌视，影响了企业破产案件的正常受理，极大阻碍了破产法功能的发挥。

③ 参见齐明：《破产法学：基本原理与立法规范》，华中科技大学出版社2013年版，第10~12页。

④ 参见刘作翔：《权利冲突：案例、理论与解决机制》，社会科学文献出版社2014年版，第242~243页、第269页。

⑤ 担保物权所保障的债权与普通债权没有本质区别，符合债权形式平等的原理，仅仅由于担保物权的保障，得益于担保物权的优先受偿的物权效力，物权担保债权也具有了优先受偿力。物权担保债权的叠加特点与适用规则在后文还将有进一步的分析。而须着重辨别的是，担保物权本身不同于债权，二者不构成权利形式平等的关系，在形式与实质上均不平等。

存在实质不平等的优先受偿顺位。① 宪法平等原则以其拘束对象为标准,可以划分为立法的平等与执法的平等,后者强调司法权与行政权的运行必须遵守平等原则,依照法律平等裁判与平等行政。② 权利平等子原则主要涉及立法平等环节。

有学者认为,宪法平等原则以及其所要求的权利平等子原则,主要为纯粹形式原则,仅仅说明平等即相同的同等对待,不同的区别对待,但并未涉及平等的辨别标准,以及如何做相同或不同的处理,在比较之间并无逻辑上清晰的界限,这常常意味着权力的决断。③ 笔者认为这一观点过于绝对化,结合前文所述的基本权利的核心内容理论,观察不同权利之间的核心内容可以得出是否相同的结论,进而决定是否采取同样的方式以平等对待。譬如,担保物权的本质价值在于优先受偿力以保障债权的实现,而普通债权的核心内容在于请求债务人为特定的给付,二者有着根本的不同,应区别对待,而不应在破产程序中平等受偿。总之,宪法平等原则(含权利平等子原则)的目标不在于主体之间实施绝对平均主义,而是为个人追求更广泛的自由与自我发展提供平等的机会。④

3. 担保物权优先受偿契合权利平等的要求

企业破产法遵循债权形式平等主义的理念,在破产程序中确立并适用债权平等受偿原则,而破产法尊重私法实体规范的理念要求破产法维持担保物权实质层面的优先受偿力。自由社会中法律的主要任务在于给予不同的人以同样客观的机会,而非主观的机会,结果上的实质不平等不是用特定的方法人为设计出来的。⑤ 破产法对实体法的尊重体现在对同性质的权利平等对待,对不同性质的权利根据差异区别处理,这是契合公平观念的。⑥ 破产程序中权利性质是否相同的辨别有赖于私法实体规范抑或为私法肯认的当事人的约定,⑦由此,也可以辅

---

① 参见张平华:《权利位阶论——关于权利冲突化解机制的初步探讨》,载《法律科学(西北政法学院学报)》2007 年第 6 期。

② 参见陈新民:《行政法学总论》(新 9 版),台北,三民书局股份有限公司 2015 年版,第 103 页。

③ 参见[德]阿图尔·考夫曼:《法律哲学》(第 2 版),刘幸义等译,法律出版社 2011 年版,第 178 页。

④ 参见于文豪:《基本权利》,江苏人民出版社 2016 年版,第 161 页。

⑤ 参见[英]弗里德里希·奥古斯特·哈耶克:《通往奴役之路》,王明毅、冯兴元等译,中国社会科学出版社 1997 年版,第 79 页。

⑥ 参见[日]伊藤真:《破产法》,刘荣军、鲍荣振译,中国社会科学出版社 1995 年版,第 8 页。

⑦ 参见许德风:《破产法基本原则再认识》,载《法学》2009 年第 8 期。

助认知权利的核心内容。在法律分配权利义务关系中，唯有兼顾形式公平与实质公平，才能真正实现社会正义的目标。[①] 宪法对财产权的保障以机会平等为原则，在破产程序中，物权担保债权与普通债权在清偿顺位上的不平等，经由普通债权人事先在担保物权公示可被认知前提下的“同意”而具有了机会平等性。换言之，担保物权的优先受偿权之所以具有对世性，即得以作为绝对权的物权而存在，是因为其完整地体现了财产权的合宪性要求，在满足债之法律关系当事人之间以意思自治的方式形成相对性效力的优先受偿权之后，担保物权又通过法定的公示方式来“昭告天下”，以消除担保物权就担保物的优先受偿力对交易秩序带来的冲击，从而严格地将法律关系主体的自由意志约束在合理的范围内，并未不法侵入其他主体的自由领域。而且，担保物权优先受偿契合人们关于权利实现顺位的“时间优先，行权优先”的公正观念，就债务人以自有财产设定的抵押权为例，抵押权人行权之前，须先与抵押人（债务人）订立担保协议并公示，即设立担保物权与担保物权的实现之间存在时间段。而在债务人违约且一般债权无法就除担保物之外的债务人的责任财产全额受偿时，担保财产与责任担保发生重合。假设一般债权人可以主张对担保财产受偿，而担保物权的设立行为相当于担保物权人已预先提出了对担保物的处分要求，必然在时间上处于一般债权人提出请求之前，理应优先满足担保物权人就担保物的清偿要求。[②] 而债权人“讨价还价”模型理论也为担保物权在破产程序中优先受偿力的维持提供了证明。其核心观点在于，破产作为企业债务人的任何权利人，包括物权担保债权人和普通债权人乃至股东、管理者均可预见的风险，基于其展开的利益衡量，将影响债权人个体针对成立债之关系前关于是否应要求债务人提供担保或以何种条件设定担保的决定，破产风险在债务人破产前已通过互负对价的合同在不同债权人之间进行了分配，物权担保债权人通过接受较低的债权回报率“支付”了未来应对破产风险的优先受偿权的对价，因此，其应在破产程序中保留从最初交易中所获取的合理利益，而普通债权人以放弃索要担保的方式获得了债务人承诺的更高的利率，在债务人后续破产的情况下也就不应主张优先受偿。破产法尊重原始债权人之间的利益关系，不在物权担保债权人与普通破产债权人之间进行利

① 参见刘明尧：《破产债权制度研究》，中国社会科学出版社2018年版，第103页。

② 参见李磊明：《物权债权冲突解决机制研究》，法律出版社2012年版，第54～55页。

益的再分配是符合公平原则的。①

由于债权不适用公示原则，不具有排他性与对世性，债权效力仅涉及相对人，除非基于特定社会政策的因素考量，债权本身不存在清偿顺位的区别。债权实现的财产基础为债务人的全部责任财产，但这种“担保”非常不可靠，债权受偿的安全性极其不可控，因为债务人在经营活动的过程中，其责任财产不断变动，增减无常，而且债权人无权组织债务人在其责任财产上再行设立多项叠加的债权。② 正是债权平等的属性催生了担保物权法律制度，即较普通债权具有排他性与优先受偿力的权利类型在实现保全债权的功能目的上是必要的，倘若破产程序否认了担保物权优先受偿的核心效力内容，将有违担保物权制度产生的初衷。同时，在债务人进入破产程序之际，多项冲突的权利蕴含相互抵牾的核心价值内容，强制所有不同性质的权利平等受偿不切实际。③ 现代法中的债权人平等受偿原则的功能在于，尊重债权人在市场交易环节中的自由竞争，同时确保担保物权的物权效力的实现。④ 物权的优先效力以及维护交易安全的社会目标追求决定了破产程序应维持担保物权的优先受偿力。债权受偿平等原则内含着担保物权就特定的担保物优先受偿的要求。

尊重基本的契约自由，从本质上解释了担保物权在破产程序中仍应具有优先受偿力的正当理由。⑤ 契约的概念本身在自由意志主义哲学中并不具有不证自明的正当性，自由意志主义者必须解释为什么一个人应该被迫为另一个人的利益从事，仅仅因为某些先行契约是如此约定的，自由意志主义对契约的解释诉诸一种未来自我可能被约束的合意中，因此，契约成为自由人为他人的利益而“奴役”自己的合法手段。⑥

---

① See Robert E. Scott, *Through Bankruptcy with the Creditors' Bargain Heuristic*, University of Chicago Law Review, Vol. 53, Issue 2, 1986, p. 694 – 695.

② 参见马俊驹、陈本寒主编：《物权法》（第2版），复旦大学出版社2014年版，第254页。

③ 参见许德风：《破产法论——解释与功能比较的视角》，北京大学出版社2015年版，第3页。

④ 参见［日］我妻荣：《我妻荣民法讲义Ⅲ：新订担保物权法》，申政武、封涛、郑芙蓉译，中国法制出版社2008年版，第2页。

⑤ See Jacob S. Ziegel, *Preferences and Priorities in Insolvency Law: Is There a Solution*, Saint Louis University Law Journal, Vol. 39, Issue 3, 1995, p. 796.

⑥ See David Gray Carlson, *Bankruptcy Theory and the Creditors' Bargain*, University of Cincinnati Law Review, Vol. 61, Issue 2, 1992, p. 458.

四、企业破产法的体系强制力

在以宪法之名证立破产法尊重私法实体规范的核心理念之后，作为担保物权之核心内容的优先受偿力应在企业破产程序中得以维持，但对破产程序中担保物权调适问题的探究不应止步于此，担保物权法律规范体系博大精深，除其核心内容之外，担保物权的设立与公示、物权担保责任的范围、担保物权的追及效力、担保物权的物上代位、担保物权人的物权请求权、担保财产的处置、担保物权的实现、不同担保物权竞存的清偿顺位、担保物权与优先权等其他权利类型的竞存规则，以及所有权移转型的非典型担保的效力等诸多问题均要求企业破产法给予明确的评价，其中大部分事项于破产程序内外呈现不同的特点，企业破产法立基于自身立法主旨与价值目标，针对这些担保物权的非核心内容予以针对性、必要性调整与安排并不违反宪法的体系化制约与基本权利的制度性保障功能的要求，笔者将破产法面向自身立法目标而对私法实体规范的合宪性改造称为企业破产法的体系强制力。破产法的体系强制效力同样有着宪法依据——以建构经济秩序为目标的经济宪法，企业破产法以维护社会经济秩序为目标，得以成为经济宪法的一员。考虑到经济秩序须以经济自由为基础，蕴含经济自由理念的基本权利的实现因此优先于追求经济秩序的经济宪法的规制，在企业破产程序中相应表现为破产法的主旨目标劣后于针对财产权核心内容的制度性保障功能，企业破产法的体系强制力必须避让担保物权的核心内容，其仅在担保物权的优先受偿力之外发挥主导作用，并且企业破产法体系强制力对私法实体规范的改变须严格遵守比例原则，不得任意扩张适用。

（一）经济宪法及其秩序目标

经济学界与宪法学界几乎同时对经济宪法展开探索，弗莱堡学派的经济宪法学的核心理论在于以经济秩序规范经济自由，部门宪法学意义上的经济宪法主要着眼于对宪法经济条款及其价值秩序影响下形成的相关立法规范所形成的实定法体系的研究。以经济宪法学为内在灵魂思想，以部门经济宪法为外在形式要件，可以归纳出广义经济宪法的范畴，其得以成为建构以经济自由为基础的经济秩序的关键依据。

（二）企业破产法体系强制力的证成

我们生活在一个有限责任的世界，每个主体的财产都是有限的，即使面向未来所能预期取得的财产也是有限的,所以,我们必须考虑无法承担义务的履行的可能性,即便没有破产法,这种有限责任的事实也会对债权债务关系产生重大影响,但只有破产法介入,才能在维持正常市场秩序的前提下解决债务清偿的问题。① 作为广义经济宪法的企业破产法,对担保物权等财产权的非核心内容所施加的影响力,体现为破产法的体系强制力,其效力根源在于经济宪法建构经济秩序的需求。企业破产法体系强制力的运行,不得破坏担保物权的优先受偿力。

1. 企业破产法属于广义上的经济宪法

法律的功能不仅在于促进市场机制运行目标的有效实现,还在于公平地重新分配社会财富,以服务于基本的社会治理需求,通过良法善治,平衡效率与公平的价值得以成为可能。破产法就是其中的典型代表,如破产重整法律制度在提高效率、增加破产财产价值的同时,实现了公平分配利益的目的,还通过保留一些工作机会、减少企业破产清算对社会造成的动荡以及对系统经济安全形成的影响等,使债权人整体乃至社会公共利益得到最大的回报,亦给陷入困境的企业一个生存的机会,以实现各方利益的共赢。② 在市场经济体制下,一定程度的经济困境和企业破产是不可避免的,商业失败是任何经济体系中必然存在的普遍现象,它是推动社会经济发展的创造性"破坏",通过不断的创新与随之而来的淘汰,社会向前发展。③ 破产的集体债务清偿程序原则上是可以提高社会整体福利的,破产法律程序无疑具有进步意义与社会正外部性。④ 破产法是一部能够增进福利的债务催收法。⑤ 我们可能无法容忍一个没有破产的世界,因为债权人的自身利益导致了集体行动的困难,需要一种法律机制来确保个人的自身利益不会与群体利益背道而驰,而且,破产重整法律规范的立法理由不仅限于此,其还

① See Douglas G. Baird, *A World without Bankruptcy*, Law and Contemporary Problems, Vol. 50, Issue 2, 1987, p. 175.

② See Jean Braucher, *Bankruptcy Reorganization and Economic Development*, Capital University Law Review, Vol. 23, Issue 2, 1994, p. 507.

③ See Christopher W. Frost, *Bankruptcy Redistributive Policies and the Limits of the Judicial Process*, North Carolina Law Review, Vol. 74, Issue 1, 1995, p. 75.

④ See Brian Rothschild, *The Illogic of No Limits on Bankruptcy*, Emory Bankruptcy Developments Journal, Vol. 23, Issue 2, 2007, p. 475.

⑤ See Thomas H. Jackson, *The Logic and Limits of Bankruptcy Law*, Harvard University Press, 1986, p. 3.

关注债务人的事业再生利益与社会公共利益。①

破产法核心价值的发挥有赖于其对债务人有序退出市场之秩序的建构。详言之,破产法具有统一市场的功能,进而为市场主体提供稳定预期与平等保护。从我国《宪法》第 15 条第 2 款可以找到直接宪法关联。基于破产法律制度在市场出清中的角色、地位,破产制度及时清理了无效的市场资源,修复市场主体尚具价值的缺失的市场信用,促进了市场资源的全面优化配置,且避免了因债务人不能清偿债务而引发的社会恐慌与债务危机的蔓延。② 破产法所形成的债之终极清理秩序是市场竞争秩序的合理延续,破产法属于竞争秩序的构成性规范,竞争必然会造成优胜劣汰,市场竞争失败者所形成的相关债权债务关系必须依法得到妥当的清理,这也是竞争能够持续的内在要求。破产法对国民经济整体秩序所连带产生的如优化社会营商环境、清理"僵尸企业"、促进供给侧结构性改革等宏观调控层面的经济效果属于附带性功能而非主体功能。③ 破产法承载了诸多非破产法的价值,简言之,所有与企业破产相关的问题不一定都是破产问题,但即便仅将破产视为公平清理债权债务关系的最终路径,由于其为竞争失败的市场主体提供了规范退出的有效方式,并使破产财产保值增值,实现了债之清偿的公平、效率的目标,这本身即践行着广义经济宪法所追求的经济秩序的目标。④

---

① See Douglas G. Baird, *A World without Bankruptcy*, Law and Contemporary Problems, Vol. 50, Issue 2, 1987, p. 184.

② 参见陈计男:《破产法论》,台北,三民书局股份有限公司 2004 年版,第 1 页。

③ 即便如此,破产法的附带功能在特定场域也经常发挥着重要的作用,成为社会经济发展的"定海神针"。譬如在一些经济转型国家(地区),破产法已成为经济改革、避免经济危机及社会动荡的基本法。一些计划经济向市场经济转轨的国家,如俄罗斯、波兰、捷克、罗马尼亚、越南等,这些国家的经济改革都以修改和制定破产法为开端。破产法在其经济改革的过程中扮演了主角,成为转型经济国家(地区)改革的"宪法"。这些国家(地区)的破产法制度完善与否,也已成为衡量其市场经济成熟程度的重要标志。参见余德厚、陈钉:《域外破产制度考察借鉴及经验启示》,载《企业合规论丛》2018 年第 2 期。

④ See Robert K. Rasmussen, *The Efficiency of Chapter 11*, Bankruptcy Developments Journal, Vol. 8, Issue 2, 1991, p. 324.

由经济宪法的特点所决定,企业破产法是事前规制之法,①以设置法定破产程序规范的方式预先建立了市场主体退出秩序,引导对丧失债务清偿能力的债务人的对外债权债务关系的清理,以及积极促进具有拯救价值的债务人事业的重生。然而,破产法律制度的存在,也使得破产风险不一定能够为企业经营者带来危机感。关于破产风险对企业经营者决策行为的影响,存在争议。有观点认为,破产清算风险对企业生存的威胁会让企业的经营者变得非常谨慎,以至于他们只批准具有一定安全性的项目,拒绝存在较强不确定性的项目。② 还有学者认为,破产风险可能会激励企业管理者去投资风险过高的项目,因为破产法使他们个人的基本生存与发展利益得到保障,高风险项目意味着高收益,投资这些项目会为企业创造重生的可能机会,即使项目失败,管理层不过是经受破产法的预期评价,不会面临放弃投资高风险项目而任由企业破产更糟的结果。③ 破产风险对企业投资行为的影响更多受到企业本身经营状况的影响,当企业本身经营良好,经营者对破产风险具有畏惧心理,投资方向往往趋于保守;而若企业本身已陷入困境之中,破产风险将在客观上激励经营者放手一搏,加剧企业累积的风险,但也可能促使企业自我实现再生。

常态经营的企业与其债权人往往不会对未预料的破产事件提前约定相关事项,或者即使约定也可能存在不公正之处,为了弥补企业契约的不完备性,产生了解决剩余财产分配问题的破产法定程序的实践需求。④ 有学者提出,在破产法允许的情况下,企业有时更愿意就破产程序事项与相关利害关系人签订协议,因为破产协议有助于解决投资不足的问题,而且,破产协议并不如想象中那样难以

---

① 在以法律防止有害行为的演变过程中,产生了两种法律规则,即事前规制规则和事后责任规则。事前规制规则是公共性质的,指在实际损害发生之前通过颁布标准、禁令以及其他形式的一些要求,较为直接地修正人们的行为,其主要功能在于防患于未然,其预防属于一般预防。事后责任规则是私人性质的,指以对具体主体权利的侵害的存在为前提的一些要求(其典型就是侵权责任法),它间接地通过损害发生后引起的损害赔偿所产生的威慑作用,来矫正人们的损害行为,其主要功能是补救受害人,其预防属于特别预防。参见刘水林:《经济法是什么——经济法的法哲学反思》,载《政治与法律》2014 年第 8 期。

② See John C. Coffee, Jr., *Shareholders Versus Managers: The Strain in the Corporate Web*, Michigan Law Review, Vol. 85, Issue 1, 1986, p. 83.

③ See Susan Rose-Ackerman, *Risk Taking and Ruin: Bankruptcy and Investment Choice*, Journal of Legal Studies, Vol. 20, Issue 2, 1991, p. 283 – 284.

④ 参见张钦昱:《破产优先权之限制理论研究》,法律出版社 2016 年版,第 35 ~ 36 页。

实现，破产立法者应当考虑赋予当事人订立破产协议的能力。① 但笔者认为，该论仅关注到了破产法处理私人债权债务关系的方面，而忽视了破产法作为广义经济宪法对建构经济秩序的宪法价值追求，后者是无法通过私人自治的方式达致的目标。但在企业破产法治形成的市场退出秩序内，②当事人之间依据私法实体规范有着广泛的私人自治空间，主要通过债权人会议决议的方式表达债权人群体的意志。加强破产程序中债权人的自治是当前各国破产法的普遍趋势。

2. 破产法以建构市场主体退出秩序为目标

破产法作为广义的经济宪法，必然以贯彻经济宪法的经济秩序理念为核心任务。现代破产法摒弃了对债务人的惩罚功能，而强调其作为自由经济理论下市场竞争制度优胜劣汰机制的法律应对措施的地位，市场必将无情淘汰无法跟上其前进步伐的市场主体，破产债务人的失败不再被视为个人的不光彩事件而受到惩罚，相反，主体的失败是由不可避免的自由经济的风险所造成的，破产法引导丧失债务清偿能力的债务人有序退出市场是对市场经济的重大贡献，促进了市场资源的优化配置，维护了整个国民经济秩序的稳定。③ 破产法作为概括执行的集体清偿程序，以最大化破产财产价值为主要着眼点，④它原本就不拘泥于单一的当事人群体的利益考量，而是综合平衡债务人、债权人以及其他利害关系人的私人利益，甚至一并将社会公共利益纳入整体性利益衡量因素之中，破产法对经济秩序的"执着"决定了其全局性的宏观视野。⑤ 破产程序是一种将集体机制的优点强加于全体债权人的机制，其主要优势表现在以下三个方面：第一，破产集体程序降低了债权人监督债务人所产生的成本，债权人得以免受破产程序

---

① See Alan Schwartz, *Contracting about Bankruptcy*, Journal of Law, Economics & Organization, Vol. 13, Issue 1, 1997, p. 129.

② 破产法既归属于广义经济宪法，以塑造特定的市场主体退出的经济秩序为己任，则须强调得以启动破产程序的债务人的债权人须为多数，多名债权人基于有限的破产财产，方存在利害冲突，为保障其公平受偿，才有建立破产秩序的必要，倘若仅有一名债权人，适用强制执行法足矣，无开始破产程序之必要。参见吴传颐编著：《比较破产法》，商务印书馆 2013 年版，第 73 页。

③ See Volkmar Gessner , Barbara Rhode, Gerhard Strate & Klaus A. Ziegert, *Three Functions of Bankruptcy Law: The West German Case*, Law & Society Review, Vol. 12, Issue 4, 1978, p. 505.

④ 沃伦(Warren)教授提出，破产法规范全部都是为了提升债务人企业的价值，以及减少债权人遭受损失而设计的。See Elizabeth Warren, *Business Bankruptcy*, Federal Judicial Center, 1993, p. 7.

⑤ See Elizabeth Warren, *Business Bankruptcy*, Federal Judicial Center, 1993, p. 61.

之外的司法执行竞赛的干扰;第二,破产集体清偿程序较单一进行的清偿程序高效且费用低廉;第三,破产集体程序可能会因为禁止对债务人财产进行不利的、零碎的处置而增进破产财产的价值,如果债务人财产作为持续经营的企业比单独拆解和出售更有价值,强制性集体程序将迫使当事人各方按照其最佳利益行事。从这一角度来看,破产以一种增进各方共同利益的方式,厘清各方的权利。① 就破产程序中利益对立的现实情况而言,破产法只能秉持整体主义的中立立场。仅就债权人内部利益进行考察,不同的债权人群体的利益诉求相差悬殊。享有担保物权保障的债权人希望能够就担保物尽早优先受偿,而不希望债务人进入重整程序,那样反而可能限制担保物权人的行权时间;职工债权人大多寄希望于企业重整成功,这样其工资债权不仅能保障全额受偿,而且能避免失业之苦;普通债权人则希望限制担保物权人、优先权人的权利,提升企业重整的胜算,以提高其债权的清偿比例。即便在担保物权人群体中,也存在足额担保权人与不足额担保权人之别,而且不同类型的担保物,其上负担的担保物权的安全性、公示方式与行权路径等又呈现纷繁复杂的多样化特点,增加了担保物权人之间的分歧。② 参与破产程序的当事人均抱有最大化自身利益的目的,如果不是基于功利目的,当事人都不会申请启动破产程序。③ 基于逐利的本性,破产程序中的债权人甚至不惜牺牲他人利益或整体利益,④而且个人理性在集体选择中会较个体选择出现退化的现象,⑤这些因素都为以维护社会经济秩序为职责的破产法的介入提供了正当性理由。

---

① See Robert H. George, *Bankruptcy for Nonbankruptcy Purposes: Are There Any Limits?* Review of Litigation, Vol. 6, Issue 1, 1987, p.99 - 100.

② 参见许德风:《破产法基本原则再认识》,载《法学》2009 年第 8 期。

③ See Bruce H. Mann, *Republic of Debtors: Bankruptcy in the Age of American Independence*, Harvard University Press, 2002, p.252 - 253.

④ See Frank Easterbrook & Daniel Fischel, *The Economic Structure of Corporate Law*, Harvard University Press, 1991, p.25.

⑤ 个人在集体选择中的理性不如在个体选择中的理性的重要理由是对最终结果负责的程度不同。任何特定的私人决策的责任,确定无疑地要由选择者承担。利益和成本都是明确的,并且个人往往会更细心地考虑摆在他面前的各种取舍。与此形成对照的是,在集体选择中,即使结果被正确地预见到了,在个人行动与其结果之间也不可能有那样精确的一种关系。当然,选择者也可能会认识到,任何计划的公共行动都存在收益与成本这两个方面,但是,无论他自己分享的收益份额还是他自己所分担的成本份额,都不可能像在可以比较的市场选择中那样容易地予以估计。参见[美]詹姆斯·M.布坎南、[美]戈登·图洛克:《同意的计算——立宪民主的逻辑基础》,陈光金译,上海人民出版社 2017 年版,第 38 页。

3. 破产法体系强制力的内涵

当一项法律原则的价值只能以“牺牲”另外一项对立原则的价值为代价来实现时，那么，后者的影响力越大，就意味着前者的实现价值越重要。[①] 破产法所追求的市场主体规范退出的经济秩序的价值是值得其他相互冲突的立法原则予以必要让步的重要的价值目标。根据破产法尊重私法实体规范的理念，理想中的破产法没有增加也没有减少物权担保的权益内容，但破产法独特的体系强制力却不容许其无所作为。[②] 企业破产法从其诞生之日起，就不可避免地要对常态化的存在造成“破坏”，体现出一种天然的强制力。从现代经济学理论分析，在企业外部通过市场竞争产生包括契约交涉与实施的费用及风险负担方式等在内的交易成本，在企业内部基于组织原理产生了主要包括所有权的配置和赔偿责任的认定的组织成本。[③] 企业破产实质上就是针对债务人难以负担的已发生的交易成本，通过破产程序，将溢出债务人清偿能力范围的交易成本转化为组织成本。在债务人出现破产原因的情况下，组织成本往往无法涵盖交易成本，以至于需要打破企业现有的组织形态，对其予以破产清算。在债务人营业事务尚具有挽救价值之时，鉴于转化的组织成本无法消化过度交易成本，仍然需要对企业债务人的组织内部进行大幅调整，如通过引入外部战略投资人、债转股等方式削减、稀释债务人原股东权益，甚至清零其股权。但笔者所称破产法的体系强制力并非指企业破产法对常态化组织形态的“颠覆”，而特指企业破产法在法律规范体系内部的强制调整效力。

学理上存在的“体系正义”的概念，包括两层含义：一是着眼于普通法律规范之间的关系，立法者对某项特定事物或社会生活事实作出的法律规范所依据的价值原则，须严守先前相关立法中的价值决定，以保持法体系的一贯性与完整性；二是普通立法要受到宪法价值体系的约束，必须遵循宪法规范确立的价值原

---

① See Robert Alexy, *On the Structure of Legal Principles*, Ratio Juris, Vol. 13, Issue 3, 2000, p. 298.

② See Christopher W. Frost, *Secured Credit and Effective Entity Priority*, Connecticut Law Review, Vol. 51, Issue 3, 2019, p. 584.

③ 参见季卫东：《法律程序的意义》（增订版），中国法制出版社2012年版，第75页。

则。[①] 有民法学者就民法规范体系的建构提出了体系强制的概念,其内涵大致类似于"体系正义"的第一层含义,强调民法制度规范的构造应力求体系化设置,逾越民法体系价值的立法规范须具有足够充分且正当的理由,且在对体系的破坏与取得的社会与经济成果之间进行比例原则的衡量。[②] 此外,还有学者立足于法律层级规范体系,提出制度体系强制的概念,强调上位法规范对下位法规范的效力约束,以此规范位阶塑造价值秩序,约束价值判断的恣意。[③] 制度体系强制理论延续了"体系正义"的第二层含义。结合"体系正义"的原理,运用系统思维,贯彻宪法作为根本法对法律规范体系的控制力,以此指导破产法与其他普通法律规范之间的关系处理,据此可以提炼出破产法的体系强制力的概念。表面上看,为实现破产法特殊的立法宗旨,企业破产法规范对整个普通法律规范体系产生了一种强制要求调适的"权力",即企业破产法的体系强制力。但其实质上是宪法价值秩序的最高效力的体现,即作为狭义经济宪法的宪法经济条款,赋予广义经济宪法的经济秩序立法规范以要求其他相互关联的法律规范以配合、尊重,并面向属于广义宪法的立法规范予以必要性调整的效力,整体上表达的是"体系正义"的宪法秩序体系约束的含义,并适用于普通立法之间的关系中。破产法的体系强制力的源泉在于其经济宪法的属性,由此破产法也具有了不同于强制执行等普通程序法的独特价值,它可以在不影响基本权利核心内容的前提下通过创设新规范或者改变既有私法规范以调整破产当事人的权利义务关系,来满足破产法的主旨目标。[④]

4. 破产法体系强制力之实施

"目的是法律的创造者,有目的地用制定法的形式制定规则是产生符合时代

---

① 参见吴信华:《宪法释论》(修订3版),台北,三民书局股份有限公司2018年版,页下脚注,第295页;欧爱民:《德国宪法制度性保障的二元结构及其对中国的启示》,载《法学评论》2008年第2期。

② 参见王轶:《对中国民法学学术路向的初步思考——过分侧重制度性研究的缺陷及其克服》,载《法制与社会发展》2006年第1期;雷秋玉:《基于体系方法对房屋多重买卖规则的清理——以已占有的未登记先买受人权利保护为中心》,载《北京社会科学》2018年第3期。

③ 参见张军荣:《制度体系强制下的"拜杜规则"跨区域变迁》,载《自然辩证法通讯》2017年第2期。

④ 参见韩长印:《破产程序的财产分配规则与价值增值规则——兼与个别执行制度的功能对比》,载《法商研究(中南财经政法大学学报)》2002年第3期。

要求的法律体系的最佳方法。”[①]法律的合目的性价值[②]在作为广义经济宪法的企业破产法规范中表现得尤为明显，破产法从不避讳自己对建构市场主体退出的经济秩序的全力追求。在企业债务人进入破产程序之后，破产财产类似于“公共池塘”，为避免“公地悲剧”的发生，破产法设置了全体债权人公平受偿的集体程序，为使破产程序顺畅运行以实现破产法的主旨目标，破产程序规范对个别相互冲突、根本上难以调和的非破产法实体规范与程序规范予以改变，全面体现出破产法的体系强制力。[③] 譬如，在当前市场经济实践中，在传统的不动产抵押权之外，动产担保物权兴起，动产浮动抵押、最高额抵押、动产购置款抵押等多元担保物权形态出现。动产质权通过第三方监管的动态质押方式可以实现不转移动产占有，从而使动产继续在质押人处发挥使用价值。除了抵押权、质押权、留置权等典型担保物权类型，动产让与担保、所有权保留、融资租赁、有追索权的保理等权利移转型的非典型动产担保物权异军突起，克服了传统动产担保物权在经济实践中的诸多不便，充分满足了市场主体信贷双方的融资便利与保障债权的安全性需求。[④] 在担保物权大变革、大发展之际，担保物权大幅度扩张，设立于债务人的几乎全部财产之上，破产程序实质上演化为破产管理人帮助担保物权人实现债权的特别程序，破产程序对普通债权人的制度价值受到极大的削弱，因为全部或大部分的破产财产被担保物权人所控制，即使具有挽救价值的企业债务人也因缺乏必要的财产基础而难以成功重整。担保物权制度在法律体系内所施行的“霸权主义”行径侵害了无担保选择能力的普通债权人的利益，也极大地干扰了破产法调整目标的实现，而为破产法的体系强制力所不容。现代企业破产法凸显拯救观念，并全面落实于破产法的体系强制力之中，破产法体系强制力的适用会削弱强势权利人的传统地位，即使企业债务人没有事业再生的可能性，也

---

① ［美］E. 博登海默：《法理学：法律哲学与法律方法》（修订版），邓正来译，中国政法大学出版社2004年版，第114～117页。

② 拉德布鲁赫将法的价值归纳为正义性、合目的性与安定性。参见［德］古斯塔夫·拉德布鲁赫：《法哲学入门》，雷磊译，商务印书馆2019年版，第30～31页。

③ 参见郭靖祎：《海商法与破产法的冲突与弥合》，载《华东政法大学学报》2018年第1期。

④ 所有权保留和担保所有权转移约定通常囊括了债务人的全部财产范围。其后果是，在破产程序中，债务人几乎没有财产来满足无担保的债权人，因为担保债权人可以在破产程序之外受偿，而一般情况下无担保债权人几乎得不到破产财产。因此，虽然担保权有其经济上的优点，但是却导致了实践中破产程序因为缺乏破产财产无法启动而失去意义。参见［德］M. 沃尔夫：《物权法》，吴越、李大雪译，法律出版社2004年版，第293页。

应当优先考虑使其有尊严地退出市场,不至于过于惨淡而致使主体对未来的市场风险望而却步,影响市场的活力与创新力。① 当然,破产法的体系强制力对非破产法规范的"破坏"往往限于权利的非核心内容,并受到破产法尊重私法实体规范理念的束缚。于是,现代各国破产立法纷纷探索对除担保物权的优先受偿力之外的权利内容进行破产限制的举措,如担保物权的暂停行使规则在保障担保物权优先受偿力的基础上,限制担保物权的行权时间,以此减少渐趋蔓延的担保物权的实践适用所带来的负外部性。辩证地分析,破产法对担保物权的体系强制力的发挥,也有助于担保物权制度体系及时反思自我,改变追求过度担保而忽视企业债务人经营与财务状况的"懒惰"习惯,遏制信贷市场上"劣币驱逐良币"的乱象,提高信贷发放的精准度,避免了低效或无效的贷款,提升了资金在社会经济中流动的效果。②

司法机关作为国家公权力的代表主导破产程序的整个进程,其在破产法的规范体系框架下,通过灵活运用司法的自由裁量权,对企业债务人是否具有重整价值、担保物是否为企业重整所必需、重整计划的执行前景预测等事项作出商业判断。③ 当然,需要法官进行商业判断的领域原则上都是在私法实体规范以及破产程序规范的调整疆域之外,破产法院所发挥出的"能动性"在一定程度上补充了作为经济宪法一分子的破产法律规范的缺漏,但因其功能发挥的前提是于破产程序之中,所以受到破产法所尊重的实体规范与破产程序规范的双重约束。破产法官的裁判是依法自由裁量,对私人意思自治的效果予以评价,其本质上成为企业破产法对法律规范体系产生的影响力的一部分,即为破产法体系强制力的表现之一。

(三)以比例原则设置破产法体系强制力的边界

破产法的实体规范建立在非破产法,尤其是私法实体规范的基础之上,当且仅当非破产法实体规范与破产法的集中公平清理债之关系、保障债务人事业的全新开始等核心价值目标发生抵触而无法平衡时,破产法才对前者予以必要的

---

① 参见[英]费奥娜·托米:《英国公司和个人破产法》(第2版),汤维建、刘静译,北京大学出版社2010年版,第59页。

② 参见许德风:《论担保物权的经济意义及我国破产法的缺失》,载《清华法学》2007年第3期。

③ 参见李曙光:《破产法的宪法性及市场经济价值》,载《北京大学学报(哲学社会科学版)》2019年第1期。

改变。[①] 除此之外,非破产实体规范只是在破产程序中获得维持,实体内容并未较破产程序启动前有本质变化。[②] 在破产法体系强制力作用的领域内,破产法规范仍需严守比例原则,以期通过对法律规范体系的最小“破坏”换来破产目标的最大化实现。

1. 比例原则的方法论意义

比例原则本身是宪法层面的权利的平衡方法。[③] 但有学者对权利平衡方法的正当性提出质疑,认为平等方法使对法律问题的裁决脱离了对与错等概念的领域,而带入诸如充分与否和自由裁量权的范畴中,充斥着价值判断的平衡方法能够产生决断的结果,却不能证成结果。[④] 阿列克西(Alexy)教授则认为,不同基本权利的价值与原则经常发生冲突,只能通过平衡方法解决。平衡方法对权利来说不是一种危险,相反,它是给予权利保护的必要手段,平衡方法不是辩论的替代方案,而是理性实践话语不可或缺的形式。[⑤] 笔者认为,作为处理价值冲突的权利平衡方法,并未消弭权利之间的界限,只是针对必然存在的权利边界的模糊现象作出的不得已的选择,对其正当性的评判不应局限于价值平衡的尝试,而应同时结合法律规范与价值分立的基本面,如此方为公允与客观。

比例原则是平衡方法的典型代表,其意在以最小的代价换取主体需求最大可能之满足,法律本身也体现出比例原则的思想,法律就是以尽可能小的代价满足社会需求的一种社会制度。[⑥] 换言之,合目的性是法律的主要价值之一,不仅要求法律规范的内容符合宪法价值所统率的法律规范体系的整体目的,以此保证法律规范目的与事物本质的契合性,以求得法律规范的正当性基础,而且要求所设置的法律规范是达致调整目标的有效手段,符合比例原则。[⑦] 比例原则对法

---

① 由于担保物权是基本财产权,因此对担保物权行使的限制必须慎重,避免触及其权利的核心内容。参见王利明:《物权法研究》(第 4 版),中国人民大学出版社 2016 年版,第 86 页。

② 参见[美]道格拉斯·G. 贝尔德:《美国破产法精要》(第 6 版),徐阳光、武诗敏译,法律出版社 2020 年版,第 4 ~5 页。

③ See Robert Alexy, *A Theory of Constitutional Rights*, Trans. J. Rivers. Oxford University Press, 2002, p.47.

④ See Michel Rosenfeld and Andrew Arato (eds.), *Habermas on Law and Democracy: Critical Exchange*, University of California Press, 1998, p.430.

⑤ See Robert Alexy, *Constitutional Rights, Balancing, and Rationality*, Ratio Juris, Vol. 16, Issue 2, 2003, p.131 - 133.

⑥ 参见[美]罗斯科·庞德:《法哲学导论》,于柏华译,商务印书馆 2019 年版,第 43 页。

⑦ 参见陈清秀:《法理学》(修订 2 版),台北,元照出版有限公司 2017 年版,第 119 页。

律所调整的大部分领域都具有指导与适用意义,就此而言,比例原则可以成为法学通用的一种方法论。

比例原则原本是公法为调和公益与私益之间的冲突,达致实质正义理念而适用的一种理性思考法则,又被称为过度禁止原则,属于法治国家原则中的重要内涵原则。对所有国家行为具备拘束力,要求国家为实现公益目标所采取的手段与侵害的私人法益间须适当、必要、相当,存在合理程度的比例关联性,分别对应着比例原则的三项子原则,即适当原则(合目的性原则)①、必要原则(最小侵害原则)、相当原则(狭义比例原则)。其内涵分别在于,国家行为应有助于调整目标的达成,在实现目标的多种方法之间应选择对私益损害最小者,作为国家行为目标的公益与所损害的私益之间不得显失均衡。② 比例原则严禁国家行为手段的过度运行造成人民过重的负担,以此证成公权力的合法性与正当性,也就是说,人民最多只能为公益做绝对必要之牺牲,国家不能对人民要求更多。③ 而且,个体的本性往往是功利的,法律强制个体背离对私利的追求而采取与公共目标相一致的集体行动,必然具有违反个体本性的稀缺性,法律应当尽量节省使用这一要求。④

2. 对基本权利的限制须遵循比例原则

就比例原则所针对的衡量对象而言,必然涉及私人利益,而法律所承认的私人利益是以权利的形式展现出来的,宪法对权利进行评价往往须回到基本权利的话语体系中,为实现国家的公益目标所造成的私益受损也相应表现为基本权利的限制。基本权利自身蕴含着受限的因子。前文已述及,基本权利具有主观权利与客观价值秩序的双重面向,而后者强调不同个体所享有的基本权利的相互协调与整体效力的发挥,国家对基本权利的保护,不仅是对个体主观权利的保护,而且在保障经由基本权利客观价值秩序所形成的社会共同利益。⑤ 由此,保

① 也有学者在适当原则之前设置目的正当原则,比例原则的细目相应体现为4项子原则。参见张翔:《基本权利的规范建构》(增订版),法律出版社2017年版,第110~111页。公益目的作为国家行为展开的前提,是不可或缺的,比例原则三子原则说是将正当的公益目的置于比例原则衡量的基础,并非不考虑目的正当性。三子原则说与四子原则说没有本质区别。

② 参见吴信华:《宪法释论》(修订3版),台北,三民书局股份有限公司2018年版,第87页。

③ 参见陈新民:《行政法学总论》(新9版),台北,三民书局股份有限公司2015年版,第111页。

④ 参见[美]詹姆斯·M.布坎南、[美]戈登·图洛克:《同意的计算——立宪民主的逻辑基础》,陈光金译,上海人民出版社2017年版,第26页。

⑤ 参见张翔:《基本权利的双重性质》,载《法学研究》2005年第3期。

障私益与公益均为国家的核心宪法任务，私益与公益的冲突实质上是以私益为目标的主观权利与客观价值秩序的双面属性之间的冲突。调和个体基本权利的关系即涉及权利边界的设定，也就是基本权利的限制，基本权利的本质属性证成了自我的受限逻辑。① 即便如此，基本权利的客观价值秩序要求不能波及基本权利的核心内容，这是基本权利得以存续的基础，构成了基本权利限制的比例衡量的前提条件。

私益与公益均为受到宪法保护的法益，可以最终回溯至基本权利面向，公益并不比私益具有天然的优越性，在特定情形下的公益优先实现往往是宪法价值决断的结果，但须以比例原则严格划定冲突法益之间的边界，使不同法益之间的冲突获得尽量协调。② 经由宪法价值秩序对法律规范体系约束的媒介，比例原则得以成为法律规范进行利益衡量所采用的有效方法。③ 经济宪法着力建构的经济秩序当然是为公益目的，作为实现经济秩序之代价的受损的私人利益，应与经济宪法所实现的公益目标之间进行比例衡量。即使广义上的经济宪法并未涉入基本权利核心内容的专属领域，但若违反比例原则，也将逾越国家行为的合宪性界限，与宪法保障基本权利的要求不符，经济宪法将因此失去正当性。④

3. 破产法对担保物权的合比例约束进路

破产法作为广义经济宪法，对具有财产权基础的担保物权的限制，须遵循对基本权利限制的比例原则路径。基本权利有自我限制的倾向，担保物权也不例外。担保物权法律制度同时具备两项核心的调整目标：以优先受偿的担保物权制度推动信贷供应充足；防范出借人不公平地对待借款人。⑤ 担保物权法本身的调整目标即包括平衡担保物权人与担保人的权益，从而形成统一、和谐的信贷市

---

① 有些基础性的基本权利是在任何情况下不得以限制为名加以贬损的，如人格尊严等。参见郑贤君：《基本权利原理》，法律出版社2010年版，第209～211页。

② 参见[德]康拉德·黑塞：《联邦德国宪法纲要》，李辉译，商务印书馆2007年版，第50页。

③ 如民法领域也可以谨慎地适用比例原则来衡量相互冲突的利益，包括公益与私益的抵牾，也包括私人利益之间的冲突。有学者称之为“实践调和原则”。参见王利明：《民法上的利益位阶及其考量》，载《法学家》2014年第1期。

④ 在此意义上，有学者也将比例原则称为过剩禁止原则。参见朱全宝：《宪法权利实施研究》，中国社会科学出版社2015年版，第76页。

⑤ 如果把抵押法曲解为只保护借款人，就会导致利率猛升而难以取得信用贷款。相反，根据纯粹的自由市场规则，出借人几乎可以一手决定所有的借贷要求，借款人可能要接受苛刻的条件。参见王佐发：《上市公司重整中债权人与中小股东的法律保护》，中国政法大学出版社2014年版，第67页。

场价值秩序。然而,在担保人(债务人)丧失债务清偿能力的特殊情形下,担保物权人与担保人在市场经济中的常态化利益格局被打破,普通债权人、优先权人等多方利益主体加入对破产财产的争夺中,破产法为建构市场主体退出的整体经济秩序,面临均衡不同个体冲突之利益的重任,对担保物权人的权利限制在所难免,倘若在破产程序中完全维持担保物权人在非破产法中的地位,不同群体间的权益协调将无从谈起。

破产法发挥体系强制力在限制担保物权的过程中必须遵守比例原则。担保物权人就担保物优先受偿作为担保物权的核心内容,受到宪法保护,破产法应予以维持并在破产程序中对其进行充分的保护。除此之外,破产法的体系强制力集中表现为破产程序对权利行使的束缚,担保物权人在非破产法之外的程序权利与救济措施,为破产程序中的权利所替代,担保物权人与破产债权人等权利人一样,须负担破产程序所施加的义务。[1] 由此,在破产法中贯彻比例原则往往意味着运用均衡思维,将破产法尊重私法实体规范的理念纳入破产法的体系强制力中去实现,而并非破产法的体系强制力在“布纳原则”的影响下无所作为,任由破产法的价值目标流逝。

---

① 参见王佐发:《上市公司重整中债权人与中小股东的法律保护》,中国政法大学出版社2014年版,第67页。

第二章　破产法对担保物权优先受偿力的调和

担保物权的优先受偿力衍生出其在微观法律关系与宏观经济秩序,以及顺应社会进步等不同层面的制度价值,这正印证了优先受偿力为担保物权的权利核心内容的论断,作为广义经济宪法的企业破产法,其体系强制力不能否定担保物权的优先受偿力。破产程序中担保物权的破产别除效力,正是担保物权对担保物的直接支配性的主要表现,破产法应尽最大可能予以尊重,破产程序中担保物权行权的受限主要体现为程序性的权利内容。受到破产法尊重私法实体规范理念影响的破产法的体系强制力,在破产程序中转化为破产撤销权等破产法特别调整规则,使得担保财产成为破产财产,物权担保债权被纳入破产债权的范畴内。由此,破产债权人在破产程序中的权利与义务内容,原则上也被施予物权担保债权人,而物权担保债权所衍生的追及效力、物上代位等物权效力,亦呈现新的特点。

一、担保物权基于优先受偿力的制度价值

对权利实现的安全价值的追求在所有法律制度中都有深刻的历史根源,体现为权利主体的心理需要和经济目标。誓言是最古老的保障权利安全的手段,似乎在所有社会中都得到认可,但在现代社会中越发失去了适用

的意义,担保物权成为近现代社会市场经济主体所青睐的“宠儿”。[①] 担保物权为债权人提供了债权实现的“有限风险”机制,在债之关系成立之初即稳固了债权人的市场预期。[②] 担保物权蕴含多重价值,包括保障债权的清偿,防范债务人的主观违约与客观清偿不能的风险,提升企业融资的便利度,激发市场活力,维护信贷与金融业的安全,促进国民经济的可持续发展等。[③] 在信息不对称的市场环境中,担保物权降低了债权人筛选债务人的成本,债务人提供担保本身代表着其可靠的信誉,物权担保债权人得以缩减监督债务人以保障债权安全的成本,在债务人违约的情况下,便于债权人的索赔。[④] 而担保物权所能发挥出的所有核心功能均在根本上源于其就担保物的优先受偿力,无此效力,则担保物权的一切意义都将化为梦幻泡影。

(一)信用经济与风险保障

信用本质上具有一种精神内涵,在不同的社会领域展现为不同的形式。作为社会伦理层面的信用,主要体现为诚信的道德,经济学视野中的信用又与经济利益结合在一起,而法学中的信用主要是基于市场延时交易而表现出的以借贷为主的关系,即债之法律关系。在以罗马法时代为典范的简单商品经济时代,市场交易以即时清结为主,但也出现了交易中授予信用的情况。现代市场经济中的交易形式则由即时清结发展为信用交易,契约的订立与履行发生在不同的时空场景中,信用经济产生,信用促进了市场资源的优化配置,在经济活力被信用充分激发、市场极度繁荣之际,如何降低债务人失信风险、保障债权人债权期待利益能够如约实现,成为摆在法律面前的重要任务。[⑤]

1.担保物权在债权保障措施中的优势

为防范债务人的违约风险,维护信用经济秩序,担保制度应运而生,成为信用经济背景下法律的主要风险保障措施。民法设置了两种不同层面的担保制

---

① See Jacob S. Ziegel, *Preferences and Priorities in Insolvency Law: Is There a Solution*, Saint Louis University Law Journal, Vol. 39, Issue 3, 1995, p.796.

② See Barry E. Adler, *An Equity-Agency Solution to the Bankruptcy-Priority Puzzle*, Journal of Legal Studies, Vol. 22, Issue 1, 1993, p.77.

③ See Philip R. Wood, *Comparative Law of Security and Guarantees*, Sweet & Maxwell, 1995, p.12.

④ See George G. Triantis, *Secured Debt under Conditions of Imperfect Information*, Journal of Legal Studies, Vol. 21, Issue 1, 1992, p.228.

⑤ 参见申卫星:《物权法原理》(第2版),中国人民大学出版社2016年版,第291~292页。

度：一是作为债的效力的自然延伸，以债务人的全部财产作为履行债务的担保，称为债的一般担保，为纠正债务人不当减少责任财产的行为，民法赋予债权人以代位权与撤销权；二是在债务人自身的全部责任财产之外，引入第三人所有的全部财产或特定财产纳入债务人偿债的财产基础之中，抑或针对债务人的部分财产进行特定化处理，从而区隔于债务人的其他财产作为某一债权人的专享受偿财产，此为债之特别担保。① 前者并不能确保债权人债权利益的安全性，因为债务人继续负担债务的自由未被限制。基于债权平等原则，某一在先成立的债权面临与后续陆续成立的其他债权对债务人的责任财产的清偿竞争，且当债务人不加节制地设立债务以至于超越其清偿能力而进入破产程序时，即便再勤勉的债权人也无法获得较其他债权人的优先受偿力，特别担保因此对降低债务人违约的风险具有了特殊的意义。一般担保的债权保障力极为微弱，保障债权受偿的担保法律制度通常专指特别担保，以外部力量补强了债的效力。后者又可区分为以第三人的信用或者特定财产（包括第三人的特定财产抑或债务人的特定财产）确保债权人利益实现的人保与物保制度。人保与物保，相应体现为保证与担保物权，②其区别于表面看来在于客体性质的差异，一为行为，二为物，究其实质在于客体的范围不同。与债之一般担保类似，人保仍依赖人之信用作为保障，只是在债务人的信用之外，增加了第三人的信用，反映在责任财产上，即为债务人与保证人的所有财产，却无法避免债务人与保证人同时出现过度负债而无清偿能力的情形，因保证人信用的变动，保证人的财产也处于浮动之中。物保则以对物特定化的方式，彻底摆脱了人的信用的不稳定性。③ 并且，得益于担保物权制度在经济实践中的普及，债务人获取信贷支持的前提往往是设立担保物权，在不能提供相应对价的情况下，债务人也无法请求第三人为自身债务提供物权

---

① 参见高圣平：《担保法论》，法律出版社2009年版，第2页。

② 担保物权与保证在民法中的立法体例，主要存在三种模式：在大陆法系国家，如德国、瑞士、日本，担保物权与保证分置于《民法典》的物权与债的部分；法国《民法典》将保证与质押和抵押等担保物权均作为取得财产的方式一并加以规定；而意大利与魁北克的《民法典》也将保证放在债法中，但是将担保物权置于物权法和债法之外单独规定，并且强调其财产担保的属性。参见费安玲、龙云丽：《信用担保人权利救济之研究：以保证人权利制度完善为研究视角》，中国政法大学出版社2013年版，第93页。我国《民法典》则贯彻了学界通说的观点，将既有的《担保法》的内容一分为二，将物的担保纳入物权法的范围，而将人的担保纳入债权的范畴，《担保法》被实质废止。

③ 参见李磊明：《物权债权冲突解决机制研究》，法律出版社2012年版，第17页；房绍坤、王洪平：《债法要论》，华中科技大学出版社2013年版，第122～124页。

担保,只能寻求在自有财产上设立担保物权的可能,而债务人所有的财产具有有限性,债务人为某债权人设定了担保物权则意味着能为他人设立有效物权担保的基础财产减少,客观上限制了债务人的过度负债行为。① 而且,很多担保贷款合同还会通过约定限制债务人在未经物权担保债权人同意的情况下通过其他途径融资的自由,以避免其威胁物权担保债权人就担保物的优先受偿顺位,以此通过合同的相对效力对债务人的再负债行为予以约束。② 此外,债务人财产之上的物权担保负担的存在也不排除对企业良好的经营与财务状况的反映,是企业对自身实力充分自信的表现,因为担保负担将限制债务人未来的借贷机会,有担保的债权人因可能实现担保物权的行为而对企业产生更大的影响力,并使企业在困境中更难重新安排债务,一家愿意其财产上承受担保负担的企业在暗示,其不担心担保权益在将来可能对其借款能力等造成限制,该企业对自身未来的发展前景有着良好的预期,否则,担保融资没有意义。③ 即便法律允许在同一物上重复担保,如设立多重抵押权,但毕竟后顺位抵押权人的优先受偿权切实打了折扣,甚至仅存担保物权的"虚名",④理性信贷提供人也不甘于获得没有意义的后顺位担保物权人的法律地位。由此,担保物权因应了市场主体规避违约风险的债权保障需求,以可靠的增信手段稳定了主体在交易订立阶段对结果的预期,⑤消除了债务人的机会主义行为对债权人的不利影响,在保障债权、维持信用制度

---

① 参见许德风:《破产法论——解释与功能比较的视角》,北京大学出版社2015年版,第292页。

② See Alan Schwartz, *A Theory of Loan Priorities*, Journal of Legal Studies, Vol. 18, Issue 2, 1989, p. 212.

③ See Alan Schwartz, *Security Interests and Bankruptcy Priorities: A Review of Current Theories*, Journal of Legal Studies, Vol. 10, Issue 1, 1981, p. 15.

④ 譬如,担保物价值尚低于前顺位的物权担保债权的总债权额。

⑤ 担保物权是信用经济的产物,能够与社会信用体系建设进行双向互动,形成良性循环。担保物权改善了市场主体的信用状况,推动了社会信用的完善,而担保物权制度的发展也有赖于社会信用水平的提升。担保物权与社会信用的关系呈现"一损俱损,一荣俱荣"的特点。如相较于不动产担保物权,动产担保物权由于公示公信方法的发展和财产流动性大等特点而与社会信用程度的关系更为紧密,也更加需要信誉作为其运转的坚实有力的后盾。这一特征在占有的概念不限于直接占有后,在非占有型动产担保蓬勃发展中更加明显。在这种制度架构下,个人信誉、整个社会信用程度均是影响这一制度能否有效运转的最为重要的因素。参见徐海燕、李莉:《物权担保前沿理论与实务探讨》,中国法制出版社2012年版,第218页。

基础的同时,也有力地促进了资金的融通。①

2. 担保物权的制度目标集中展示于破产程序中

担保物权保障债权受偿的价值在企业破产程序中被充分展现出来。在担保物权设定时,债务人并未违约,担保物权是对未来债务人可能发生的违约行为的风险预防措施,担保物权中的财产利益因此具有一种或然属性,仅当债务人违约时,这一财产权益才被激活。② 在债务人因丧失债务清偿能力而进入破产程序的特殊场域下,担保债权之中蕴含的财产利益得以实然化,而且较债务人主观违约而非客观不能清偿债务的情形而言,破产程序中的担保物权的财产利益值得特别珍惜,因为除此担保物权的优先受偿力作为"救命稻草"之外,物权担保债权人难以寻求超越普通债权人按债权比例受偿的机会。③ 对于债务人主观违约,物权担保债权人可以选择行使普通债权人享有的申请公权力介入的强制执行权,抑或行使担保物权经由特别司法程序优先受偿,④最终由物权担保债权人基于功利性衡量决定。

(二)打破信贷双方信息不对称的僵局

债权人可以通过监督债务人的行为或从一开始就获得对债务人的某些权利来降低债务人不当行为的风险,譬如,债权人获得担保物权的保障。⑤ 现代微观经济学认为,在完全信息对称的市场中,提供物权担保的融资是无效的,而在存在信息障碍的市场中,有担保的融资使得借款人获得优惠利率具有可能。⑥ 在经济实践中,市场交易成本的存在是一种普遍的现象,而交易主体之间的信息不对称是交易成本产生的重要因素,在借贷法律关系中,信息不对称问题也凸显于债

---

① 参见张晓娟:《动产担保法律制度现代化研究》,中国政法大学出版社2013年版,第37~38页;马特:《物权法前沿理论与实务研究》,知识产权出版社2014年版,第178页。

② See Barry E. Adler, Douglas G. Baird and Thomas H. Jackson, *Bankruptcy: Cases, Problems and Materials*, Foundation Press, 2007, p.13.

③ 在债务人尚具债务清偿能力时,担保物权至多使其可以节约债权实现的部分程序成本,而当债务人破产程序启动时,担保物权就具有了实质意义。参见潘琪:《美国破产法》,法律出版社1999年版,第129页。

④ 一些国家的民事程序法规范了担保物权不同于民事诉讼的特别实现程序,如我国《民事诉讼法》第十五章第七节,旨在设置担保物权人行权的简易司法程序,有利于担保物权人节约行权成本。

⑤ See Randal C. Picker, *Security Interests, Misbehavior, and Common Pools*, University of Chicago Law Review, Vol. 59, Issue 2, 1992, p.653-654.

⑥ See Roderick A. Macdonald, *Modernization of Personal Property Security Law: A Quebec Perspective*, Canadian Business Law Journal, Vol. 10, Issue 2, 1985, p.184.

权人与债务人之间。即便事先经过谨慎、充分的尽职调查,信贷提供人往往仍难以准确预计债务人的经济前景与履约情况,为控制信贷风险,在内部消化既往不良业务造成的信贷损失,信贷提供人可以选择大幅提高债务人借款的利率,但高额利息“成功”地将实质资信良好的债务人驱逐出信贷市场,反而增加了不良信贷的产生,信贷市场出现了“提息—不良信贷—再提息”的恶性循环,当利率升至某临界点,将导致信贷市场的整体萎缩。对此,担保物权再次成为破解市场难题的“金钥匙”,它为信贷提供人供应了稳妥的风险规避工具,担保物的物理形态增强了信贷提供人的安全感,他无须频繁干预债务人的经营活动以监督债务人的经济状况来确保债务的履行,节约的监督成本与形成的对双方当事人均友好、便捷的信贷关系格局就是担保物权制度带来的具体效益。① 详言之,不同于普通债权人全面监控债务人经营与财务状况的风险防范需求,物权担保债权人只需监督债务人设定担保的特定物价值的稳定即可满足保障债权利益的目标,因避免了对债务人的全程监控,而得以有效降低监督成本。② 担保物权制度弥合了市场交易中债权人与债务人之间的信息鸿沟,以独特的增信方式,使二者之间建立起必要的信任。③ 就此而言,担保制度是为了解决信息不对称所导致的市场信用的实践“悖论”而生的,市场信用的发展对担保物权制度提出了要求,也促进了担保市场的繁荣与活力。

有学者认为,在债权人风险中性的完美市场下,债务人不能通过提供物权担保来降低融资成本,因为债务人给予部分债权人以物权担保的优先受偿权待遇而致使普通债权人的债务风险增加,债务人从有担保债权人处融资所节省的成本将与从其余普通债权人处融资所增长的成本相抵销。但是,当不同的债权人

---

① 参见许德风:《论担保物权的经济意义及我国破产法的缺失》,载《清华法学》2007 年第 3 期;徐海燕、李莉:《物权担保前沿理论与实务探讨》,中国法制出版社 2012 年版,第 11 页。

② See Alan Schwartz, *Security Interests and Bankruptcy Priorities: A Review of Current Theories*, Journal of Legal Studies, Vol. 10, Issue 1, 1981, p. 10.

③ 任何制度都有双面性。担保物权制度在为债权人提供债权受偿的安全保障的同时,也使其放松了对必要注意义务的重视,热衷于加重担保人的负担,而轻视对担保人资信状况的基本审查,出现了“向担保人逃避”的现象,根源在于债权人仍秉持担保作为风险转移工具的传统观念,而没有同时树立担保也旨在分散风险的意识。参见曹士兵:《中国担保制度与担保方法》(第 4 版),中国法制出版社 2017 年版,第 11 页。债权人担保风险转移的理念,忽视了担保人丧失担保债务清偿能力的破产的风险。同时,担保风险分散内含着风险管理的要求,而保险公司作为专业机构,能够对风险实施有效的管理,商业保险机制在分散担保风险方面具有不可比拟的优势与价值。

对风险厌恶程度相异时，企业债务人可以通过保障最厌恶风险的债权人的债权受偿安全来降低净成本，即以在不同的债权人之间有效分配风险来降低融资成本。① 有学者对此假设持不同意见，其认为企业债务人对外的融资是由整个债务市场而非单个债权人来定价的，即使债权人在两个不同的市场上融资，债权人往往也不能通过在风险厌恶程度更高的市场上通过提供物权担保来降低借贷成本，因为此时债权人个体的风险厌恶程度决定着其投资组合的构成而非债权的价格。② 笔者赞成后一种意见，债权人个体通过识别与选择不同市场而控制借贷成本的能力有限。

（三）担保物权的流通性变革进一步满足融资需求

担保物权以物的特定化的法律技术为债权的实现提供保障，保全债权也因此成为担保物权的传统功能，强调担保物权对债权的从属性，但却忽视了担保物权作为债务人融资手段所具备的流通性的属性。③ 不同于我国以及法国、日本等适用的保全性抵押权不得单独作为市场交易客体的束缚，德国、瑞士强调抵押权的流通性，其建立在抵押权的独立性基础之上，如德国民法上历来存在的土地债务与定期金土地债权的担保物权类型，本身与债权的关联性不强，德国通过证券化技术，辅之以抵押权顺位固定主义，设定抵押证券、土地债务证券。瑞士也出现了地租证券和抵押债务证券等抽象化的抵押权，进一步弱化了抵押权的从属性，促进了抵押权在金融市场上的流通，契合了现代社会中市场主体对资金的迫切需求。④ 现代市场经济要求担保物权能够以更灵活的方式进一步发挥其支配

---

① See James J. White, *Efficiency Justifications for Personal Property Security*, Vanderbilt Law Review, Vol. 37, Issue 3, 1984, p. 491 - 502.

② See George G. Triantis, *Secured Debt under Conditions of Imperfect Information*, Journal of Legal Studies, Vol. 21, Issue 1, 1992, p. 228.

③ “保障债权实现”是担保物权的核心价值，也是《中华人民共和国担保法》第 1 条确立的立法宗旨，在司法实践中，法官往往倾向于认为，债权人的地位在同等条件下要优于债务人和担保人，在债权人的利益与债务人、担保人的利益发生冲突，各方无法实现互利、“双赢”，法律又无具体规定时，以担保法立法宗旨为法律解释依据，债权人的利益应居于优先受保护的地位。参见曹士兵：《中国担保制度与担保方法》（第 4 版），中国法制出版社 2017 年版，第 6 ~ 7 页。《中华人民共和国担保法》的该观念与我国当时的社会信用水平较低的市场背景有关，但随着我国市场经济的全方面发展以及社会信用体系建设的深入，市场信用程度有了显著提升，没有必要再对债权人予以特别保护，而宜在担保物权法律规范中着力平衡担保物权人、担保人（债务人）以及普通债权人的利益，这在破产程序中尤其具有意义。

④ 参见陈华彬：《我国物权立法难点问题研究》，首都经济贸易大学出版社 2014 年版，第 44 ~ 46 页。

物的价值的优势,以满足市场主体融资的更高需求。作为定限物权的担保物权奉行物权法定原则,担保物权类型与内容的法定结合物权公示原则,为担保物权的独立性与流通性创造了条件,弱化担保物权的从属性,推动其流通性是一种现实的选择。① 即使是秉持担保物权保全债权功能观的国家,其担保物权的从属性也出现了松动,如对最高额抵押权的承认。担保物权的流通性变革与证券化处理,亦为金融创新提供了工具,促进了金融的繁荣,也推动了信贷行业的商业惯例的形成,以行业制式担保条款等形式,进一步提升了当事人设定担保物权的效率。②

(四)担保物权制度的正外部性

担保物权满足了信用经济下交易主体对债权安全与资金融通的需要,是鼓励交易、保障信用的重要手段。担保物权诱导了债权的产生,最高额抵押权即为典型范例,其实质上激发了市场经济的活力,推动了资金的流动。③ 担保物权也助推了信贷提供人与债务人以信贷合同的方式建立联系,作为银行等专业金融机构的信贷提供人也会从风险防范的角度给予债务人相关建议,有利于债务人控制财务风险。④ 如果没有担保物权法律制度的支持,信贷成本的上升与不良信贷业务的暴增,将给信贷行业造成毁灭性打击,进而经由金融风险的传导,严重影响整个国民经济的发展,全民就业与经济发展也会受此干扰,可以说,担保物权市场是国民经济的重要支柱,社会公众均能从中获益。⑤ 因此,担保物权在强

---

① 参见徐海燕、李莉:《物权担保前沿理论与实务探讨》,中国法制出版社 2012 年版,第 55 ~ 57 页、第 65 页;李显冬主编:《民法物权法典型案例疏议》,法律出版社 2010 年版,第 382 页。

② 譬如,在美国,几乎机构出借人提供的所有居住性贷款,都采用得到联邦资助的联邦全国抵押联合公司[the Federal National Mortgage Association,又称 Fannie Mae(房利美)]和联邦住宅贷款抵押公司[the Federal Home Loan Mortgage Corporation,又称 Freddie Mac(房贷美)]的格式化抵押文件。因为抵押贷款一般由各地的贷款出借人设立,而后它们为取得再次放贷的资金就把这些抵押贷款出售给房利美、房贷美以及其他机构——所谓二级市场。因为这些机构只购买符合它们设定的格式条件的贷款,所以,使用它们的格式条款就成为行内的通常惯例。相反,商业性的抵押贷款文件仍然一般由各个机构按照自己的需要自行起草。参见[美]约翰·G. 斯普兰克林:《美国财产法精解》,钟书峰译,北京大学出版社 2009 年版,第 347 ~ 348 页。

③ 参见崔建远:《物权:规范与学说——以中国物权法的解释论为中心》(上册),清华大学出版社 2011 年版,第 6 页;王泽鉴:《民法物权》,北京大学出版社 2009 年版,第 352 页。

④ 参见[美]杰伊·劳伦斯·韦斯特布鲁克、[美]查尔斯·布斯、[德]克里斯托弗·保勒斯、[英]哈里·拉贾克:《商事破产:全球视野下的比较分析》,王之洲译,中国政法大学出版社 2018 年版,第 40 页。

⑤ 参见[德]M. 沃尔夫:《物权法》(第 2 版),吴越、李大雪译,法律出版社 2004 年版,第 292 页。

制执行程序,尤其是在债务人破产程序中,就担保物的优先受偿能否得到承认与维持,是影响国民经济发展的根本问题。①

担保物权制度为解决中小企业融资难的问题提供了契机,促进了中小企业的发展,反映了社会政策的导向。有学者分析,由于担保物权的公示要求,企业设定担保物权将对外传递出资信可能不佳的信号,担保物权工具因之而为无迫切融资需求的大企业所不愿运用,对于中小企业而言,其难以凭借资信状况直接获取必要借款,担保物权不仅为其获取资金提供了便利,而且能较自身不提供物权担保的假设情形而言降低信贷利息,中小企业债务人能够从担保物权制度中获得显著的实益。② 当然,担保物权对债务人融资的重要意义也不能完全否定无担保债权的作用,无担保债权人为保障债权受偿利益、防范债务人违约的风险,而加强对企业债务人的经营行为的监督,有助于及时发现企业管理层不诚实、懈怠甚至欺诈的经营行为,并向市场第一时间发出风险信号,而物权担保债权人是没有动力对企业债务人加强管理监督的。③

(五)顺应从身份到契约的时代发展趋势

债权本身强调非人格化的平等理念,而债权受偿的保障又需要区分不同财产与资信状况的债务人,债权本身出现矛盾,而即便债务人成功动员了第三人提供保证担保,债权人仍无法摆脱对人的信用之监控负担,债权安全获得真正的保障始于财产担保化。④ 试想,倘若保证人信用不佳,则债权人享有的保证担保实与无担保的差别不大。⑤ 保证以保证人与债务人的连带性观念为前提,且要求债权人对保证人的财产状况予以调查与监督,在债务人财产之外,极大增加了债权人的负担与成本。⑥ 而且,不仅债务人可能过度负债而使某一债权人得以受偿的

---

① 参见[德]鲍尔、[德]施蒂尔纳:《德国物权法》(下册),申卫星、王洪亮译,法律出版社2006年版,第183页。

② 参见许德风:《破产法论——解释与功能比较的视角》,北京大学出版社2015年版,第295~297页。

③ See Barry E. Adler, *An Equity-Agency Solution to the Bankruptcy-Priority Puzzle*, Journal of Legal Studies, Vol. 22, Issue 1, 1993, p. 75.

④ 参见[日]我妻荣:《债权在近代法中的优越地位》,王书江、张雷译,中国大百科全书出版社1999年版,第48~49页。

⑤ 参见姚瑞光:《民法物权论》,中国政法大学出版社2011年版,第129页。

⑥ 参见[日]我妻荣:《我妻荣民法讲义Ⅲ:新订担保物权法》,申政武、封涛、郑芙蓉译,中国法制出版社2008年版,第3页。

债务人的责任财产被稀释,保证人也可能存在为多个债务人提供保证担保的情形,其作为保证责任基础的一般财产同样可能极度“缩水”。“从功能的角度来说,无论如何改良,人的担保都无法与物的担保同日而语。”①亨利·梅因曾言,所有进步社会的运动有其一致性,可以说,其均呈现“从身份到契约”的变化特征。② 法治发展的轨迹也呈现在市场交易中的私法中尽量消除依赖人身的因素,而强调法律以“自创生”系统的模式自我运行,此亦为法治由主观不确定性向客观确定性方向的不懈追求,担保物权制度的演化完美地诠释了这一点,顺应了法律发展的趋势。现代社会人员流动频繁,陌生人之间的信用关系更为普遍,对人的监督成本较大且不可靠,而支配特定物的交换价值对于权利人而言成本可控且安全,担保物权因摆脱人身属性使得债权人对其债权受偿更具有可预期性。③因为只有人才可能为欺诈行为,物不会。物本身因不可能存在道德风险与信用危机,比人的因素更有利于信贷目标的实现与交易安全。物权法内在体系本身也排除人身属性的规范存在,担保物权作为物权法律体系的组成部分,概莫能外。④ 由此,担保物权的蓬勃发展也适应了当前人类社会的发展特点,即由身份到契约,由熟人社会到陌生人社会,担保物权形态的不断创新、演变,与保证等人保方式的固化形成了鲜明的对照。

二、担保物权的破产别除效力

各种担保形式对债权优先受偿的保障效力均须经受债务人破产的终极考验与挑战。⑤ 担保物权在破产程序中的别除效力,充分体现了企业破产法对担保物权优先受偿力的承认与尊重。作为广义经济宪法的破产法,基于建构经济秩序的需要,对担保物权的别除效力有特别的要求,破坏破产法公平清理债权债务目标的于破产临界期增设的担保物权,将无法得到破产法的肯认。破产法的体系

---

① [日]我妻荣:《债权在近代法中的优越地位》,王书江、张雷译,中国大百科全书出版社1999年版,第3页。

② 参见[英]亨利·梅因:《古代法》,沈景一译,商务印书馆1996年版,第96~97页。

③ 参见程啸:《担保物权研究》,中国人民大学出版社2017年版,第8页。

④ 物权是一种与人身权对立的财产权类型,人身权必然蕴含着人格或身份的因素,财产权作为与人格或身份相分离的私权,以金钱价值为其内容。参见[日]三潴信三:《物权法提要》,孙芳译,中国政法大学出版社2005年版,第8页。

⑤ 参见[英]F. H. 劳森、[英]伯纳德·冉得:《英国财产法导论》,曹培译,法律出版社2009年版,第151页。

强制力对担保物权的优先受偿力之外内容的全面干预,使得担保财产得以被纳入破产财产范畴之中。

(一)从别除权到担保物权的别除效力

反映担保物权之物权效力的破产别除权,在现代破产法中完全排除破产程序的干扰已然不能实现,程序法意义上的破产别除仅在个别的破产环节发挥作用,而在实体层面,担保物权的破产别除仅于优先受偿力处得以保留。由此,破产别除权逐步衍变为担保物权的破产别除效力,主要强调担保物权的核心内容对破产法体系强制力调整的豁免。

1. 别除权概念的发展

别除权主要是大陆法系国家破产法中的特有概念,但对于别除权的内涵,学界有不同的定义。代表性的观点有:(1)王欣新教授认为,别除权是债权人基于其享有的担保物权或法定特别优先权,就债务人的特定财产在破产程序中优先受偿的权利,别除权的称谓是私法中特定的优先受偿权利结合破产程序的特点而命名的。① 别除权的行使受到破产程序的影响,尤其在担保物为破产管理人占有时,别除权人无法逾越管理人实现权利,别除权的概念强调其优先受偿力不受破产程序的干扰,这不同于"在破产程序之外行使权利"与"不依破产程序受偿"之类的表述。② 李永军教授也提出,我国相对完整意义的别除权只存在于破产清算程序中,破产和解程序对别除权施加了限制,而我国破产重整程序中没有别除权只存在担保物权。③ 杨春平教授认为,破产程序中的别除权已不同于作为其基础权利的担保物权,别除权的优先受偿必须在破产程序中实现,破产法的债权平等受偿原则所不能打破的只是担保物权优先受偿力这一实体权利内容。④ 日本学者谷口安平教授认为,实体法上的担保物权以优先受偿力为核心内容,在破产程序中无条件地承认其效力可能会有违破产法调整的目标,因此,应当依据破产法治的政策判断赋予何种担保物权以别除权的法律地位。⑤ 日本学者伊藤真认为,虽然担保物权的优先受偿力得到了破产法的尊重,但不等于担保物权不受破

① 参见王欣新:《破产法》(第4版),中国人民大学出版社2019年版,第355页。

② 参见王欣新:《破产别除权理论与实务研究》,载《政法论坛》2007年第1期。

③ 参见李永军:《破产法——理论与规范研究》,中国政法大学出版社2013年版,第303页。

④ 参见杨春平:《我国"别除权"立法及理论研究》,载《河北法学》2010年第3期。

⑤ 参见[日]谷口安平主编:《日本倒产法概述》,[日]佐藤孝弘、田言等译,中国政法大学出版社2017年版,第121~122页。

产管理人的干涉,如关于非典型担保等权利类型是否构成担保物权,以及未公示的采取登记对抗主义的个别担保物权能否对抗破产管理人的主张,还有具备特殊设立情形的担保物权能否进入破产撤销权的视野等问题,破产法均须予以衡量。① (2)陈计男教授认为,别除权是就破产财产中的特定财产优先且个别受偿的权利,其权利基础为担保物权,别除权人可不依破产程序行权,而不论是特别优先权还是一般优先权,均须与普通破产债权一并在破产程序中受偿。② 我国学者邹海林教授、周泽新教授以及日本学者石川明教授等也持类似观点。③

破产法学界普遍认为,别除权是依照非破产法规范中的权利效力而来,并非破产法所创设,而是破产程序尊重担保物权等权利所产生的效力,在破产程序中作为具有同样别除效力的一类权利统一规定,以免分设规范而产生杂乱。④ 而且,别除财产为破产财产中的特定财产,所以,如第三人对债务人的债权人设定的担保物权,担保财产为第三人而非债务人所有,不构成别除权,但债务人为第三人债务提供担保物权,即债务人作为物上保证人⑤的情形下,第三人的债权人对债务人所主张的担保物权,在债务人破产程序中构成别除权。⑥ 主要分歧在于,别除权的非破产法上的权利基础是否仅限于担保物权,以及别除权人是否须在破产程序中行权,并遵循破产程序规范。

笔者认为,不同国家的担保物权法定类型体系差异较大,在日本,担保物权

---

① 参见[日]伊藤真:《破产法》,刘荣军、鲍荣振译,中国社会科学出版社1995年版,第83页。

② 参见陈计男:《破产法论》,台北,三民书局股份有限公司2004年版,第183~184页。

③ 石川明教授认为,就属于破产财团的特定的财产,不按照破产程序而优先得到清偿的权利称为别除权。参见[日]石川明:《日本破产法》,何勤华、周桂秋译,上海社会科学院出版社1995年版,第80页。邹海林教授、周泽新教授认为,别除权是指担保物权人就受破产程序约束的债务人的特定财产和权利(担保标的物)享有的不依破产程序而优先受偿的权利。参见邹海林、周泽新:《破产法学的新发展》,中国社会科学出版社2013年版,第165页。

④ 参见吴传颐编著:《比较破产法》,商务印书馆2013年版,第295~296页。依据我国《企业破产法》第16条、第19条的规定,担保物权在我国破产程序中不受关于破产程序禁止个别清偿的限制,不受破产程序启动民事执行程序中止的限制,这充分体现了我国破产立法对担保物权优先受偿力的维护。

⑤ 在债权人和第三人依法缔结担保物权合同,以特定财产为债权人提供担保的场合,该第三人与保证人存在相似之处,因此该第三人在学说上被称为物上保证人。参见申卫星:《物权法原理》(第2版),中国人民大学出版社2016年版,第292~293页。

⑥ 当物权担保债权为破产债权时,其享有破产程序所赋予的债权加速到期效力,即便债权尚未到期,在破产程序启动后,别除权人可以行使别除权,但债务人作物上保证人时,其担保的债权不是债务人的破产债权,倘若清偿期尚未届满,别除权人不可以行使别除权。参见[日]石川明:《日本破产法》,何勤华、周桂秋译,上海社会科学院出版社1995年版,第85页。

包括特别先取特权(特别优先权),因而法定特别优先权与其他担保物权类型在日本法律体系中应当享有一致的破产别除效力。法国民法中的优先权也具有类似担保物权的法律地位。我国《民法典》中担保物权的类型并未涵盖优先权,优先权在《民法典》之外依据其他法律规范而设置,作为法定的权利类型,如建设工程款优先权等特别优先权实质上具备了担保物权的优先受偿力,同样可以就特定物优先受偿,甚至优先于担保物权。我国破产立法中的别除权未包括优先权在内,仅限于担保物权。[①] 但就实质意义而言,无论其是否隶属于担保物权体系,以法定特别优先权于非破产法上就特定物的优先受偿效力判断,其在破产程序中的别除效力应予以承认。基于现代破产法立法主旨的考量,破产法对破产程序中的担保物权与法定特别优先权的非核心内容施加了一定程度的必要限制,并配合充分保护的措施,以保证其优先受偿力的核心内容不受影响,这与传统破产法中完全不受破产程序影响的别除权不同。王欣新教授对别除权的界定更契合现代破产法的理念,并兼顾了别除权优先受偿的本质。但鉴于别除权已无法真正别除于破产程序之外,笔者将主要采取担保物权的别除效力的表述,以示企业破产法的体系强制力对别除权的影响。[②]

2. 英美法系中担保权益的破产别除

英美法系没有担保物权的特有概念,其往往被称为担保权益,且与大陆法系担保物权的类型范围有所不同,而享有担保权益的破产债权,被称为“有担保债权”(secured credit)。[③] 在美国法中,担保权益包括协议担保权益(类似于意定担保)、法定担保权益(类似于留置权等法定担保),以及通过对债务人财产的司法扣押而形成的司法担保权益。[④] 在执行程序与破产程序中,只有协议担保权益与

---

① 参见汤维建主编:《新企业破产法解读与适用》,中国法制出版社2006年版,第331页。

② 大陆法系国家中的破产立法,也未完全采取别除权的称谓,其主要作为学理语言。如德国《破产法》以“有别除权的债权”概念一以贯之。日本《破产法》第65条、第66条在破产清算程序中仍使用别除权的概念,而限制担保物权人行权程序的公司更生程序(公司重整程序)则使用了“更生担保权”的称谓,如日本《公司更生法》第123条第1款,二者的权利类型范围一致,均为特别先取特权、抵押权、质权以及商事留置权。参见王福强:《破产重整中的营业保护机制研究》,法律出版社2015年版,第197页。

③ 参见陈英:《破产重整中的利益分析与制度构造——以利益主体为视角》,山东大学出版社2013年版,第84页。有学者立足于大陆法系的法制背景认为,别除权以民法中担保物权制度为基础,并以有担保物权的债权为依据,但本身并非债权,故不宜称为“有财产担保的债权”。参见范健、王建文:《破产法》,法律出版社2009年版,第136页。

④ See 11 U.S. Code § 101(51), 101(53), 101(36).

法定担保权益的优先受偿力完全得到了维持。① 美国《破产法典》第101(36)条将担保权益(secured interests)界定为以保障债务的清偿抑或义务的履行而在特定财产上设定的负担或者权益。② 在美国《破产法典》中,除针对破产财产中的特定财产享有担保权益的债权之外,对债务人享有抵销权的债权人之可抵销债权也可以构成担保债权,从而事实上具有了破产别除效力。③ 然而,在美国全部破产程序中,担保权益的破产别除效力因自动中止(automatic stay)规则的存在而仅具有相对效力。即除担保权益的优先受偿力之外,担保债权人的行权自由被破产程序全面限制,须遵循破产程序所施加的程序负担规则,权利人在破产程序中行使的物权担保权益已然与非破产法上的权利内容有了重大区别。

3. 破产别除效力之扩张

能够真正产生类似破产区隔效力的法律制度除了担保物权以外,还包括信托与法人有限责任制度,其共通点在于一部分财产独立出来并被特定化。委托人将特定财产设立信托,相应转化为具有独立性的信托财产,信托财产所有权呈现双重所有权的特征,而与委托人或者受托人享有所有权的普通财产不同,信托法律关系的当事人破产,信托财产均不应被纳入破产财产之中。④ 就法人的有限责任制度而言,以公司为例,由出资人完成出资义务而形成的公司法人财产,脱离了出资人(股东)享有所有权抑或其他绝对权类型的财产范围,股东仅得以对公司主张股权。作为对价,公司进入破产程序,公司法人财产成为破产财产,而股东的个人财产不属于公司破产财产。

---

① 参见潘琪:《美国破产法》,法律出版社1999年版,第84~86页。在德国破产程序中,通过强制执行方式取得的担保权利也被认定为担保物权,成立扣押质权,但不同于美国《破产法典》的司法担保权益的法律地位,根据德国《破产法》第50条第1款的规定,扣押质权构成别除权。同时,根据德国《破产法》第88条的规定,在破产申请提出前一个月至破产程序启动期间方才取得的扣押质权,在破产程序启动后无效,管理人无须再根据德国《破产法》第129条的规定进行撤销。参见[德]莱因哈德·波克:《德国破产法导论》(第6版),王艳柯译,北京大学出版社2014年版,第70页。

② See 11 U.S. Code § 101(36).

③ 参见沈达明、郑淑君编著:《比较破产法初论》,对外经济贸易大学出版社2015年版,第52页;[美]大卫·G. 爱泼斯坦等:《美国破产法》,韩长印等译,中国政法大学出版社2003年版,第465~466页。

④ 担保物权与信托具有诸多相似性,破产隔离功能是一方面,信托也可用于实现担保的目的。在英美法系,信托制度渗透到财产法的各个角落,极富弹性的信托也可以用于担保债权之实现。例如,债务人作为委托人将财产转移给信托受托人(有时就是信托担保公司),当债务人不履行债务时,委托人即将信托财产作变价处理,以其价款交付给债权人,实现其债权。参见唐义虎:《担保物权制度研究》,北京大学出版社2011年版,第16页。

（二）破产撤销权对担保物权别除效力的审视

我们已经习惯于生活在一个破产的世界，以至于我们不再区分企业破产问题与破产法本身的特点，在观察到破产企业不履行债务的结果后，甚至混淆了因果关系，得出破产法允许企业逃避债务的结论。然而，需要强调的是，一个资不抵债的企业没有能力完全履行它的所有义务，不管它是否处于破产程序中，破产法与其他法律均无法阻止这一点，它不能凭空创造财产来偿还债务。① 破产法重点要做的是确保债务人在这一过程中的诚信度，这一目标主要通过破产撤销权制度来完成。依非破产法设置的担保物权在债务人破产程序中并不必然产生别除效力，私法实体规范赋予的优先受偿力获得维持的前提是其构成破产程序视野中的担保物权，通过破产撤销权的评价是关键环节。破产撤销权是破产法发挥体系强制力的主要表现之一，它与破产法尊重私法实体规范的理念并不矛盾，破产法对市场退出之经济秩序的建构价值与破产法尊重私法实体规范均是由宪法基本权利的制度保障功能所决定的，后项原则不得与破产法的立法主旨相悖，但基本权利的核心内容须为立法调整所豁免。因此，针对在根本层面破坏破产法价值目标的基本权利，破产法的体系强制力可从基本权利冲突与限制的视角予以调适，于破产临界期内增设物保的特定行为，侵害了普通债权人的债权利益，导致了不当担保物权与债权之间的冲突，而作为广义经济宪法的破产法成为协调二者的基准。破产法对特定期间成立的影响债权公平清偿价值的担保物权不予承认，也就没有破坏担保物权的优先受偿力。

1. 破产撤销权的法理依据

破产撤销权是破产法采取破产效力的溯及主义的结果，在破产程序启动前的一段时间内，债务人发生了破产原因，倘若债务人仍为有悖于公平清偿不同债权的行为，破产管理人可以在破产程序中予以撤销。② 对于破产程序之中成立的担保物权，依据其设立目的通常可以被认定为共益债权，而不在破产撤销权的视野内。③ 在常态的市场交易中，债务人可以对任何到期债权进行清偿，这是正常

---

① See Douglas G. Baird, *A World without Bankruptcy*, Law and Contemporary Problems, Vol. 50, Issue 2, 1987, p. 186.

② 参见陈计男：《破产法论》，台北，三民书局股份有限公司 2004 年版，第 18 页。

③ 参见陈英：《破产重整中的利益分析与制度构造——以利益主体为视角》，山东大学出版社 2013 年版，第 86 页。

的商业活动,也是债务人的自由,不涉及公平的问题,只有在债务人出现破产原因之际,设立担保物权才会成为涉嫌违背公允性的问题。破产撤销权所针对的设立担保物权的行为重在偏颇清偿,[①]当债务人丧失债务清偿能力之后,如果承认一些债权人基于获取信息的优势而取得的特别清偿,将对债权人整体造成不公平的结果,并在客观上鼓励债权人与债务人在破产程序启动前积极开展执行竞赛,从而进一步恶化债务人的财务与经营状况,不利于后续破产工作的开展。而且,增加的物权担保使得破产财产"支离破碎",担保物权人基于其权利的破产别除效力要求个别实现,可能导致破产财产的拆分变现,影响破产财产整体价值的发挥。为此,通过破产撤销权,破产法的效力得以发生"时间倒流",回溯至债务人破产前的特定状态。[②] 破产管理人行使破产撤销权所恢复的财产应归属于全体债权人,纳入破产财产之中。[③] 因债务人增设物保而享有担保物权的债权人,在破产管理人行使撤销权后,其法律地位将转为普通破产债权人。[④] 同时,普通债权人仍被禁止分享那些依据非破产法只有部分债权人能够取得的财产利益。[⑤]

2. 增设物保行为的破产撤销

我国《企业破产法》第 31 条规定的债务人无偿转让财产的行为,以及第 33 条规定的破产无效行为,与破产撤销权所针对的债务人所为的偏颇清偿行为不同。前者在破产程序之外即《民法典》第 538 条规制的民法中的可撤销行为,对破产无效行为效力的否定也不受破产临界期的限制;而后者在非破产法上属于合法行为,其效力获得非破产法的肯认,只有在债务人破产的情形下才会出现利益失衡的偏颇局面。所以,我国《企业破产法》第 31 条将在破产临界期内增加物保的行为,与债务人的其他无偿转让财产的行为一并规定为不合理行为,没有突

① 以担保标的物来代物清偿担保债权的,如果该标的物的价格与债权额均衡,即便撤销其行为的效力,最终基于别除权的行使也会产生相同的结果。因此,此类代物清偿行为缺乏有害性,不应被撤销。参见[日]山本和彦:《日本倒产处理法入门》,金春等译,法律出版社 2016 年版,第 85 页。

② 参见[美]道格拉斯·G. 贝尔德:《美国破产法精要》(第 6 版),徐阳光、武诗敏译,法律出版社 2020 年版,第 176 页;许德风:《论偏颇清偿撤销的例外》,载《政治与法律》2013 年第 2 期。

③ See Moore v. Bay, 284 U. S. 4 (1931).

④ 参见沈达明、郑淑君编著:《比较破产法初论》,对外经济贸易大学出版社 2015 年版,第 39 页。

⑤ See Caplin v. Marine Midland Grace Trust Company, 406 U. S. 416 (1972).

出评价债务人增设物保行为的特殊性。① 同时,可被管理人撤销的增设物保的行为仅限于债务人以自有财产为自己债务设定担保的行为,如此才会赋予物权担保债权人以优先受偿权,使其获取额外的不公允的利益,而第三人为债务人的债务增设的物权担保,不会影响作为全体债权人受偿基础的破产财产的范围,故不受破产撤销权的调整。至于债务人以自有财产为他人债务提供担保的行为,也没有造成债务人的债权人之间受偿的不公平,虽不宜因增设担保物权的规定而被撤销,但可以被归入"无偿转让财产"行为之列而被撤销。② 学界对此存在争议,有学者认为,不宜将之界定为无偿行为,因为债务人履行完担保责任后,仍可以对被担保人行使追偿权。③ 但大多数学者主张无偿行为说,考虑到债权人向担保人主张清偿之际,多系主债务人未清偿之情形,或者因主债务人主观违约或客观上丧失了债务清偿能力,在物权担保人担责之后再向主债务人求偿也基本无果,物权担保人的追偿权徒有虚名。④ 笔者也认为,债务人为第三人债务增设的物权担保难以与其对第三人享有的事后追偿权形成对价,后者往往无实际财产利益。增设物保的行为与破产无效行为也有所交叉,我国《企业破产法》第 33 条规定债务人虚构债务抑或承认不真实债务的行为无效,债务人为此类债务在破产临界期内增设物权担保的行为应被纳入破产无效行为的范围,而不再属于破产管理人可撤销的行为。⑤

需要注意的是,在针对债务人得以从中受益的个别清偿行为,债务人财产因此而增加,交易具有等值性且不存在信用授予,其他债权人的利益未受实质影响的情况下,该增设担保的行为不应被纳入偏颇清偿行为中,我国《企业破产法》第 32 条的但书规定对此予以了明确,"个别清偿使债务人财产受益"的行为不得撤销。⑥ 而债务人向享有足额担保的优先顺位的物权担保债权人清偿债务以使其债权消灭,间接致使后顺位的不足额物权担保债权人取得了优先受偿的机会而

---

① 参见许德风:《论破产中无偿行为的撤销》,载《法商研究》2012 年第 1 期。

② 参见王欣新:《论"对没有财产担保的债务提供财产担保"行为的认定》,载《人民法院报》2016 年 1 月 27 日,第 7 版。

③ 参见陈荣宗:《破产法》,台北,三民书局股份有限公司 1986 年版,第 257 页。

④ 参见李永军:《破产法——理论与规范研究》,中国政法大学出版社 2013 年版,第 280 页。

⑤ 参见徐晓:《论破产别除权的行使》,载《当代法学》2008 年第 4 期。

⑥ 参见许德风:《论偏颇清偿撤销的例外》,载《政治与法律》2013 年第 2 期。

受益,产生了间接偏颇性个别清偿的情况,[①]债务人财产本身并未受益,此项情形应列入第 32 条但书前应予撤销的个别清偿行为之中。在英国 1986 年《破产法》中,债务人从事偏颇清偿行为的受益人不仅包括债务人的债权人,还包括为债务人负担债务承担责任的保证人或物权担保人,受益的法律主体因之获得了更优越的待遇或地位。[②] 有些国家的破产立法还规定,纳税担保等特殊担保物权类型不在破产撤销权调整的债务人增设物保的行为范围内,譬如,根据日本《破产法》第 163 条第 3 款、日本《民事再生法》第 128 条第 3 款及日本《公司更生法》第 87 条第 3 款的规定,在破产程序启动前对税收债权设定的物权担保不属于破产撤销权的适用对象。[③] 但在税收优先权日益限缩的普遍立法趋势下,税收债权在破产程序中的优越地位也面临弱化的局面,且在税收优先权仍被立法肯认的情况下,对税收债权设定的纳税担保不宜再在破产程序具有破产撤销豁免的特殊待遇,税收优先权与担保物权的双重保障过度优待了税收债权,有失公允。

与固定担保类型不同,浮动担保的特点就在于原材料、成品、存货、应收账款等标的物的不断变动,倘若破产立法将临界期内新产生的浮动担保物均归入偏颇清偿的范围,则几乎在破产程序中否定了浮动担保的价值,严重背离了破产法尊重私法实体规范的理念,也不符合破产法体系强制力的比例原则。在私法实体规范规定的浮动担保的优先受偿力为破产法所维持的前提下,不应仅因为浮动担保物在破产临界期的正常变动而被撤销,但若临界期时点担保物的市场价值不足以清偿所保障的债权额,之后担保物范围的变化出现异常,譬如,债务人将计划用于清偿债务的资金购买浮动担保物,也将构成可撤销的事后担保行为。[④]

3. 同时担保行为的撤销豁免

债务人于破产临界期设定的担保物权原则上成为破产管理人行使撤销权的对象,但一律撤销会消除企业债务人危机期间获得新融资以渡过困境的机会,而债务人要获得新融资,须为新融资债权人提供物权担保作为对价,不宜使新融资

① See Gladstone v. Bank of America (In re Vassau),499 Bankr. 864 (Bankr. S. D. Cal. 2013).

② See Insolvency Act 1986, sec. 340 (3).

③ 参见[日]佐藤铁男:《破产法和其他法律领域的交叉——寻求其协调的序论性研究》,刘颖、侯欣怡译,载李曙光、刘延岭主编:《破产法评论》(第 1 卷),法律出版社 2018 年版,第 118 页。

④ 参见许德风:《破产法论——解释与功能比较的视角》,北京大学出版社 2015 年版,第 407 页。

债权人处于普通债权人的破产地位。对此,一些国家的破产立法规定,破产撤销权调整的增设担保的行为仅限于对既存债务设定担保物权的行为,而不包括债务与物权担保一并生成的同时担保行为。① 因其担保合同的订立是具有主合同的对价利益的,债权人同意与债务人签订协议的前提是同时成为担保物权人,担保物权的设置并不具有改善债权人原清偿地位的作用,不会造成债权人之间利益的不公平。② 但同时担保条款的约定内容须有具体的标的指向,笼统地约定债务人有提供担保的义务是难以作为债之关系成立的对价的。③ 此外,在成立债权债务关系的合同条款中是否存在特别约定是判断是否构成同时担保行为的可行标准。倘若合同约定了债务人在担保物价值下降时的追加担保义务,则应被视为同时担保行为。④

我国《民法典》第 416 条也规定了动产购置款抵押权,我国破产立法应对此在破产撤销权规范中予以相应特别对待。而替代担保属于当事人意思自治领域中的自由决定事宜,当其操作未产生新价值、担保权人没有获得额外利益时,破产法不应给予否定评价。

日本《破产法》第 161 条将同时担保行为纳入取得相应对价而处分财产的行为范围中处理,其往往不会导致债务人财产的减少,因而不适用第 162 条第 1 款可被撤销的增设担保的行为,但当债务人以取得相应对价的处分行为作为手段,而达成隐匿财产的不法目的时,该行为仍然可以成为破产撤销权的对象。⑤ 也就是说,当基础债权债务关系以及保障债权实现的担保物权的设置,其本身就是为隐匿、转移财产等欺诈目的而作出的行为,应对其进行目的性、系统性评价,予以撤销处理,这对同时担保行为的审视可谓全面、透彻,与美国《破产法典》中对同时交易例外的意图与实质同时行为两项要件的规定异曲同工,且更有可操作性,避免了对当事人交易意图的过多涉入,并兼顾了保护交易安全与交易秩序的需要。

---

① 参见[日]山本和彦:《日本倒产处理法入门》,金春等译,法律出版社 2016 年版,第 89 页。

② 参见王欣新:《论"对没有财产担保的债务提供财产担保"行为的认定》,载《人民法院报》2016 年 1 月 27 日,第 7 版。

③ 参见许德风:《论偏颇清偿撤销的例外》,载《政治与法律》2013 年第 2 期。

④ 参见[日]谷口安平主编:《日本倒产法概述》,[日]佐藤孝弘、田言等译,中国政法大学出版社 2017 年版,第 166 页。

⑤ 同上书,第 159 ~ 163 页。

4. “借新还旧”行为的破产撤销

债务人企业为获得银行等金融机构债权人提供的新贷款,不得不对尚未偿还的同一债权人提供的无担保的旧贷款予以清偿,此时债务人主要面临两种选择方式:“还旧借新”与“借新还旧”。我国学者普遍认为,对于前者,债务人自筹资金或通过第三人短暂融资等方式清偿完毕无担保的旧贷款之后,在债权人依约定提供新贷款的同时,债务人设定物权担保,符合同时担保行为的担保与融资的对价特征,不应在管理人行使破产撤销权的范围内。对于后者,实质上是以对原无担保债务增设物权担保的方式,获得原债务的延期,新旧贷款形式上是两份合同,这一过程中并无新的债权债务关系产生,不构成同时担保行为,应被纳入破产撤销权的视野。①

根据美国《破产法典》的规定,债务人被撤销的偏颇清偿仅限于针对债务人财产的处分行为,美国司法判例认为指定用途的资金(earmarking)不属于债务人财产,这被称为专项原则(earmarking doctrine)。② 无论是“还旧借新”还是“借新还旧”,新的借款被视为专项贷款(earmarked loan),当新贷款金额不高于旧贷款,且新贷款中的债权人并未获得更优先的清偿顺位的情况下,通过适用专项原则,专项贷款得以成为破产撤销的例外。③ 的确,契合专项原则的新贷款并未使债务人财产的价值有所波动,也没有影响其他债权人本应享有的清偿利益,自然不会构成偏颇清偿。需要辨析的是,专项原则的破产撤销豁免并不包括债权人通过发放新贷款而获得物权担保的情形,债务人以自有财产为新贷款提供人增设的物权担保,不仅为特定的债务人财产增加了担保负担,也使新贷款提供人获得了优先受偿的优越地位。而且,专项贷款的本质也充分说明了债务人并不享有新贷款资金的完整使用权,债务人对外承担的债务规模没有变化,却额外对自有债务负担了物权担保,贷款的延期无法改变债务人行为的偏颇。④ 结合上文分析,在“借新还旧”的场合下,管理人原则上可以对其行使破产撤销权。

---

① 参见王欣新:《破产法》(第4版),中国人民大学出版社2019年版,第161页。

② See Adams v. Anderson (In re Superior Stamp & Coin Co.), 223 F. 3d 1004 (9th Cir. 2000).

③ 参见[美]道格拉斯·G. 贝尔德:《美国破产法精要》(第6版),徐阳光、武诗敏译,法律出版社2020年版,第197页。

④ 参见任一民:《既存债务追加物保的破产撤销问题》,载《法学》2015年第10期。

5. 担保物权的设定与破产撤销

作为破产法的体系强制力的重要表现方式的破产撤销权,依据破产法尊重私法实体规范的理念,在满足破产法所着力建构的经济秩序目标价值之后,破产法仍须尊重非破产法实体规范。由于受到破产撤销权所调整的破产临界期内的偏颇清偿行为规制的评价,担保物权在破产程序中的效力在很大程度上取决于权利设置的时点,其直接决定了担保权人能否在债务人破产程序中就特定物行使优先受偿权。① 也就是说,进入破产撤销权评价范围的债务人处分行为发生于法定的破产临界期内,债务人设定担保物权的行为是否会面临破产撤销权的否定评价,首先要视该担保物权的设定时间而定,而担保物权的产生标准须遵循私法实体规范。在世界银行优化营商环境的评估指标中,消除隐形担保是重要的得分项,其对应的失分项则是对交易安全造成重大破坏的秘密担保的存在。在世界银行的推动下,当前担保物权法的全球发展趋势是以强化担保物权的有效公示来消除隐形担保,破产法也将继续贯彻担保物权法中的物权公示原则,破产撤销权规范也不例外。② 隐形担保对国民经济的健康、有序发展的负面影响较大,在隐形担保盛行的市场背景下,没有物权担保债权人能够绝对地确信其是第一个就担保物获得担保物权的权利主体,担保权益的不确定性以及为了减少不确定性而付出的额外努力只会增加信贷成本。③ 隐形担保带来的当事人以倒签合同等方式虚构担保的道德风险,是债权人所无法回避的,可能会促生系统性的金融风险。④ 发生于2008年的源于美国的世界金融危机,重要起因即在于法律的变化使得复杂且不透明的金融产品在破产程序中得以享受担保物权待遇,甚至获得最高的优先级,债权人因此极其青睐使用该类金融衍生品进行商事交易,

---

① See Richard A. Mann & Michael J. Phillips, *The Timing of Perfection of Security Interests under the Uniform Commercial Code and the Bankruptcy Reform Act*, Akron Law Review, Vol. 15, Issue 2, 1981, p. 370.

② 撤销一项不当设立并依照法定程序“完善”(perfect)的担保物权,无非只是在破产语境下执行既有的担保法规则。如果债权人在设定其担保物权时未能遵守担保法的既有规则,则其自然不应期待其担保物权获得承认。参见[美]杰伊·劳伦斯·韦斯特布鲁克、[美]查尔斯·布斯、[德]克里斯托弗·保勒斯、[英]哈里·拉贾克:《商事破产:全球视野下的比较分析》,王之洲译,中国政法大学出版社2018年版,第90页。

③ See Harry C. Sigman, *Perfection and Priority of Security Rights*, European Company and Financial Law Review, Vol. 5, Special Issue, 2008, p. 159.

④ 参见龙俊:《民法典中的动产和权利担保体系》,载《法学研究》2020年第6期。

但这些金融产品的担保权益没有向社会进行有效的公示,不透明的信贷环境使得债务人,尤其是投资银行可以隐藏他们的债务杠杆程度,这对所有的债权人而言几乎是灾难性的,唯有在担保物权法律规范中树立消灭隐形担保的立法理念,加强现代金融监管体系建设,才能有效防止类似金融危机的事件卷土重来。①

美国对于大多数物权性担保的设定采取登记对抗主义原则,由此衍生的秘密担保与衡平担保对财产法与破产法的发展造成了重大困扰,严重影响了主体的交易预期,破坏了交易安全,也侵害了其他债权人的利益。目前美国的《统一商法典》与《破产法典》均不遗余力地凸显出担保的公示价值,未经公示的担保,在破产程序中不得对抗破产管理人的撤销权。② 就此,在美国法中,虽然担保物权成立的登记对抗主义没有变化,但未经公示的担保权益不再享有优先权,也就是说,完善担保权益(担保物权的公示)意味着担保权人真正取得了优先受偿权,得以在破产程序中优先于司法担保债权人与普通债权人而受偿,尚未完善担保权益的担保债权人也将由此随时面临着突如其来的债务人破产的风险,而使自己因来不及完善担保权益而沦为普通债权人。③ 担保权的"完善"决定了担保权是否能够具有对抗第三人的效力,以此使担保权在与其他竞争债权的比较中享有就担保物的经济利益的优先受偿权。同时,担保权的"完善"还意味着所有法律规范体系对其对抗效力的认可,也就是说,其在任何法律中均拥有完整的担保物权的效力,破产法也不例外。然而,担保权完善(公示)之后的优先受偿力也不是绝对的,其本身受到正常经营活动中的买受人规则的特殊限制。④ 对于担保权益正常的完善(公示)期间,美国《破产法典》给予理解与肯认,并赋予了30日完善(公示)担保权益的宽限期。假设所担保的基础债务与担保构成对价关系,担保权益在法定宽限期内完善并定着,可被视为同时担保行为而免于被认定为偏颇性清偿而被撤销。⑤ 除对欺诈转让与偏颇清偿行为的破产撤销权之外,美国破

---

① See Michael Simkovic, *Secret Liens and the Financial Crisis of* 2008, American Bankruptcy Law Journal, Vol. 83, Issue 2, 2009, p. 253.

② 参见许德风:《破产法论——解释与功能比较的视角》,北京大学出版社2015年版,第403~404页。

③ 参见[美]道格拉斯·G.贝尔德:《美国破产法精要》(第6版),徐阳光、武诗敏译,法律出版社2020年版,第184~185页。

④ See Harry C. Sigman, *Perfection and Priority of Security Rights*, European Company and Financial Law Review, Vol. 5, Special Issue, 2008, p. 144-146.

⑤ See 11 U.S. Code §547(e).

产程序中的托管人(管理人)还享有“强臂”(strong arm)权,①旨在撤销债权人尚未完善(公示)的担保权益。因此,即便债权人与债务人在破产临界期之前订立担保合同,但因不具有因完善而产生的对抗效力,担保债权人在破产程序中只能与普通债权人一起按债权比例受偿。

虽然我国担保物权的效力规范,如抵押权以登记生效主义为主,登记对抗主义为辅,未进行登记的动产抵押权虽然在抵押合同生效时成立,但其在破产程序中不应具有基于对抗力所生成的优先受偿力,笔者在第四章将详细对此展开分析。所以,无论采取何种公示原则,担保物权的公示对于其在破产程序中的核心内容的维持是至关重要的。基于消灭隐形担保的民事立法政策的考虑,对动产抵押权等采取登记对抗主义的担保物权类型,宜以公示的时点作为判断撤销权规范适用的标准,而非抵押合同成立之时。但对于办理担保公示手续的合理的期限,我国破产立法应当结合实践,设置妥当的宽限期,完善同时担保行为的撤销豁免规则。

(三)担保物权别除效力的财产指向

担保财产是否属于破产财产的问题,受到破产法理念变迁与制度演进的影响,在近代破产法中,破产别除权严格排除破产程序的干扰,破产法的体系强制力被阻隔于担保物权之外,担保财产也因此与破产财产无涉,而在现代破产法多重价值理念的推动下,担保物权除了其优先受偿力的核心内容外,无不受到破产法的特别规制,担保财产亦难以脱离破产财产的束缚。

1. 债务人财产与破产财产的辨析

在大陆法系国家的破产立法中,破产财团的称谓可以涵盖破产财产或债务人财产的内涵。破产财团有不同的类型划分,譬如形式意义上的破产财团与实质意义上的破产财团;②法定财团、现有财团和积极财团;③分配财团也可以称为

---

① See 11 U. S. Code §544(a).

② 形式意义上的破产财团,为依破产程序供公平分配于破产债权人之破产人所有财产之总称;实质意义上的破产财团,则为破产人在破产宣告时及在破产程序进行中,所有可得扣押财产之总称。参见陈计男:《破产法论》,台北,三民书局股份有限公司2004年版,第145页。

③ 法定财团是指法律设定的破产财团。现有财团是指破产管理人管理的破产财团。分配财团是指用于分配的破产财团。破产程序开始时,现有财团和法定财团之间多少存在差异。破产管理人在破产程序中可能行使撤销权使破产财团增值,也可能经取回权人请求而返还财产,由此现有财团不断接近法定财团,最后经变价形成向破产债权人分配的原始资金(分配财团)。参见[日]谷口安平主编:《日本倒产法概述》,[日]佐藤孝弘、田言等译,中国政法大学出版社2017年版,第50~51页。

积极财团或应有财团,而破产债权人的债权总体即为消极财团或债务财团。① 英美法区别使用了破产财产(the bankrupt's estate)与破产人的财产(the bankrupt's property)两个概念,前者专指用于破产程序分配的债务人财产,后者的范围涵盖前者,还包括不得向债权人予以分配的完全由债务人支配的"自由财产"。② 此二分法在自然人破产法律制度中意义更为明显。我国《企业破产法》颁布后,在破产立法上就存在"债务人财产"和"破产财产"两个概念,关于二者的理解,有"区别说"和"相同说"两种观点。"相同说"认为,破产财产和债务人财产只是术语表述的不同,并无本质上的差别,实为同一财产在不同的破产环节的表现,债务人财产所涵盖的时间段是从破产申请被受理到破产程序终结前,而破产财产所涵盖的时间段是从破产宣告到破产程序终结前。③ 破产财产可以吸收债务人财产的概念,"破产财产是依破产程序进行债务清偿的债务人的总财产,是破产申请受理时和破产申请受理后至破产终结前债务人所拥有的全部财产的集合"④。

主张"区别说"的学者认为,破产宣告作为划分债务人财产和破产财产的临界点,对二者进行明确区分,不仅涉及适用的时间段的不同,更有利于在一定程度上鼓励债务人企业通过破产预防制度免于破产清算,保留其持续经营价值,尽量降低破产程序的启动给债务人企业造成的负面影响。依照我国破产立法规范,债务人、债权人等当事人可以直接向法院申请破产重整等破产挽救程序,且在法院受理破产清算申请至破产宣告前,债务人企业仍然有可能通过破产和解或者破产重整程序的转化而免于破产清算。而破产财产专指破产清算宣告后财产的存续状态,债务人财产的适用范围较破产财产更为广泛,有必要与破产挽救程序中的债务人财产状态相区别。除此之外,在同一破产案件中,随着破产程序的进展,债务人财产的价值与破产财产的价值并非对等,存在价值变动的可能。⑤

---

① 参见[德]莱因哈德·波克:《德国破产法导论》(第6版),王艳柯译,北京大学出版社2014年版,第102页。

② 参见齐明:《破产法学:基本原理与立法规范》,华中科技大学出版社2013年版,第106~107页。

③ 参见汤维建主编:《新企业破产法解读与适用》,中国法制出版社2006年版,第117页。

④ 王延川主编:《破产法理论与实务》,中国政法大学出版社2009年版,第212页。

⑤ 参见齐明:《破产法学:基本原理与立法规范》,华中科技大学出版社2013年版,第107~108页。

笔者赞同二者的功能区分,但二者的根本属性没有本质区别,为论证便利,笔者在此统一适用破产财产的概念。

2. 担保财产应纳入破产财产

受破产法尊重私法实体规范理念的影响,破产财产的界定有赖于破产法之外的实体法规范,以此确定债权人所得以受偿的破产财产基础。① 但关于债务人设定担保负担的自有财产是否属于破产财产,学界不无争议。沈贵明教授、杨森教授认为,只有超过所担保的债务金额的担保物价值部分,或物权担保债权人放弃优先受偿权的担保财产,以及优先清偿担保债权后的剩余担保财产才归于破产财产,除此之外的担保物部分不属于破产财产。② 李永军教授认为,依据物权法理,物上负担物权担保后,并不影响所有人行使对此物的所有权,债务人所有的担保财产在破产程序中理所应当属于破产财产,但担保财产在担保物权人优先受偿后一般将不会构成分配财产,除非在满足物权担保债权人的债权清偿后,还有剩余担保财产供普通债权人分配。③ 汤维建教授也主张,以确保担保财产的安全与一体处置、最大化担保财产价值等因素考量,不应将担保财产排除在破产财产之外,而且担保物权人就担保物优先受偿的逻辑本身建立在担保物属于破产财产的基础上,否则,无优先受偿性可言。④ 王欣新教授提出,破产程序启动后,破产管理人将接管包括担保财产在内的未转移占有的债务人财产,倘若担保财产的破产财产法律地位不予以确认,管理人接管破产财产的行为也将失去法律依据,而且在优先清偿物权担保债权之后,有剩余的担保物将归入破产财产中,这是担保财产属于破产财产逻辑的必然结果。⑤

担保物权是以权利人获得债权保障为目的与限度的价值权,对物的所有权的支配并非其目标,因此,当债务人破产时,担保物权人原则上不得对担保物行

---

① See Chicago Board of Trade v. Johnson, 264 U. S. 1 (1924).

② 参见沈贵明主编:《破产法学》,郑州大学出版社2004年版,第239页;杨森主编:《破产法学》,中国政法大学出版社2008年版,第103~104页。

③ 参见李永军:《破产法——理论与规范研究》,中国政法大学出版社2013年版,第235页。

④ 参见汤维建:《破产程序与破产立法研究》,人民法院出版社2001年版,第264~265页。

⑤ 参见王欣新:《破产法》(第4版),中国人民大学出版社2019年版,第360页。

使取回权,担保物仍在破产财产范围内。[①] 笔者赞同担保财产属于破产财产的观点,担保物权人在破产程序中就担保财产优先受偿的效力源于担保物权的核心内容,不影响担保物的归属,担保物的处置也由此须受到破产程序的限制,遵循破产法体系强制力的要求。担保物权的客体不仅包括有体物,基于担保物权系支配物的交换价值的价值权特性,权利也能够成为担保物权的客体。[②] 而破产财产囊括一切债务人所有的具有财产利益的有体物与无体物,较担保物的类型更为广泛。陈计男教授认为,担保物作为别除权标的,属破产财团之财产,破产债务人不享有对担保物的管理、处分权,别除权人行使权利针对的是破产管理人。[③] 据此,如果不将担保物列入破产财产范围,则根据担保物的归属,在担保权人行使担保物权之前,担保人仍对担保物享有所有权,在债务人破产程序中将产生作为担保人的债务人仍保有、管理担保财产的结果,有违破产程序的要求,也不利于担保物权人权利的实现与安全。因为虽不能贸然判断进入破产程序的债务人存在不法处置担保物的倾向,但担保财产在丧失债务清偿能力的债务人的自由占有之下,获得善管的可能性较低。我国《企业破产法》第 30 条规定,破产程序启动时"属于债务人的全部财产"为债务人财产,而担保物权人仅对担保财产享有担保物权,担保财产的所有权往往仍归于债务人。根据我国《企业破产法》第 30 条的规定,担保财产也属于债务人财产,这更改了《中华人民共和国企业破产法(试行)》(以下简称《企业破产法(试行)》)第 28 条第 2 款,以及 2002 年《最高人民法院关于审理企业破产案件若干问题的规定》第 71 条的相关规定。我国《最高人民法院关于适用〈中华人民共和国企业破产法〉若干问题的规定(二)》(以下简称《破产法解释二》)第 3 条更是直接明确规定了担保财产作为破产财产的法律地位,这为破产财产须在破产程序中被处置提供了实定法依据。

---

① 参见[德]莱因哈德·波克:《德国破产法导论》(第 6 版),王艳柯译,北京大学出版社 2014 年版,第 136 页。担保物权是针对属于破产财产的特定物所行使的权利,从而区别于取回权对非破产财产行权的特征。有学者认为,破产取回权本质上是由所有物返还请求权而派生的,是一种物权请求权,笔者深以为然,这也指明了取回权是基于第三人对其所有物向破产管理人所主张的物权请求权,取回权的标的物不应为管理人所接管的破产财产。参见王利明:《物权法研究》(第 4 版),中国人民大学出版社 2016 年版,第 186 页。

② 参见崔建远:《物权:规范与学说——以中国物权法的解释论为中心》(上册),清华大学出版社 2011 年版,第 23 页。

③ 参见陈计男:《破产法论》,台北,三民书局股份有限公司 2004 年版,第 188 页。

三、破产程序中的物权担保债权

物权担保债权的破产别除效力源于担保物权的物权效力，担保物权在破产程序中仍须保持其优先受偿力。在担保财产属于破产财产的结论基础上，需要进一步进行分析破产程序中物权担保债权的性质，物权担保债权优先受偿范围也应结合权利的特点予以明确。

（一）物权担保债权为优先受偿的破产债权

因融入了担保物权因素，物权担保债权在破产程序中的权利性质引发了争议。物权担保债权本身结合了债权与保全债权的担保物权，担保物权是保障主债权实现的从权利，债权在物权担保债权中的核心地位决定了其属于破产债权的性质，其二权并存的状态也凸显出物权担保债权权利叠加的基本特征。

1. 关于破产程序中物权担保债权性质的争议

就形式意义而言，破产债权是指在法定期限内申请且经过债权人会议确认的债权。[①] 这也是破产程序的存在意义，可以说，在一定程度上破产程序是为实现破产债权而设计的。[②] 在实质意义上，破产债权指的是基于破产程序启动前的原因，对债务人得以主张的具有强制执行性质的财产上的请求权。[③] 债权人要实现实质破产债权必须遵循破产程序规则，满足形式破产债权的法定要件，形式破产债权是实质破产债权面向破产程序所发生的转化形态。[④] 依据破产法尊重私法实体规范的理念，物权担保债权人的权利由在破产程序启动前创设债及其担保之关系的私法实体规范所决定。[⑤] 破产法虽未改变破产程序中物权担保债权的权利性质，[⑥]但破产法的体系强制力对物权担保债权性质的认定造成了诸多困

---

① 参见汪涛编著：《破产法》，武汉大学出版社 2015 年版，第 69～70 页。

② 参见[日]山本和彦：《日本倒产处理法入门》，金春等译，法律出版社 2016 年版，第 61 页。

③ 参见陈计男：《破产法论》，台北，三民书局股份有限公司 2004 年版，第 148 页。

④ 参见郑远民：《破产法律制度比较研究》，湖南大学出版社 2002 年版，第 67～68 页。

⑤ See Travlers Casualty & Surety Co. v. Pacific Gas & Electric Co., 549 U. S. 443, 450 (2007).

⑥ 我国《企业破产法》中使用“有财产担保的债权”这一概念指称物权担保债权，如第 31 条、第 49 条、第 64 条、第 66 条、第 97 条、第 100 条，但有财产担保的债权的概念并不准确，财产担保除物权担保类型外，还包括定金等非物权担保的情形，所以，将其替换为物权担保债权的概念更为精准。参见刘明尧：《破产债权制度研究》，中国社会科学出版社 2018 年版，第 31 页。

扰,学界对物权担保债权是否属于破产债权不无分歧。[①]

德国《破产法》中的破产债权人原则上仅指在破产程序启动时对债务人享有财产请求权的无担保的普通债权人,其享有的权利是对人债权,而非对物债权。[②]乌尔里希·福尔斯特教授从德国《破产法》第170条第1款的规定出发,指出别除权人就担保物优先于普通债权人受偿,故享有破产别除效力的物权担保债权不是破产债权。[③] 吴传颐教授认为,物权担保债权人就债务人的特定财产优先受偿,不同于一般优先权人以债务人的一般财产为受偿基础,就受偿的财产基础而言,前者不得为破产债权,而后者仍不失为破产债权。[④] 谷口安平教授亦认为,破产债权是以债权人的一般财产为责任财产的债权。[⑤] 齐树洁教授也主张"否定说",认为获得物权担保保障的债权不再为破产债权,因为其可不通过破产程序而优先受偿,除非权利人放弃优先受偿权。[⑥]

陈计男教授认为,担保物权本身不是破产债权,债务人作物上保证人情形下亦无破产债权之存在可能,但物权担保债权不妨构成破产债权。[⑦] 邹海林教授、周泽新教授主张"肯定说",认为物权担保债权的优先受偿力来自担保物权,担保物权的存在是保障债权的实现,不会改变债权本身,"否定说"在我国没有立法依据。[⑧] 李国光法官认为,物权担保债权人有着对物请求权与对人请求权两种请求权选择,基于私法自治原则,如何行使由权利人决定,在个案中担保物权变价成本可能相对高昂,而普通破产债权的受偿比例可能较高,两害相权取其轻,物权

---

① 笔者此处所探究的破产程序中的物权担保债权,专指债务人以自有财产为自身债务设置的物权担保负担,也仅在该情形下才存在担保物权与债权的附合。在债务人为第三人债务提供物权担保的情况下,虽然第三人的债权人也可以主张就债务人提供的担保财产优先受偿,但第三人的债权人与债务人之间只存在担保关系,而无债权债务关系,如果第三人放弃了优先受偿的担保物权,其亦不享有对债务人的管理人所主张的破产债权,这在美国《破产法典》中被称为无追索权的担保请求权。参见[美]大卫·G.爱泼斯坦等:《美国破产法》,韩长印等译,中国政法大学出版社2003年版,第772页。

② 参见德国《破产法》第38条、第45条。

③ 参见[德]乌尔里希·福尔斯特:《德国破产法》(第7版),张宇晖译,中国法制出版社2020年版,第50页。

④ 参见吴传颐编著:《比较破产法》,商务印书馆2013年版,第276~277页。

⑤ 参见[日]谷口安平主编:《日本倒产法概述》,[日]佐藤孝弘、田言等译,中国政法大学出版社2017年版,第65页。

⑥ 参见齐树洁主编:《破产法》(第2版),厦门大学出版社2009年版,第220页。

⑦ 参见陈计男:《破产法论》,台北,三民书局股份有限公司2004年版,第150页。

⑧ 参见邹海林、周泽新:《破产法学的新发展》,中国社会科学出版社2013年版,第213页。

担保债权人很可能会放弃优先受偿权而选择行使普通破产债权,“否定说”剥夺了物权担保债权人的请求权的选择权,反而可能损害其利益。[①] 齐明教授从权利人与权利的区分角度指出,应避免以债权的种类将债权人进行简单的分类,其将忽视债权人所持有的复杂的权利内容,譬如,破产程序中的物权担保债权人既享有担保物权,也享有普通债权,将其归于担保物权人或普通债权人均有失偏颇。[②] 史尚宽先生提出,担保物权人就担保物有优先受偿权,然而并不因此失去其就债务人的一般财产受清偿的权利。[③] 莱因哈德·波克教授认为,由于被担保的债权构成破产债权,物权担保债权人也得以成为破产债权人,只是物权担保债权人在行权时须区分担保物权与债权。[④]

2. 物权担保债权属于破产债权

笔者赞同“肯定说”的主张,担保物权为保障债权的实现而设定,不是替代债务的履行。[⑤] 担保物权的优先受偿力只是改变了债权受偿的方式,未改变债务人设立的债权的性质。[⑥] 物权担保债权人具有债权请求权人与物权请求权人的双重身份,二者相互独立又互相联系,进而决定了物权担保债权人的破产债权人的地位。[⑦] 此外,担保物权作为债权的从属性权利,须在其担保的债权清偿期届满或于一定期间后债务人未清偿债权时,才可以行权,担保物权的设立与实现之间存在时间差。[⑧] 结合债权在破产程序中加速到期的特点,如果物权担保债权不被认定为破产债权,物权担保的债权则不适用加速到期规则,这将会给破产程序中担保物权的实现带来不必要的困扰,影响担保物权制度的核心价值。详言之,担保物权在企业破产程序中的实现,是以其所担保债权的受清偿条件满足为前提的,倘若未到期的物权担保债权在破产程序中不与普通债权一并依据破产法律

---

① 参见李国光主编:《新企业破产法教程》,人民法院出版社 2006 年版,第 226~227 页。

② 参见齐明:《破产法学:基本原理与立法规范》,华中科技大学出版社 2013 年版,第 248 页。

③ 参见史尚宽:《物权法论》,中国政法大学出版社 2000 年版,第 362 页。

④ 参见[德]莱因哈德·波克:《德国破产法导论》(第 6 版),王艳柯译,北京大学出版社 2014 年版,第 35 页。

⑤ 所谓债务替代,指的是第三人向债权人所作的一种直接向债权人履行的承诺,因此承诺的生效,债务人的义务被替代;此时债权人可以不再向债务人主张债的清偿。但是,担保物权法律关系中,债权人和债务人之间的法律关系为担保物权的基础和前提,债权人的担保物权只是发挥担保作用,而不是发挥替代作用。参见孙宪忠:《中国物权法总论》,法律出版社 2018 年版,第 175 页。

⑥ 参见汪世虎:《论破产程序对担保物权优先性的限制》,载《河北法学》2006 年第 8 期。

⑦ 参见李永军:《破产法——理论与规范研究》,中国政法大学出版社 2013 年版,第 192 页。

⑧ 参见郭明瑞、房绍坤:《担保法》(第 3 版),中国政法大学出版社 2015 年版,第 95 页。

规则视为到期,则担保物权的行使要件亦未具备,担保物权仍负担于担保财产之上处于“沉睡”状态。当管理人处分担保财产之后,担保物权人得以基于担保物权的追及效力,继续就转让后的担保财产享有交换价值的优先受偿权。就此而论,未采取“未到期债权视为到期”之破产规则的物权担保债权,且在破产程序终结时点仍未到期的,将不会发生破产程序中担保物权的行使问题,而债务人破产的情形是担保物权制度发挥作用的主要领域,可以被归于债务人严重预期违约的范围,在此情况下仍要等待所担保的债权自然到期,这有违担保物权制度设置的初衷。针对加速到期规则的适用,以留置权为例,为求得对债务人的公平,债权人设立留置权后不能立刻按照意愿处置留置权,而须为债务人留有一定的宽限期。① 但在债务人进入破产程序的情况下,无论留置权人与债务人有无约定或是否明确约定留置财产后的债务履行期间,均应当适用破产债权加速到期的规则,破产程序启动,视为留置权的实现条件成就,而不必依据我国《民法典》第453条第1款的规定,坚持在破产程序中留置权的实现受到当事人约定或法定60日以上的债务履行期限的束缚。

我国《企业破产法》第110条规定,物权担保债权人就担保物优先受偿后未清结的债权作为普通债权,其放弃优先受偿权的,所享有的债权作为普通债权,进而确立了物权担保债权的破产债权地位,否则无法解释破产债权对其的“兜底功能”。《企业破产法》第107条第2款修改了《企业破产法(试行)》第30条的规定,破产程序启动时对债务人享有的债权为破产债权,在担保财产纳入破产财产的情况下,物权担保债权自然也应当属于破产债权。美国破产法中的破产债权即指金钱支付请求权,而不论该请求权有无担保。② 这一点也得到了美国《破产法典》第101(5)(A)条的肯认。③

美国《破产法典》相应地将破产债权人分为三种基本类型,即有担保的、无担

---

① 参见费安玲、刘智慧、高富平:《物权法》,高等教育出版社2011年版,第505页。

② See George M. Treister, J. Ronald Trost, Leon S. Forman, Kenneth N. Klee, Richard B. Levin, *Fundamentals of Bankruptcy Law*, Third Edition, ALI - ABA, 1993, p. 287.

③ 美国《破产法典》第101(5)(A)条规定:“不论该权利是否经判决确定、金额是否确定、或然还是实然、是否到期、有无异议、属于普通法权利还是衡平法权利、有无担保,都属于适格的债权。”See 11 U.S. Code § 101(5)(A).

保的、有优先权的。[①] 在不足额担保的情况下,根据美国《破产法典》第506(a)条的规定,其债权分为有担保债权和无担保债权两部分,前者的金额等同于担保物的价值,剩余债权作为普通债权。[②] 美国联邦最高法院在个案中也判定,仅对债务人财产享有对物权利的优先权人,其权利亦可构成破产债权。[③] 依据法国1985年第85-98号法律,持有担保物权的债权人所处的地位与普通债权人相同,物权担保债权也被视为破产债权。[④] 故此,破产法应维持物权担保债权之上担保物权与普通债权并存的特点,而不宜过度干预既存的权利格局。

3. 物权担保债权的权利叠加性

物权担保债权人同时作为债务人的债权人,除就债务人的一般财产受偿外,还获得了于债务人的特定财产上优先受偿的额外保障,其双重保障特性正是担保物权的权利核心内容,破产法不应予以否定,物权担保债权人作为债权人的权利内容不应因有担保而受不当限制。[⑤] 申言之,以权利视角观察,担保权与债权的关系表现为以叠加民事权利的方式保障债权的实现,不同的是,担保物权以物权担保债权,而非物权性担保权则以债权担保债权,因二者的"加持",债权所获得的保障力不同。此为担保权的二权叠加的特性,[⑥]其可为有物权担保的债权是否为破产债权提供一种解读思路,因为叠加的担保权利不影响被保障的债权本身的存在与性质的认定。

物权担保债权的权利叠加性可以从以下方面得以证成:第一,担保物权具有从属性。担保物权作为他物权具有支配力,但无受清偿或优先受偿的效力,在物权担保债权的场合下,担保物权的优先效力传导给被担保债权,从而整体上具备

---

① 参见沈达明、郑淑君编著:《比较破产法初论》,对外经济贸易大学出版社2015年版,第16页。

② 参见[美]道格拉斯·G. 贝尔德:《美国破产法精要》(第6版),徐阳光、武诗敏译,法律出版社2020年版,第14页。

③ See Johnson v. Home State Bank, 501 U. S. 78 (1991).

④ 物权担保债权人也应申报债权,他们已提起的诉讼遭到中止,利息停止计算。继续营业方案迫使他们接受推迟清偿。当企业全部转让时,他们的地位优越于普通债权人。因为把转让所得先清偿程序开始后的债权人后,应按照法国《民法典》规定的优先权顺序分配给各种有担保物权的债权人,如有剩余再分配给普通债权人。参见沈达明、郑淑君编著:《比较破产法初论》,对外经济贸易大学出版社2015年版,第191页。

⑤ 参见王欣新:《破产法》(第3版),中国人民大学出版社2011年版,第188页。

⑥ 参见孙宪忠:《德国当代物权法》,法律出版社1997年版,第259页。

了优先受偿力,物权担保债权也成为具有给付受领权与优先效力的债权。[①] 换言之,物权担保债权人享有担保物权与普通债权叠加的民事权利,两项权利结合成为以担保物权所保障实现的物权担保债权。在此基础上,准确而言,是物权担保债权具有优先受偿力,而非担保物权本身,担保物权所关注的是对担保财产价值的支配,当其基于从属性而与债权"捆绑"在一起,对物的支配性将相应衍化为物权担保债权的优先受偿力,这一点是由担保物权与其所保障的债权的相互关系所决定的。

第二,担保物权是在原有的债之关系的基础上具有补充性的权利,以增强债权人债权实现的可能,补充性的担保物权仅在主债务不履行之际实现,是第二位的"候补"权利。[②] 担保物权的补充性使得担保物权的法律关系本身即蕴含着被担保的主债关系。[③] 担保物权因保全债权而存在,在担保物权的补充性背景下,无主债权,亦无担保物权。[④] 担保物权与债权结合而形成的物权担保债权,使得其权利内容得以扩充,债权得以优越化。[⑤] 物权担保债权人具有的物权人的身份可以在主债权受偿不能时,对担保物直接行使变价权,而无须依赖债务人的给付行为,物权的支配性与排他性也使得物权担保债权人的变价权优先于其他普通债权人。[⑥]

(二)物权担保债权的优先受偿范围

由破产法尊重私法实体规范的理念所决定,不仅物权担保债权的优先受偿力依据私法实体规范,而且优先受偿的范围也依据私法实体规范。我国《民法典》第389条规定,担保物权优先受偿的法定范围包括主债权及其利息、违约金、损害赔偿金、保管担保财产和实现担保物权的费用。当事人对此有约定的从约

---

① 参见崔建远:《物权:规范与学说——以中国物权法的解释论为中心》(上册),清华大学出版社2011年版,第67页。

② 参见崔建远:《物权:规范与学说——以中国物权法的解释论为中心》(下册),清华大学出版社2011年版,第739页。

③ 参见王乐兵:《担保法专论》,对外经济贸易大学出版社2018年版,第9页。

④ 参见[日]近江幸治:《担保物权法》,祝娅等译,法律出版社2000年版,第11页。

⑤ 参见谢在全:《民法物权论》(中册),台北,三民书局股份有限公司2003年版,第346~347页。

⑥ 参见陈本寒:《担保物权法比较研究》,武汉大学出版社2003年版,第29页。

定,但约定的受偿内容要受到担保从属性的限制。[①] 同时,我国《民法典》新设了添附制度的规定。物权担保债权所保障的债权范围不应超过主债务人的债务,依据私法实体规范所确立的物权担保债权人的法定优先受偿范围,在债务人破产程序中原则上获得维持。

1. 主债权责任

担保物权是旨在支配担保物的交换价值的价值权,如果非金钱债权不能变价为金钱或估定为金钱,自无就处置价金优先受偿可言。[②] 且从文义角度解释,我国《民法典》第 389 条在规定担保物权的优先受偿责任范围时,使用的是"主债权及其利息"的称谓,而往往只有金钱债权才存在利息,因此,第 389 条所谓的"主债权"专指金钱债权。[③] 德国《民法典》第 1228 条第 2 款也明确规定,担保物权所保障的主债权责任应为金钱债权,或者可以转化为金钱债权。[④] 就权利产生原因而言,主债权可以为合同之债、基于单方允诺而生的债权、不当得利之债、无因管理之债、侵权之债等;就权利产生时间而言,主债权可以是现实存在的债权,也可以是未来成立的债权或附条件债权。[⑤]

2. 利息责任

在私法中,利息包括合同债务范畴下的约定利息,以及违约责任范畴下的逾期利息两种主要类型,前者为狭义的利息概念,是主债权(本金)的孳生物,自属与主债权密切关联的"利息"无疑;而逾期利息的性质为债务人未履行金钱主债

---

① 对此我国《全国法院民商事审判工作会议纪要》第 55 条明确规定:"担保人承担的担保责任范围不应当大于主债务,是担保从属性的必然要求。当事人约定的担保责任的范围大于主债务的,如针对担保责任约定专门的违约责任、担保责任的数额高于主债务、担保责任约定的利息高于主债务利息、担保责任的履行期先于主债务履行期届满,等等,均应当认定大于主债务部分的约定无效,从而使担保责任缩减至主债务的范围。"

② 参见姚瑞光:《民法物权论》,中国政法大学出版社 2011 年版,第 134 页。

③ 非金钱债权也可以通过代替执行的方式实现,即由债权人或第三人代替债务人履行债务,使债权内容获得实现,相关的费用由债务人负担的方法。此时,债务人所负担的相关费用为金钱之债,可以通过担保物权实现,但该相关费用已非该金钱之债本身。固然,该非金钱之债因履行不能而转化为损害赔偿金或者违约金时,该损害赔偿金或违约金便属金钱之债,可以通过担保物权而实现。但是,此二者已非原本的给付义务,为其变形,无论是否经由强制执行,均属第二性的给付义务,属于(违约)责任范畴,归于"违约金""损害赔偿金"之列,而不再属于主债权。参见申卫星:《物权法原理》(第 2 版),中国人民大学出版社 2016 年版,第 303 页。

④ 参见[德]M. 沃尔夫:《物权法》,吴越、李大雪译,法律出版社 2004 年版,第 346 页。

⑤ 参见崔建远:《物权:规范与学说——以中国物权法的解释论为中心》(下册),清华大学出版社 2011 年版,第 747 页。

权而承担的违约损害赔偿责任,应归于担保物权所保障的“违约金”(当事人有约定逾期利息)或“损害赔偿金”(当事人未约定逾期利息)之中。[①] 违约金与损害赔偿金中的惩罚性部分,应当与非担保情形下的惩罚性债权一样,在破产程序中作为劣后债权处理。

此外,为维持债权人之间利益的均衡,杜绝高利率债权人拖延破产程序,各国破产立法往往针对破产债权之上所生的利息,规定自破产程序启动后停止产生,所不同的是,有立法例直接规定破产债权停止计息,也有间接规定破产程序中债权所生利息不为破产债权者。基于破产法尊重私法实体规范理念的考虑,后者更为合理,因为其最大限度地尊重了非破产法实体规范的内容,并兼顾了破产法体系强制力所要实现的价值目标,破产法不应消灭原本民事债权所生利息,只是在破产程序中不得与主债权等其他请求权分配破产财产。[②] 我国《企业破产法》第46条第2款规定,附利息的债权自破产申请受理时停止计息,破产法直接破坏了民事债法的规则,有改进的空间。更大的问题在于,破产债权停止计息的规定是否适用于破产程序中的物权担保债权所涉利息,法律并无明示。

民事债权在破产程序中转化为破产债权,其所适用的破产加速到期规则对破产债权人而言可谓一种利益,作为配套制度规范,在破产程序中被加速到期的破产债权本身的利息被停止计算,在加速到期与停止计息的一升一降之间,破产债权人的利益往往难谓受损。在物权担保债权属于破产债权的论断基础上,物权担保债权人在破产程序中行权有赖于破产债权的加速到期,物权担保债权要在破产程序中获得优先受偿,须遵循破产法的体系强制力对破产债权的通行规制规则。我国《企业破产法》第46条第2款并未规定例外情形,物权担保债权中的利息,在破产程序启动后也应停止计息,《最高人民法院关于适用〈中华人民共和国民法典〉有关担保制度的解释》(以下简称《担保制度司法解释》)第22条[③]对此明确作出了规定。在我国破产立法规范体系下,破产清算、破产和解程序中

① 参见申卫星:《物权法原理》(第2版),中国人民大学出版社2016年版,第304页;程啸:《担保物权研究》,中国人民大学出版社2017年版,第86页。

② 参见吴传颐编著:《比较破产法》,商务印书馆2013年版,第273页。

③ 我国《担保制度司法解释》第22条规定:“人民法院受理债务人破产案件后,债权人请求担保人承担担保责任,担保人主张担保债务自人民法院受理破产申请之日起停止计息的,人民法院对担保人的主张应予支持。”

的物权担保债权人可随时、个别主张就担保物优先受偿，[①]在保障担保物权优先受偿力这一核心内容的同时，债权停止计息对权利人而言损失甚微，可以忽略。而《企业破产法》第87条第2款规定，物权担保债权在破产重整程序中"因延期清偿所受的损失"应予以公平补偿，其意味着获得定期支付的约定或法定利息，此项法定补偿性支付措施的特别规定，与破产债权停止计息规则并行不悖，互不冲突。譬如，在破产重整程序中，因担保物为企业重整所必需，物权担保债权人不得主张恢复行使担保物权，倘若最终重整计划草案没有为债权人会议表决通过或未被法院强制批准，破产管理人应从破产财产中支付对物权担保债权人的补偿金，这并非权利人正常的利息损失，而是其本不应承受的时间利益损失。[②]美国《破产法典》也规定，若债务人无法在规定期限内提交具有可行性的重整计划草案，就必须向物权担保债权人支付迟延的利息。[③] 但此处规定的利息的计算基准是担保物的价值，而非被担保的债权额，不足额担保的债权人是无法得到全部利息之赔偿的。[④] 结合我国破产立法关于破产清算、和解程序中物权担保债权的即时优先清偿的规范，可扩张解释《企业破产法》第87条第2款的内容，在破产清算、和解程序中，倘若破产管理人没有合法的正当理由而拖延优先清偿物权担保债权，应向权利人支付利息等合法补偿。如此扩张解释有利于督促管理人及时应物权担保债权人的请求变现担保物并进行优先清偿，若因管理人的故意或过失造成担保物变现的拖延导致物权担保债权利息的增加，管理人须对此承担法律赔偿责任。

在美国破产程序中，破产申请提出后，原则上破产债权停止计息，但美国《破产法典》就物权担保债权的超额担保情形规定了一项例外，即可在担保物价值与被担保债权额之间的差值范围内继续计息，直至物权担保债权获得清偿，或者计算的利息与差值相当。[⑤] 换言之，担保物变价优先清偿主债权后仍有剩余的，可

---

① 我国《企业破产法》第96条第2款规定："对债务人的特定财产享有担保权的权利人，自人民法院裁定和解之日起可以行使权利。"第109条规定："对破产人的特定财产享有担保权的权利人，对该特定财产享有优先受偿的权利。"

② 参见徐建新、汝明钰：《执行程序与破产程序衔接机制的实务探索》，载《人民法院报》2015年6月10日，第8版。

③ See 11 U.S. Code § 362(d)(3)(B).

④ 参见[美]查尔斯·J.泰步：《美国破产法新论》(第3版)，韩长印、何欢、王之洲译，中国政法大学出版社2017年版，第354页。

⑤ See 11 U.S. Code § 506(b).

用于清偿担保债权的利息，若没有剩余，则物权担保债权的利息将不再计算。[①] 有学者认为，物权担保债权人的充分保护原则所覆盖的范围不仅包括担保财产的物理贬值，还应当涵盖其权利延迟实现的损失。[②] 对权利实现的长时间的拖延，对物权担保债权人是有害的，这不仅是因为它们增加了担保物价值下降或灭失的风险，还因为它们构成了对现有贷款的单方面无息延期。[③] 也有学者认为以担保物的剩余权益保留在破产程序开始时担保物权尚未产生的利息或相关费用的做法不妥，其不仅将破产管理人排除于破产财产之外，而且担保物权人尚未就此特定财产提出请求权。[④] 同时，美国联邦最高法院认定充分保护原则并不涉及不足额担保之担保债权人的机会成本或破产申请后利息的赔偿。[⑤] 美国破产法在超额担保情形下继续计息的特别规定，是为了最大限度地尊重州法设立的担保权益，[⑥]其规定体现了美国《宪法》中破产条款的精神，即旨在平衡联邦与州在破产事项上的立法权，由联邦制定全国统一的破产立法的同时，也要在破产法律规范中给予州法的实体性规范以最大限度的尊重与保障。我国法律体系不存在联邦法与州法二元对立的格局，所依循的破产法尊重私法实体规范的理念符合合宪性要求即可，对破产债权停止计息的规则是在维持物权担保债权优先受偿力的同时，发挥破产法体系强制力的必要举措，超额担保的差值并不当然归于担保物权人可自由支配的利益。美国破产立法的规则看似未逾越担保物权的范围，实则侵害了普通债权人的利益，相较而言，我国破产立法对物权担保债权利息的补偿性支付规定更为合理。

3. 违约金责任与损害赔偿金责任

根据责任的范围，违约金责任可以划分为赔偿性违约金与惩罚性违约金，前

---

① See In re Kost, 102 B. R. 829 (1989, D. C. Wyo).

② See Baird & Jackson, *Corporate Reorganizations and the Treatment of Diverse Ownership Interests: A Comment on Adequate Protection of Secured Creditors in Bankruptcy*, University of Chicago Law Review, Vol. 51, Issue 1, 1984, p. 97.

③ See James J. White, *Death and Resurrection of Secured Credit*, American Bankruptcy Institute Law Review, Vol. 12, Issue 1, 2004, p. 146.

④ See David Gray Carlson, *Oversecured Creditors under Bankruptcy Code Section* 506(*b*): *The Limits of Postpetition Interest, Attorneys' Fees, and Collection Expenses*, Bankruptcy Developments Journal, Vol. 7, Issue 2, 1990, p. 391.

⑤ See United Savings Association v. Timbers of Inwood Forest Associates, Ltd., 484 U. S. 365 (1988).

⑥ 参见潘琪：《美国破产法》，法律出版社1999年版，第131～132页。

者是因合同主债务未被履行或不适当履行、迟延履行等转化而来的从属于主债务的从债务，与保证债务性质类似。① 作为担保物权的优先受偿范围的违约金专指赔偿性违约金，不包括惩罚性违约金。因为惩罚性违约金超越了主债务的范围与程度，属于债务人的额外负担，是一种对债务人展开的较为严厉的惩罚措施。若将担保物权的保障范围涵盖惩罚性违约金，则与担保物权保全债权的目标与功能不符，过于偏向保护物权担保债权人，尤其在债务人破产程序中，对比普通债权人的利益保护，不公允性明显。②

与事先约定的违约金不同，损害赔偿金是在债务人违约导致债权人发生实际损失之后确定的。③ 譬如，质权的生效须转移质物的占有，在质权人妥善保管质物的过程中，因质物具有的隐蔽瑕疵导致质权人损害的，出质人应当承担损害赔偿责任。④ 原因在于质物所生的损害，与主债权有密切关系，质权范围应予以涵盖，其属于损害赔偿金责任，日本《民法典》第346条对此作出规定，但质权人占有质物时已明知瑕疵者，不构成质物的隐蔽瑕疵，应适用风险自担原则，质权人不负损害赔偿责任。⑤

非破产法实体规范中的违约金与损害赔偿金处于物权担保债权责任范围内，因不违反破产法的价值目标，破产法体系强制力无须对其进行特别调整，破产程序予以维持。

4.保管担保财产与实现担保物权的费用

保管担保财产、实现担保物权的费用与利息、违约金、损害赔偿金等，均为主债权产生的附随债权，应当属于担保物权的责任范围。⑥ 保管担保财产的费用针对的是以转移占有为物权公示方式的担保物权类型，如动产质权、留置权等，但对于意定担保物权，倘若当事人事先约定了担保物权所保障的债权内容，如转移占有后的动产担保物的保管费用仍由出质人承担，则物权担保债权人在破产程

① 参见程啸：《担保物权研究》，中国人民大学出版社2017年版，第87页。

② 参见崔建远：《物权：规范与学说——以中国物权法的解释论为中心》（下册），清华大学出版社2011年版，第748～749页。

③ 参见高圣平：《担保法论》，法律出版社2009年版，第254页。

④ 参见程啸：《担保物权研究》，中国人民大学出版社2017年版，第88页。

⑤ 参见［日］三潴信三：《物权法提要》，孙芳译，中国政法大学出版社2005年版，第314页。

⑥ 参见孙天、彭晓莉：《不动产抵押担保范围的登记司法适用》，载董学立主编：《担保法理论与实践》（第1辑），中国法制出版社2015年版，第307页。

序中实现担保物权时,不得向破产管理人主张优先清偿保管费用,否则物权担保债权人将因破产程序而获得额外的利益,与破产法尊重私法实体规范的理念相悖。[①] 对于质权人、留置权人等担保物权人在占有担保物期间,为增加担保物价值所支出的有益费用,是否仍属于保管担保物的费用,笔者赞同史尚宽先生的观点,其认为可依照无因管理的规定处理。[②] 而保管担保物的费用宜界定为必要费用,即担保物权人为保有担保物的占有状态与妥当履行保管义务所不得不支出的费用。[③] 而有益费用不具有支付的必要性,不应属于被纳入担保物权责任范围的保管担保物的费用,物权担保债权人仅得以就此申报破产债权寻求统一受偿。

物权担保债权人实现担保物权的费用,是权利人行权所必然发生的程序成本,为当事人以及因担保物权公示而获知担保物权事项的第三人所合理预见,除非意定担保合同双方当事人另有约定,否则其应被当然包含于物权担保的债权范围内。[④] 具体在破产程序中,因为担保物权的实体权利内容在破产程序中并未受损,或者在受损情况下,物权担保债权人也有权从破产财产中获得足额的赔偿。除此之外,作为普通债权人受偿基础的破产财产并没有法定义务为处置担保物等担保物权的行权费用进行支付。在破产程序中,破产管理人的部分报酬、破产程序中的部分运行成本、担保物评估费用、担保物变价费用等支出应当由担保债权人从担保物处分收益中优先列支。德国《破产法》第 171 条第 2 款改变了旧《破产法》的相关规定,实现担保物权的费用(包括营业税)在变价收益中扣除,极大减轻了破产财产的负担。[⑤]

5. 担保物权标的物的添附

我国《民法典》第 322 条新增了关于添附制度的规定。[⑥] 据此,添附是指因加工、附合、混合而使不同主体所有的物合并在一起形成新物,试图恢复原状或客

---

① 参见申卫星:《物权法原理》(第 2 版),中国人民大学出版社 2016 年版,第 306 页。

② 参见史尚宽:《物权法论》,中国政法大学出版社 2000 年版,第 371 页。

③ 参见费安玲、刘智慧、高富平:《物权法》,高等教育出版社 2011 年版,第 441 页。

④ 参见唐义虎:《担保物权制度研究》,北京大学出版社 2011 年版,第 70 页。

⑤ 参见[德]鲍尔、[德]施蒂尔纳:《德国物权法》(下册),申卫星、王洪亮译,法律出版社 2006 年版,第 628 页。

⑥ 在我国《民法典》出台之前,学界普遍认为添附制度主要涉及侵权损害赔偿的问题,应由侵权责任法规范,但侵权责任法解决不了添附物的归属问题,而当事人事先也难以就不可预见的添附事宜约定添附物的归属,仍须在物权法律制度中予以调整,故《民法典》在物权编增设添附制度。

观上不能,或于社会经济不利,成本过高。[①] 故立法对于合成物的归属规定,以尊重当事人自由约定为原则,有约定的从约定,没有约定或约定不明的,有特别法律规定的依法定,法律未规定的,依据充分发挥物的效用与保护无过错当事人的原则确定物的归属,并对受损一方当事人予以赔偿或补偿。此处的赔偿或补偿的请求权基础或为侵权责任,在与侵权无涉的情形下,可依据不当得利的请求权基础规范。[②] 当发挥物之效用与保护无过错当事人原则发生冲突且不可调和时,前者应优先,因为添附制度主要解决的是物权法中添附物的归属问题。添附制度实则体现出对民事主体行为的否定性评价的弱化,以赔偿或补偿制度可以解决的过错添附行为问题不宜再居于添附制度的核心,添附立法的主旨在于维护物的归属与发挥物的经济价值,[③]这也是保持经济整体性的需要。[④]

在企业破产程序中所涉担保物权的特殊场域下,担保物存在因第三人加工或附合、混合而与其他物结合在一起形成添附物的情况,此时,物权担保债权优先受偿的财产基础是否及于添附之后的物,取决于添附物的归属。发挥添附物价值的审视还须根据破产程序本身的需求来判断,譬如添附物若为破产重整所必需,则应尽量使债务人享有添附物的所有权,即将添附物纳入破产财产之中,这实际为最大限度地发挥物的价值原则的转化形态。依据我国《民法典》第322条的规定并结合破产法的价值目标因素的考量,包含了原担保物的添附物由债务人所有的,物权担保债权人得以就添附物优先受偿,但变价添附物所得应对受损一方的物之所有权主体予以更优先的赔偿或补偿。若添附物为第三人所有,

---

① 参见姚瑞光:《民法物权论》,中国政法大学出版社2011年版,第75页。

② 参见陈华彬:《我国物权立法难点问题研究》,首都经济贸易大学出版社2014年版,第206页。

③ 参见王泽鉴:《民法物权:通则·所有权》,中国政法大学出版社2001年版,第297页。

④ 在德国《民法典》中,添附物的归属遵循劳动与保持经济整体性两条基本原则。譬如,其第950条规定,即使被加工的材料属于他人,用这些材料制造新的动产之加工人也可以取得所有权。承认劳动是取得原因的法律规定源于哲学传统,这一传统在工业生产时代发生了转变,在工业生产关系中雇主作为生产过程的组织者应当被看作第950条意义上的制造人。此外,由于加工的价值过于微小或者土地的改造和房屋的建造是土地的主要组成部分,加工人不能取得新产生之物的所有权,则相互联系之物的所有权人为取得人。第946条、第947条关于保持经济整体性的法律规定对此的考虑是,在所有权关系中也应当保持主物经济上的整体性。附着之从物的所有权人丧失所有权,以便主物的整体使用和利用不会受到各种各样的所有权人的影响。可见,蕴含着最大化物之效用的保持经济整体性原则,在德国现代民法体系中较劳动原则具有优先适用性。参见[德]M. 沃尔夫:《物权法》,吴越、李大雪译,法律出版社2004年版,第265页。

可以参照适用担保物权的物上代位之规范,物权担保债权人的优先受偿权应及于第三人所作出的赔偿款或补偿金。[①]

四、物权担保债权人在破产程序中的权利与义务

依据破产法尊重私法实体规范的理念,除非在破产程序启动前,债务人与物权担保债权人另有协议,否则物权担保债权人不仅享有破产债权人的权利,且基于担保物权获得就担保物优先受偿的额外权利。[②] 由作为破产债权的物权担保债权的请求权叠加性的特点所决定,物权担保债权人在破产程序各环节原则上享有普通破产债权人的破产程序权利,负担相应的破产程序义务,同时,基于物权担保债权所蕴含的担保物权的独特性,较普通的无担保债权人,物权担保债权人在破产程序中的权利与义务内容有所调整。

(一)申请破产的权利

破产申请是申请人依法向法院请求裁定债务人适用破产程序的行为,[③]体现了破产申请人对享有的破产请求权的行使。[④] 虽然由于优先受偿权的存在,在实践中鲜有物权担保债权人申请债务人破产的,但担保物的价值可能无法全部覆盖所担保的债权额,物权担保债权人也享有经过成本衡量而放弃担保物权以行使普通破产债权的权利,况且物权担保债权人作为破产债权人,自然可以债权人的身份向法院请求对债务人开始破产程序。[⑤] 同时,在担保物变价处置之前,其能够实现的价值往往难以精准确定,物权担保债权人也无法预估担保物权是否足额,仅仅因为担保物权的附加就剥夺其提出破产申请的权利,将损害其正当权益,破产申请权本就是物权担保债权人达致合法目的的合理手段。[⑥]

否定物权担保债权人的破产申请权的立论多建立在物权担保债权非破产债

---

① 担保物权物上代位规则中所针对的担保物的灭失,不以物理形态的灭失为限,法律层面的灭失亦包括在内。担保物因添附而在法律上灭失时,其所应受之偿金,亦为物上代位之标的。参见史尚宽:《物权法论》,中国政法大学出版社2000年版,第313~314页。

② 参见[美]道格拉斯·G.贝尔德:《美国破产法精要》(第6版),徐阳光、武诗敏译,法律出版社2020年版,第90页。

③ 参见安建主编:《中华人民共和国企业破产法释义》,法律出版社2006年版,第19页。

④ 参见李国光主编:《新企业破产法理解与适用》,人民法院出版社2006年版,第84页。

⑤ 参见李永军:《破产法——理论与规范研究》,中国政法大学出版社2013年版,第74~75页。

⑥ 参见王欣新:《破产法》(第4版),中国人民大学出版社2019年版,第53页。

权的基础上，[①]这与物权担保债权的权利叠加的特性相悖。有观点认为，应当区分可以就担保物优先受偿的债权额与担保物无法覆盖的债权主张，仅当后者存在的情况下，债权人才得申请债务人破产，因此，提出破产申请的物权担保债权人必须有足够的证据证明物权担保为不足额担保。[②] 德国《破产法》第 13 条第 1 款规定了开始破产程序的申请事项，可提出破产申请的债权人范围广泛，物权担保债权人也位列其中，但为避免破产申请制度被滥用，其第 14 条第 1 款要求申请人具有“法律上的利益”，如担保物权存在不足额担保之可能。[③] 但正如上文所述，担保物的价值可能时刻在变动，在担保物变现前预估的价值不仅难以与最终变现价值相一致，而且因此产生评估担保物价值的成本也没必要，即便足额担保的物权担保债权人提出债务人破产申请，法院仍然要对债务人是否具备破产原因进行实质审核，确保已丧失债务清偿能力的债务人进入破产程序，这对其他债权人并无不利影响。但吴传颐先生认为，在债务人遭遇经济困局而丧失债务清偿能力时，普通债权人或因与债务人关系密切或因债务人平时信用良好，未申请债务人破产而尚待其财务状况好转，此时赋予物权担保债权人以破产申请权，于利害关系人乃至社会经济均无裨益。[④] 此说已不合时宜，现代破产法律制度强调公平清偿债权与拯救债务人事业的价值均衡，其发展出破产重整、和解等破产挽救制度，使已具破产原因的债务人及时进入破产程序，可极大提升债务人事业重生的可能性，也可降低债权人的损失，维持债务人企业的“僵尸”状态的存续反而不利于社会经济的健康、可持续发展。

物权担保债权人应当享有对债务人的破产申请权。前已述及，破产程序中的担保物也属于破产财产，管理人在作为司法程序的破产程序中统一接管破产财产，在法院的监督下，由管理人清偿担保债权人的担保债权，本身与非破产程序条件下担保物权的实现是不同的，前者的严肃性、行权保障性以及效力较后者

---

① 参见刘德璋：《新企业破产法理解与操作指南》，法律出版社 2007 年版，第 91 页。

② 参见汤维建主编：《新企业破产法解读与适用》，中国法制出版社 2006 年版，第 38～39 页。

③ 参见许德风：《破产法论——解释与功能比较的视角》，北京大学出版社 2015 年版，第 113 页；[德]乌尔里希·福尔斯特：《德国破产法》（第 7 版），张宇晖译，中国法制出版社 2020 年版，第 55 页。

④ 参见吴传颐编著：《比较破产法》，商务印书馆 2013 年版，第 162～163 页。

更有优势，[①]这也是担保债权人选择申请债务人破产的重要“动机”。而且，破产程序启动前后的物权担保债权人与普通破产债权人并不一定是固定不变的，在存在足够活跃的交易不良债务的二级市场的背景下，如“秃鹫基金”等组织实体无时不在寻求值得购买的物权担保债权人或普通破产债权人的债权，债权交易是其生存之道，[②]而债权的买受人不一定秉持着与债权出卖人相同的动机与利益诉求，买受人可能青睐于债权获偿的速度与流动性，也不排除对长期投资策略的选择倾向，这些变更后的物权担保债权人对破产程序有着多样化的需求。[③] 美国《破产法典》第303条规定的享有破产申请权的债权人也没有债权性质的限制，物权担保债权人也可以申请债务人破产，只要所有申请人持有的无担保债权总额满足法定下限的要求即可。[④] 在美国，倘若资产分散在不同司法辖区，物权担保债权人提出破产申请的重要原因是通过债务人破产程序来处置担保物，而不是根据州法行使止赎权。[⑤] 所以，物权担保债权人既可以其本源的普通破产债权人身份申请债务人破产，也可以其叠加的物权担保债权人的身份申请债务人破产，区分二者的学理意义大于实际价值。在实践中，二者均产生债权人申请债务人破产的法律后果，在申请效力上没有区别，仅仅于申请人向法院提交的申请材料上有所不同，物权担保债权申请人选择以物权担保物权人身份申请的，还需要额外提交其对债务人享有担保物权的证明材料。我国《企业破产法》没有否定物权担保债权人的破产申请权。

（二）破产债权的申报

申报破产债权是指债权人在破产程序中的法定时限内，向法院或指定机构

---

① 物权担保债权人在破产程序中除受偿权利外，还可能存在其他利益，如是否维系债务人的存在的利益、启动重整程序的利益等，赋予物权担保债权人破产申请权更为合理。参见邹海林、周泽新：《破产法学的新发展》，中国社会科学出版社2013年版，第84页。

② See Anthony Michael Sabino, *No Security in Bankruptcy: The Argument against Applying the Federal Securities Laws to the Trading of Claims in Bankruptcy*, Pacific Law Journal, Vol. 24, Issue 1, 1992, p. 109.

③ See Karen Gross, *A Response to J. J. White's Death and Resurrection of Secured Credit: Finding Some Trees but Missing the Forest*, American Bankruptcy Institute Law Review, Vol. 12, Issue 1, 2004, p. 209.

④ See 11 U. S. Code §303.

⑤ 参见［美］道格拉斯·G. 贝尔德：《美国破产法精要》（第6版），徐阳光、武诗敏译，法律出版社2020年版，第235~236页。

呈报债权,以明确其在破产程序中行权的意思表示。[①] 我国《企业破产法》第49条确立了物权担保债权人申报破产债权的义务,[②]第56条第2款关于未依法申报债权的不利后果也适用于物权担保债权人。[③] 物权担保债权人申请破产的权利往往对应着申报破产债权的义务,申报债权的程序,有利于破产管理人及时、全面掌握债务人对外负债与设置担保的情况,可以防范破产欺诈,减少争议,推动破产程序的进展。[④] 因为担保物权在破产程序中对债务人的特定财产具有别除效力,对普通债权人利益的影响不可谓不大,物权担保债权人的债权申报与担保说明,保障了破产利害关系人的知情权,便于其进行监督,及时提出有效的异议,依法维护自身权益。[⑤] 而且,基于挽救债务人事业的理念,尤其在破产重整程序中,担保物权的行权面临破产法体系强制力的必要限制,物权担保债权人在申报破产债权方面不应享有特别优惠待遇,不仅应当如普通债权人一般申报破产债权,还应当明确说明物权担保的种类与内容,以便破产管理人判断担保物是否为重整所必需或者是否为破产财产价值最大化的考量而整体处置包含担保财产在内的破产财产。[⑥] 只有物权担保债权人及时申报债权,破产管理人才能有效地管理担保物,发挥担保物的多重价值。[⑦] 有学者担心允许物权担保债权人申报破产债权,其将以破产债权人的身份参与债权人会议并激化破产事件中的债权人之间的利益矛盾,降低破产程序的效率。[⑧] 然而,物权担保债权人作为破产债权人的法定身份意味着拥有参与债权人会议的资格,基于其享有担保物权保障的事实,破产法可以为其设置特殊的破产程序的权利义务规则,而无须"因噎废食"般地直接取消其申报破产债权的义务,以致剥夺其破产债权人的程序资格。

笔者承认,物权担保债权人不依法申报破产债权,担保物权对担保物的支配

---

① See Douglas G. Baird, *Commercial and Debtor-Creditor Law*, Foundation Press, 1998, p. 856.

② 我国《企业破产法》第49条第1句规定:"债权人申报债权时,应当书面说明债权的数额和有无财产担保,并提交有关证据。"

③ 我国《企业破产法》第56条第2款规定:"债权人未依照本法规定申报债权的,不得依照本法规定的程序行使权利。"

④ 参见王欣新:《破产别除权理论与实务研究》,载《政法论坛》2007年第1期。

⑤ 参见刘明尧:《破产债权制度研究》,中国社会科学出版社2018年版,第146页。

⑥ 参见付翠英:《论破产债权的申报、调查与确认》,载《政治与法律》2015年第2期。

⑦ 参见韩长印主编:《破产法学》(第2版),中国政法大学出版社2016年版,第197页。

⑧ 参见李国光主编:《新企业破产法教程》,人民法院出版社2006年版,第224~227页。

效力、民事债权不受影响。[1] 根据我国《企业破产法》第 56 条第 2 款的规定，未申报破产债权的债权人将丧失在破产程序中行权的权利，但基础债权仍然存在。而担保物权在破产程序中的别除效力有赖于物权担保债权人依法进行债权申报，否则其不得在破产程序中行使优先受偿权，且将丧失普通债权人的资格。[2] 有学者认为，物权担保债权人可以选择依担保物权的方式在破产程序中实现权利，而不必进行债权申报。[3] 然而，物权担保债权人主张优先受偿的担保财产属于破产财产，而破产管理人在破产程序启动后接管了所有破产财产，物权担保债权人若要在破产程序中行使优先受偿权，必然要向破产管理人主张，而此前提在于其应依法申报破产债权，管理人方可掌握担保物的情况以使其特定化状态在破产程序中得以维持。[4] 倘若物权担保债权人未向管理人依法申报债权，虽然其实体债权并不消灭，但其不享有破产债权，此时的物权担保债权为担保物权与一般民事债权的叠加，而非担保物权与破产债权的融合。物权担保债权人也将丧失在破产程序中主张债权清偿利益的机会，只得在破产程序之外根据担保物权的效力就担保物受偿，其担保物权的绝对性得以对抗破产管理人的集体清偿的主张，而脱离担保物权效力之外基于纯粹民事债权的清偿，则与破产集体清偿程序相悖，破产管理人可根据破产撤销权关于禁止个别清偿的规定予以撤销。也就是说，物权担保债权人无权请求法院在破产程序之外对债务人所有的担保物进行强制执行或个别清偿。[5] 由此，未依法申报债权的物权担保债权人虽然可在破产程序中继续“别除”破产管理人对担保物的处分权，但也丧失了在破产程序中的优先受偿权。这一“僵局”的存续没有意义，只会给破产程序的进展造成干扰，如此也反证了物权担保债权人应享有并负担申报破产债权的权利与义务。

德国《破产法》第 28 条规定，包括享有担保权利的债权人在内，所有债权人在破产程序中均有义务应法院要求到管理人处申报权利，包括债权与担保物权，物权担保债权人的申报事项包括担保标的、担保物权的类型与产生原因以及受到担保保障的债权，故意或过失不申报或延迟申报的，债权人还将对由此造成的

---

① 参见齐树洁主编：《破产法研究》，厦门大学出版社 2004 年版，第 435 页。

② 参见杨森主编：《破产法学》，中国政法大学出版社 2008 年版，第 142 页、第 146 页。

③ 参见邹海林、周泽新：《破产法学的新发展》，中国社会科学出版社 2013 年版，第 219 页。

④ 参见陈计男：《破产法论》，台北，三民书局股份有限公司 2004 年版，第 190 页。

⑤ 参见李永军：《破产法——理论与规范研究》，中国政法大学出版社 2013 年版，第 191 页。

损害承担责任。① 在日本,根据日本《破产法》第111条第2款、《民事再生法》第94条第2款、《公司更生法》第138条第2款的规定,在债务人倒产程序(包括破产、民事再生、公司更生程序)中,物权担保债权人申报破产债权,除提交普通破产债权所需申报材料外,还应提交关于担保财产的材料,以及在预计不足额担保的情况下,未优先受偿债权的估算额,而且根据《公司更生法》第204条第1款的规定,在公司更生程序中,物权担保债权人未依法申报债权的,在更生计划经法院裁定生效后,物权担保债权人的担保权随之消灭。② 日本此项公司更生规范对未申报破产债权的权利人所享有的担保物权的否定,逾越了破产法体系强制力的应有边界,在破产法尊重私法实体规范的影响下,取消物权担保债权人在破产程序中优先受偿的机会即可达到类似的效果,不必矫枉过正。在美国破产立法中,非破产法的实体规范确立了破产债权的实体性条件,破产程序规范则确立了破产债权的程序性条件,二者同时满足,在破产程序中行权的破产债权才能获得最终的确认,而这一切均应自债权人依据美国《破产法典》第501条的规定申报破产债权始,且不存在第502条规定的不予确认的事项。③ 但遵循"布纳原则"的要求,未依法申报破产债权的物权担保债权人所享有的担保权益不会因此丧失,美国联邦最高法院一直以来都坚持优先权不受破产案件影响的基本立场。④ 虽然担保实体权利存在,但申报破产债权的程序规范的约束力仍将禁止未申报的物权担保债权在破产程序中行权。在英国公司破产清算程序中,物权担保债权人的债权申报事项包括不足额担保部分的估计债权额,或者在变卖担保物后未受偿的确定债权额,还可以放弃优先受偿权并申报全部债权。⑤

总而言之,笔者认为,物权担保债权人享有双重权利,这是分析企业破产程序中物权担保债权人权利与义务内容的重要前提。物权担保债权人基于其破产

---

① 参见[德]莱因哈德·波克:《德国破产法导论》(第6版),王艳柯译,北京大学出版社2014年版,第61页;[德]乌尔里希·福尔斯特:《德国破产法》(第7版),张宇晖译,中国法制出版社2020年版,第81页。

② 参见[日]谷口安平主编:《日本倒产法概述》,[日]佐藤孝弘、田言等译,中国政法大学出版社2017年版,第192页;[日]山本和彦:《日本倒产处理法入门》,金春等译,法律出版社2016年版,第138页、第197~198页。

③ 参见[美]查尔斯·J.泰步:《美国破产法新论》(第3版),韩长印、何欢、王之洲译,中国政法大学出版社2017年版,第705页、第797~798页。

④ See Dewsnup v. Timm, 502 U. S. 410 (1992).

⑤ See The Insolvency (England and Wales) Rules 2016, Rule 4.75, 4.88.

债权人的定位,行使权利仍然须以债权申报为前提,这也是便于管理人开展工作与破产程序顺畅进行、提高程序效率的需要。

(三)物权担保债权人具有参与破产债权人会议的资格

虽然破产事件作为特殊的司法程序,由法院主导,并由破产管理人处理各项破产事务,但直接受到破产程序影响的主体是破产债权人,破产法应给予其参与程序的机会,以保障自我权益,但债权人个体的行权对于破产程序的进展将构成相当的妨害,所以各国破产法普遍设立债权人会议作为债权人集体自治的法定机关,用以行使债权人的破产权利。① 结合我国破产立法规范,破产管理人在物权担保债权人申报破产债权后,将对其中的担保物权与被担保债权予以审查,但这种审查更多是一种形式审查,而债权人会议的核查则是实质性的审查与承认。② 物权担保债权人参与债权人会议,也便于在其他权利人对其担保物权等事项提出质疑时,能够及时予以解释与说明,提升债权人会议集体决策的有效性。破产法的体系强制力带来了债权人会议决议约束物权担保债权人的效力,因此仅当物权担保债权人对债权人会议享有参与权与表决权时,方为公平。德国《破产法》第74条第1款也规定,所有享有别除权的债权人、所有破产债权人、破产管理人、债权人委员会成员和债务人有权参加债权人会议。③

有学者提出,不足额担保存在的可能性决定了物权担保债权人参与破产债权人会议的资格,因为这种情况下其权利的实现环节可能会与破产程序产生交集。④ 笔者认为,物权担保债权属于破产债权,⑤物权担保债权人享有基础民事债权和叠加的担保物权的双重权利,因此其应当享有参与债权人会议的资格,而不是仅在不足额担保的情况下,基于权利人就担保物优先受偿后的剩余债权才有权参与债权人会议。同时,物权担保债权在破产清算、重整、和解程序中存在程序权利受限的情况,基于权利救济本身的需要,物权担保债权人参与债权人会

---

① 参见陈计男:《破产法论》,台北,三民书局股份有限公司2004年版,第135页。

② 参见汪涛编著:《破产法》,武汉大学出版社2015年版,第60页。

③ 参见[德]莱因哈德·波克:《德国破产法导论》(第6版),王艳柯译,北京大学出版社2014年版,第36页。

④ 参见齐明:《破产法学:基本原理与立法规范》,华中科技大学出版社2013年版,第151页。

⑤ 与此对应,不承认物权担保债权人的破产债权人地位的学者,往往也否认其参与债权人会议的资格,主张唯有物权担保债权人抛弃其优先受偿权,以全部债权作为普通债权并申报,或就不足额担保之债权进行申报,方可参与债权人会议以行使表决权。参见陈计男:《破产法论》,台北,三民书局股份有限公司2004年版,第139页。

议,通过行使表决权等程序权利与其他债权人、债务人等破产法律关系当事人进行充分博弈,为维护自我权利而斗争,存在正当性。依据我国破产立法规范,物权担保债权人也可以参与债权人会议,除对通过破产财产分配方案的决议和破产和解协议不享有表决权外,①对其他决议事项,如债权调查、债务人是否重整、是否继续债务人的营业、监督管理人等有权依法作出表决。②

(四)担保债权人在破产重整程序中的分组与表决

重整计划草案的债权人分组机制,确保将具有相同的清偿顺位的债权人归入同一组,因而使得每一组中的所有成员对债务人是否继续经营存在基本相同的主观意愿。简言之,分组表决提供了一种在不同群体内分配债务人持续经营所产生的剩余价值的方法,而绝对优先原则保障了债务人重整产生的盈余不会在某一债权人群体未同意的情况下,由一个群体溢出到另外的群体中,持不同意见的少数债权人群体也可以通过模拟清算价值的比较测试来保护其基本利益。③此外,不同利益群体持有不同的谈判立场,将具有异质性的债权人混同在一起而不加区分地表决会损害协商的效果与诚信度,细化与科学的分组也是保障破产重整程序顺畅进行的需要。④

破产重整程序中债权人的分组是贯彻绝对优先原则的前提,其以非破产法实体规范的权利优先性排序为基础,通过分组便于不同的利益群体以表决的方式对破产重大事项发表意见。⑤ 所以,为更精准地反映不同权利人在重整程序中的利益诉求,债权人的分组应尽量细致,如根据是否享有优先受偿权区分有担保权的债权人为物权担保债权人组与人保债权人组。

物权担保债权人的优先受偿权是担保物权的核心内容,其受到破产法尊重

---

① 在我国破产清算程序中,物权担保债权人可以随时、个别就担保物优先受偿,而不受破产财产分配程序的束缚,破产和解协议也是如此,不得对担保物权的事项予以调整。取消与物权担保债权人的权益实现无关的债权人会议的表决事项,可防止其对会议造成恶意的"钳制",提高破产程序的效率。

② 参见王欣新:《破产法》(第4版),中国人民大学出版社2019年版,第245页。

③ See Bruce A. Markell, *Clueless on Classification: Toward Removing Artificial Limits on Chapter 11 Claim Classification*, Bankruptcy Developments Journal, Vol. 11, Issue 1, 1994-1995, p. 14.

④ See David Hahn, *When Bankruptcy Meets Antitrust: The Case for Non-Cash Auctions in Concentrated Banking Markets*, Stanford Journal of Law, Business & Finance, Vol. 11, Issue 1, 2005, p. 42.

⑤ 参见齐明:《破产法学:基本原理与立法规范》,华中科技大学出版社2013年版,第249页。

私法实体规范理念的保护,由此决定了贯彻当事人意思自治原则的破产重整计划草案不能剥夺物权担保债权人的优先受偿权,即便在重整程序中债权人会议以多数决规则通过载有该内容的重整计划草案,法院经实质审查也不应批准,以保障破产重整程序的实质公平,除非全部的物权担保债权人放弃优先受偿权。[①]美国破产重整程序终结时对物权担保债权的保护标准是以担保物价值为依据计算的"完全补偿",满足此标准后,即便物权担保债权人组反对通过重整计划,法院也可以对其行使强制批准权,重整债务人可以在法院批准重整计划后继续保有担保物。[②]

同时,考虑到物权担保债权享有担保物权的保障,在担保物价值不足以覆盖所保障的债权时,物权担保债权人在破产重整程序中如何合理地分组与表决,成为一项难题。日本《民事再生法》第88条规定,物权担保债权人行使优先受偿权后未受偿的债权额属于破产再生债权,而权利人行使担保物权的优先受偿程序在破产再生计划表决通过时可能尚未终结,由此导致再生计划无法处置该再生债权,进而根据第160条的规定,此再生债权可以参照适用未确认的异议债权的规则,即再生计划通过后才予以确认的异议债权,可以获得与其他再生债权人相同比率的清偿。[③]

我国《企业破产法》第92条第2款规定了未依法申报债权的债权人只能在重整计划执行完毕后,可以按照重整计划规定的同类债权的清偿条件行使权利,未涉及未确认债权的处理,但第119条在破产清算程序中的破产财产分配环节,对于诉讼或者仲裁未决的债权的处理规则可以参照适用。在重整计划草案中应当评估不足额担保所涉及的未优先受偿的债权额,并在破产重整计划获得法院批准后的执行中,将该笔债权的破产分配额提存,待担保物权的实现程序终结,未受偿债权额确定后,物权担保债权人可受领该分配额,当最终的未受偿债权额超过提存的分配额时,权利人以分配额为限受偿,当分配额足以覆盖未受偿债权

① 参见王欣新:《论经济危机下的破产法应对》,载《人民法院报》2009年6月18日,第6版。在物权担保债权人放弃其优先权的情况下,物权担保债权人可以获得普通债权人在破产程序中的表决权,物权担保债权人通常为了获得表决权从而实施对公司破产程序的控制而放弃优先权。参见齐明:《破产法学:基本原理与立法规范》,华中科技大学出版社2013年版,第206页。

② 参见[美]查尔斯·J.泰步:《美国破产法新论》(第3版),韩长印、何欢、王之洲译,中国政法大学出版社2017年版,第1267~1268页。

③ 参见[日]山本和彦:《日本倒产处理法入门》,金春等译,法律出版社2016年版,第152页。

额时,多余的分配额应按重整计划中的债权受偿比例向普通债权人进行分配。自破产重整程序终结之日起满 2 年仍不能受领分配的,法院应当将提存的分配额分配给其他债权人。

五、物权担保债权的物权效力

近现代社会民事主体的人格平等,某一民事主体不应具备支配另一主体意志的权利,所以对于以特定人的给付行为作为客体的债权而言,其只能为请求权而非支配权,但以特定的物或权利为客体的物权则不同,物权人与物之间不是平等意义上的主体,物权人对物可以享有支配权,鉴于物不具有独立意志性,物权人也只能对物享有支配权,而无法以请求权的方式向物主张物权。物权不同于作为请求权与相对权的债权范畴,物权是支配权与绝对权,在标的物存在的前提下,原则上不会出现执行不能的问题,不必受制于债务人的信用状况对债权受偿过程的影响,进而在最大限度上降低主体带来的不确定因素对债权受偿进程的干扰与破坏。破产程序在执行程序的尽头接力执行不能的任务,继续致力于债权的清偿事宜,物权担保债权的优先受偿力是债权在破产程序中获得保障清偿的关键所在,担保物权的物权效力中,与优先受偿力密切关联的还包括担保物权的追及效力、物上代位、物权请求权等,在破产程序的特殊情境下,有必要予以深入探究。

(一)担保物权的追及效力

担保物权的追及效力本身的界定较为简单,但其在适用过程中容易与担保物权所享有的物权请求权发生重叠,从而引发二者之间的关系如何的争议。追及效力规则的适用,对整个民法体系也将产生深远的影响,如抵押人能否自由转让抵押物即受到担保物权的追及效力的制约。私法实体规范中的担保物权的追及效力规则,原则上在破产法规范中予以维持。

1. 担保物权的追及效力与物权请求权

担保物权的追及效力,源于物权的排他性与优先性,是指无论担保物辗转落于哪一主体处,担保物权人均得以追及物之所在,对其予以支配的效力。[①] 担保物权的追及效力以其具有对抗力为前提,故针对采取登记对抗主义的担保物权

---

① 参见董学立:《物权法研究》,中国政法大学出版社 2010 年版,第 20 页。

类型,倘若权利人未进行登记,则无追及效力。[①] 为均衡交易安全的价值考量,善意取得制度构成物权支配力的限制,进而善意取得也成为担保物权人行使追及效力的例外。

物权请求权是一种依附于物权且不同于债权的独立的请求权类型,物权请求权与基于占有而产生的请求权合称为物上请求权。物权的追及效力与物权请求权中的返还原物请求权可能会发生重叠。在质权、留置权等转移占有的担保物权类型中,担保物已处于担保物权人的占有之下,倘若由于他人非法占有等事由权利人失去占有,则其物权的追及效力较弱,权利人可基于享有的物权请求权主张非法占有人返还担保物。[②] 这在一定程度上补足了担保物权的追及效力,也是物权请求权与物权追及效力统一关系的重要方面。但二者功能相异,物权请求权旨在恢复物权的完满状态,物权人得以对特定人为之,而物权的追及效力是物权对物的支配力的直接表现,物权之支配力随物之移转而移转,直接作用于物。[③] 换言之,物权请求权仍体现在对侵害人的请求权层面,物权的追及效力则具有突破相对法律关系的束缚的功能,同时,物权请求权较物权之追及效力的内容更为丰富,消除危险请求权、排除妨害请求权等物权请求权类型不属于物权的追及效力的范畴。针对担保物权的某些场合,适用物权的追及效力更为合适,如抵押人转让抵押物的情形。[④] 因此,民事立法宜采取同时规范二者的体例。

2. 抵押人转让抵押物与抵押权的追及效力

抵押人作为抵押物的所有权人,有处分抵押物的权利,但担保物之上设立的抵押权负担,在一定程度上限制了抵押物所有人的自由处分权,限制的正当性在

---

① 参见张先贵:《物权基本原理研究》,合肥工业大学出版社2018年版,第33页。

② 针对留置权而言,在日本《民法典》中,失去占有的留置权人只能基于占有提出返还诉权。详言之,日本《民法典》第302条规定,留置权是以占有为基础的物权,占有的丧失消灭了留置权本身。日本《民法典》第200条规定,这种占有被他人侵害时,只能对占有行使诉权。正因如此,我妻荣教授、三潴信三教授、近江幸治教授均认为留置权没有物权的追及效力。参见[日]我妻荣:《我妻荣民法讲义Ⅲ:新订担保物权法》,申政武、封涛、郑芙蓉译,中国法制出版社2008年版,第23~24页;[日]三潴信三:《物权法提要》,孙芳译,中国政法大学出版社2005年版,第226~227页;[日]近江幸治:《担保物权法》,祝娅等译,法律出版社2000年版,第16页。但笔者认为,无论是物权请求权,还是物上请求权,在能够协助满足留置权恢复占有的目标的情况下,即可补足留置权的追及效力,留置权不属于物权追及效力的例外。

③ 参见冉克平:《物权法总论》,法律出版社2015年版,第167页。

④ 参见崔建远:《物权:规范与学说——以中国物权法的解释论为中心》(上册),清华大学出版社2011年版,第61页。

于抵押人转让抵押物的行为不得损害抵押权人的权利。为满足这一要求，原《中华人民共和国物权法》（以下简称《物权法》）第191条规定，未经抵押权人同意，抵押人转让抵押物的行为无效，抵押物的所有权被视为自始未发生变动，由此确保抵押权的绝对安全，这与抵押权的追及效力无关。[①] 抵押权人为自身利益，一般不会同意抵押人转让抵押物，实际上该规定将禁止抵押人转让抵押物，此举措无疑具有矫枉过正之嫌，过度强化了对债权人的保护，不当干涉了债务人（抵押人）的财产权，影响了抵押人对抵押物的有效利用，使得抵押物被搁置，无法最大限度地发挥物的经济价值，导致债权人与债务人利益格局的失衡。[②]

当对抵押人转让抵押物的限制解除后，基于抵押权作为限制所有权的定限物权的基本权利属性，不论担保物所有权的归属，必然产生担保物权的追及力，抵押权人均可在抵押权成就时就担保物优先受偿。[③] 抵押人转让抵押物属于法律上的处分行为，除此之外，抵押人无权对抵押物予以事实上的处分，否则将会因导致抵押财产减少而有损抵押权。[④] 我国《民法典》第406条更改了《物权法》第191条的规定，允许抵押人自由转让抵押财产，[⑤]通过规定抵押权在抵押财产的转让过程中不受影响，以明确抵押权的追及效力。[⑥] 我国《民法典》一改物权法时代过于注重保障金融机构部门利益的做法，充分借鉴了比较法上的经验，但也给抵押财产的受让人带来了风险，其未来可能会受到抵押权人的追及。而且我国《民法典》第406条第1款赋予了当事人可通过约定方式排除抵押人转让抵押物的权利，在金融机构作为抵押权人与债权人的背景下，其享有优势的议价能

① 参见高圣平：《担保法论》，法律出版社2009年版，第292页。

② 参见张晓娟：《动产担保法律制度现代化研究》，中国政法大学出版社2013年版，第108页。

③ 参见程啸：《担保物权研究》，中国人民大学出版社2017年版，第347页。

④ 参见高圣平：《担保法论》，法律出版社2009年版，第352页。

⑤ 但根据《民法典》第443条、第444条、第445条的规定，权利质押权存续期间，出质的权利原则上不得转让或许可他人使用。基于担保物权的追及效力，出质的权利应与抵押物适用同样的规制，应允许转让或许可他人使用，可见，我国担保物权的追及效力并未全面贯彻。

⑥ 有学者提出，区分固定抵押和浮动抵押的标准原则上在于，抵押设立后抵押人是否有权自由处分抵押物。在固定抵押中，无抵押权人的同意，抵押人无法处分其财产。在浮动抵押中，抵押人则可在无抵押权人同意的情形下，自行处分抵押物，将所有权移转或在抵押物上设定其他权利。参见葛伟军：《英国公司法要义》，法律出版社2014年版，第361页。在我国《民法典》第406条解除了固定抵押权人转让抵押物的限制后，固定抵押与浮动抵押之间的边界进一步模糊化，但抵押人对抵押物的自由处分权，除转让抵押物的自由权外，还涉及其他方面的内容，甚至包括非恶意的事实处分的权利，就此而言，较固定抵押权人，浮动抵押权人仍有着广泛的自由空间。

力与博弈地位,可预见的是,在抵押合同格式条款中,将倾向于约定抵押人不得转让抵押财产,从而使抵押财产可自由转让的一般性规则在实践中难以适用,除非其他立法规范予以介入,促进金融行业允许抵押人转让抵押物的惯例的形成。

我国《民法典》第406条第2款进一步规定,抵押人转让抵押财产可能损害抵押权的,须应抵押权人的请求,将转让的价款向抵押权人提前清偿债务或提存,以此确保抵押人转让抵押物行为的正当性边界。不动产担保物被转让,享有追及效力的抵押权往往不会受损,但动产担保物转让的,抵押权的追及力止于支付合理价款的正常经营活动中的买受人,①抵押权将消灭,此时必然出现抵押财产转让损害抵押权的情况。我国《民法典》第406条第2款还规定了抵押人转让抵押财产应当负担及时通知抵押权人的义务,但是抵押人未通知的后果是否可以视为适用抵押物转让损害抵押权人利益的规则,尚未明确。根据通知义务规则,登记机构在受理因转让抵押物行为而申请变更抵押物登记时,是否要审核抵押人是否已通知抵押权人,语焉不详,这些问题可以通过司法解释细化规范内容。

债务人以自有财产提供抵押,在抵押人转让抵押物之后,抵押权继续存续在抵押物上,将转换为第三人以其财产对债务人的债务进行担保,倘若之后债务人进入破产程序,债权人是无法作为债务人的物权担保债权人就抵押物主张优先受偿的,只能作为无担保债权人统一按债权清偿比例获偿。不过我国《民法典》第406条第2款也设置了抵押权人要求在转让抵押财产行为可能损害抵押权的情况下,提前清偿债务或提存的权利,债务人的财务状况急剧恶化,可能存在破产风险,应当属于转让抵押财产可能损害抵押权的情形,此时抵押权人可以要求提前清偿债务或提存,并且不构成破产临界期的个别清偿行为,在债务人进入破产程序后,管理人不得行使破产撤销权来否定该清偿行为的效力。而在企业债务人破产程序中,抵押财产的转让只能由全面接管破产财产的破产管理人而为,处置抵押财产所得价款是否须向物权担保债权人优先清偿,抑或担保物权仍追及买受人所有的担保物上,则须依据破产法的体系强制力所施加予担保物权实现的特殊程序规则而定。倘若抵押物与其他破产财产组成了不可分割的整体或

---

① 我国《民法典》第404条规定:“以动产抵押的,不得对抗正常经营活动中已经支付合理价款并取得抵押财产的买受人。”举轻以明重,动产抵押权的设立都不能对抗正常经营活动中的买受人,动产抵押物的转让更不具有对抗力。

分割后价值遭到极大贬损，抑或抵押物为债务人破产重整所必需，破产管理人往往可以通过行使涤除权，通过对抵押物的估价选择向抵押权人支付相应价款，以此为对价获得对抵押物的完整的所有权，管理人还可以通过破产财产来清偿物权担保债权，以消灭主债权的方式来消灭抵押权，这也能够换取对抵押物的完整所有权。[①] 管理人应根据具体案情选择代价最小的一种方式，此时破产管理人转让抵押物的行为以及收益，与抵押权人无关，因为其抵押权已提前获得充分的补偿。

（二）担保物权的物上代位

担保物权的追及效力与物上代位性在抵押人转让抵押物等领域形成了对立，比较法上往往采取担保物权的追及效力优先适用的做法，我国《民法典》的规定更是通过扩张追及效力内容的方式，排除了物上代位与之相冲突的可能。担保物权的物上代位作为担保物权的效力延伸，有其自身适用的空间，并须在其法律性质与配套制度方面强调避免代位物与担保人自有财产的混同，以保障担保物权人的物上代位权的实现。

1.担保物权的追及效力与物上代位

物权对物的支配力，以及由此生发的排他性与优先力，是物上代位的效力基础。[②] 有学者认为，抵押人转让抵押物所得的价款构成代位物，基于担保物权的物上代位性，抵押权人可以就此代位物优先受偿，进而可以保障抵押人转让抵押物的处分权，也确保了抵押权人的权利安全。[③] 由此，就抵押人转让抵押物的问题，在设置抵押权的追及效力之外，产生了抵押权的物上代位的处理路径，二者形成对立。而史尚宽先生认为，因担保物权具有追及效力，纵使债务人（抵押人）将抵押物转让，若抵押物尚存在，则无以物上代位来保护担保物权人的必要，物上代位适用于担保物毁损、灭失等情形即可。[④] 近江幸治教授进一步指出，担保物权的物上代位与追及力的关系在于后者优先适用，只有在动产担保物权的追及力被阻碍的情形下，如动产与受让人财产混同等，日本《民法典》第333条规定

① 参见李珏：《动产抵押法律制度研究》，中国社会科学出版社2019年版，第227～228页。
② 参见孙宪忠：《中国物权法总论》（第4版），法律出版社2018年版，第290页。
③ 参见李珏：《动产抵押法律制度研究》，中国社会科学出版社2019年版，第226～227页。
④ 参见史尚宽：《物权法论》，中国政法大学出版社2000年版，第313页。

的对转让抵押物价金的物上代位规则方得以适用。[①] 我国也有学者认为,在抵押权的追及力能够完全实现的情况下,没有必要对抵押物转让价款适用物上代位规则,仅在追及力不完全时才有转让价款的物上代位的适用必要。[②]

担保物权对物的交换价值予以支配,而物的交换价值不仅存在于担保物的实体之上,担保物权的物上代位性强化了权利人对担保物之交换价值的控制力,承载交换价值的物的载体形态的改变并不会影响担保物权人的支配力。[③] 在担保物毁损、灭失或者被征收后,担保物权人仍可于替代物之上得以优先受偿,如保险金、赔偿金或者补偿金等,我国《民法典》第 390 条对此予以规定,[④]就此而言,抵押人转让抵押物的所得不属于代位物,不适用担保物权的物上代位规则。当担保物权人对转让后的抵押物行使优先受偿权受阻时,可以依据我国《民法典》第 406 条第 2 款规定的抵押人转让抵押财产损害抵押权的救济路径,主张就抵押人转让的价款向抵押权人提前清偿债务或提存,但若转让价款混同于债务人的一般财产中,抵押权人仅得以向债务人主张相应的赔偿请求权。实质上我国民事立法通过扩张担保物权追及效力的内容,在一定程度上实现了以物上代位补充追及效力的规则适用的功能目标。在企业债务人的破产程序中,倘若管理人误将担保物变价,担保物权人只能依据担保物权的追及力规则,追及被转让的担保物行使担保物权,但由于债务人与担保人的分离,担保物权人只能先向破产债务人请求清偿破产债权,对于未能在破产程序中获得清偿的债权额,再向担保物的受让人主张在担保物价值范围内优先受偿。同时,如果担保物权人能够证明破产管理人转让担保物的行为给其造成了具体经济损失,则可向破产管理人主张就转让价款来清偿债务,但若转让价款混同于破产财产,担保物权人只能向破产管理人主张损害赔偿。依据我国《企业破产法》第 42 条的规定,此项赔偿属于管理人执行职务致人损害产生的债务,可纳入共益债务中处理,若破产财产

---

① 参见[日]近江幸治:《担保物权法》,祝娅、王卫军、房兆融译,法律出版社 2000 年版,第 42 页。

② 参见徐海燕、李莉:《物权担保前沿理论与实务探讨》,中国法制出版社 2012 年版,第 115 页。

③ 参见程啸:《担保物权研究》,中国人民大学出版社 2017 年版,第 30 ~ 31 页。

④ 担保物部分受损的,担保物的残余物与保险金、赔偿金或者补偿金等均为原担保物的变形物、代位物,所以,担保物权的物上代位规则也应适用于担保物的残余物。参见唐义虎:《担保物权制度研究》,北京大学出版社 2011 年版,第 72 页。我国《民法典》第 390 条虽未明文规定担保物的残余物是否属于物上代位的范围,但依据目的解释规则,该条中的"等"字可以解释为代位物包含残余物。

不足清偿该共益债务,管理人应承担连带赔偿责任。① 担保物权人就转让价款获得的清偿或损害赔偿,与担保物权人在破产程序中获得的债权清偿一并计入债权人已满足的债权清偿额,担保物权人仅就债权余额向抵押物受让人主张实现担保物权。

2. 物上代位的性质

关于担保物权的物上代位的性质,学界存在不同的观点,归结起来,主要包括:(1)担保物权延续说,该说认为担保物权的代位物,只是原担保物的转换形态,是物上代位,而非就赔偿金或补偿金的请求权的代位。② (2)法定债权质权说,主张该论的学者认为,当担保物毁损、灭失或被征收时,代位物是货币,且在给付义务人未支付该款项前,其只是债权请求权,而非特定物,抵押权不能存在于债权请求权上。尤其是给付义务人直接向担保人支付后,代位款项将混同于担保人的一般财产中,基于担保物权存续说的担保物权显然无法存在于担保人的一般财产上。所以,我国司法实践中针对该种情况,往往不支持担保物权人行使优先受偿权的主张,但担保人应对此予以赔偿。③ 而采取法定债权质权说,担保物权人作为债权的权利质权人,无论出质人是否同意,给付义务人均可向质权人清偿,并可在出质人所受利益的范围内,消灭出质人对给付义务人的债权,而给付义务人也负担着向质权人给付代位物的义务,除非得到担保物权人的同意才可向出质人给付,从而担保物权的物上代位的目标得以实现。④ 这也是大陆法系国家和地区所普遍采取的做法。(3)除此之外,还有价值权说、特权说等。担保物权作为价值权,自然及于担保物的交换价值之变形物,此为价值权说。而特权说认为,担保物权是对担保物享有的优先受偿权,担保物消灭,担保物权也将不复存在,对于代位物延续担保物权的效力,只是法律政策的特别考量而已。⑤

价值权说、特权说没有揭示担保物权的物上代位的本质。而担保物权延续

---

① 参见王欣新:《破产法》(第4版),中国人民大学出版社2019年版,第357页。

② 参见王利明:《物权法研究》(第4版),中国人民大学出版社2016年版,第1137页。

③ 参见中国信达资产管理公司哈尔滨办事处与哈尔滨市城市建设投资集团有限公司、黑龙江雅美食品加工有限公司、哈尔滨大地农业有限公司借款合同纠纷案,最高人民法院(2008)民二终字第116号。

④ 参见程啸:《担保物权研究》,中国人民大学出版社2017年版,第37~41页;王乐兵:《担保法专论》,对外经济贸易大学出版社2018年版,第83页。

⑤ 参见[日]近江幸治:《担保物权法》,祝娅、王卫军、房兆融译,法律出版社2000年版,第40页。

说无法解决代位物混同于担保人的一般财产时权利人的受偿问题,相较而言,法定债权质权说在学理分析上更为合理。但在实践应用中,法定债权质权说仍需保障代位物特定化的配套规范的协助,否则担保物权人只能追究因过错将代位物混同于自身财产的担保人与给付义务人的赔偿责任,在担保人破产的情形下,权利人主张的侵权赔偿请求权转化为普通破产债权,其受偿程度显然无法与代位物的优先受偿相提并论。

物上代位所指向的并非债务人应得的现物本身,多为对其物的请求权,对物本身的效力属于担保物权的追及力问题,为保障物上代位的实现,法院往往对代偿物予以“查封”等特定化处理,日本《民法典》第304条对此进行了规定。但需要注意的是,物上代位的效力不是由代偿物的特定化而产生,特定化只是为物上代位行使的便利而为,法院查封代偿物后,受让人须依据法院的转付命令,直接向担保物权人支付。法院的“查封”也考虑到了担保物权人对代偿物行使优先受偿权的需求,特定化起到了公示优先权的作用。① 韩国《民法典》第342条也有类似的规定,②其强调了担保物权所指向的代位物的特定化。代位物最好由给付义务人直接向担保物权人交付,否则代位物与担保人的一般财产出现混同时,担保物权的物上代位将难以实现。

① 参见[日]近江幸治:《担保物权法》,祝娅、王卫军、房兆融译,法律出版社2000年版,第41页。

② 韩国《民法典》第342条规定:“质权,亦可对于出质人因质物的灭失、毁损或公用征收而得到的金钱或其他物行使。在此情形,应在支付金钱或交付之前将其扣押。”参见崔吉子:《韩国物权法专题研究》,北京大学出版社2013年版,第219页。

第三章　企业破产程序中担保物权的限制与保护

世界上几乎每个国家都设置了专门处理债务人在商业中普遍违约后的财产追回和债权分配过程的法律制度，其往往体现为担保物权与破产制度，前者强调私法自治，后者凸显了广义经济宪法的公共调整机制，二者具有诸多共同点，包括控制债务人财产以使权利的实现价值最大化，将财产向特定范围的权利人分配，并明确权利人优先受偿的规则。[①] 但破产与担保物权制度难免不发生冲突，尤其在现代社会中二者均获得广泛的适用，在自身财产上对外设置担保负担的债务人很可能遇到经营困难或财务困境，从而进入破产程序。换言之，处于破产程序中的债务人，其财产上可能于申请破产前大多负担了物权担保，破产与担保物权两项秉持不同价值主旨的部门立法规范产生了激烈的对立，但在矛盾中不乏调和的可能。

担保物权的主要制度价值，也是其相较于人的担保的核心优势，即通过就担保物获得优先受偿而保障债权利益的实现。在企业破产程序中，债权的受偿受到了前所未有的重大威胁，即便以公平清偿的集体程序实现，可

---

① See Jay Lawrence Westbrook, *The Control of Wealth in Bankruptcy*, Texas Law Review, Vol. 82, Issue 4, 2004, p. 795.

得清偿的债权额也将大打折扣,应对债务人破产风险成为设立担保物权的关键目标。因此,破产法中任何限制担保物权行权、减损担保权益的规范,均须慎重考虑,适用不当将会影响市场主体在商事行为中的合理预期,干扰信贷活动的正常开展,对信用经济的运行造成破坏。[①] 在遵循合宪性要求的基础上,作为广义经济宪法的破产法的体系强制力,不得干涉担保物权的核心内容,破产法不能限制担保物权的优先受偿力,除此之外,企业破产程序中担保物权的受限应极力避免恣意性与碎片化,仍须在合宪性的视角下依据限制财产权的基本法理予以体系化构建,以期达致部门法律规范之间和谐、互适的良性格局。而担保物权受限的边界相应体现为担保物权的保护,二者对立统一,互为条件,企业破产程序中担保物权的限制与保护的一体化设置,将成为贯彻整个破产流程的破产法体系强制力对担保物权予以调整与维持的主线。

一、企业破产程序中担保物权受限的法理基础

担保物权是一项财产权利,其与其他财产权利以及财产权之外的权利类型,存在法律确立的权利界限模糊化的现象,权利人在行使担保物权的过程中,不可避免地会出现与其他权利的冲突,而权利的限制是解决权利冲突的必由之路。对财产权的限制理由往往包括:维护社会公共利益、克服财产权负外部性、禁止权利滥用、公权力保障社会经济秩序的客观需要等。[②] 在宪法确立的法律规范体系下,在破产程序中贯彻财产权的限制与保护原理,针对破产管理人对担保物权人的权利限制与保护的法律基础,表现为限制要求依次递减、保护力度逐步加大的四阶分层理论,即禁止权利滥用、权利交界处之必要容忍义务、合意约束以及破产征收与准征收行为。

(一)权利的冲突与界限

权利冲突的本质是利益与价值的冲突。[③] 并非所有的利益均能上升为权利,只有自由、平等的主体参与的民主立法程序,全面贯彻正义价值,通过正当性评

---

① 参见李林启主编:《实现担保物权实证研究》,中国政法大学出版社2018年版,第309页。

② 参见王思锋:《不动产准征收研究》,中国社会科学出版社2015年版,第28~29页。

③ 参见刘作翔:《权利冲突:案例、理论与解决机制》,社会科学文献出版社2014年版,第216~217页。

价而确立的正当利益,才得以转化为权利,得到法律的保护。① 近年来,公民权利意识的彰显与法学界对权利本位原则的强调,使权利的边界问题被忽视,权利冲突的直接原因在于权利界限不明。② 基于价值判断的恒定的变动性与人类理性认知能力的有限性,权利的界限难以被明确划定。法律并非万能,法律并未界定清晰权利的边界,致使主体间的利益与价值冲突经由权利的"过滤"后仍然存在,而展现为权利的冲突。③

个体不可能拥有普遍的自由,个体无限制的自由必然将颠覆他人的自由。④ 自由与责任密不可分。⑤ 绝对权利从来只是人们的幻想,往往被作为政治宣言而在特定历史时期具有进步意义。由实定法所创设的权利是一种社会存在物,处于社会关系的权利天然具有相对性与条件性,主体恣意行使权利必然将触及他人合法权益乃至社会公共利益。⑥ 隶属于自由权范畴的一切权利类型都是相对的、有因的。⑦ 由权利固有的相对性特征所决定,权利自身即有着自我限制的逻辑要求。而关于权利界限与权利限制的关系,学理上主要有外在理论与内在理论之分。⑧ 笔者赞同内在理论,相对性的本质使得权利自身蕴含着限制的因素,经由法定化的过程而表现为权利的界限。换言之,法律划定权利之间界限的过程,体现为对权利的限制。二者密切相关,权利的界限构成权利限制的原因与目的,权利限制是明晰权利界限的一种方式与手段。⑨ 立法机关对权利的限制包括

---

① 参见彭诚信:《从利益到权利——以正义为中介与内核》,载《法制与社会发展》2004 年第 5 期。

② 参见郝铁川:《权利冲突:一个不成为问题的问题》,载《法学》2004 年第 9 期。

③ 参见胡余旺:《权利冲突的法哲学思考》,载《河北法学》2010 年第 8 期。

④ 参见[英]F. A. 哈耶克:《致命的自负》,冯克利、胡晋华等译,中国社会科学出版社 2000 年版,第 69 页。

⑤ 参见[英]弗里德里希·奥古斯特·哈耶克:《自由宪章》,杨玉生、冯兴元、陈茅等译,中国社会科学出版社 2012 年版,第 107 页。

⑥ 参见张庆福主编:《宪法学基本原理》,社会科学文献出版社 2015 年版,第 603 ~ 604 页。

⑦ 参见[法]路易·若斯兰:《权利相对论》,王伯琦译,中国法制出版社 2006 年版,第 203 页。

⑧ 德国学者科恩(Friedrich Kein)主张权利限制的外在理论,其认为,权利是一种先于国家而存在的固有事物,由此固有本性反映出的权利范围就是权利边界,国家法律可以在权利外部设置限制。权利限制意味着存在两个事物:权利、限制,所谓权利指本义上的权利,这项权利是没有限制的。接着,存在一个经限制后而存在的权利,这个权利可被称为受限制后的权利。而内在理论反对存在一个先于法律而存在的权利,认为权利必内含限制。权利依法享有一个确定、唯一的内容,权利限制只是确定权利的延伸范围或者权利的内容的方法。参见张平华:《财产权限制的意义》,载房绍坤、谢哲胜主编:《中国财产法理论与实务》,北京大学出版社 2008 年版,第 1 ~ 2 页。

⑨ 参见丁文:《权利限制论之疏解》,载《法商研究》2007 年第 2 期。

权利的内容与权利的实现两个方面。[①] 法律在赋予主体权利的同时,通过禁止性规范、附条件规范等形式明确对权利的限制。

追根溯源,权利的冲突是基本权利冲突在立法中的具体表现,权利冲突的处理也应以宪法基本权利理论为视角,采取合宪性的方式解决。[②] 宪法保障基本权利的目标是使任何权利的行使均有边界,并非使公民的利益免受任何影响,社会公共利益以及其他私人的基本权利只能够在受到合理限制的基本权利的前提基础上得到充分的保护,以达致权利间和谐的境界。[③] 因此,社会公共利益与私人基本权利均成为权利受限的合宪性事由。宪法规范的宏观性与抽象性使得基本权利的界限往往在宪法条款中语焉不详,或者宪法仅涉及基本权利限制的原则,而具体化基本权利界限的任务,将由立法机关完成,并须遵循合宪性要求。基本权利自我克制是为了更好地实现基本权利的整体秩序,宪法基本权利的制度性保障功能反映在立法层面,也证成了法律权利自我限制的属性。

物权与债权是宪法基本权利的财产权的私法化形态,财产权于私法之中由财产法调整,财产法由调整主体对物之支配权利的物权法与某主体要求相对方为特定行为的权利的债权法构成,二者均对不同的财产权利作出规定。[④] 因调整范围有所交叉,尤其在债务人破产的特殊情形下,物权与债权的冲突是必然发生的现象。担保物权在破产程序的特定场域中应当有着更为严格的必要限制要求,这是由破产程序作为解决丧失债务清偿能力的债务人对外债权债务关系的终极方式所决定的,破产程序是债务人、债权人以及其他利害关系人此时“退无可退”的最终与唯一的选择,难以有让步的余地。

(二)禁止权利滥用

滥用权利的行为不属于权利冲突,但以权利的界限为基础。禁止权利滥用不仅是宪法的整体性要求,而且是民事立法的普通原则。

---

① 参见张浩书:《反思“权利冲突”问题的真与伪》,载《内蒙古社会科学(汉文版)》2006年第2期。

② 参见张翔:《民法人格权规范的宪法意涵》,载《法制与社会发展》2020年第4期。

③ 参见吴信华:《宪法释论》(修订3版),台北,三民书局股份有限公司2018年版,第220~221页。

④ 参见[日]山本敬三:《民法讲义Ⅰ:总则》(第3版),解亘译,北京大学出版社2012年版,第17页。

1.禁止权利滥用的界定

权利中心主义往往忽视了个人生活在社会中的事实，而且，伴随权利而来的还有责任。[①] 权利是一项只存在于人与人关系之中的关系范畴，权利的法律地位的确立，意味着权利拥有了边界，权利的相对性、权利的界限以及禁止权利滥用，三者呈现对权利本质认知的一个渐趋递进的学理链条。[②] 禁止权利滥用的权利理论基础是内在限制论，其使权利的内容与旨在限制的权利内涵的义务性界限统一于同一主体之上，行为人在享有权利的同时必须遵守权利的义务性界限。[③] 该论支持者所主张的作为权利边界的权利主体本身所负担的自我义务其实是禁止权利滥用义务，并非某种新类型的法律义务。严格说来，禁止权利滥用着眼于法定的权利界限，权利人对权利的行使，没有遵循法定目的和权利创制的主旨精神。[④] 就价值视角而言，权利限制理论是为了解决符合宪法价值的权利之间的冲突，禁止权利滥用理论，则旨在规制背离宪法价值的行为。[⑤] 申言之，权利滥用行为，是指权利主体在行权中逾越权利的法定界限的行为。[⑥] 私法中的禁止权利滥用旨在实现个人利益之间的平衡，同时主体在追求个人利益的行权中不得损害社会利益。[⑦] 在既定的由法律确认的权利内容的基础上，禁止权利滥用原则为权利人施加了兼顾他人权利与社会公共利益的行权负担，通过对权利人行使权利自由的限制，实现对权利体系化的保护目标，并为解决权利冲突问题提供了基础的路径。[⑧]

---

① See Karen Gross, *Taking Community Interests into Account in Bankruptcy: An Essay*, Washington University Law Quarterly, Vol. 72, Issue 3, 1994, p.1040.

② 刘作翔：《权利冲突：案例、理论与解决机制》，社会科学文献出版社2014年版，第188页、第197页。

③ 参见丁文：《权利限制论之疏解》，载《法商研究》2007年第2期。

④ 参见[法]路易・若斯兰：《权利相对论》，王伯琦译，中国法制出版社2006年版，第7页。

⑤ 参见高慧铭：《论基本权利的滥用禁止》，载《清华法学》2015年第1期。

⑥ 参见童建华、孙战国：《权利冲突的解决原则》，载《求索》2006年第4期。

⑦ 有学者认为，权利人在行使权利时必须照顾三方面的利益：自身利益、对应的义务人的利益、社会利益，只有使三者互不冲突、和谐一致，权利才能真正实现，否则将构成权利滥用。参见张浩书：《反思“权利冲突”问题的真与伪》，载《内蒙古社会科学(汉文版)》2006年第2期。这种观点是不准确的，滥用了“权利滥用”的概念，避免自身权利所内含的利益与外部利益的冲突并不必然构成权利人禁止权利滥用的义务，可以说，除了不涉及相对人的绝对自由权之外，其他权利难谓不会产生利益冲突，对此，权利人仅在行权违反宪法价值的范围内承受权利滥用的不利负担。

⑧ 参见金俭：《不动产财产权自由与限制研究》，法律出版社2007年版，第216页。

2. 权利滥用行为的构成

构成权利滥用的行为,与侵权责任行为存在交叉的空间,侵权行为人作出侵害他人权益的行为,具有不法性。权利滥用行为一般也具有不法性,但即使合法地行使权利的行为,也可能出现违反正义要求的不正当性,构成与侵权行为无涉的权利滥用行为。① 就广义的法律范畴而言,宪法应包容正义价值,所谓正当性考量也可纳入合宪性框架之中,合法抑或不法的权利滥用行为均与宪法价值不符。权利滥用的认定标准往往包括4项要件:权利人故意滥用权利的主观方面;权利人滥用权利的行为;他人或社会利益受到损害;权利人的滥用权利行为与损害结果之间具有因果关系。当他人或社会利益尚未受到损害,但因权利人滥用权利的行为有受损的危险时,潜在受害人有权要求权利人消除危险、排除妨害,此时权利人也构成盖然性的权利滥用行为。② 新近法经济学理论认为,对权利滥用行为的判定还需结合权利人在其中获得的额外利益与致使他人或社会受损的利益之间的比较衡量,以整体利益的损益标准而定之。③ 然而,法律上的利益富含价值因素,难以用经济学工具准确展示,利益的估量方式有失精准,而且容易造成事实优先的不公平结果,导致经济上的强制利益(企业或国家)获得重点保护。④

3. 滥用担保物权的行为及其后果

债务人有为不当行为的可能,债权人也不例外,债权人滥用债权的表现可以是恶意分拆债务人财产逐一出售,以削减债务人财产的价值,即便只有一个受让人。⑤ 在各项物权类型中,因以保全债权为目的,担保物权对物的支配力最弱,貌似权利人没有滥用担保物权的资本,但是作为物权的担保物权,较债权具有不可辩驳的优先效力,担保物权内部也存在优先清偿顺位的区别,担保物权人的诸项

① 参见彭诚信、苏昊:《论权利冲突的规范本质及化解路径》,载《法制与社会发展》2019年第2期。

② 参见徐国栋:《民法基本原则解释——成文法局限性之克服》,中国政法大学出版社2001年版,第139页。

③ 参见陈华彬:《论民事权利的内容与行使的限制——兼议我国〈民法总则(草案)〉相关规定的完善》,载《法学杂志》2016年第11期。

④ 参见[日]近江幸治:《民法讲义Ⅰ民法总则》(第6版补订),渠涛等译,北京大学出版社2015年版,第21页。

⑤ See Randal C. Picker, *Security Interests, Misbehavior, and Common Pools*, University of Chicago Law Review, Vol. 59, Issue 2, 1992, p. 646.

“特权”无疑为其提供了滥用权利的可能。[①] 禁止权利滥用原则针对的是权利人不当行使权利的行为,即使是权利的核心内容,仍然存在被权利人追求不法目的而滥用的可能。譬如,在抵押权人于数个不动产上设有抵押权,在各项抵押权均成就时,他可以选择主张任一不动产优先受偿,倘若其故意不顾某一项不动产抵押物之上的后顺位抵押人的利益,而故意就该项不动产的全部价值实现抵押权,导致后顺位抵押权人实质上失去了抵押物的保障,先顺位抵押权人即滥用了抵押权。[②] 禁止权利滥用原则在担保物权中还表现为权利人行使担保物权,不得损害担保物所有权人的利益。譬如,质权人负有妥善保管所占有的质物的义务,不能对质物进行使用,担保物权人超过权利范围支配担保物,或恶意损害担保物的,将依法承担侵权责任等相应的民事责任。[③]

在英美法系国家,立法者认为,由于担保法律关系双方实际上是不平等的,出借人握有丰厚的资金,有多名潜在的借贷人可以选择,而借贷人可用于担保的担保物往往极为有限,其对出借人的谈判筹码捉襟见肘,容易导致出借人滥用担保物权的行为。因此,以立法干预的方式实现双方当事人的公平就成为规制担保物权滥用行为的重要路径。譬如,英国《消费者信用法令》(Consumer Credit Acts)等法律不允许抵押关系中设定不可回赎条款,以明示以保全债权清偿为目标的抵押与出售的区别,但如果借贷人是公司,公司债权可能会被确定为不可回赎,而成为例外情形。[④] 在美国,有些州的制定法限制抵押权人在取消抵押人的赎回权后再取得差额判决的权利,其采取合理价值立法(fair value legislation)的方式,将抵押权人的差额判决金额界定为债务人未清偿的贷款余额与抵押物的合理市场价格之间的差价,如《加利福尼亚州民事诉讼法》第580(a)条、《纽约州不动产法》第1371条。[⑤]

权利滥用的后果在于被滥用的权利被进一步限制、行为无效、损害赔偿、返还不当得利、要求消除危险或排除妨害,滥用情形严重的甚至可以依法剥夺权利

① 参见黄俊辉:《物权滥用与限制》,载《武汉大学学报(哲学社会科学版)》2012年第5期。

② 参见[法]路易·若斯兰:《权利相对论》,王伯琦译,中国法制出版社2006年版,第25页。

③ 参见尹田:《物权法》(第2版),北京大学出版社2017年版,第69页。

④ 参见[英]F. H. 劳森、[英]伯纳德·冉得:《英国财产法导论》,曹培译,法律出版社2009年版,第150~151页。

⑤ 参见[美]约翰·G. 斯普兰克林:《美国财产法精解》,钟书峰译,北京大学出版社2009年版,第355页。

人所滥用的权利。[①] 在企业债务人破产程序中，针对超额担保的情况，物权担保债权人就担保物行使优先受偿权后，剩余的担保物的变现价值将重新归入破产财产中，供普通债权人分配。倘若物权担保债权人仅为确保自身债权利益的实现，而不顾发挥担保物的市场价值，使得担保物的变价款严重低于当时的市场价值的，则构成滥用担保物权的行为。此时，破产管理人应该介入，物权担保债权人应对“贱卖”担保物给普通债权人造成的损失承担赔偿责任。当然，更为妥适的预防措施是，将担保物权的实现环节纳入破产程序中，由管理人变价担保物，或者在管理人的监督下，由物权担保债权人自行处置担保物。但须为权利人明确约定处分时限，物权担保债权人无故拖延或因过错使得担保物的变价款严重低于市场价值的，仍须承担赔偿责任。在担保物权人于破产程序中所应依法承担的禁止权利滥用的范围内，管理人对其开展的限制不受充分保护原则的约束。

（三）权利交界处之必要容忍义务

权利人在合宪性价值的范围内行使权利，仍可能面临强制性法律规范的束缚，法律所调整的这一特定领域是权利的交界处，权利人依法承受的负担即为必要容忍义务。

1. 必要容忍义务的考察

处于社会关系中的获得合法性地位的权利，必然面临与其他权利的交界，往往并不存在明晰的“边界线”，就此权利的交界领域容易发生权利冲突。基于广义诚实信用原则的要求，权利人应为他人权利的行使提供必要的便利，主要针对的是倘若权利人不予以必要的容忍，他方权利的核心内容则没有机会实现的特殊情形而言，此为权利交界处的必要容忍义务。[②] 容忍义务的必要范围受到比例原则的约束，容忍一方在促成他人权利实现的同时，如果自身利益受损，虽然属

---

① 参见金俭：《不动产财产权自由与限制研究》，法律出版社2007年版，第217～218页；陈华彬：《论民事权利的内容与行使的限制——兼议我国〈民法总则（草案）〉相关规定的完善》，载《法学杂志》2016年第11期。

② 有学者提出了法律语境中“相互尊重权利”的概念，该概念同样源于作为关系范畴的权利边界的模糊性所引发的权利冲突现象，为实现权利关系的和谐状态须“相互尊重权利”。其认为，“相互尊重权利”包括不为他人的权利设置障碍、不侵害他人权利的消解尊重，以及积极促成他人权利实现的积极尊重。参见饶世权：《论法视阈中的“相互尊重权利”及其实现机制》，载《内蒙古社会科学（汉文版）》2016年第2期。笔者认为，法律视域下的“相互尊重权利”应仅限于消极尊重一域，积极尊重超越了法律功能的“期待可能性”，属于道德的调整范围，而消极尊重中可内含权利交界处的必要容忍义务，以及不得侵权的要求。

于合理范围内的损害,但获益方应对容忍一方予以相应的补偿,方为公允。①

权利交界处的必要容忍义务是一种解决权利冲突的有效方式,容忍义务的履行在形式上表现为一方主体的权利超越他方权利或者双方权利主体相互让步的状态。② 容忍义务的内容在于义务人对其他权利人的必要行权行为不提出异议或反对,或者应其他权利人行使权利的迫切需要,而不为特定的行为。物权法律关系中权利义务内容表明,在自我权利的行使中采取一种消极的尊重对方权利的态度与方式,体现出权利冲突中必要容忍义务的思想,而一方权利人非但突破了尊重对方权利的不作为义务,反而"变本加厉",以损害他人利益的主观目的而逾越合法性边界从事损害行为,则构成权利人滥用物权。

据学者考察,容忍义务的概念源于德国《民法典》第 1004 条第 2 款,其规定了所有权人负有针对妨害的必要容忍义务,不得因此主张物权请求权。我国立法中并无容忍义务的称谓,系学说对德国法的借鉴。③ 德国学界认为容忍义务来自"较大利益原则"的比较衡量,即当其他权利人的干涉利益大于权利人的固有利益时,应肯定其他权利人干涉的正当性。④ 请求权利人容忍的事项,往往对于他方权利人而言利益攸关,而容忍一方付出的代价相对较小或者几乎不会出现利益受损的情况,"较大利益原则"也成为契合与践行比例原则的有效路径,以明晰必要容忍的范围。在不可避免的权利交界与冲突的领域实行容忍义务,是成本最小的处理权利冲突的方法。

2. 相邻关系的启示

民法上体现权利交界处的必要容忍义务的主要领域是所有权之相邻关系。为求得"物尽其用",达致不同权利人之间共存共荣的目标,法律赋予一方所有权

---

① 关于必要容忍一方损失补偿的理论基础,笔者赞成德国学者所倡导的私法的强制牺牲说的观点,其又称为"财产权强制牺牲说""许可侵害的责任说""侵害责任说""补偿责任说"等。该观点认为法律之所以要求受益一方支付补偿金,是因为容忍一方付出了私法上的"牺牲",因这种"牺牲"是根据法律的规定而发生的,所以称为"强制牺牲"。根据"强制牺牲补偿请求权"理论,对于为了社会全体的利益或共同体利益而牺牲了自己的个人权益的社会成员,国家或共同体必须予以补偿,称为"强制牺牲补偿责任"。参见陈华彬:《我国物权立法难点问题研究》,首都经济贸易大学出版社 2014 年版,第 226 页。

② 参见彭诚信、苏昊:《论权利冲突的规范本质及化解路径》,载《法制与社会发展》2019 年第 2 期。

③ 参见马勇:《物权防御请求权研究》,法律出版社 2014 年版,第 105 页。

④ 参见金俭:《不动产财产权自由与限制研究》,法律出版社 2007 年版,第 223 ~225 页。

人以必要容忍义务,以给予他方所有权人行权的便利,抑或通过自我限制使他方所有权人获得标的物的使用权或占有权。相邻关系在所有权之外可扩展适用于具有物权效力的定限物权、具有债权效力并突出物的使用价值的租赁权等。[①] 不动产之上的相邻关系与地役权的形式类似,但其涵盖范围不以物权容忍为限,还彰显出人役权的特点。[②] 立法往往只能规范所有权相邻关系中常见的情形,并设置相邻关系的处理原则,无法穷尽时刻变化的实践中相邻物之间权利交界处的冲突内容,只得在个案中结合权利的具体冲突情况,再根据相邻关系的法定原则灵活处理,但相邻关系规范属于强制性规范,当事人不得约定排除适用,超越相邻关系的权利冲突中的必要容忍义务亦须如此对待。[③] 相邻关系不构成独立的物权类型,仅为所有权所固有的内容,契合了权利内在限制的原理。[④] 同时,谋求所有物使用价值最大化的相邻关系,也增进了社会的整体福利,这也是必要容忍义务所普遍具有的优势。旨在调整平等主体之间法律关系的现代民事法律规范,有意或不自觉地承担其辅助规制的任务,一方面,借助私法的利益交换机制,减轻了国家管制的负担;另一方面,也实现了私法所追求的公平正义。[⑤]

3. 担保物权人行权的必要容忍义务

担保物权作为具有直接支配力的对世权,理论上无须得到他人的协助即可行权,但因其要求一切人负担“尊重”义务,在担保物权与其他权利类型相遇之际,也将放大产生冲突的可能性。当担保财产与债务人其他财产混合在一起,严格来说,前者作为后者的组成部分的时候,即使担保财产通过物权公示系统予以了特定化,但将担保财产从债务人财产中析出、变价处理等,仍然很可能不可避免地对债务人的其他财产产生一定程度的影响。譬如,担保财产的单独处置将严重降低剩余的债务人财产变现的价值,债务人财产仅得以作为整体财产出售后才能发挥出最大价值。此时,担保财产与债务人其他财产之间,无论是否涉及

① 参见[德]鲍尔、[德]施蒂尔纳:《德国物权法》(上册),张双根译,法律出版社2004年版,第5~6页。

② 参见苏永钦:《民法相邻关系规定可否类推适用于非物权人?》,载苏永钦主编:《民法物权争议问题研究》,清华大学出版社2004年版,第96页。

③ 参见谢哲胜:《财产法专题研究(二)》,中国人民大学出版社2004年版,第133页、第144页、第154页。

④ 参见郑云瑞:《物权法论》,北京大学出版社2011年版,第164页。

⑤ 参见苏永钦:《民法立法与公私法的接轨》,北京大学出版社2005年版,第9页。

动产、不动产或权利标的,都将构成最广义上的"相邻关系",担保物权人须负担权利交界处的必要容忍义务,当然,其可以要求破产管理人对自身的损失通过破产财产予以补偿。[①] 有时,破产财产的整体处置也有利于发掘担保财产的价值,尤其是在不足额担保的情况下,对于物权担保债权人而言具有重要意义。美国破产立法中针对担保财产的估值即有采取清算价值抑或营运价值之分,前者对应于担保财产分散出售的零售价(重置价),后者则指担保财产与破产财产一并处置的批发价。[②] 在担保物权人于破产程序中所应依法承担的必要容忍义务的范围内,管理人对其开展的限制可无须承受合理性论证的负担,但由此对担保物权人造成的行权不便甚至对权利产生损害的,管理人要予以赔偿,其为充分保护原则所覆盖,但适用较低程度的充分保护。

此外,在破产程序即将启动之际,为避免权利人紧急行权,导致债务人财务状态的急剧恶化,干扰破产程序的开展,比较法上往往对权利人于此特定时期的行权自由予以限制,于权利人而言,则相应体现为其须依法履行必要容忍义务。譬如,德国《破产法》第 21 条第 2 款规定,在当事人提出破产申请至破产程序启动的期间,法院可以针对债务人的所有财产颁布一般性处分禁止令,对债务人进行的一些强制执行措施必须停止,法院将拒绝债权人新提出的执行申请,包括物权担保债权人实现担保物权的程序也被中止,随着法院指定临时管理人的任命,临时管理人取代债务人,对其财产拥有了处分权。[③]

(四)超越容忍义务的合意约束

对于财产权的限制方式可以分为法定与约定两种,前者是指公法、私法中的强制性法律规范为权利人的财产权设定合理界限,禁止权利人逾越界限而滥用权利,在权利交界处权利人须承受必要容忍义务;后者则与法律规制无关,专指民事主体以意思自治的方式达成权利限制与补偿的协议,从而实现在法律规制

---

① 我国《全国法院破产审判工作会议纪要》第 25 条规定,因单独处置担保财产会降低其他破产财产的价值而应整体处置,是可以阻止物权担保债权人就担保物行使权利的情况,实际上,除了此种情况外,还应当包括法律规定相关财产应当一并处置等其他情况,如对抵押的房产和未抵押地产需要一并处置;对于处置担保财产可能使其他破产财产受损的,也可以暂缓处置,但不应拖延时间过长。参见王欣新:《破产法》(第 4 版),中国人民大学出版社 2019 年版,第 361 页。

② 参见[美]查尔斯·J. 泰步:《美国破产法新论》(第 3 版),韩长印、何欢、王之洲译,中国政法大学出版社 2017 年版,第 801 页。

③ 参见[德]莱因哈德·波克:《德国破产法导论》(第 6 版),王艳柯译,北京大学出版社 2014 年版,第 56 ~ 58 页。

之外进行权利限制的目的。[①] 财产权的约定限制是权利人行权的一种方式,是私法上的普遍现象。[②] 无论是破产财产的一体化处置,还是重整企业对担保物的使用需求,本质上都属于商业决定事项范围,破产法院并非破产法律关系中的直接利益相关者,其所擅长的是预警与规制破产程序前后的不良行为,破产法也没有必要过度干涉甚至取消破产程序中的意思自治空间。因此,破产程序中担保物权的一些属于商业决策的受限事宜,交由管理人或自行重整的债务人与物权担保债权人以协商的方式完成更为合适。[③] 有学者根据产生路径的不同,将容忍义务分为基于法律产生的容忍义务,对应于权利交界处的必要容忍义务,以及产生于权利人单方面的同意或允诺以及契约的私法上的容忍义务。[④] 笔者认为,既为权利人的容忍义务,应当仅限于法律施加的必要容忍义务,而当事人合意达成的限权约定,对受限者而言不是容忍,而是一种拥有对价的契约义务的履行,属于市场交易活动。约定限权较必要容忍义务,对权利受限者的补偿更为充分,以权利受限者损失的完全补偿为下限。至于权利人单方面的同意或允诺实则为权利的放弃,而不是权利的容忍或限制的问题。

从不动产所有权或用益物权的限制来看,相邻关系属于权利交界处的必要容忍义务范畴,而地役权则属于超越容忍义务的对权利人的合意约束。与必要容忍义务与合意约束的关系一致,相邻关系是对相邻不动产之间利用关系的最低限度的规制,而地役权则是在不违反强制性法律规范与诚实信用原则、公序良俗原则的情况下,在相邻关系的基础上对不动产权利限制的扩张。[⑤] 由于相邻关系的调整法律为强制性法律规范,当事人在达成地役权协议的意思自治过程中不得对法定的相邻关系内容予以排除。

---

① 参见王思锋:《不动产准征收研究》,中国社会科学出版社2015年版,第31~32页。

② 参见张平华:《财产权限制的意义》,载房绍坤、谢哲胜主编:《中国财产法理论与实务》,北京大学出版社2008年版,第11页。

③ See Robert K. Rasmussen & David A. Skeel Jr., *The Economic Analysis of Corporate Bankruptcy Law*, American Bankruptcy Institute Law Review, Vol. 3, Issue 1, 1995, p. 93.

④ 参见[德]鲍尔、[德]施蒂尔纳:《德国物权法》(上册),张双根译,法律出版社2004年版,第231页。

⑤ 参见李遐桢:《我国地役权法律制度研究》,中国政法大学出版社2014年版,第85页。

依据我国《企业破产法》第37条的规定,[①]在破产程序启动后,基于破产财产一并处置以最大化破产财产的价值,或者在破产重整、和解程序中,破产管理人为继续经营,抑或为促进企业债务人事业的挽救,而需要拥有对担保物的处分权时,管理人可以通过清偿被物权担保的债权,或者提供为物权担保债权人所接受的替代担保,而取回物权担保债权人占有的质物、留置物。由于权利人本身对担保物享有优先受偿权,其作为担保物权的核心内容,在破产程序中不会受到影响,管理人对物权担保债权人在其债权额范围内的清偿不会损害普通债权人的利益,不会破坏破产程序公平清偿的目标,但在不足额担保的情况下,管理人进行的债务清偿或替代担保不得超过担保物当时的市场价值。[②] 我国《破产法解释二》第25条细化规范了相应的程序事项。[③] 此外,就破产程序的特点而言,其不同于破产清算程序,破产重整程序本身致力于当事人的协商与博弈,[④]就合意约束物权担保债权人的担保物权方面,管理人有着广泛的发挥主观能动性的空间,以此灵活的方式来助力于实现破产法的调整目标,彰显破产法律制度的价值。譬如,在破产重整计划中可以对担保物权予以不同程度的限制,如延期清偿,通过债转股(物权担保债权转股权)甚至可以消灭担保物权,但对于担保物权的任何实质性限缩,则须对其提供充分的补偿,或者全体担保物权人均表决同意重整计划草案。[⑤] 但需要注意的是,意思自治有利有弊,其可能对集体合意的形成构成重大阻碍,因为其所强调的自由价值反对共同目标对个人的束缚。[⑥] 由于集体行动必定是由个体行动组成的,普通的个体在面临现实选择时,将倾心于经济利

① 我国《企业破产法》第37条规定:"人民法院受理破产申请后,管理人可以通过清偿债务或者提供为债权人接受的担保,取回质物、留置物。前款规定的债务清偿或者替代担保,在质物或者留置物的价值低于被担保的债权额时,以该质物或者留置物当时的市场价值为限。"

② 参见王欣新:《破产法》(第4版),中国人民大学出版社2019年版,第168~169页。

③ 我国《破产法解释二》第25条规定:"管理人拟通过清偿债务或者提供担保取回质物、留置物,或者与质权人、留置权人协议以质物、留置物折价清偿债务等方式,进行对债权人利益有重大影响的财产处分行为的,应当及时报告债权人委员会。未设立债权人委员会的,管理人应当及时报告人民法院。"

④ 参见[美]大卫·G.爱泼斯坦等:《美国破产法》,韩长印等译,中国政法大学出版社2003年版,第731页。

⑤ 参见[德]莱因哈德·波克:《德国破产法导论》(第6版),王艳柯译,北京大学出版社2014年版,第174页。

⑥ 哈耶克提出,自由要求允许个人追求他自己的目标:所谓自由的人,是一个在和平年代不再受其共同体具体的共同目标束缚的人。参见[英]F. A. 哈耶克:《致命的自负》,冯克利等译,中国社会科学出版社2000年版,第69页。

益层面的“更多”而不是“更少”。[①] 所以,“破局之道”在于遵循理性人的利益衡量逻辑,[②]即设法增大限制担保物权举措对权利人的内部收益在总收益中的比重,降低其内部成本在总成本中的比重,以此利益的激励促成担保物权人的合作,推动担保物权人与破产程序集体目标的一致性。

(五)涉及公共利益的破产征收与准征收行为

在破产所涉利益类型中,社会公共利益是最具有困惑性的,其并非债权人与债务人之间原始法律关系的一部分,但公共利益的实现在债务人破产程序中却成为需要重点衡量的事项,因为破产从来就不仅仅是私人的事务。[③] 禁止权利滥用原则中包括不得有损社会公共利益的消极要求,而以增进社会公共利益为目的,来处理权利的冲突,并规划权利人行权的方式与内容等对权利形成的限制,需落入征收与准征收法理的视野中予以规制。

1. 公权力介入破产程序的必要情形

在现代破产法的价值目标中充分贯彻了社群主义的理念,其强调破产程序对各方主体利益的广泛权衡与协调,以及对社会公共利益的维护与增进,但社群主义的弊病也正在于因所涵盖的利益范围的广泛性而缺乏明确的主体针对性,进而消解了其功能意义。[④] 因此,破产事件在一般情况下是与直接的社会公共利益无涉的,这从破产财产不足以清偿破产费用而终结破产程序的法律规定可见一斑,试想,倘若破产程序中内含社会公益,即便破产财产非常贫乏以致无法全额支付破产费用,国家财政也有介入并负担该笔费用的必要。不可避免的是,一些大型企业的破产抑或重整再生可能会对社会经济秩序产生重大影响,将致使正常的市场交易链条发生断裂,引发劳动者失业,尤其对于向民众提供基本生活与服务的企业而言,其破产将给民众的生活带来不便,对公共安全、社会稳定等

---

① 参见[美]詹姆斯·M. 布坎南、[美]戈登·图洛克:《同意的计算——立宪民主的逻辑基础》(第2版),陈光金译,上海人民出版社2017年版,第3页、第18页。

② 某行为的总利益中,外部利益占的比重越高,行为越不会发生(或发生频率下降)。若“内部利益”低于“内部成本”,理性自利人不会做该行为。某行为的总成本中,外部成本占的比重越高,行为越会发生,因为行为人享受了行为的利益,但却没有负担全部的成本。参见张永健:《物权法之经济分析:所有权》,北京大学出版社2019年版,第37~38页。

③ See Andrew Keay, *Balancing Interests in Bankruptcy Law*, Common Law World Review, Vol. 30, Issue 2, 2001, p. 216.

④ See Vanessa Finch, *The Measures of Insolvency Law*, Oxford Journal of Legal Studies, Vol. 17, Issue 2, 1997, p. 236 – 237.

产生隐患,破坏区域性经济的正常发展。倘若大型企业在短时期内集中破产,可能造成债务积淀,传导至其他产业,形成全行业的经济困难与金融危机,引发严重的社会经济问题。① 在大型上市公司破产的背景下,其可能涵盖了公司职工、管理层、供应商、客户、税收部门、社区等利害关系人的切身利益,如果全面考虑债权人以外多方主体的利益保护问题,公权力介入积极挽救某些大型企业的营业事务具有重要意义。② 因此,较自然人债务人破产,企业债务人破产事件与社会公共利益的关联更为紧密,于特定情况下更加迫切地需要"国家之手"的介入。需要注意的是,破产法律制度本身作为市场主体退出的法治化、规范化渠道,清理无效的市场信用垃圾,激活具有挽救价值的市场资源,为国民经济发展筑起一座保障安全的"堤坝",客观上发挥了维护社会公共利益的重大功能。对此,有学者认为,企业债务人是否维持经营以实现重生,应由市场支配,而非国家干预,公共支援的介入扰乱了市场竞争的正常秩序,使得企业的命运由国家决定,在事实上扼杀了市场选择的可能性。③ 笔者同意市场机制应为破产事件中企业债务人或清算或被挽救的主导力量,但市场亦有力所不逮之处,完全依靠市场无法应对由破产可能引发的突发的经济风险,公权力的介入在特殊情形下具有必要性。因此,破产法律规范在此处宜为涉及公益的特殊情形留有余地,并为此时国家财政资金的注入提供"接口",以使破产程序持续下去。根据德国《破产法》第 26 条第 1 款的规定,如果第三人能够预付破产程序费用,法院将不会驳回破产申请,之后破产重整成功或破产财产足够充足时,预付债权人可以要求破产管理人返还预付费用。④ 德国《破产法》为财政资金的介入提供了可能。就我国财政参与的方式而言,可通过设置破产服务局等破产行政机关以界分破产司法权与行政权的长远规划思路,由破产服务局在破产个案中具体落实,该笔财政支出也将列入破产服务局的年度预算中接受管理与监督。

---

① 参见[美]大卫·G. 爱波斯坦等:《美国破产法》,韩长印等译,中国政法大学出版社 2003 年版,第 135 页。

② See Lynn M. LoPucki & Joseph W. Doherty, *Bankruptcy Survival*, UCLA Law Review, Vol. 62, Issue 4, 2015, p. 973.

③ 参见[日]佐藤铁男:《破产法和其他法律领域的交叉——寻求其协调的序论性研究》,刘颖、侯欣怡译,载李曙光、刘延岭主编:《破产法评论》(第 1 卷),法律出版社 2018 年版,第 123 页。

④ 参见[德]莱因哈德·波克:《德国破产法导论》(第 6 版),王艳柯译,北京大学出版社 2014 年版,第 52 页。

社会公共利益概念的内容具有不确定性，包括其利益内容与受益对象的抽象性。虽然社会公共利益的概念具有模糊性，但较为确定的是，公共利益不是能落实到具体个体或范围清晰的群体之上的利益。法律追求的正义价值具有合目的性，即符合社会公共利益的目的。在法治国家，对公益价值的认知，须从法的视角展开，而宪法作为社会价值的集大成者，具有统率法律规范体系的根本法地位，公益价值可从宪法之中找寻。现代宪法对公益概念的认知，逐渐由解析不确定的受益人，转向公益的实质，即对最重要的社会公共利益予以探究。① 作为征收目标的社会公共利益不宜界定过宽，否则会引发征收的过度使用，使公民财产权受到不当侵犯。② 对公共利益的考量不一定是非经济的决定，也不意味着低效率，它往往反映的是一种不同的、更宏观的经济观，能够囊括狭隘的经济范式所没有考虑到的价值等因素。③ 前已述及，宪法价值的精髓在于基本权利规范，基本权利的双重属性，尤其是客观价值秩序属性为立法提出了落实基本权利的制度性保障功能的要求，即建构符合宪法价值的经济秩序，并形成了以此为调整目标的经济宪法，从而为界定最重要的社会公共利益提供了可能。经济宪法旨在建构的经济秩序既是对公民基本权利的合宪性限制，也是对基本权利的必要性保障，其在保护与限制基本权利之间实现了巧妙的平衡，这一社会经济运行所必需的经济秩序就是最重要的社会公共利益，由包括破产法在内的广义经济宪法所共同调整。

为实现最重要的社会公共利益的目标，公权力针对担保物权的特殊限制不在权利的界限之内，担保物权人并未滥用权利，也不涉及权利人于权利交界处的必要容忍义务，但仍在权利冲突的范畴之内，担保物权与更广泛意义上的企业财产权、劳动者就业权，甚至公民要求国家提供基本生活保障的社会权发生冲突，

---

① 参见陈新民：《德国公法学基础理论》，山东人民出版社2001年版，第204~205页。

② 征收既然是为了公共利益所必需，则任何国家机关所追求的任务，都可以列入公共利益的范围。如此一来，几乎所有涉及公共利益之事项，皆可作为征收私人财产的理由，这将使人民财产陷于高度的不安定状态之中。因此，征收的公共利益，非一般立法动机或行政执法动机所维护的公共利益可比，必须具有更重要的质量方可，即所谓的"加重公益"。例如，德国《魏玛宪法》（第153条第2项）及德国《基本法》（第14条第3项）都以"公共福祉"（Gemeinwohl）来表示，显示立法者必须负有严格把关。参见陈新民：《行政法学总论》（新9版），台北，三民书局股份有限公司2015年版，第492~493页。

③ See Karen Gross, *Taking Community Interests into Account in Bankruptcy: An Essay*, Washington University Law Quarterly, Vol. 72, Issue 3, 1994, p. 1033.

在破产管理人与担保物权人协商无果的情况下，公权力有必要对担保物权予以强制限制，并予以相应补偿，此时将发生破产程序中的公权力征收行为抑或准征收行为。

2. 征收与准征收行为的界定

对于公民财产权的限制，基于财产权的社会义务的考量，当没有超越财产权的界限时，属于必要限制范畴，权利人须容忍此项限制；当超越权利的界限，限制持续时间过长或强度过大，甚至剥夺权利人依法享有的权利，且违背平等限制的法律原则时，依据德国学界的理论，将构成权利人的“特别牺牲”，①此时权利的限制发生质变，转化为公权力的征收行为。② 针对公权力依法开展的征收行为，财产所有权人在私法上相应产生特别牺牲请求权，③可以要求公权力机关予以补偿。④ 征收补偿的原因不仅在于保障财产权，而且基于宪法平等原则的考量，征收不应使公民负担出现不公平的局面，这也是维护市场竞争秩序的要求。⑤ 补偿规范也因此被称为征收的唇齿条款。美国宪法中没有类似德国公法中的财产权的社会义务的立法规定，但司法实践创立了“警察权力”(police power)学说，实质上发挥着德国“特别牺牲”理论的功能，为征收行为的正当性提供注解。其“警察权力”可以扩展至公权力范畴，是指联邦和州的立法机关有权立法，赋予公权力保障民众生命、财产与自由，并为保障目标可以限制甚至剥夺民众的一些基本

---

① 联邦最高法院根据帝国法院的具体行为理论(具体侵害视为征收，而一般限制视为内容限制)创造了所谓的特别牺牲理论。联邦最高法院打算借此取得一个正式的、适当的界限，将征收与平等原则联系起来：被征收人遭到了特殊影响和不公平的对待，特别牺牲通过补偿予以平衡，平等原则就是公平负担原则。参见[德]哈特穆特·毛雷尔：《行政法学总论》，高家伟译，法律出版社2000年版，第667~668页。

② 征收已由限定公共事业使用之公用征收演进至当代之为公共利益亦可征收之公益征收。参见谢哲胜：《财产法专题研究(二)》，中国人民大学出版社2004年版，第158页。

③ 参见[德]鲍尔、[德]施蒂尔纳：《德国物权法》(上册)，张双根译，法律出版社2004年版，第551页。

④ 参见翁岳生编：《行政法》，中国法制出版社2002年版，第1753~1754页。

⑤ 征收应给予财产权利人完全补偿的根据至少包括：(1)财产保障本身。在征收案件通过具有特定目的的主权性法律行为执行征收命令时，财产保障转换为财产价值保障，至少要提供合乎财产存续的价值。(2)负担平等原则。要求所有的公民公平负担，因此要求完全平衡。(3)以市场原则和竞争原则为根据的现有市场秩序。如果因国家强制剥夺或者给其他公民自由买卖而区别判断实物财产或者其他财产权利的价值，市场秩序就会被无序地打乱。参见[德]哈特穆特·毛雷尔：《行政法学总论》，高家伟译，法律出版社2000年版，第696页。

权利，超过一定限度的，将发生征收与补偿的问题。① 从补偿的视角来分析，虽然补偿为征收的配套措施，但其与遵循正当程序原则的征收有些许不同，补偿环节要求对政府征收之"财产"的界定尽量宽泛，政府对公民财产权较小的侵犯即可能被认为足以触发补偿救济，公民对政府决定的服从程度更为微弱。② 美国联邦最高法院于1922年审理的宾夕法尼亚煤炭公司诉马洪案③对征收司法实践产生了重要影响，霍姆斯大法官在判决书中提出的"虽然财产权可以被予以必要限制，但是如果这种限制超过一定程度，将构成对财产的征收"之论断成为经典论述，并形成区分征收与财产权一般限制的损失程度标准。各国宪法对私有财产权的规定，由此也一般呈现三重递进式条款的模式：财产权不可侵犯条款、限制财产权条款、超过权利界限的征收征用补偿条款。④

我国《宪法》第13条亦体现出这一特点。⑤ 为落实宪法对财产权的保护与限制的精神，我国《民法典》第243条规定了对民事财产权的征收与补偿的事项，第245条规定了财产征用的适用规范，并于第390条专门就担保物被征收的情况，规定担保物权人可以就征收补偿金基于物上代位享有优先受偿权。

此外，第二次世界大战后，美国、德国等经济发达国家在大力发展公用事业的社会背景下，出于实现国家任务目标的需要，政府一般以土地法令或者分区规划等方式限制私人对其不动产的使用、收益和处分的财产权能，常常因此导致财产价值的损失，财产所有人因此通过法律途径维权并最终获得国家相应的经济补偿，之后逐渐演变为准征收制度。⑥ 在德国法的征收体系中，根据德国《基本法》第14条的规定，狭义的征收是对公民财产的合法侵害，准征收构成对公民财产的违法侵害，其还包括具有征收作用派生后果的合法行政活动。⑦ 由此，在德

① 参见汪进元：《基本权利的保护范围：构成、限制及其合宪性》，法律出版社2013年版，第233页。

② See John Martinez, *Reconstructing the Takings Doctrine by Redefining Property and Sovereignty*, Fordham Urban Law Journal, Vol. 16, Issue 2, 1987 – 1988, p.168.

③ Pennsylvania Coal Co. v. Mahon, 260 U.5.393, 43S. Ct. 158. 67L. Ed. 322 (1922).

④ 参见林来梵：《宪法学讲义》(第2版)，法律出版社2015年版，第391～392页。

⑤ 我国《宪法》第13条规定："公民的合法的私有财产不受侵犯。国家依照法律规定保护公民的私有财产权和继承权。国家为了公共利益的需要，可以依照法律规定对公民的私有财产实行征收或者征用并给予补偿。"

⑥ 参见王思锋：《不动产准征收研究》，中国社会科学出版社2015年版，第53页。

⑦ 参见[德]哈特穆特·毛雷尔：《行政法学总论》，高家伟译，法律出版社2000年版，第671页。

国法中,不同于狭义的财产权征收行为的合法性,准征收行为是公权力机关在没有法律依据的情况下,对公民财产权所开展的无过错性违法侵害行为,而公权力机关存在过错时,则应纳入侵权责任或国家赔偿责任的范畴。① 在美国,准征收也被称为管制征收、公用征收、反向征收、管理性征收等。② 因此,准征收往往针对的是征收法律制度尚未涵盖的公权力机关没有法律依据的限制财产权人权利的行为,其与征收行为的目的具有一致性,均为最重要的社会公共利益。鉴于宪法保障公民财产权的制度性保障要求,立法对剥夺或严重限制公民财产权的公权力机关的行为进行了严格的规范,立法所未涵盖的留待准征收制度调整的范围有限,公权力机关的准征收行为一般不会对财产权予以剥夺,其限制程度也不如征收行为,经常是对财产权的个别权能进行限缩。有学者扩张了财产征收的概念,认为其不仅包括公权力对财产权应被保障之实体与本质,即财产权的核心内容的侵害,还涵盖了公权力对财产权核心内容之外的财产权权能的妨害或限制。③ 但后者实属于准征收的范畴。

3. 破产征收与准征收行为的适用

公权力机关采取的征收或准征收行为,在追求实现最重要的社会公共利益的同时,也可能使特定的民事主体获益,在破产程序中则往往体现为债务人或债权人群体利益的增进。④ 但征收或准征收的目的在于社会公益,获益的民事主体只是受此外部性影响的"搭便车者",这不影响征收或准征收行为的合法性,只是此时公权力机关开展征收或准征收行为须更为谨慎,负担更多的合理性论证义务,并为公平考量,可以要求受益主体负担相应比例的补偿金。因为公共利益而使具体的私主体作出"特别牺牲"的,国家应当以由全民负担的财政支出来对受损主体予以补偿,同样,特定私主体在另一私主体作出必要的"特别牺牲"中获益的,由其负担对受损主体的部分补偿款,这是负担平衡规则的应有之义。同时,破产征收或准征收行为不一定由行政机关作出,作为司法机关的破产法院也可能同样基于增进公共福利的目的,剥夺或强制限制担保物权等财产权,并给予补

---

① 参见谢哲胜:《财产法专题研究(二)》,中国人民大学出版社 2004 年版,第 159 页。

② 参见王思锋:《不动产准征收研究》,中国社会科学出版社 2015 年版,第 2 页。

③ 参见孟鸿志、王传国:《财产权社会义务与财产征收之界定》,载《东南大学学报(哲学社会科学版)》2014 年第 2 期。

④ 参见[德]哈特穆特·毛雷尔:《行政法学总论》,高家伟译,法律出版社 2000 年版,第 691 ~ 692 页。

偿。但作为该情形下主要受益者的公权力主体,应以财政资金相应补偿受限的担保物权的权利人损失,具体宜由组建的破产服务局等破产行政机关在破产个案中介入与落实,相应补偿资金于破产服务局的部门预算中列支,这样可以通过增进社会公共利益的目标共识,在公权力内部搭建起连接行政权与司法权的桥梁,共同在破产个案中充分保障权利受限的担保物权人的合法权益。

在现代社会中,一方面,私有财产权基础逐步扩大,在不动产之外,各项动产与权利的财产价值凸显,在个人生活与社会经济发展中发挥着越来越大的作用;另一方面,国家承担着社会治理与经济调控等方面更多的任务,对私有财产权的干预更强。因此,征收与准征收涉及的财产权客体越发丰富,这也是保障私有财产权的需要,因为征收与准征收同时意味着对被损害财产权的补偿。① 从利益角度来看,破产管理人试图限缩担保物权的行动本身,无疑将扩大破产财产的范围与价值,普通债权人均会从中获益,唯独担保物权人将可能会从中受损,即便拖延担保物权人优先受偿的时点,担保物权人也可能会因未及时受偿失去市场机会,担保物价值也可能发生贬损,而未受偿的担保物价值本身也将产生机会成本。② 因此,征收或准征收行为强制限制担保物权,应当给予担保物权人充分的补偿。

二、企业破产法对担保物权的程序限制

具有物权效力的担保物权对担保人所有的特定财产的支配,体现为就担保物交换价值的优先受偿力,这也是担保物权的核心内容。而破产程序启动后管理人接管了债务人所有财产,掌握了债务人财产的控制权,从而与担保物权人对债务人特定财产的控制权产生直接的冲突与对抗。担保物权制度侧重于对物权担保债权人利益的保护,债务人以及普通债权人的利益不是其着力的方向。③ 但给一国法律体系贴上"债务人友好型"抑或"债权人友好型"的标签往往是武断的,针对不同调整对象的主旨各异的部门法所倾向的价值不同,从担保物权法或破产法的不同角度观察,经常可以得出不一致的结论。

---

① 参见[德]哈特穆特·毛雷尔:《行政法学总论》,高家伟译,法律出版社2000年版,第666页。

② 参见郁光华:《法律与经济问题研究》,中国社会科学出版社1999年版,第47页。

③ See Philip R. Wood, *Comparative Law of Security and Guarantees*, London: Sweet & Maxwell, 1995, p. 3.

一些破产法学者针对近年来债务人破产程序中破产财产之上所普遍负担的物权担保以及诸多破产个案中物权担保债权人对破产案件实际上的主导现象指出,物权担保债权人对破产程序的控制权的加强是破产制度的一个重要发展趋势,其主导程序的结果带来了“破产的终结”。① 虽然该论被其他一些学者认为言过其实,②但无疑担保物权的普及对破产法带来了极大的挑战,破产法对担保物权的程序限制是应对担保物权的扩张所采取的必要措施。但破产法对担保物权的限制的底线是不能取消担保物权的优先受偿力,由此对担保物权法律制度的外部性影响有限,却能够通过对担保物权行权的必要限制,给予担保物权人适当的危机感。企业债务人的担保物权人经常是金融机构,其债权即便享有担保物权的保障,也并非能够任意行权、毫无折损地实现债权,以此促进金融机构债权人向企业贷款的谨慎性,推动贷款资源向良性、有效企业的流动,实现市场资源的优化配置。③ 就宏观经济层面而言,为挽救具有重整价值的企业债务人,对担保物权核心内容之外的权能予以必要限制,长远来看,对金融担保物权人也是有利的。④ 而在对担保物权的限制中,担保物不仅发挥了满足担保物权人优先受偿根本预期的作用,还彰显出辅助实现破产法价值目标的重要功用,物的效用得以充分发挥,而这本身也是物权法的立法主旨。⑤

(一)破产程序自动中止规则

物权担保债权作为破产债权,无论在学理层面,还是程序运行与破产价值的

---

① See Douglas G. Baird & Robert K. Rasmussen, *The End of Bankruptcy*, Stanford Law Review, Vol. 55, Issue 3, 2002, p. 754.

② See A. Mechele Dickerson, *The Many Faces of Chapter* 11: *A Reply to Professor Baird*, American Bankruptcy Institute Law Review, Vol. 12, Issue 1, 2004, p. 110; Lynn M. LoPucki, *The Nature of the Bankrupt Firm*: *A Response to Baird and Rasmussen's the End of Bankruptcy*, Stanford Law Review, Vol. 56, Issue 3, 2003, p. 646; Jay Lawrence Westbrook, *Secured Creditor Control and Bankruptcy Sales*: *An Empirical View*, University of Illinois Law Review, Vol. 2015, Issue 2, 2015, p. 831.

③ 参见许德风:《破产法论——解释与功能比较的视角》,北京大学出版社 2015 年版,第 308 页。

④ 王卫国教授形象地描述道:“如果说困境企业是一只正在下沉的船,那么金融就是乘船者而不是岸上的观望者,这时候救船就是救自己。”“所以,金融放任企业深陷困境的时候,不知不觉地把自己也推向了灾难的深渊。”参见王卫国:《企业债务困境的时代特点》,载王卫国:《改革时代的法学探索》,法律出版社 2003 年版,第 300 页。

⑤ 我国《物权法》第 1 条规定:为了明确物的归属,发挥物的效用,制定本法。我国《民法典》物权编第 205 条规定:“本编调整因物的归属和利用产生的民事关系。”

实践需求角度,均须适用破产程序的自动中止规则,其作为破产法体系强制力的重要表现形式,对破产中担保物权的行权自由构成必要的限制。

1. 破产自动中止的效力

在一个破产程序是即时进行的世界里,不需要自动中止规则,但破产程序必然产生时滞。① 破产程序具有阻隔、排斥已开展的债权债务关系处置方式的功能,②破产程序可暂时冻结债务人的债之关系的既有状态,体现为自动中止效力。自动中止源于美国《破产法典》,大陆法系的类似制度称为破产保全,③是指提出破产申请或破产程序启动后,针对债务人财产的保全、诉讼与执行程序自动暂时停止,而无须法院裁判中止。我国《企业破产法》第 19 条规定法院受理破产裁定作出后,有关债务人财产的保全措施应当解除,执行程序应当中止,即破产程序启动将产生自动中止的效力。但自动中止规则所适用的范围在不同的立法例中有所区别,在我国破产法中,其不包括担保物权行权时间的自动暂停;在美国《破产法典》中,自动中止规则适用于多种行为,不仅包括进行中的诉讼、主张债权行为、执行行为,还波及设立、公示或实现担保权的行为等。④ 破产自动中止的目标在于以下方面:第一,债务人在破产申请提出后需要立即得到保护,以不受债权人债权催收的影响而使得财务状况进一步恶化;第二,破产管理人或自行管理的重整债务人需要时间管理与收集破产财产,并按照法定的破产债权顺位规则向债权人分配;第三,债权人也需要公平清偿的保障,避免破产程序以外的执行竞赛的干扰。然而,需要强调的是,破产自动中止的目的不是消灭债权人的权利。⑤此外,虽然我国破产立法中的自动中止效力产生于法院受理破产裁定之后,但由于我国破产法院针对当事人的破产申请,主要依据收到的材料进行形式审查,而非日本采取专家调查等方式进行内在的实质审查,相当于自动中止的效力产生时间大为提前。⑥ 以日本法为例,其于破产申请后即开展的自动中止(临时保

---

① See Thomas H. Jackson, *Of Liquidation, Continuation, and Delay: An Analysis of Bankruptcy Policy and Nonbankruptcy Rules*, American Bankruptcy Law Journal, Vol. 60, Issue 4, 1986, p.406.

② 参见季卫东:《法律程序的意义》(增订版),中国法制出版社 2012 年版,第 30 页。

③ 参见张艳丽:《破产保全制度的合理设置》,载《政法论坛》2008 年第 1 期。

④ See 11 U.S. Code § 362(a).

⑤ See Jack F. Williams, *Application of the Cash Collateral Paradigm to the Preservation of the Right to Setoff in Bankruptcy*, Bankruptcy Developments Journal, Vol. 7, Issue 1, 1990, p.30.

⑥ 参见季境、田晓:《有担保债权在公司重整程序中的限制》,载《法学杂志》2012 年第 4 期。

全）措施的作用突出表现为挽救债务人事业的民事再生程序、公司更生程序，因为相较于破产（清算）程序，二者于破产申请提出至破产程序开始的期间较长，更有必要防止债务人、债权人以及其他利害关系人借此契机从事与破产法价值目标相悖的活动。[①] 譬如，根据日本《民事再生法》第 26 条的规定，日本破产法院可于破产申请提出后，作出单个的中止命令暂停正在进行的程序，也可以根据第 27 条的规定，应实际案情的需要，针对全体债权人作出概括性禁止命令，第 31 条明确规定法院的中止命令可以约束担保物权人，可见，日本的临时保全措施与自动中止的"自动"性存在些许区别，其为防止债务人滥用，选择依赖法院的判断。[②] 我国并无配套的在破产申请提出至破产程序启动之间履职的临时管理人制度，无法保证在破产程序启动前自动中止规则的适用效果，因此，宜维持我国破产立法中自动中止的启用时点规则。[③]

自动中止制度利弊兼具，好处在于为企业债务人的继续经营提供了可能性，保障债权人公平受偿的权益格局，但也容易造成企业经营层效率的低下。[④] 但破产程序自动中止制度的存在有其必要性，其不利方面可通过破产立法设置自动中止的限制解除规则予以克服。在各破产程序中针对担保物权适用自动中止规则不仅是破产法的体系强制力的必然要求，也契合了实现物权担保债权的特点。在破产程序开启之初，被担保的债权额以及担保物价值的确定需要时间予以审查与评估，方能够确定是否足额担保。在担保物的价值大于被担保债权额的情况下，由担保物权人自行处置担保物可能造成担保物未发挥最大市场价值的情况，而在破产重整程序中，企业破产重整是否需要使用担保物才能够确保重整成功率也有待重整工作取得一定进展之后才能确定，如此也有助于管理人制定妥当的使用与处置担保物的方案。[⑤] 尤其在足额担保的情况下，普通债权人对担保

---

① 参见［日］山本和彦：《日本倒产处理法入门》，金春等译，法律出版社 2016 年版，第 49 页。

② 同上书，第 123 ~ 124 页。

③ 参见李林启主编：《实现担保物权实证研究》，中国政法大学出版社 2018 年版，第 303 ~ 304 页。

④ See Michael Bradley & Michael Rosenzweig, *The Untenable Case for Chapter* 11, Yale Law Journal, Vol. 101, Issue 5, 1992, p. 1076.

⑤ 参见许德风：《破产法论——解释与功能比较的视角》，北京大学出版社 2015 年版，第 92 页。

物也具有权益，[①]基于担保物权的不可分性，虽然担保物权人有权支配全部担保物，但此时担保物权人所得以优先受偿的只是部分而非全部担保物的价值。此外，破产自动中止规则的效力及于债权人所从事的任何与索债相关的行为，因物权担保债权属于破产债权，其权利人的行权自然也在被中止之列，物权担保债权人被禁止在中止期间收回担保物，或者即使已收回，权利人也不能处置。[②] 总之，破产中担保物权的变现权的自动中止体现了权利交界处的必要容忍义务的要求，申请担保物权人容忍一方须对权利人的损失提供补偿。

2. 破产重整中担保物权的自动中止

就国民经济与社会秩序而言，企业经营之成败，已非仅为企业、其投资人以及债权人的问题，而与社会公众利益息息相关。[③] 当破产法律制度超越最大化债权人利益的目标，将促进债务人事业复兴作为重要追求时，才能直接增进社会福利。[④] 企业破产重整制度的产生，集中反映了破产法对社会实践的外部需求与压力的回应，而非法律内在逻辑自然演进的结果。[⑤] 企业破产重整是为调整债务人的债权人、出资人以及其他利害关系的利益，谋求企业经营的持续与事业再生的法律制度。[⑥] 这也是企业破产重整制度的独特性所在，而破产和解制度功能局限于债务减免与企业财务调整，不涉及维持企业营运价值的问题。[⑦] 虽然破产重整程序有很大的优势，但与所有法律制度一样仍然存在不完美性，破产重整所占用的时间较多，在此期间可能由于管理人或自行管理的债务人的无能、疏忽，或放弃投资机会，抑或客户失去信心、市场需求下降等因素产生严重的财产损失。此外，还可能遭遇供应商停止供货或者信贷供给者的断贷困境。重整程序还会造成高额的法律与相关的管理费用成本。反对破产重整制度的学者主张通过市场

---

① 普通破产债权人的权益是指担保物超过被担保债权的价值，该价值可以通过担保物的变价，而为普通破产债权人受偿。See In re Mellor, 734 F. 2D 1396, 1400 N. 2 (9TH CIR. 1984). 我国《破产法解释二》第 3 条第 2 款也规定："对债务人的特定财产在担保物权消灭或者实现担保物权后的剩余部分，在破产程序中可用以清偿破产费用、共益债务和其他破产债权。"

② See James J. White, *Death and Resurrection of Secured Credit*, American Bankruptcy Institute Law Review, Vol. 12, Issue 1, 2004, p. 143.

③ 参见杨建华：《商事法要论》，台北，三民书局股份有限公司 1984 年版，第 153 页。

④ 参见[美]卡伦 · M. 杰比亚：《法典守护者：破产共同体的演化》，扈芳琼译，载李曙光、刘延岭主编：《破产法评论》(第 1 卷)，法律出版社 2018 年版，第 89 页。

⑤ 参见付翠英编著：《破产法比较研究》，中国人民公安大学出版社 2004 年版，第 252 页。

⑥ 参见柯芳枝：《公司法论》，台北，三民书局股份有限公司 1997 年版，第 52 页。

⑦ 参见王欣新：《〈全国法院破产审判工作会议纪要〉要点解读》，载《法治研究》2019 年第 5 期。

机制对其取而代之，虽然建立在当事人合意基础上的市场机制难以承担起破产重整制度的独特功能，但反对者的质疑也表明了重整制度在发挥市场机制的主导作用方面的欠缺，因此，完善破产重整制度的重要路径就是贯彻私法自治原则，彰显市场机制的力量。①

作为现代企业营业拯救程序，企业破产重整程序不仅着力实现困境企业的重生与再建，而且要完成破产财产向债权人公平分配的基础任务。推动债务人破产重整的目的不仅是让一个无力偿债的债务人继续运营，还要维持债务人资产的价值并使其价值最大化，以使所有利益相关者获益。② 破产重整程序对担保物权的实体优先受偿权不得有所限缩，普通债权人在债务人重整程序中所获利益的来源为企业重整成功所带来的企业财产营运价值的提升，③即企业营运价值超过模拟清算程序中的清算价值的那部分溢价收益，④以及外部战略投资人对债务人企业的投资，担保物权人所支配的担保物本身的价值是不能供普通债权人直接分享的。⑤ 预估的企业重整价值必须较企业清算价值具有明显的优势，重整才具有可行性，因为较企业破产清算程序，重整程序本身的管理、谈判与法律等成本是非常高昂的，重整若无显著溢价，不足以证成相对巨额成本的合理性。⑥ 针对企业被挽救价值并不明朗的情况，复杂、昂贵的破产重整程序往往并不是企业申请破产保护时的最佳策略，快速、低成本的破产清算程序也许是更适宜企业的选择。⑦ 而

---

① See David Hahn, *When Bankruptcy Meets Antitrust: The Case for Non-Cash Auctions in Concentrated Banking Markets*, Stanford Journal of Law, Business & Finance, Vol. 11, Issue 1, 2005, p. 32.

② See Robert H. George, *Bankruptcy for Nonbankruptcy Purposes: Are There Any Limits?* Review of Litigation, Vol. 6, Issue 1, 1987, p. 99.

③ 企业债务人的营运价值一般包括：固定资产、厂房存货等有形资产的价值；企业专有技术、商业经验、客户资源、品牌影响力等无形资产的价值；企业经营团队之间的协作关系等。See Douglas G. Baird &Robert K. Rasmussen, *The End of Bankruptcy*, Stanford Law Review, Vol. 55, Issue 3, 2002, p. 751 – 775.

④ 参见[美]查尔斯·J. 泰步：《美国破产法新论》(第3版)，韩长印、何欢、王之洲译，中国政法大学出版社2017年版，第103页。

⑤ 参见王欣新：《论破产程序中担保债权的行使与保障》，载《中国政法大学学报》2017年第3期。

⑥ See Gerrard McCormack, *Corporate Rescue Law in Singapore and the Appropriateness of Chapter 11 of the US Bankruptcy Code as a Mode*, Singapore Academy of Law Journal, Vol. 20, Issue 2, 2008, p. 309.

⑦ See Kenneth Ayotte & David A. Skeel Jr., *An Efficiency-Based Explanation for Current Corporate Reorganization Practice*, University of Chicago Law Review, Vol. 73, Issue 1, 2006, p. 428.

破产重整程序毕竟没有通过清算实际出售企业的破产财产,模拟清算价值的估值充其量不过是一门不精确的科学,只能实现概率性的估计以作为决策的参考。[①] 有学者从商品包含价值与使用价值的双重属性的角度入手,提出担保物权的优先受偿与重整挽救企业债务人的目标是能够兼容的,因为担保物权人追求的是对担保物价值的支配,重整程序所要求的是为提高重整成功率而获得对必要担保物的使用权,二者可以并行不悖。[②] 这一制度互适目标的实现,有赖于重整中担保物权于程序层面的受限,并集中表现于自动中止规则的限制。

破产重整制度适用的自动中止制度,除以集体的债权清偿来保障破产程序的顺畅运行外,还防止了债权人逐个追讨债务的行为对企业债务人继续营业造成阻碍。[③] 斯蒂芬·格宁(Stephen Gerling)法官提出,破产制度功能的核心在于创造价值增值的可能性。[④] 当担保物为破产重整企业所必需之时,因债务人未来对担保物的使用而能够有效提升破产财产的价值,增加债务人重整成功的机会,债务人的股权价值也得以回升,如果破产法不因此项事由而中止担保物权的行权,则将剥夺债务人以及普通破产债权人利益增值的任何可能的机会。[⑤] 因此,面向继续营业与事业再生的目标,较破产清算程序,重整程序对自动中止制度有着更高的要求,被中止的程序类型的范围更为广泛,一切与企业保持营业状态无法相容的权利主张行为,原则上均应受到自动中止制度的约束。在日本,公司更生程序作为民事再生程序的特别程序,适用于股份有限公司,为达致公司更生的主旨目标,公司更生程序的规则更为严格且强势,担保物权人不再享有民事再生程序中完整的别除权,其只能于公司更生程序中实现优先受偿权,虽然担保物权的核心内容受到充分保护,但公司更生程序中,担保物权人禁止行权,担保物权

---

① See David Hahn, *When Bankruptcy Meets Antitrust: The Case for Non-Cash Auctions in Concentrated Banking Markets*, Stanford Journal of Law, Business & Finance, Vol. 11, Issue 1, 2005, p. 37.

② 参见陈英:《破产重整中的利益分析与制度构造——以利益主体为视角》,山东大学出版社2013年版,第95页。

③ 参见汪世虎:《论重整程序中的自动冻结制度》,载《西南民族大学学报(人文社科版)》2006年第3期。

④ See In re Amodio, 155 B.R. 622 (Bankr. N.D.N.Y. 1993).

⑤ See Lee R. Bogdanoff, *The Purchase and Sale of Assets in Reorganization Cases—Of Interest and Principal, of Principles and Interest*, Business Lawyer (ABA), Vol. 47, Issue 4, 1991 - 1992, p. 1404.

的内容也可能受到更生计划的变更。[①] 英国 1986 年《破产法》引入管理程序，当事人向法院提交申请管理法令时触发延期偿付的效力，无论债权人的债权有无担保，均须中止执行，要恢复执行债务人以自有财产设定的担保物权，必须经过法院的同意，延期偿付实际上发挥着破产自动中止的效力。[②] 在美国，重整制度对担保物权所施加的强大的约束，使得某些陷入财务困境的债务人为了摆脱担保物权的束缚，重新取得对担保物的控制使用权以用于维持营运来克服危机，而有目的性地申请破产。[③]

从我国《企业破产法》第 75 条规定内容的文义解释入手，第 75 条第 1 款第 1 句实质上确立了我国破产重整程序中担保物权的自动中止规则，第 2 句规定了重整程序担保物权暂停行使限制的解除事由为担保物有受损可能，并足以危害担保物权的优先受偿的，由担保物权人负担举证责任。我国最高人民法院于 2019 年 11 月发布的《全国法院民商事审判工作会议纪要》（以下简称《九民纪要》）第 112 条补充了恢复重整中担保物权行使的另一项事由，即担保物不是重整所必需的财产，是指展现为实物形态的担保物对于重整程序的开展不具有利用价值，针对此项主张，本应由担保物权人承担举证责任，但为减轻担保物权人举证责任的负担，并考虑到更为熟悉破产重整程序工作与重整企业情况的管理人或自行管理人的债务人对是否担保物为重整所必需具有更强的证明能力，因此，第 112 条第 2 款对重整依赖担保物事由的举证责任实行倒置，并附加了管理人或自行管理的债务人对担保物减少的价值提供相应担保或者补偿的充分保护的负担。虽然《九民纪要》并非具有法律效力的法律规范文件，但代表了我国司法实践中的通行观点，其第 112 条基本建构了我国破产重整程序中担保物权的自动中止、恢复行使与充分保护的规则体系，值得我国未来破产立法完善时予以沿袭、细化。当然，为提高破产重整程序的成功率而对担保物权施加限制的前提是重整具有必要性，这就需要区分陷入经营困境的企业与存在财务困难的企业，

---

① 日本《公司更生法》的合宪性曾经存在争论，即有观点质疑公司更生程序对财产权的干涉过于严酷，有违背《宪法》第 29 条之虞。对此，日本最高裁判所昭和四十五年（1970 年）12 月 16 日大法庭判决认为，“鉴于公司更生法上周到且合理的规定”，公司更生法合宪。（最高裁判所民事判例集 24 卷 13 号 2099 页）。参见［日］山本和彦：《日本倒产处理法入门》，金春等译，法律出版社 2016 年版，第 182 页。

② 参见葛伟军：《英国公司法要义》，法律出版社 2014 年版，第 452 页。

③ 参见王佐发：《上市公司重整中债权人与中小股东的法律保护》，中国政法大学出版社 2014 年版，第 64 页。

后者往往不排除被挽救的价值，但前者本身的营业收入少于其营业成本，其继续营业将耗费宝贵的经济资源，而无经济收益的产生，倘若破产法允许纯粹经营困难的企业的存续可能会引发全行业的广泛损失。①

3. 破产清算与和解中担保物权的自动中止

我国《全国法院破产审判工作会议纪要》第 25 条明确规定，物权担保债权人可以随时向破产管理人主张就担保物行使优先受偿权，债权人会议决议无拒绝效力，但为最大化破产财产价值而要求连带担保财产予以整体处置的为例外情形，管理人对此可以合理拒绝物权担保债权人随时行权受偿的请求。前已述及，自动中止规则有在各破产程序中适用的必要性，不同于破产重整程序对担保物的使用需求，破产清算程序不涉及企业债务人营业的持续问题，因而也无须直接利用担保物，除破产财产整体处置的实体要求外，在管理人接管破产财产伊始，担保物价值与被担保债权的效力与金额均难以被立即掌握，在程序上担保物权人有配合管理人工作的诚实信用义务，这属于权利人的必要容忍义务，具有普遍适用性。换言之，破产清算程序限制担保物权人行权的主要考量因素在于实现破产财产价值的最大化，以及为管理人完全掌握物权担保债权的情况提供时间与空间的条件。同时，破产清算程序还有转入破产重整程序的可能，②基于不同程序上的关联，担保物是否为潜在的重整所必需也是需要时间来预判的。③ 美国破产立法针对所有破产程序中的担保物权适用自动中止规则，与此相对，德国破产程序担保物权的受限采取酌定适用模式，当担保物的变现影响破产程序的进行时，破产管理人须依据德国《民事诉讼法》与《强制拍卖而强制管理法》的规定，向法院主张限制担保物权。④ 相较于酌定适用模式更加注重担保物权人权益

---

① See Robert K. Rasmussen & David A. Skeel Jr., *The Economic Analysis of Corporate Bankruptcy Law*, American Bankruptcy Institute Law Review, Vol. 3, Issue 1, 1995, p. 87.

② 譬如，我国《企业破产法》第 70 条第 2 款规定："债权人申请对债务人进行破产清算的，在人民法院受理破产申请后、宣告债务人破产前，债务人或者出资额占债务人注册资本十分之一以上的出资人，可以向人民法院申请重整。"

③ 参见李林启主编：《实现担保物权实证研究》，中国政法大学出版社 2018 年版，第 302 页。

④ 在德国，破产管理人暂时中止担保物强制执行的请求，仅在会严重影响抵押权人经济利益的情况下才能被拒绝。这是针对当下担保物权几乎百分之百地覆盖了企业财产的现状不得不为的一项法律变革。这一选择一方面最大限度地保证了担保物与企业其他财产的密切结合，另一方面对（潜在的）担保物权人也并无不公，毕竟规则是公开的，在考虑了相关的风险的情况下，有调节能力的担保债权人可以通过要求超额担保或周全的资信审查来适应。参见许德风：《破产法论——解释与功能比较的视角》，北京大学出版社 2015 年版，第 319 页。

保障,并对法院的审查、判断的专业能力提出较高的要求,破产程序中担保物权的自动中止有助于减轻破产管理人的举证责任负担,便于实践操作,更适合破产法治后发国家。①

因此,笔者建议,我国破产清算程序中宜建构担保物权的自动中止规则,但需要同时将担保物权的充分保护机制作为其配套制度规范。自动中止规则的理由因债权人类型的不同而有异,中止的持续时间也因此不同,对于债务人的普通破产债权人,自动中止效力可能要一直持续到破产程序的最后,因为只有等到管理人分配破产财产后,破产法平等对待普通破产债权人的价值目标才能够真正实现;对于物权担保债权人,尤其是足额担保的债权人而言,自动中止的事由不同,他们不需要等待破产程序临近尾声才能主张优先受偿,其需要立法明确恢复行权的时点。② 为防止破产管理人借此不当拖延实现担保物权,结合物权担保债权人申报破产债权的义务,破产立法应当明确规定管理人于破产债权审核与确认环节结束后,针对没有异议的物权担保债权,须恢复担保物权人随时行权的自由。针对破产财产须与担保物一并处置以增进市场价值的情况,破产管理人应补偿担保物权人在破产债权审核与确认环节结束后至破产财产处置环节期间的损失,在担保物变价后,管理人应尽快在物权担保债权人优先受偿的范围内,将变价款相应部分向物权担保债权人进行清偿,不得拖延。倘若担保物可能受到损害或价值明显减少,以致危害担保物权,担保物权人可向法院申请恢复行权,除非破产管理人提供替代担保或者充分补偿。③ 管理人须谨慎评估连带担保财产整体变价破产财产有望增加的价值,并与对担保物权人的补偿金额相比较,只有在前者有明显优势的情况下,才可以因整体处置的需要,在破产清算中限制担保物权人行权。

---

① 参见徐阳光:《破产法视野中的担保物权问题》,载《中国人民大学学报》2017 年第 2 期。

② See Thomas H. Jackson, *Of Liquidation, Continuation, and Delay: An Analysis of Bankruptcy Policy and Nonbankruptcy Rules*, American Bankruptcy Law Journal, Vol. 60, Issue 4, 1986, p. 412.

③ 我国《民法典》第 433 条规定:"因不可归责于质权人的事由可能使质押财产毁损或者价值明显减少,足以危害质权人权利的,质权人有权请求出质人提供相应的担保;出质人不提供的,质权人可以拍卖、变卖质押财产,并与出质人协议将拍卖、变卖所得的价款提前清偿债务或者提存。"当担保物存在毁损或者价值明显减少的危险时,即使担保债权的履行期限尚未届至,法律也赋予了担保物权人以充分的保障方法,举重以明轻,在破产程序中行权受到限制的担保物权在遇到类似情形时,法律也应提供足够的救济方式。对此,我国《企业破产法》第 75 条第 1 款作出了明确的规定,而当自动中止规则扩张适用于破产清算与和解程序时,亦须准用破产重整中担保物权恢复行使的该项事由。

对于破产和解程序而言，虽然仍适用多数决机制，和解协议具有强制效力，但破产和解程序总体贯彻的是非强制性的协商理念，且对物权担保债权人而言，其权利的核心内容即优先受偿权是受到破产法的绝对保护的。在物权担保债权人未同意的情况下，其实体权利不受破产和解协议的限制，所以，根据我国《企业破产法》第59条第3款的规定，物权担保债权人未放弃优先受偿权利的，对债权人会议通过和解协议与通过破产财产的分配方案没有表决权，优先受偿权与含债权清偿事项的表决权互为因果。① 和解程序中不需要对债务人的营业事务进行安排，但破产和解程序作为司法程序，与破产清算一样具有保障程序开展与最大化破产财产变现价值的需求，所以，破产和解程序中担保物权也应适用自动中止规则。

4. 自动中止规则的适用与边界

质权、留置权不同于非转移占有型的担保物权，以占有为担保物权的公示方式，当质权人、留置权人丧失对担保物的占有之后，其担保物权往往将丧失。针对转移占有型的担保物权，如质权、留置权，自动中止规则也有适用的余地，但须以充分保护原则为前提。因此，若采取普遍适用的自动中止机制，必须辅之以完善的充分保护机制。此外，若非企业重整必须使用质物或留置物，而管理人不惜为担保物权人提供充分保护，以之为对价换取担保物权人向管理人转移担保物的占有，实现重整企业使用担保物的目的，则破产自动中止规则不一定需要改变质物、留置物的占有状态。固化既有的质权、留置权的现状往往即可满足自动中止的目标，质权人、留置权人不得在中止期间主张实现担保物权，同时，权利人负有在中止期内配合管理人调查工作以及积极提供必要的担保与债权信息的义务。

自动中止规则对特定的担保物权类型存有例外，破产法尊重私法实体规范的理念决定了非破产法实体规范在破产程序中的维持效力，倘若担保物权的公示在私法实体规范下具有溯及效力，则在破产申请提出后，担保物权的公示行为不受自动中止规则的限制。② 我国《民法典》第416条规定了动产购置款抵押权的公示宽限期为10日，除留置权人外，动产购置款抵押人可优先于抵押物买受

---

① 参见王欣新：《论破产程序中担保债权的行使与保障》，载《中国政法大学学报》2017年第3期。

② See 11 U.S. Code § 362(b)(3).

人的其他担保物权人受偿，于债务人破产程序中，10 日的宽限期也应免于被自动中止。

关于违反自动中止行为的法律后果，我国《企业破产法》尚未予以明确，从学理上推论，其行为后果当属无效。因此，原则上，违反自动中止的行为无效，当破产程序启动后，行为人仍未妥当纠正错误行为的，应承担相应的赔偿责任。

对于破产程序启动前，担保物已然完成了变价处置，破产管理人不应以任何理由拖延物权担保债权人要求就担保物的变价款项优先受偿的请求，除非破产管理人或自行管理的债务人对物权担保债权人提供的债权证明产生异议，应当通过破产债权确认之诉来明确被担保的破产债权的效力，以及有效的被担保债权的金额，或者被担保债权为附条件债权，而生效条件尚未成就的。① 这是因为破产程序中担保物权人的权利内容主要表现为对担保物的实现权即变现权，以及就担保物的变价款优先受偿。后者为担保物权的核心内容的集中体现，根据宪法基本权利的制度性保障功能，破产法的体系强制力不能对财产权的核心内容予以调整，受到破产程序限制的担保物权的权能是权利人申请变现担保物权的时点、方式、范围等程序性事项，与就担保物交换价值的优先受偿权无涉。我国破产立法较为彻底地贯彻了保障担保物权的优先受偿力的基本理念，即便在限制担保物权人最多的破产重整程序中，根据《企业破产法》第 87 条第 2 款第 1 项的规定，即使担保物不变现，担保物权人的优先受偿权也不受束缚。②

（二）破产程序中担保物权的实现

物权担保债权于破产程序中属于破产债权，适用破产债权在破产程序中的加速到期规则，债务人丧失期限利益，所以，破产程序启动之后，物权担保债权即得以行使，担保物权的变价条件成熟，但基于破产法的体系强制力要求，破产程序对担保物权施加了自动中止等负担，将变价条件暂时搁置。以担保物权中的抵押权为例，抵押权人享有的权利内容主要包括对抵押物价值的保全权、抵押权的处分权、抵押权的顺位权、抵押物的实现权等。③ 担保物权的实现涉及的是权

---

① 我国《企业破产法》第 119 条规定："破产财产分配时，对于诉讼或者仲裁未决的债权，管理人应当将其分配额提存。自破产程序终结之日起满二年仍不能受领分配的，人民法院应当将提存的分配额分配给其他债权人。"第 117 条第 1 款规定："对于附生效条件或者解除条件的债权，管理人应当将其分配额提存。"

② 参见王欣新：《论重整中担保权的暂停行使》，载《人民法院报》2015 年 7 月 1 日，第 7 版。

③ 参见陈本寒：《担保物权法比较研究》，武汉大学出版社 2003 年版，第 238 页。

利人最终环节的权利内容,作为担保物权核心内容的优先受偿权于此环节得以落实,而在债务人步入破产程序之后,接力于自动中止规则的限制,破产中的担保物权之实现也面临着特殊的适用要求,以满足破产法的调整目标。

1. 担保物权的实现

担保物权旨在对担保物的交换价值予以支配,其目的通过对担保物的变价与受偿实现,所以,担保物权也被称为变价权或换价权。虽然担保物权人的变价权指向担保物而非担保人(债务人),但是担保物由担保人(债务人)所有,担保物权的变价产生担保物权与担保物之所有权的直接对抗,不同权利人可先行协商处理,协商不成的,担保物权人无权自行变价,否则将构成对担保人(债务人)所有权的侵害,此时,必须通过司法公力救济方式实现担保物权的变价权。[①] 根据我国《民法典》第410条、第436条第2款、第453条第1款的规定,在符合担保物权实现条件时,抵押权人与抵押人、质权人与出质人、留置权人与债务人应先行协议以担保物折价,或者以拍卖、变卖担保物所得价款优先受偿,当事人无法就担保物权的实现方式达成协议的,担保物权人可以依循司法路径实现权利。权利质权除动产质权的实现方式外,还可以由质权人取代出质人的法律地位,向出质人的义务人直接行使出质人原享有的权利,以之使质权担保的债权获得优先受偿。[②] 依据《中华人民共和国民事诉讼法》(以下简称《民事诉讼法》)第203条、第204条的规定,担保物权人向法院申请实现担保物权的,法院经受理审核,依法裁定拍卖、变卖担保财产,当事人有权据此直接向法院申请执行。就司法拍卖担保物的性质而言,并非国家以公权力先剥夺担保人对担保物的所有权,再将其转移于拍定人,而是由担保人直接移转所有权于拍定人,新权利人的获权为基于他人既存的权利之继受取得,而非原始取得。[③] 在担保物的变价条件成熟前后,担保物权人的地位是不同的:之前,担保物权人的主要目标是保护担保物价值的维持以保障自身利益;之后,担保物权人着眼于担保物的变现与优先受偿。[④] 但需要注意的是,担保物权的实现以民事主体的意思自治为基本原则,在不违反

---

① 参见程啸:《担保物权研究》,中国人民大学出版社2017年版,第132页。

② 参见唐义虎:《担保物权制度研究》,北京大学出版社2011年版,第169页。

③ 参见姚瑞光:《民法物权论》,中国政法大学出版社2011年版,第162页。

④ 参见[德]鲍尔、[德]施蒂尔纳:《德国物权法》(下册),申卫星、王洪亮译,法律出版社2006年版,第157页。

禁止性法律规范的前提下,担保物权是否实现,以及实现的时间与方式,根本上均由担保物权人决定,即使担保物权的实现需要债务人(担保人)的配合,也仅仅是协助而已,债务人(担保人)无权强迫担保物权人实现担保物权。① 所以,实现担保物权,作为担保物权的主要效力,是担保物权人的权利,不是其义务。在债务人非破产的情况下,物权担保债权人在担保物权实现条件成就时,可以选择要求债务人清偿债务,或要求实现担保物权以优先受偿。②

在实现担保物权的当事人协议的过程中,担保物权人与债务人不一定能够就实现方式达成一致意见。实现担保物权的司法方式,虽然较诉讼流程有所简化,但作为司法程序仍是一种较费时、有一定代价的实现担保物权的方法。譬如,针对抵押权,在美国,只有抵押合同明确约定的情况下,抵押权人才能尝试与抵押人协议采取非司法的方式实现抵押权,担保物权人可以根据约定,在债务人违约后要求债务人整理担保物,并于担保物权人指定的对双方均较为便利的地方交付担保物,以便于担保物权人变现受偿。③ 申言之,动产担保物权人实现担保物权的方式须在商业上具有合理性,包括处分担保物的时间、地点、方法以及其他条件。④ 如担保物权人以公开市场上通常的方式处分担保物,担保物的变价符合一般市场价格,与持有同种类财产的商人处分财产的合理商业习惯一致等。⑤ 但没有法院参与的这一环节容易被滥用,司法拍卖有利于实现担保物的公平处分。在司法拍卖抵押物的程序中,抵押权人拥有一定优势,其可以使用抵押人所欠债权的余额折抵竞拍价款,而无须用现金竞拍。⑥ 但美国实现抵押权的司法程序较为复杂、费用高昂,影响了其实施效果,如果担保物是动产,担保物权人须向法院提起占有担保物之诉,只有在担保物权人胜诉之后,才有权占有担保物并实现优先受偿权。而根据德国《民法典》第 1147 条之规定,担保物权人不能以私力实现权利,强调公权力介入担保物权的实现过程,目的在于平衡当事人权

---

① 参见费安玲、刘智慧、高富平:《物权法》,高等教育出版社 2011 年版,第 446 页。

② 参见崔建远:《物权:规范与学说——以中国物权法的解释论为中心》(下册),清华大学出版社 2011 年版,第 821 页。

③ See U. C. C § 9 - 609(c).

④ See U. C. C § 9 - 610(b).

⑤ See U. C. C § 9 - 627(b).

⑥ 参见[美]约翰·G. 斯普兰克林:《美国财产法精解》,钟书峰译,北京大学出版社 2009 年版,第 352 ~ 353 页。

益、节约协商成本，但过于严格的司法实现途径在节约成本方面的成效并不明显。① 并且实现担保物权的过程，无疑会产生程序成本，如变现环节存在的时间成本，会使得作为担保物的设备或厂房等产生闲置与停产等，担保人为维持运营，在担保物变现清偿物权担保债权之后，又须重新购买必要的生产设施，这将产生重置成本。基于以上资源的浪费，债务人（担保人）往往不会选择让债权人实现其担保权的请求，这也是债务人最有效率的选择，除非债务人陷入清偿不能的境地，破产是权利人实现担保物权的特殊情形。②

总之，较通过法院实现担保物权的方式，当事人自力实现更为经济，在排除权利人自力救济的立法环境中，社会融资交易的发展往往也会受阻，可能导致担保物权的实现严重迟滞。③ 担保物权的实现制度应置重于效率的提升，并在程序上注重保障债务人利益与维护交易安全，鼓励当事人协商实现担保物权，同时，使担保物权人负担清算义务，以防范其在实现权利的过程中获取不当的额外利益，以维持当事人利益的均衡，并辅之以高效的司法实现路径，在当事人无法协议实现担保物权之时来适用。④

2. 比较破产法的考察

担保物权人与破产管理人就担保物变价事项所追求的目标不同，破产管理人希望担保物的变价不会影响破产财产的整体价值，最好还能通过担保物与破产财产一并处置来增加破产财产的市场价值，尤其在超额担保等存在债务人“剩余权益”（equity cushion）的情况下。⑤ 而担保物权人往往只关心覆盖其债权额部分的担保物价值，在有足够把握获得全额债权优先受偿的情况下，担保物价值的最大化与其利益无涉，担保物权人没有动力追求扩大担保物的价值。⑥

美国破产清算程序中，针对不足额担保的情形，普通债权人无法从担保物价

---

① 参见张晓娟：《动产担保法律制度现代化研究》，中国政法大学出版社2013年版，第176页。

② 参见许德风：《论担保物权在破产程序中的实现》，载《环球法律评论》2011年第3期。

③ 参见［美］杰伊·劳伦斯·韦斯特布鲁克、［美］查尔斯·布斯、［德］克里斯托弗·保勒斯、［英］哈里·拉贾克：《商事破产：全球视野下的比较分析》，王之洲译，中国政法大学出版社2018年版，第28页。

④ 参见高圣平：《担保法论》，法律出版社2009年版，第370～371页。

⑤ 参见［美］查尔斯·J. 泰步：《美国破产法新论》（第3版），韩长印、何欢、王之洲译，中国政法大学出版社2017年版，第334页。

⑥ 参见许德风：《破产法论——解释与功能比较的视角》，北京大学出版社2015年版，第338页。

值中受益,托管人(破产管理人)保有该担保物没有意义,托管人可以选择将担保物抛弃(abandon)给债务人。[①] 依据最早在隆诉布拉德案(Long v. Bullard)中提出的担保权穿透(lien pass-through)理论,[②]担保物权人的担保权益得以穿透破产程序维持其对担保物的交换价值之支配力,担保物一旦回到债务人之处,担保物权人即得以占有担保物并处置受偿。但在美国,担保物权的行权受到破产程序的特殊限制,担保权穿透理论的适用范围被严格限缩。[③] 基于破产法的社会政策与外部性的考量,对于特定担保物,管理人不得抛弃,如对于被污染的担保物,联邦最高法院的判例限制管理人对其的抛弃权。[④] 破产管理人对没有剩余权益的担保物,也可以不做抛弃,而应担保物权人的请求,同意解除对其权利的自动中止的限制,由担保物权人自行出售担保物。[⑤] 美国《破产法典》于解除担保物权的自动中止事由中明确规定,其包括债务人针对该担保物没有权益,[⑥]即针对被担保债权额超过担保物价值的情形。美国大多数法院认为,当多名担保债权人的累计债权额超过担保物的价值时,债务人不再享有美国《破产法典》第362(d)(2)条所指的担保物上的权益。[⑦] 同时,在破产重整程序中,破产重整计划可以规定由债务人继续保有担保物,并对被担保债权予以一次性或分期清偿,在对担保物权已进行充分保护的前提下,债权人会议表决通过、经法院批准,抑或债权人会议未表决通过而由法院强制批准之后,重整计划生效,对物权担保债权人产生约束力。此外,在特定情况下,破产管理人出售无负担的担保物时,为保障担保物权人的权益,防范因担保物被贱卖而影响担保物权人的优先受偿权益,除非法院另有裁定,物权担保债权人可以"债权竞标"的方式参与担保物的竞买,在竞得之后,可以用其对债务人的债权抵销竞买所需支付的价款。[⑧] 在债权人不参与

---

① See 11 U.S. Code § 554.

② See Long V. Bullard, 117 U. S. 617 (1886).

③ 参见[美]道格拉斯·G.贝尔德:《美国破产法精要》(第6版),徐阳光、武诗敏译,法律出版社2020年版,第14页。

④ See Midlantic Nat'l Bank v. New Jersey Dep't of Envtl. Protection, 474 U. S. 494 (1986).

⑤ 参见[美]查尔斯·J.泰步:《美国破产法新论》(第3版),韩长印、何欢、王之洲译,中国政法大学出版社2017年版,第100页。

⑥ See 11 U.S. Code § 362(d)(2).

⑦ See Nantucket Investors Ⅱ v. California Federal Bank (In re Indian Palms Associates, Ltd.), 61 F. 3d 197 (3d Cir. 1995); Viper Mining Co. v. Diversified Energy Venture, 311 Bankr. 712 (Bankr. W. D. Pa. 2004).

⑧ See 11 U.S. Code § 363(k).

担保物竞买的情况下,管理人将扣除相关费用后的变价收益向物权担保债权人进行优先清偿。

在破产清算程序中,日本《破产法》并未设置担保物权的自动中止规则,因此,根据其第 65 条第 1 款的规定,担保物权享有别除权效力,担保物权人可以于破产程序中随时、个别实现担保物权以优先受偿。但担保物权人未自行变现担保物的,尤其在超额担保的情况下,担保物的长期不变价会影响管理人的破产财产处置工作,阻碍对普通债权人的债权清偿,干扰破产程序的进程,因此,破产管理人也可以根据日本《破产法》第 184 条第 2 款的规定代替其申请开始担保物的变价程序。此外,管理人还可以依据日本《破产法》第 185 条的规定,向法院申请为具有在法定执行程序之外实现担保物权之权利的担保物权人,设立处分担保物的期限,担保物权人未在此期间为处分行为的,将失去通过此特殊方式实现担保物权的权利。[①] 为确定物权担保是否超额,根据日本《破产法》第 154 条的规定,管理人可以要求担保物权人提供担保物以进行价值评估,权利人不得拒绝。基于担保物权的追及效力,破产管理人也可以在法律上处分担保物(日本《破产法》第 65 条第 2 款),即出售带有担保物权负担的担保物,但鲜有愿意购买此类财产的买受人,因此,在多数情况下,管理人为达到处分担保物的目的,往往依据日本《破产法》第 78 条第 2 款第 14 项的规定,通过全额清偿被担保债权额来赎回担保物,或者依据第 186 条的规定,通过消灭担保物权的请求权来完成,如此一来,破产管理人可以任意出售担保物,而不必以执行程序变价担保物,以实现担保财产价值的最大化。[②] 由此可见,当自动中止规则未适用于各破产程序,尤其是破产清算程序时,较破产立法目标,担保物权的价值被偏向保护,破产管理人为满足破产程序面向担保物权的诸项需求,须逐一对担保物权人提出请求,这将迟滞破产程序的进展,增加破产管理人的工作负担。而其所设想的最终实现的效果与自动中止加充分保护原则的实施并无本质区别,但在效率方面,后者更有优势。依据破产法尊重私法实体规范的理念,于破产程序中维持担保物权的优先受偿力,即完成了尊重私法实体规范确立的权利之核心内容的合宪性任务,在此之外,破产法不必再过度置重于担保物权的非核心权能的保护问题,以致影

① 参见[日]山本和彦:《日本倒产处理法入门》,金春等译,法律出版社 2016 年版,第 96 页。

② 参见[日]谷口安平主编:《日本倒产法概述》,[日]佐藤孝弘、田言等译,中国政法大学出版社 2017 年版,第 123 页。

响破产程序的运行与效率。

3. 破产程序中担保物权的实现路径

在破产程序中,担保物权的自动中止限制解除之后,为保障担保物处置的公平性与公正性,无论担保物权的类型以及担保物的占有情况如何,宜由破产管理人主导担保物的变价环节,这也是担保财产属于破产财产、物权担保债权被归入破产债权的结果,破产管理人的中立地位与法定职责内容也能够负担起这一任务。而且破产管理人出于专业与名誉上的理由,致力于迅速有效地推动破产程序的进展,而非阻滞正常的破产程序。① 管理人可以就担保物与物权担保债权人达成折价协议,将担保物约定归属于物权担保债权人以满足其优先受偿的要求,或者管理人可以通过破产拍卖或变卖的方式,将担保物的变价款,扣除相关管理、变价、税收等相关费用后,②优先清偿物权担保债权人。美国破产立法的实践表明,物权担保债权人可以参与担保物的竞买活动,并享有以其债权额抵销竞买价款的权利。但为防止管理人拖延不处置担保物的情况,破产立法可以规定担保物权于恢复行使后的法定期限内,管理人须对担保物进行处置,否则物权担保债权人有权向法院申请自行变现担保物。该法定期间的设置须具有一定的弹性,以避免要求管理人过于仓促地处置担保物,而影响担保物价值的发挥。

在德国,根据其《破产法》第 166 条第 1 款的规定,对处于管理人占有之下的动产担保物,管理人有权将其变现。但对于担保物权人占有动产担保物的质权、留置权等权利类型,基于破产法的价值目标,同样有必要将担保物转交管理人进行处置。在法国,当债务人被法院裁判清算或破产时,质权人可被强制放弃对质物的占有,即清算人可强行出售质物,但质权人可以就变价款优先受偿。③ 但在处置之前,担保物权人可先与管理人进行协商,如果就折价事宜达成一致意见,可不必再转移担保物的占有于管理人处以变价,而对于管理人以拍卖、变卖方式处分质物、留置物的情形,为避免直接转移占有所产生的成本,权利人与管理人可以协议采取管理人间接占有的方式,能够满足拍卖、变卖担保物所需即可。同

---

① See Hugh Beale, *The Future of Secured Credit in Europe*: *Concluding Remarks*, European Company and Financial Law Review, Vol. 5, Special Issue, 2008, p. 383.

② 譬如在德国破产程序中物权担保债权人要向债务人的破产管理人支付占担保物变现所得 9% 的确认费和变现费,并要负担 13% 至 18% 的增值税。参见许德风:《论担保物权的经济意义及我国破产法的缺失》,载《清华法学》2007 年第 3 期。

③ 参见尹田:《法国物权法》,法律出版社 2009 年版,第 468 页。

时,针对破产重整程序中,担保物为企业重整所必需的情况,物权担保债权人在获得充分保护的前提下,仅得以依据生效的重整计划获得清偿。譬如在重整计划执行中,重整企业不再需要使用担保物之后,担保物权人可自行处置担保物受偿,或者重整计划规定一次性或分期对物权担保债权人予以补偿或清偿,相应地赎回担保物以使用、处置或消灭其担保物权。无论破产管理人选择采取哪一种实现担保物权的方式,都必须提前通知物权担保债权人,以使其有机会提出异议。① 需要注意的是,如果在破产程序启动前,担保物权人与担保人协商一致,达成变现担保物的协议,在法院受理破产申请裁定后,担保物权的实现程序被自动中止,此时仍需由破产管理人适用破产法限制与充分保护担保物权的规则,因为破产程序的启动是之前当事人达成自力实现担保物权的协议时所无法预料的,破产程序运行的需求以及破产重整对担保物使用的必要性等,往往均未在实现担保物的协议中有所安排,故破产程序无须受之前协议的束缚。

美国破产立法与司法实践表明,经过担保物权于破产程序中的自动中止,破产管理人应当已经全面掌握了担保物价值与被担保债权的情况,在确定物权担保为不足额担保的情况下,破产管理人可以选择将担保物直接抛弃于担保物权人,权利人可以自行处置担保物,并以担保物变价款所无法覆盖的债权额申请在破产程序中与普通破产债权一并受偿,当然,其前提条件在于物权担保债权人已在破产程序伊始向破产管理人依法申报了破产债权。针对受污染的担保物等不宜抛弃的情形,破产管理人应继续占有并直接处置,不应再向担保物权人转移占有或处分权,延误及时处理担保物的时间,以至于可能扩大担保物对外部的损害。需要辨析的是,美国破产立法采取了托管人向债务人抛弃担保物,担保物权人再根据担保权的穿透原理取得担保物的处分权,如此理论上的推演过于复杂。由于涉及担保物权人的核心利益,债务人占有担保物时,一般均会遭遇担保物权人主张权利,管理人直接向担保物权人抛弃,可以省却中间不必要的环节。况且,笔者所主张的管理人抛弃担保物发生于担保物权恢复行使之时,与美国破产立法中托管人的抛弃时点不同,此时的抛弃与穿透理论等不再受到破产程序的限制,担保权的传统理论可以融入管理人的抛弃行为之中。

关于担保物变价后,相应价款的分配问题,我国《企业破产法》第109条规定

---

① 参见王福强:《破产重整中的营业保护机制研究》,法律出版社2015年版,第104~105页。

了担保物权人对担保物的优先受偿权，第113条规定了破产财产的清偿顺位，而第113条并未再提及担保物权的清偿顺序问题，这说明担保物权与其他破产债权的清偿顺位并不具有可比较性。其实，破产清偿中的"绝对优先"原则也不适用于担保物变现款在物权担保债权与普通破产债权之间的分配顺位上，严格说来，物权担保债权优先于普通破产债权的规则表述并不准确，在担保物交换价值与所担保债权额一致的理论假设前提下，担保物变现价值为物权担保债权人所独享，不存在清偿先后的问题。担保物价值小于所担保债权额时，破产程序中未获清偿的担保债权转换为普通破产债权，与普通破产债权人就债务人财产平等受偿，普通破产债权人仍无法分享担保物的交换价值；而担保物变现价款足以覆盖被担保的债权额时，优先清偿完毕物权担保债权后的担保物变现款将回归于破产财产中，作为破产债权受偿的财产基础，狭义的担保物变现价值仍然不会产生清偿分配顺位的问题。司法实践中，除物权担保债权人依法表示同意外，在其尚未就担保物充分受偿的情况下，于破产程序中将担保物的变现款向普通破产债权人进行分配的行为，均为侵害物权担保债权人的担保物权的侵权行为，破产管理人应当依法对此承担侵权责任，而侵权行为作为管理人的职务行为，侵权损害赔偿金将列入破产共益债务中由破产财产随时支付。

4. 管理人消灭担保物权的请求权

尽管企业破产重整制度贯彻了挽救企业营运价值、增进公共福利等社会价值，破产重整程序由法院主导，体现出司法程序的本质，但破产法律规范作为清理债权债务关系的终极方式，并未脱离市场机制的控制。从破产重整程序的启动，至重整程序的运行，以及凝聚着重整成果的破产重整计划草案的制定与表决，无不彰显出当事人意思自治的理念。① 破产程序本身施加担保物权的程序限制，有时仍无法满足企业债务人使用担保物以及破产程序运行的需求，在比较法中有立法例规定，破产管理人享有请求消灭担保物权的实体形成权，有权向法院申请许可，在向担保物权人支付与担保物同等价值的对价金钱之后，担保物之上的担保负担消灭。

担保物权消灭制度以直接满足担保物权的核心内容的原始方式，实现担保物权与破产目标的兼容，物权担保债权人似无反对之理，主要问题在于破产管理

① 参见齐明：《破产法学：基本原理与立法规范》，华中科技大学出版社2013年版，第188页。

人提供的对价是否真正实现了物权担保债权人的合理行权预期。以日本破产法为例，日本《民事再生法》第148条第1款规定，管理人可以向法院申请，通过支付相当于担保物价值的价款，消灭担保物上的担保物权。日本《公司更生法》第104条第1款于公司更生程序中也设置了与民事再生程序类似的担保物权消灭制度。根据日本《公司更生法》第109条、第110条的规定，与民事再生程序中法院将管理人缴纳的价款立即分配给物权担保债权人不同，考虑到物权担保债权人只能经由更生计划获得受偿，否则有违债权人之间的公平，法院会暂时寄存该价款，在更生计划被批准生效或未获得批准的，法院再向物权担保债权人分配寄存价款。①

我国《企业破产法》第37条第1款规定，在破产程序中，管理人可以通过清偿债务或替代担保的方式，取回质物、留置物。这实质上发挥了担保物权消灭制度的功效，但其中规定替代担保以债权人接受为条件，以债权人的主观意愿而非客观标准来判断替代担保的妥当性，为担保物的取回增加了阻碍，也会出现不公允的问题。② 日本的担保物权消灭制度可以提高协调担保权益与重整债务人使用担保物的需求之间矛盾的效率，节约破产管理人或自行管理债务人与物权担保债权人的谈判成本。通过这一程序，债务人只须向物权担保债权人支付担保物的清算价值，就可以收回抵押品，从而结束代价高昂的谈判，债务人的这种"退出选项"可以防止每个物权担保债权人拖延谈判过程，以获得更大份额的企业持续经营盈余，它还可以防止由于抵押品持续经营价值的不确定性而导致在讨价还价过程中发生的延误。③ 但现实中破产财产可能并不具有支付担保物的清算价值的能力，在破产重整程序中消灭担保物权的机制能否实施经常取决于债务人的外部投资人的资金"支援"，而美国式的在破产重整程序中通过允许债务人延期支付物权担保债权的方式，满足重整债务人使用担保物的需求，更适合欠缺足够流动资金或外部支持的债务人。

与一般的消灭担保物权制度不同的是，日本破产清算程序中还存在广义上

---

① 参见［日］山本和彦：《日本倒产处理法入门》，金春等译，法律出版社2016年版，第201页。

② 参见陈英：《破产重整中的利益分析与制度构造——以利益主体为视角》，山东大学出版社2013年版，第164页。

③ See Wataru Tanaka, *Extinguishing Security Interests: Secured Claims in Japanese Business Reorganization Law and Some Policy Implications for U. S. Law*, Emory Bankruptcy Developments Journal, Vol. 22, Issue 2, 2006, p. 430 – 431.

的消灭担保物权制度,即并非由管理人通过破产财产直接清偿被担保债权或提供替代担保,而是以出售担保物的方式,由法院将扣除部分费用的担保物的变价款向物权担保债权人分配。根据日本《破产法》第186条的规定,破产管理人在特定情况下未经担保物权人的同意,可以消灭担保物权并任意出售担保物,将变价款的一部分强制纳入破产财产中,具体而言,破产管理人须明示准买受人愿意支付的价款以及预计纳入破产财产的金额,并向法院提出申请,法院作出同意任意出售裁定后,买受人向法院交付对价,担保物权即消灭,法院再行分配买受人交付的对价。与其针锋相对,依据日本《破产法》第187条、第188条的规定,物权担保债权人可以提出异议,在1个月内申请行使担保物权,抑或由自己或找到愿意以高于原价5%的价格购买担保物的买受人并向法院提出购买申请。但就实践运行效果来看,管理人消灭担保物权的请求权更多地发挥着威慑作用,增加了管理人与担保物权人谈判的筹码,推动双方达成任意出售的协议,以使管理人放弃行使消灭担保物权的请求权。① 当事人之间以协议形式寻求对担保物权的特殊实现的非正式途径时,往往所有的利害关系人均可以从中受益,因为越正式的程序,其所消耗的可分配财产越多。② 此扩张型的管理人消灭担保物权的请求权的设置值得借鉴,其试图以买受人支付的价款而非破产财产实现物权担保债权人的预期利益,能够以较小的代价达致破产程序的目标,于物权担保债权人而言,其核心利益也不会受到不利影响。其弊端在于流程较为复杂,会产生一定的程序成本,物权担保债权人获取分配额的时点较为滞后,即便如此,仍可助力于当事人达成实现担保物权方式的协议,以意思自治的形式调适担保物权与破产法的价值主旨。

5. 流担保约定的处理

流担保约定因可能不当侵害担保人的利益,使双方当事人的权益出现失衡,所以自罗马法以来,为多数国家民事立法所禁止。③ 根据我国《民法典》第401

---

① 参见[日]山本和彦:《日本倒产处理法入门》,金春等译,法律出版社2016年版,第78~79页。

② 参见[英]费奥娜·托米:《英国公司和个人破产法》(第2版),汤维建、刘静译,北京大学出版社2010年版,第60页。

③ 相应禁止流担保约定的立法例,如德国《民法典》第1227条、法国《民法典》第2078条及第1149条、瑞士《民法典》第894条和第816条第2款、日本《民法典》第349条。参见高圣平:《担保法论》,法律出版社2009年版,第303页。

条、第428条的规定,抵押权人、质权人在债务人履行期限届满前,与抵押人、出质人约定债务人违约时,抵押财产、质押财产归债权人所有的,只能依法就担保物优先受偿,即流担保约定无效,但不影响担保合同与担保物权的效力,可推定当事人的意思进行了有效转化,仍可适用担保物权优先受偿的实现程序,其实质上采取了传统流担保禁止规则的缓和处理方式。流担保约定主要针对债权清偿期届满前的特定时期而言,担保物权人(债权人)可能趁着担保人(债务人)急需贷款,而胁迫担保人签订不公平的流担保契约,使担保人同意其违约时,价值远高于被担保债权的担保物直接归担保物权人所有。在债权清偿期届满后,债务人无法依法履行债务,担保物权人此时为受清偿,而与担保人订立折价协议,此时不存在担保人受胁迫的危机情势,双方当事人基于实质平等之地位展开协商,且折价受偿省时、省费,故原则上应认可其效力,不在流担保约定禁止之列。[①] 所以,倘若流担保约定中内含了清算条款,将与债务人违约后的折价协议的本质一致,均为归属清算程序,是一种代物清偿,[②]不在流担保禁止规则的适用范围内。

将我国《民法典》中对流担保约定情形采担保物权一般实现程序的做法,与债务人违约后的折价协议相结合,可以在很大程度上实现未存在胁迫等有失公平的仅具流担保约定形式的事先协议的效率优势,避免了较为高昂的担保物的变现成本,进而巩固了流担保禁止的统一规则的正当性地位。需要关注的是,我国典当行业实践中存在的所谓"营业质权",[③]与我国《民法典》中担保物权的流担保约定无效规范相冲突,即作为典型担保物权的动产质权依法不容许以流担保约定来处置质物,此为物权法定原则之物权内容法定的基本要求,而通过流担

① 参见姚瑞光:《民法物权论》,中国政法大学出版社2011年版,第165页。

② 参见崔建远:《物权:规范与学说——以中国物权法的解释论为中心》(下册),清华大学出版社2011年版,第825页。

③ 营业质权是适用当铺规则的质权,是指债务人以一定的财物交付于当铺作担保,向当铺借贷一定金额的金钱,于一定期限(回赎期限)内,债务人清偿债务后得取回担保物,回赎期限届满后,债务人不能清偿债务时,担保物即归债权人所有或者由债权人以担保物的价值优先受偿。我国《典当管理办法》第43条规定,绝当物估价金额不足3万元的,典当行可以自行处理或者折价处理,损溢自负。损溢自负,也就是以绝当物抵债。但《典当管理办法》不构成法律渊源,无法成为"营业质权"之物权法定的实定法基础。参见郭明瑞:《物权法通义》,商务印书馆2019年版,第344页。

保“绝当”质物的“营业质权”，在法无明文规定的情况下，①则不属于典型担保物权的范围，仅作为当事人之间的债之关系而产生相对效力，在债务人破产程序中，“营业质权”也不具有担保物权的优先受偿效力。

传统民法中的禁止流担保理论，契合了担保物权的特点，顺应了现代担保物权的发展趋势。担保物权作为对物的交换价值而非使用价值予以支配的物权类型，其保障债权利益的目标的实现并不以实际占有标的物为要件，所以，现代社会中非占有型的担保物权类型获得长远的发展，更有助于贯彻物权法之物尽其用的立法主旨。② 所以，从促进物的使用效率、增强物的价值角度而言，在担保物权的发展中，转移占有的担保物权类型当式微，担保物权的体系设置与适用逐渐回归到其以观念方式支配物的交换价值的本质中。在此背景下，禁止流担保的传统担保物权法理论，其合理性不仅在于保障债务人的利益，而且有利于扩大担保物的使用效率，在物权法的物尽其用的理念下，禁止流担保规则应当予以保留。同时，须注意的是，流担保禁止规则是绝对的禁止，即使按其约定实现担保物权未侵害担保物权人的权利，流担保约定仍属无效。③ 在企业破产程序中的流担保约定并无特殊性，管理人面对当事人于破产程序启动前的流担保约定，直接适用我国《民法典》中流担保约定无效与归属清算的效力转化规则即可。

三、企业破产法对担保物权优先受偿力的保护

破产事件的主导者，如破产法官、破产管理人等破产“权力”主体，在现代破产法治的公平清偿、债务人拯救、公共利益的实现等多重价值的浸染下，无意识地会倾向于产生积极推动破产价值的冲动，甚至不惜破坏法律体系中其他实体法规范的价值。需要注意的是，在很多情况下，现代破产法的多元化价值目标于单一的破产个案中是不相容的，此时必须确立主旨目标间的优先次序，原则上最大化破产财产的价值并向债权人予以公平清偿是破产法最基础也是传统的立法

---

① 与我国民事立法规定不同的是，日本《商法典》第515条认可了因商行为而产生的担保债权的质权合同中的流质约定的效力；日本《典当商营业法》第19条承认了营业典当商的流质权。之所以认可小金额流质权的效力，是因为其即便产生社会弊端，也将处于可控范围内。参见［日］近江幸治：《担保物权法》，祝娅、王卫军、房兆融译，法律出版社2000年版，第72～73页。

② 参见徐海燕、李莉：《物权担保前沿理论与实务探讨》，中国法制出版社2012年版，第12页。

③ 参见高圣平：《动产担保交易制度比较研究》，中国人民大学出版社2008年版，第257页。

价值,应当被置于最核心的位置。[①] 基于破产法的特殊立法主旨目标,物权担保债权人于破产程序中的行权受限是比较法普遍采取的措施,以自动中止规则为典例,但必须强调的是,债务人破产程序中担保物权的自动中止必须伴随对担保物权优先受偿力的充分保护。[②]

(一)担保物权的充分保护原则

为实现企业破产法律制度的调整目标往往需要对担保物权予以必要的限制,但限制过度无疑会侵入担保物权的核心内容领域,影响担保物权法律制度的价值效果,对整个社会与国民经济发展造成负外部性,因此,破产立法需要一项平衡机制以平和二者之间的紧张关系,此即担保物权的充分保护原则。[③]

1. 充分保护原则的正当性

由于受到破产法尊重私法实体规范理念的限制,债权人依非破产实体规范所享有的经私人自治所获取的财产权应受到破产法的尊重,[④]破产法对担保物权的强制性调整以程序限制为主,但难免会波及担保物权的核心内容,尤其体现在担保物为企业债务人重整所必需的情形中。

以经济分析的视角观察,有效的破产法必须解决三个方面的普遍问题。首先,它应确保企业债务人的破产财产的价值得以最大限度地发挥;其次,它绝不能激励没有陷入财务与经营困境的企业从事低效率的活动;最后,它必须以尽量低的成本完成前两个目标。[⑤] 但经济分析方法在除效率之外的公平分配方面广受诟病,其往往被认为在实现实质正义价值方面存在不足,经济分析方法在满足担保物权的合宪性保障方面亦有缺陷,担保物权的充分保护原则为兼顾、平衡二者的冲突价值提供了可能的路径。为应对现代社会的多元价值理念以及不同法律规范的多样化调整目标,并使宪法财产权保障的要求与法律限制财产权的兼

---

① See Vanessa Finch, *The Measures of Insolvency Law*, Oxford Journal of Legal Studies, Vol. 17, Issue 2, 1997, p. 230.

② 参见[美]杰伊·劳伦斯·韦斯特布鲁克、[美]查尔斯·布斯、[德]克里斯托弗·保勒斯、[英]哈里·拉贾克:《商事破产:全球视野下的比较分析》,王之洲译,中国政法大学出版社2018年版,第59页。

③ 参见陈英:《破产重整中的利益分析与制度构造——以利益主体为视角》,山东大学出版社2013年版,第46页。

④ See In re O'Connor, 808 F. 2d 1393, 1396(10th Cir. 1987).

⑤ See Robert K. Rasmussen & David A. Skeel Jr., *The Economic Analysis of Corporate Bankruptcy Law*, American Bankruptcy Institute Law Review, Vol. 3, Issue 1, 1995, p. 86.

容成为可能,促进市场资源的流通与优化配置,现代宪法在自身框架内的解决方案是,将对财产权的保障结构由“存续保障”转换为更为灵活的“价值保障”。[①] 人类对自然的改造与社会中物质的极大丰富,使得可替代物的范围越来越广,进一步扩大了财产权之“价值保障”的适用范围。关于“价值保障”的制度范例有如征收征用补偿制度,以及在破产程序中担保物权的充分保护原则。

充分保护是自动中止的必然配套机制。若物权担保债权因自动中止而被不当地削弱,物权担保债权人可以要求法院积极采取措施保护其权利,体现为充分保护原则,其经由实践个案确立了破产程序中担保物权核心内容的边界,保障了担保物权人核心预期利益的实现。[②] 当物权担保债权人向法院申请解除担保物权的自动中止限制时,法院往往也很难判断担保物是否一定为破产重整企业所必需,以及破产重整的确切成功率,因此,争议最终的焦点通常会落脚于担保物权是否需要获得充分保护之上。[③] 于各破产程序中铺开的自动中止规则,随着允许债务人自由申请启动破产程序,对担保物权的行权产生了全面而深远的影响,其在破产程序中获得的充分保护须紧随自动中止之后。在美国,除非物权担保债权人的担保权益获得了充分保护,否则,权利人往往都会及时对自动中止提出解除的救济请求。[④] 尤其在破产重整程序中,担保物权的限制与充分保护构成了交易的对价,契合了重整的协商特性,发扬了私法自治的精神,二者可以也应当同时体现在破产重整计划的内容中,由破产债权人进行表决,法院最终批准。然而,物权担保债权人因权利受限所能够获得的充分保护也可能只是一种“冷冰冰的安慰”,因为何为“充分”取决于法官的自由裁量权,法官甚至可能认为将一家废旧工厂抵押给权利人,会构成减损其在优质等级的应收账款之上的担保权益的充分保护,或者法官可能认为没有必要为物权担保债权人受损的全部权利内容提供保护,抑或驳回权利人申请的担保物价值下降的主张,并得出担保物权不

---

① 参见秦奥蕾:《基本权利场域:理论、规范、生活》,知识产权出版社2016年版,第13~14页。

② 参见李忠鲜:《担保债权受破产重整限制之法理与限度》,载《法学家》2018年第4期。

③ See Min Soo Seul, *The Comparative Status of Secured Creditors in the Bankruptcy Procedure and Its Implication for the Financial Transaction*, Journal of Korean Law, Vol. 7, Issue 2, 2008, p. 398.

④ 参见[美]杰伊·劳伦斯·韦斯特布鲁克、[美]查尔斯·布斯、[德]克里斯托弗·保勒斯、[英]哈里·拉贾克:《商事破产:全球视野下的比较分析》,王之洲译,中国政法大学出版社2018年版,第58页。

需要因之施以保护措施的结论。[①] 总之，充分保护原则有赖于法官根据破产个案的自由裁量，具有足够的灵活性以满足破产司法实践的需求，但也很可能背离物权担保债权人权利保障的期望。

物权担保债权人承受的破产重整程序的成本负担应得到合理补偿。贝尔德(Baird)教授与杰克逊(Jackson)教授认为，破产企业的股东、管理层以及普通破产债权人因无须承担其决定的成本而倾向于维持企业的存续价值，破产法官也试图帮助这些利益群体实现重整的目标，但重整将会使物权担保债权人等优先权人的利益受损。[②] 艾森伯格(Eisenberg)教授也提出类似观点，其认为债权人的讨价还价理论假设，对于物权担保债权人难以适用，因为破产程序，尤其是破产重整程序，由于自动中止规则与破产管理人使用或出售担保物的权力，只会给其增加风险，却没有相应的利益回报，物权担保债权人在破产重整程序中能够期望的只是收回其在破产清算程序中本应取得的权益内容，因此，破产法在追求企业持续经营价值的同时，也应当考虑重整程序的代价，而这种代价通常由物权担保债权人承担。[③] 破产法体系强制力特别加诸担保物权的程序限制之上，没有理由不将限制可能带来的代价转由从中受益的普通破产债权人承担，只有如此，普通破产债权人才能积极、有效监督破产管理人不对担保物权采取不必要的限制措施，以避免造成他人权益的不当减损。担保物权的充分保护原则即体现了普通破产债权人负担限制担保物权相应对价的理念，由破产财产对权益受损的物权担保债权人予以补偿。[④]

从破产程序中权利的顺位规则也可以得出担保物权的优先受偿力不容侵害的结论。物权担保债权人预期利益目标的实现，依赖于控制担保物、出售担保物、就变价收益优先受偿三项“特权”，其中，控制与出售担保物的权利针对的是对担保物享有所有权的债务人，而优先受偿权是物权担保债权人基于担保物权

---

① See James J. White, *Death and Resurrection of Secured Credit*, American Bankruptcy Institute Law Review, Vol. 12, Issue 1, 2004, p. 143.

② See Douglas G. Baird & Thomas H. Jackson, *Corporate Reorganizations and the Treatment of Diverse Ownership Interests: A Comment on Adequate Protection of Secured Creditors in Bankruptcy*, University of Chicago Law Review, Vol. 51, Issue 1, 1984, p. 126 – 127.

③ See Theodore Eisenberg, *The Undersecured Creditor in Reorganizations and the Nature of Security*, Vanderbilt Law Review, Vol. 38, Issue 4, 1985, p. 958 – 960.

④ See Thomas H. Jackson, *Of Liquidation, Continuation, and Delay: An Analysis of Bankruptcy Policy and Nonbankruptcy Rules*, American Bankruptcy Law Journal, Vol. 60, Issue 4, 1986, p. 414.

对其他类型的担保权人以及普通破产债权人享有更优先的债权清偿顺位。[①] 破产管理人在债务人破产程序中承继了债务人的法律地位,并得以对抗担保物权人针对债务人的"特权",然而,担保物权人对抗与之有竞争关系的其他债权人的优先受偿权,破产管理人无权限制,因此,其得以在破产程序中受到重点保护,确保破产法未对其产生实质改变。

2. 充分保护原则的内容

破产法尊重私法实体规范的理念在破产程序中的各环节发挥着重要的影响力,充分保护原则是其中的典型,担保物权的充分保护机制替代了权利人于破产程序中权利受限的救济措施,其将破产程序中影响担保物权的诸多规范黏合在一起,全面扮演着保障担保物权与满足破产程序对担保物的特殊需求的关键协调角色。[②]

破产中担保物权的自动中止必然伴随退出与救济途径,相应体现为担保物权的充分保护机制。爱波斯坦教授对破产重整做过一个形象的比喻,认为其就像一根火柴划过火柴盒,只有用过了这根火柴才能知道它能否被点着。[③] 然而,担保物权人的权益却不能成为实验性尝试的"牺牲品",其必须享有充分保护的"保险"。因此,充分保护原则发挥作用的主要领域,也就是担保物权的优先受偿力受到影响之处。譬如,在重整案件能否成功尚不确定的期间,对因企业重整使用必需的担保物而被削弱的担保物权之利益的补偿,以及重整企业为进一步提升重整成功率,解决财务危机而需对外借款时,倘若为重整程序中的借款提供同顺位或更为优先的物权担保,管理人必须针对债务人既有的物权担保债权人提供充分保护。[④] 在任何情况下,破产财产的价值都是指强制出售的清算价值或全面持续经营的价值,这两个极端之间存在较大的差异,尽管强制出售清算价值将是一个最低值,在任何特殊情况下,特别是重整案件中,确定哪个群体有权获得

---

① 参见[美]杰伊·劳伦斯·韦斯特布鲁克、[美]查尔斯·布斯、[德]克里斯托弗·保勒斯、[英]哈里·拉贾克:《商事破产:全球视野下的比较分析》,王之洲译,中国政法大学出版社2018年版,第17~18页。

② 参见[美]查尔斯·J.泰步:《美国破产法新论》(第3版),韩长印、何欢、王之洲译,中国政法大学出版社2017年版,第329页。

③ 参见[美]大卫·G.爱波斯坦等:《美国破产法》,韩长印等译,中国政法大学出版社2003年版,第740页。

④ See Philip R. Wood, *Principles of International Insolvency*, Sweet &Maxwell, 1995, p. 190 - 196.

持续经营价值和清算价值之间的差额,必须基于案件事实产生的公平考虑。[①] 美国联邦最高法院认为,破产程序中担保物权的充分保护原则的内容不包括对物权担保债权人在取消担保物赎回权的过程中延误产生的赔偿。[②]

针对担保物权因被自动中止,以及担保物被管理人使用、出售或出租等而受损的情况,美国破产立法对担保物权的充分保护措施主要包括:(1)破产管理人向担保物权人就利益损失予以一次性或分期现金支付;(2)管理人就担保物权人被缩减的利益提供额外或替代的担保;(3)通过提供相当于物权担保债权人主张的绝对等价物(indubitable equivalent)以充分保护。[③] 毫无疑问,对破产程序中受损的担保物权的充分保护应当是完全补偿性的,但金钱的支付存在购买力下滑的风险,即便通过利息尽量填补差额,10 年后的货币支付仍难以与当前的支付相比较,物权担保债权人有时更青睐于以物的方式的保护,绝对等价物是一个有利于满足债权人需求的选项。[④] 决定等价物的概念来自勒尼德·汉德(Learned Hand)法官的定义,在美国破产重整程序中,当重整计划提供了物权担保债权的绝对等价物时,可以被认为针对物权担保债权的安排已符合公平、公正原则的要求。[⑤] 其中,第一种方式主要适用于破产重整程序,第二种方式主要于债务人以自有财产设定浮动抵押时采用,因为浮动抵押的特点是担保物几乎覆盖了债务人的所有财产,债务人为维持运营,必须与浮动抵押权人进行协商,争取权利人同意替换担保,而第三种方式为保护物权担保债权人的权益,提供了灵活的、范围广泛的救济途径。[⑥] 除此之外,美国破产司法实践中还存在一些其他的保护方式,譬如,为债务人继续运营设置限制或条件,管理人为重整企业使用担保物投保,物权担保债权人或第三人对担保物的使用过程进行监督,提供账户信息,对

---

① See Omer Tene, *Revisiting the Creditors' Bargain: The Entitlement to the Going-Concern Surplus in Corporate Bankruptcy Reorganizations*, Bankruptcy Developments Journal, Vol. 19, Issue 2, 2003, p. 297.

② See United Savings Association of Texas v. Timbers of Inwood Forest Associates, Ltd., 108 S. Ct. 629 (1988).

③ See 11 U.S. Code § 361.

④ See Robert Spencer McCullough, *Bankruptcy—The Most Indubitable Equivalent of the Creditor's Bargain: Interest Compensation as Adequate Protection in Bankruptcy*, Memphis State University Law Review, Vol. 15, Issue 2, 1985, p. 303.

⑤ See In re Murel Holding, 75 F. 2d 941 (2d Cir. 1935).

⑥ See Honorable W. Homer Drake, Jr. & Christopher S. Strickland, *Chapter* 11 *Reorganizations*, Thomson/West, 2002, p. 268 – 269.

异议担保物权人持有的担保物予以优先清偿,为现金担保物单独记账等。①

超额担保中的剩余权益实质上发挥着对物权担保债权人的债权受偿利益以价值保障的作用,法院可以据此判断物权担保债权人的权利是否已受到充分的保护。②

我国《企业破产法》第75条将担保物的受损风险作为担保物权人恢复行权的事由,第87条将所涉及的物权担保债权人因延期受偿所遭受的损失得到公平补偿,且其权利未受到实质损害作为法院强制批准重整计划草案的条件,均体现了担保物权充分保护原则的思想。

(二)破产程序中担保物权之物权请求权的适用

物权请求权是担保物权发挥物权效力的体现,不仅为破产程序中担保物权受限时适用的充分保护原则提供了法理基础,物权请求权体系的丰富内容还补充了充分保护原则的不足,使得破产程序各个环节为担保物权的核心内容构建起全方位的保障。

1. 担保物权人享有主张物权请求权的资格

物权是一种对世权,物权人基于对物的支配而得以排除他人对权利的干涉,任何不特定的第三人均负有尊重物权人对物的支配状态的义务。第三人不当侵害他人物权,物权人可以行使物权请求权以排除第三人的干涉,恢复物权之完满状态。因此,物权请求权亦为物权效力之一,其源于物权的支配性与排他性。③关于物权请求权的性质有不同的观点,主要包括:(1)物权附属请求权说。物权请求权是物上附属性权利,是对物权效力的防护性请求权,不具有独立性。④(2)债权说。权利性质的判断应有独立的标准,而权利置于民法典中的位置不应决定权利的性质,物权请求权与侵权责任请求权一样,由物权人向特定人主张。⑤(3)准债权说。物权请求权虽然表现为对人的请求权,但其与物权相关,源于物权的效力。(4)独立请求权说。物权请求权一方面,由物权的支配性派生而来;

---

① See Honorable W. Homer Drake, Jr. & Christopher S. Strickland, *Chapter* 11 *Reorganizations*, Thomson/West, 2002, p.273.

② 李忠鲜:《担保债权受破产重整限制之法理与限度》,载《法学家》2018年第4期。

③ 参见申卫星:《物权法原理》(第2版),中国人民大学出版社2016年版,第34页。

④ 参见孙宪忠:《中国物权法总论》(第4版),法律出版社2018年版,第466页。

⑤ 参见董学立:《物权法研究》,中国政法大学出版社2010年版,第21页。

另一方面,需要向特定人主张,不属于物权或债权,而是一种独立请求权。[①] 通说认为物权请求权是源于物权的附属性效力,虽不是独立的权利,但是不同于债权请求权的独立请求权类型。我国《民法典》第 236 条对妨害物权或者可能妨害物权的行为,赋予了物权人以排除妨害或者消除危险的物权请求权。我国《民法典》第 237 条规定,造成特定物毁损的,物权人可以依法请求责任人针对物予以修理、重作、更换或者恢复原状。物权请求权并非针对行为所展开的可归责性评价,而着眼于状态责任。[②]

担保法律关系中充斥着道德信义的要求,由各种义务所约束,特别是担保人负有维持担保物交换价值之义务。[③] 担保物权本身具有迫切的排他性需求,以此保护担保物权人的预期权益。担保物权作为物权体系的一员,受到的保护非但不比所有权弱,甚至更为严格,其还受到追及效力的保障,当担保物的所有权人变动时,担保物权的效力继续及于新的所有权人。[④] 担保物权对特定担保物的交换价值的支配,同样具有物权的排他性特征,担保物权人对自身以外的任何人妨害担保物权行使的行为,可以主张物权请求权以维护优先受偿权益。我国《民法典》第 408 条、第 433 条规定了担保物权人得以主张的物权请求权的内容。德国民事立法中也规定担保物权人享有类似物权请求权的权利救济路径。譬如,德国《民法典》第 1133 条规定了不动产的抵押权人得对毁损标的物的所有人主张除去危害,否则,享有抵押权保障的债权人有权提前主张优先受偿权;德国《民法典》第 1134 条规定,抵押物的所有人或第三人的行为造成抵押物毁损的危险从而可能危害抵押权的,或者所有人针对第三人的加害行为怠于采取必要的防范措施,致使发生危险的,抵押权人可以对抵押物所有人提起不作为之诉。[⑤]

担保物权受到的侵害,可以分为对担保物的侵害和对担保物权本身的侵害。二者具有统一之处,担保物权以担保物的交换价值为优先受偿基础,担保物因受损而价值缩减,必然影响担保物权的优先受偿利益,但对于担保物权的直接损

---

① 参见李石山、汪安亚、唐义虎:《物权法原理》(第 2 版),北京大学出版社 2011 年版,第 29 页。

② 参见[日]近江幸治:《民法讲义Ⅱ:物权法》,王茵译,北京大学出版社 2006 年版,第 19 ~ 20 页。

③ 参见[日]近江幸治:《担保物权法》,祝娅、王卫军、房兆融译,法律出版社 2000 年版,第 6 页。

④ 参见[德]M. 沃尔夫:《物权法》(第 2 版),吴越、李大雪译,法律出版社 2004 年版,第 6 页。

⑤ 参见《德国民法典》(第 4 版),陈卫佐译注,法律出版社 2015 年版,第 394 ~ 395 页。

害,可能并未伴随担保物的受损。譬如,破产管理人不承认物权担保债权人的优先受偿权或恶意拖延、阻碍物权担保债权人实现担保物权,倘若在此过程中致使担保物的变现丧失了最佳时机而发生市场价值的下落,则同时又构成了对担保物的侵害。① 然而,担保物权人对担保物的关心不具有不可替代性,担保物权支配担保物的交换价值,担保物权人在能获得同等价值的情况下,不会拘泥于支配担保物的既有状态,这为破产程序中担保物权的充分保护提供了契机。有观点认为,我国《民法典》第408条规定的抵押权人对抵押人从事的具有减少抵押权价值妨害与危险的行为,请求抵押人停止行为的权利,以及抵押物价值已减少的,抵押权人请求恢复抵押物的价值或增加相应担保的请求权,均为担保物权的保全权,与物权请求权、侵权损害赔偿请求权并列。② 可以说,在担保物权人未取得完全补偿(充分保护)的前提下,他人对担保物的损害就是对担保物权的损害,基于最终目的的唯一性,担保物权人对此均可主张物权请求权。我国《民法典》第408条所针对的抵押人对抵押物的损害行为的救济请求权,应当属于担保物权的物权请求权,增设的担保物权的保全请求权不成立独立的请求权,而只是担保物权的物权请求权之效力表现形式,其与物权请求权、侵权请求权不具有并列性。单列保全请求权不仅使民法请求权学理体系出现混乱,而且会给司法适用带来困扰,徒增法律规范的冲突与复杂性。

需要注意的是,在权利冲突异常激化的债务人破产程序中,即便是物权也无法任意彰显其排他性,在合宪性的广义经济宪法的约束下,物权人的物权请求权往往只得以针对权利的核心内容,体现为在破产程序中担保物权的物权请求权发挥作用的主要领域是担保物权的优先受偿力,进而其得以成为担保物权之充分保护原则的请求权基础。为实现破产重整程序中对受限制的担保物权充分保护的目的,即便将物权担保债权人于债务人重整计划未被表决通过或强制批准的求偿权置于破产费用的清偿顺位,在极端情况下,债务人仍然可能出现破产财产无力清偿全部破产费用的情形。为此,可以考虑管理人在限制担保物权行权并拒绝担保物权人恢复行权的请求的同时,为担保物权人购买保障担保财产物

① 参见史尚宽:《物权法论》,中国政法大学出版社2000年版,第285~286页。

② 参见崔建远:《物权:规范与学说——以中国物权法的解释论为中心》(下册),清华大学出版社2011年版,第815~816页;郭明瑞、房绍坤:《担保法》(第3版),中国政法大学出版社2015年版,第124页。

理安全的商业保险,并在破产费用中支出保险费,或者另行寻求增加担保,包括债务人以自有财产提供的物权担保、第三人提供的物权担保,或者寻求第三方保证人提供保证担保。当然,在债务人进入破产程序之后,增加担保的可能性很小,商业保险作为市场运作机制在为破产中的债务人增信方面具有难以匹敌的优势,可视为债务人此时的"救命稻草"而发挥重要的功用。破产程序中的物权担保债权人在认为其权利受到不当妨害或有遭受妨害之虞时,向作出妨害行为的破产管理人或者第三人主张消除行权的障碍或危险,以及返还被不当占有的担保物或恢复被损害的担保物价值抑或提供替代担保等,均是担保物权人行使物权请求权的表现。

2. 基于担保物权的物权请求权之内容

关于返还原物请求权,依法享有对物之占有权的物权人,在其所有或有权占有的特定物被他人非法占有时,可主张返还原物请求权,该物权人包括所有权人以及他物权人,担保物权中的抵押权因不转移抵押物的占有状态,所以抵押权人不享有返还原物的物权请求权。[①] 但质权人、留置权人主动向出质人、债务人放弃对质物、留置物的占有的,或者非基于权利人的意思丧失占有,质物、留置物不能返还的,担保物权消灭,权利人不能主张返还原物请求权,只能根据占有人的主观状态判断是否可请求损害赔偿。[②] 在日本法中,根据日本《民法典》第 200 条、第 353 条的规定,动产质权人被第三人剥夺了对质物的占有时,只能依占有保护请求权恢复对标的物的占有,因为质权的对抗要件是质权人对质物的占有,当权利人失去占有时,不能与第三人形成质权的对抗。[③] 笔者认为,其占有之于质权只构成对抗要件,而于留置权则关系到权利成立与否,所以权利人失去担保物的占有对质权与留置权的影响应区别对待。质权以占有为公示方式,未经占有的公示,不得对抗善意第三人,失去占有状态,并非不能对抗恶意的出质人或

---

① 参见张先贵:《物权基本原理研究》,合肥工业大学出版社 2018 年版,第 220 页。

② 参见唐义虎:《担保物权制度研究》,北京大学出版社 2011 年版,第 164 页。我国已失效的《最高人民法院关于适用〈中华人民共和国担保法〉若干问题的解释》第 87 条规定:"出质人代质权人占有质物的,质押合同不生效;质权人将质物返还于出质人后,以其质权对抗第三人的,人民法院不予支持。因不可归责于质权人的事由而丧失对质物的占有,质权人可以向不当占有人请求停止侵害、恢复原状、返还质物。"

③ 参见[日]近江幸治:《担保物权法》,祝娅、王卫军、房兆融译,法律出版社 2000 年版,第 79 页。

第三人。所以,当质权人对出质人或第三人非法占有质物不存在过错时,质权人应享有返还原物请求权,否则,将纵容非法占有质物的行为,不利于培育市场交易中的诚实信用的风气。针对质权人丧失占有之内涵的界定,多数国家的立法例采取终局性丧失说,而非暂时性丧失说。譬如,瑞士《民法典》第 888 条第 1 款规定,质权人丧失对质物的占有,只有当质权人不能向第三人请求返还质物时,质权才消灭。① 同时,如果担保物是种类物,则没有返还原物的必要,但如果作为种类物的原物仍维持着特定化,担保物权人也可以选择请求返还原物。② 此外,有学者认为,动产抵押权虽不以占有抵押物为内容,但因债务人或第三人为有害于抵押权之行为,致使抵押权有落空之虞的,抵押权人有权占有抵押物,或者主张抵押权人可以要求非法占有的第三人向抵押物的所有人返还原物。③ 笔者认为,担保物权的追及效力,以及抵押权人可以主张排除妨害、消除危险与恢复原状的物权请求权,已然可以充分保障自身权利的完满状态,无须再主张本不是权利内容的占有,即使第三人非法占有了抵押物,也很难认为抵押权被侵害,抵押权人原本就不应享有占有抵押物的利益,否则将混淆抵押权与质权之间的界限,造成抵押权法律关系的复杂化。④

关于排除妨害请求权,于担保物权而言,是指其受到持续的、客观上的妨害时,阻碍、影响担保物权人依法行权,担保物权人得主张妨害人排除妨害,以恢复权利未被妨害的完满状态。⑤ 其不要求妨害人具有过错,权利人以除去妨害而非填补损害为目的,这也是其与侵权责任请求权的区别所在。⑥ 排除妨害请求权与

---

① 参见陈本寒:《担保物权法比较研究》,武汉大学出版社 2003 年版,第 317 页。

② 参见申卫星:《物权法原理》(第 2 版),中国人民大学出版社 2016 年版,第 110 页。

③ 参见姚瑞光:《民法物权论》,中国政法大学出版社 2011 年版,第 173 页;王利明:《物权法研究》(第 4 版),中国人民大学出版社 2016 年版,第 197 页。

④ 参见王洪亮:《物上请求权的功能与理论基础》,北京大学出版社 2011 年版,第 62 页;程啸:《担保物权研究》,中国人民大学出版社 2017 年版,第 337 页。

⑤ 参见崔建远:《物权:规范与学说——以中国物权法的解释论为中心》(上册),清华大学出版社 2011 年版,第 317 页。

⑥ 参见马勇:《物权防御请求权研究》,法律出版社 2014 年版,第 54 页。

消除危险请求权分别对现实中的妨害与未来可能发生的威胁予以调整,①二者对抵押权人维持抵押物的交换价值以保障抵押权益而言至关重要,因为抵押权人不占有抵押物,抵押人仍可自由行使甚至转让抵押物,对抵押物价值保持的最大威胁往往来自抵押人,②抵押权人必须在实际损害尚未发生而产生妨害或有相关危险时,通过行使物权请求权以消除隐患。所以,转移占有型的担保物权之权利人享有的排除妨害请求权主要针对的是非法占有之外的妨害,与返还原物请求权不同。而对于抵押权而言,由于抵押权人不得享有返还原物请求权,其对于第三人非法占有抵押物的情形也可以行使排除妨害请求权,这才公允,也符合实践中权利人维权的需求。申言之,不法妨害抵押权的问题通常发生于抵押权人实现抵押权之际,现实中,第三人不法占有抵押物状态的存续可能导致抵押权人变价抵押物的价值下降或难以变现,比如,黑社会性质组织等社会暴力人员不法占有不动产,鲜有买受人愿意受让抵押物。③ 当担保物因妨害的行为而遭受损失或破坏,担保物权人可另行要求赔偿损失或恢复原状。基于权利边界处的必要容忍义务以及超越容忍义务之外的合意约束的正当限制,担保物权人对所涉行为不得主张排除妨害请求权,其行为亦不构成对担保物权的不法妨害。④

关于担保物权中的消除危险请求权,其面向的是造成将来很可能发生的妨害或损害的危险的行为或状态,而由担保物权人主张的事前救济措施,旨在防患于未然。实践中,对于担保物权行权的妨害可能转瞬即逝,权利人难以精准把握

---

① 针对排除妨害请求权的作用范围,在德国有不同的学说主张。按照权利声称(Rechtsanmaßung)或者夺权理论(Usurpationstheorie),只要妨害人或者他的物撤出他人的法律领域即完成妨害的排除,排除妨害请求权的范围是最小的。按照结束妨害理论(Störungsbeendigungstheorie),只需要排除将来的妨害即可。走得比较远的是妨害源泉理论(Störungsquellenthorie),按照该理论,应当将妨害源泉作为反作用行为(actus contrarius)根除,而不考虑它将来是否形成妨害。即使妨害的造成原因不在于妨害人或其物,譬如由第三人所有的物引起,但只要妨害人促生了妨碍源泉,按照结束妨害理论和妨害源泉理论也将产生排除妨害请求权。走得最远的是可再用理论,依据其主张,排除妨害请求权的内容就是恢复物的可利用状态。参见[德]M. 沃尔夫:《物权法》(第2版),吴越、李大雪译,法律出版社2004年版,第142页。考虑到物权请求权中排除妨害请求权与消除危险请求权各自的调整范围与互相配合的需要,尚未发生的妨害之危险的排除任务应交由消除危险请求权完成,排除妨害请求权直接针对现实中存在的妨害即可,最小范围说更为合理。

② 参见程啸:《担保物权研究》,中国人民大学出版社2017年版,第326页。

③ 参见[日]近江幸治:《担保物权法》,祝娅、王卫军、房兆融译,法律出版社2000年版,第147页。

④ 譬如德国《民法典》第1004条第2款作出了规定。

以主张排除妨害请求权,此时消除危险请求权可以发挥重要作用。[①] 造成担保物权妨害与危险的责任人应承担排除妨害或消除危险过程中产生的相关费用。有学者主张抵押权人不应享有消除危险请求权,因为抵押权人未占有担保物,抵押物是否存在受损危险的情事,往往只有抵押人或抵押物的用益物权人最清楚,而且抵押人作为抵押物的所有权人与使用权人,也有动力消除担保物的危险。若抵押人怠于行使消除危险请求权,抵押权人可以直接要求抵押人以增保或补偿等方式恢复抵押物的价值,且存在多名抵押权人的情况下,各抵押权人如何行使消除危险请求权也会出现问题。[②] 笔者认为,抵押权人虽未占有抵押物,但出于对抵押权益的关心,必然关注作为抵押权优先受偿之财产基础的抵押物的存续状态,不一定不了解抵押物所面临的危险,其维护抵押物完整状态的动力不比抵押人弱,如果抵押权人不享有事先的消除危险请求权,而只是于损害发生后要求抵押人恢复原状,尤其在债务人(抵押人)破产的情况下,债务人难以满足抵押权人的主张,抵押权人的预期利益将因为消除危险请求权的阙如而落空。存在多名抵押权人时,可适用"一事不再理"的法理,当一名抵押权人主张对同一抵押物消除危险请求权后,在同样的请求权内容之上,其他抵押权人将不得再提出重复的请求权。我国《企业破产法》第 75 条规定中涉及的担保物的价值有明显减少的可能即担保物所涉的危险情事,但该条仅规定,其足以危害担保物权人的权利的,权利人可以向法院请求恢复行权。虽然担保物权人的恢复行权旨在使担保物权避免危险造成现实的损害,但法院应权利人的申请再行审核需要时间,而危险的发生常常要求即时的应对,即便很短的时滞也可能酿成担保物的损失。首先,该做法有违担保物价值的风险防范理念,不利于担保物价值的维护;其次,担保物权人的权利救济有所欠缺。对此,笔者建议,第 75 条补足担保物权人消除危险请求权的内容,针对此项危险情形,担保物权人应有权向制造危险的责任人直接主张消除危险。

3. 物权请求权中的恢复原状

当担保人或第三人为使担保物价值减少,或有相关危险或者妨碍担保物权人依法行权之行为时,担保物权人可以行使其请求行为人排除妨碍、消除危险等

---

① 参见马勇:《物权防御请求权研究》,法律出版社 2014 年版,第 52 页。

② 参见程啸:《担保物权研究》,中国人民大学出版社 2017 年版,第 338 页。

不作为的物权请求权,而对于已完结其侵害行为,致使担保物价值减少者,担保物权人只能主张行为人恢复担保物价值或提供替代担保等恢复原状的物权请求权。① 可归责于抵押人的事由而致使抵押物价值减少的情形多样,譬如,在抵押权设定之时,抵押人为抵押物投保了商业保险,之后抵押人未按期缴纳保费使得保险合同终止的,抵押人也构成使抵押物价值减少的行为。② 当抵押物价值的减少不可归责于抵押人的行为(如自然灾害、不可抗力、重大突发公共事件等因素,其为抵押权人要承受的合理风险),或者由于抵押权人对抵押物的正常使用而减值的,抵押权人不得向抵押人行使恢复原状请求权。③ 我国《民法典》第 237 条为恢复原状的物权请求权的法定地位提供了实定法依据,而第 238 条也为恢复原状之物权请求权与侵权责任的竞合提供了法律依据。④

针对恢复原状与损害赔偿的关系,以及恢复原状是否属于物权请求权的范畴,学界有不同的观点。崔建远教授认为,恢复原状针对的是有体物遭受损坏的情形,当有体物被修复如初,物权人的损失就得到了填补或补偿,就此意义而言,恢复原状属于损害赔偿的范围。⑤ 申卫星教授进一步认为,作为损害赔偿特殊方式的恢复原状,不属于物权请求权,恢复原状首先应排除返还原物与金钱上的恢复原状,而被限定为侵权行为人于物质上的恢复原状,而且,恢复原状不同于其他物权请求权类型的“原因进路”模式,直接着眼于恢复物权完满状态的方式。可以说,物权请求权均有恢复原状的元素,如果将恢复原状列入物权请求权中,会引发物权请求权体系的混乱,且考虑到恢复原状需要相对人的配合与投入更多的资源,有体物是否能够恢复原状也受到时间的限制,因此,恢复原状应适用行为人的过错要件与诉讼时效。⑥ 王利明教授认为,恢复原状应置于物权请求权之中。物本身毁损所产生的权利人的修理、重作、更换之请求,与合同立法规范中的修理、重作、更换不同,后者属于债权请求权的违约责任方式,前者是对侵害

① 参见史尚宽:《物权法论》,中国政法大学出版社 2000 年版,第 287～288 页。

② 参见郭明瑞:《物权法通义》,商务印书馆 2019 年版,第 299 页。

③ 参见程啸:《担保物权研究》,中国人民大学出版社 2017 年版,第 328～329 页。

④ 我国《民法典》第 238 条规定:“侵害物权,造成权利人损害的,权利人可以依法请求损害赔偿,也可以依法请求承担其他民事责任。”

⑤ 参见崔建远:《物权:规范与学说——以中国物权法的解释论为中心》(上册),清华大学出版社 2011 年版,第 285 页。

⑥ 参见申卫星:《物权法原理》(第 2 版),中国人民大学出版社 2016 年版,第 103 页。

物权的救济形式,我国《民法典》将恢复原状与物之毁损之后的修理、重作、更换并列,可以认为四者具有同样的物权请求权性质,且损害赔偿的本质应在于价值的补偿,而非对物本身展开处理,尤其在被毁损的物非种类物、难以重置或重置成本高昂时,恢复原状更有利于发挥物的效用与实现物权人的利益。① 笔者赞同将恢复原状与损害赔偿明确区分的观点,二者宜分属于物权请求权与侵权请求权体系,恢复原状作为物权请求权是发挥物的效用以及保全物权人权利本身的需求,有保留的必要。

根据我国《民法典》第 408 条“抵押财产价值减少的,抵押权人有权请求恢复抵押财产的价值”的规定,抵押权人得以主张恢复原状请求权。有的国家立法例直接规定此时抵押权人可以请求抵押人恢复原状或提供适当担保。② 而质物、留置物虽处于质权人、留置权人的占有之下,当质物、留置物的受损可归责于出质人、债务人或第三人时,质权人、留置权人也可主张恢复原状请求权。恢复原状请求权于债务人(担保人)丧失债务清偿能力的情形下,更有利于保障担保物权人的利益,不论被毁损的物是否为种类物而可以替代。处于破产程序中的担保人往往没有经济能力重置担保物或者替代担保抑或对担保物权人予以损害赔偿,此时,在担保物具有修理之可能性的情况下,担保物权人通过行使恢复原状请求权,能够恢复担保物的交换价值,以使自身担保权益不被减损。我国《企业破产法》对于担保物受损之情形,缺乏担保物权人于破产程序中主张恢复原状之物权请求权的规定,有补充完善的必要。

4. 抵押权人针对不特定第三人的物权请求权

有学者认为,对抵押权这一权利人非占有型的担保物权而言,由于债务人的违约是一种偶然事件,抵押权也由此并非现实的必然权利,抵押权人不直接支配抵押物,而只是着眼于抵押物的交换价值以获取优先受偿的权利,所以,第三人对抵押物的可能妨害或损害,对抵押权人所造成的损害是间接的,且仅具可能性,抵押权不应享有针对第三人的排除妨害请求权、消除危险请求权,以及恢复原状请求权等物权请求权,只有抵押人才得以向第三人主张上述物权请求权,抵

---

① 参见王利明:《物权法研究》(第 4 版),中国人民大学出版社 2016 年版,第 214 ~ 216 页。

② 韩国《民法典》第 362 条规定:“因可归责于抵押人的事由致抵押物的价值明显减少的,抵押权人可请求抵押人恢复原状或提供适当的担保。”参见崔吉子:《韩国物权法专题研究》,北京大学出版社 2013 年版,第 222 页。

押权人也只能向抵押人主张防止抵押物价值的减少以及恢复抵押物价值的债权请求权。[①] 该论在破产程序中不适用,破产致使担保物权的行使条件成熟,担保物权由一种未来权利转化为现实权利,彰显其物权属性的对担保物的支配力得到增强,有足够的效力对侵害抵押物的第三人直接主张物权请求权,并且债务人破产程序中的抵押权人对抵押人也无主张债权请求权之可能,二者不存在债权债务关系。虽然抵押权是以保全债权为目的,但剥离基础债权之后的抵押关系中只余物权法律关系存在。况且,抵押权作为物权,无论实现条件是否成就,其物权效力均可以排除任何第三人对抵押物的不法干涉。

(三)占有保护请求权对物权请求权的补足

物上请求权是基于物本身所产生的请求权,于物受到侵害或有遭受侵害之可能时得以主张,较物权请求权的外延更广,包括物权请求权与基于占有的事实状态的占有保护请求权。[②] 后者补足了物权请求权于特定场合下缺位的不足,譬如,对非因自身过错而丧失留置物占有的留置权人而言,正义要求对其权利应予以救济,恢复留置权人对留置物的占有是应然的结论,但留置权的特点在于留置权以对特定物的占有为必要的存续要素,[③]留置权的留置效力取决于权利人对债务人动产事实上的掌控,以此迫使债务人履行债务。[④] 无论何种原因,留置权人失去对留置物的占有,留置权即消灭,留置权人也无权再主张作为留置权附属效力的物权请求权,我国《民法典》第 457 条对此予以明确规定。留置权人对留置物丧失占有,不仅指丧失直接占有,而且包括间接占有的丧失,日本《民法典》第 302 条对此予以规定。[⑤] 占有保护请求权无须以物权的存在为前提,留置权人对留置权的占有为有权占有,此时可向不法占有人依法主张占有保护请求权,从而可以达到与行使物权请求权同样圆满的结果。[⑥] 而质权人丧失对质物的暂时性占有时,可向不法占有人主张返还原物的物权请求权或返回占有物的占有保护请求权。可见,唯有占有保护请求权相配合,物权请求权才能与之一并实现物权保障领域里的正义目标。在债务人破产程序中,留置权人在尚未获得充分保护

① 参见尹田:《物权法》(第 2 版),北京大学出版社 2017 年版,第 550 ~ 551 页。
② 参见王利明:《物权法研究》(第 4 版),中国人民大学出版社 2016 年版,第 184 页。
③ 参见[日]三潴信三:《物权法提要》,孙芳译,中国政法大学出版社 2005 年版,第 241 页。
④ 参见程啸:《担保物权研究》,中国人民大学出版社 2017 年版,第 484 页。
⑤ 参见郭明瑞:《物权法通义》,商务印书馆 2019 年版,第 416 页。
⑥ 参见史尚宽:《物权法论》,中国政法大学出版社 2000 年版,第 11 ~ 12 页。

的情况下，被管理人剥夺了对留置物的占有权时，留置权人仍可以基于占有保护请求权，向管理人主张返还占有物。

占有保护请求权，也称为占有的物上请求权、占有诉权，是指占有人合法的占有物被侵夺或妨害时，占有人得于法定期间内，向侵害人主张返还占有物、排除妨害、消除危险等实体请求权。① 主张占有保护请求权的权利人仅证明其享有合法的占有权即可，较物权请求权的举证责任较轻，行权程序简便，更有利于享有合法占有权的权利人之权利的救济。② 我国《民法典》第642条规定了占有人的占有保护请求权，其包括占有物返还请求权、排除妨害请求权、消除危险请求权，而损害赔偿请求权属于侵权责任请求权范畴，其中，占有人的返还原物请求权的法定除斥期间为一年，防止请求权存在以使法律关系长期处于未决状态。德国《民法典》第861条规定了占有物返还请求权，第862条规定了占有妨害请求权，其是对没有物权支撑的处于弱势地位的权利人所提供的法律保护措施。③ 占有物的侵夺人取得物之持有后，可以将物交由他人保管或借予他人，侵夺人成为间接占有人，被侵夺人向侵夺人主张占有物返还请求权时，可以使侵夺人让与其对保管人或借用人的返还请求权。④ 但整体来看，占有物返还请求权具有暂时性，对于享有物权的权利人的权利归属利益并不具有终局性，这也是其相较于返还原物的物权请求权的局限。⑤

（四）担保物权人享有全面主张侵权责任请求权的资格

当担保物因担保人或第三人的侵害行为而已然发生损失时，返还原物请求权、排除妨害请求权与消除危险请求权将失去“用武之地”，且因为特定的有体物本身的修复与替换等受到时间、空间、经济成本等一系列要素的制约，不一定能够通过恢复原状的物权请求权恢复担保物权的完满状态。此时，担保物权人对侵害行为人主张损害赔偿的侵权责任请求权具有必要性，甚至是该特定场域下唯一可有效主张的请求权，权利人以此获得损失的填补，以货币方式恢复被担保

① 参见申卫星：《物权法原理》（第2版），中国人民大学出版社2016年版，第182～183页。

② 参见王利明：《物权法研究》（第4版），中国人民大学出版社2016年版，第187页。

③ 参见［德］鲍尔、［德］施蒂尔纳：《德国物权法》（上册），张双根译，法律出版社2004年版，第160页。

④ 参见史尚宽：《物权法论》，中国政法大学出版社2000年版，第592页；［德］M. 沃尔夫：《物权法》（第2版），吴越、李大雪译，法律出版社2004年版，第95页。

⑤ 参见王洪亮：《物上请求权的功能与理论基础》，北京大学出版社2011年版，第64页。

人或第三人侵害的担保物的价值状态。由此,损害赔偿的侵权请求权往往于物权请求权行使不能或失效时作为替补而为担保物权人使用。同时,担保物权人主张侵权责任请求权往往须证明行为人具有过错与存在财产利益损失,且请求权受到诉讼时效的限制。[①]

担保物权人因担保物受到损害而行使侵权责任请求权,向侵权责任人主张损害赔偿的前提是,担保物权人因之而使得优先受偿范围有缩减,倘若担保物虽有损害,但仍呈现足额担保的状态,担保物的剩余价值足够支撑物权担保债权人的债权额以完全受偿,物权担保债权人并未受损,因不存在损害要件,损害赔偿的侵权责任并未成立。对于第三人侵害担保物价值的侵权行为,物权担保债权人与担保物的所有人均可向第三人主张侵权损害赔偿,物权担保债权人受此赔偿的,其债权将在受偿范围内消灭,其得以领取的赔偿额也以被担保的债权额为限,而担保物的所有人领受第三人赔偿的,基于担保物权的物上代位性,物权担保债权人可以就所有人获得的赔偿款优先受偿。[②] 有学者认为,抵押权不以占有抵押物为权利内容,难以判断抵押权是否因抵押物受损而受到侵害,况且抵押权人对抵押人的侵权损害赔偿金享有物上代位权,已足以保障担保物权人之利益,如果还承认抵押权人对第三人侵害抵押物的行为享有损害赔偿的侵权请求权,则会使物上代位制度的目的落空。[③] 笔者认为,抵押权作为绝对权,不可否认侵害抵押权的行为可被权利人主张侵权损害赔偿的合理性,即便存在物上代位制度,不妨碍同时赋予抵押权人以侵权损害赔偿请求权,应由抵押权人根据举证的可行性、行权的便利性等因素自由选择最有利于自身利益实现的方式维权,而不宜由立法过度干涉私人自治来替代当事人做出选择。物上代位本来就不是强制抵押权人行使的制度,抵押权人可以自主决定是否主张物上代位权,不存在抵押权人采取其他保全权利的路径影响物上代位制度发挥效果的问题。

---

① 参见王利明:《物权法研究》(第4版),中国人民大学出版社2016年版,第190~194页。

② 参见史尚宽:《物权法论》,中国政法大学出版社2000年版,第289~290页;郭明瑞、房绍坤:《担保法》(第3版),中国政法大学出版社2015年版,第127页。

③ 参见程啸:《担保物权研究》,中国人民大学出版社2017年版,第333~334页;[日]近江幸治:《担保物权法》,祝娅、王卫军、房兆融译,法律出版社2000年版,第148~149页。

第四章　担保物权之清偿顺位的破产法调适

物权担保债权的优先受偿力源于债权之上叠加的担保物权,其物权效力发挥的前提是实现担保物的特定化,完成担保物权的公示程序,尤其在债务人破产程序中,唯有具有对抗力的有效担保物权,物权优先力才能受到破产法的尊重。同时,除普通债权外,得以与物权担保债权竞争清偿顺位的还有物权体系内部的各项担保物权、担保物权之外的其他物权类型和物权性的债权,以及一般优先权与特别优先权等,各项优先权利于破产程序中的清偿顺位的安排,以遵循私法实体规范为原则,并依据破产法的体系强制力进行必要的调整。破产程序中权利的清偿顺位规则应属于立法事项,需要立法予以最大限度的明晰化与细致化,如此才能为现代市场交易提供明确的预期,以便为市场主体预先评估风险提供可能,进而得以确定所需的信用并为信用合理定价。其不应由法官自由裁量,法官没有足够的能力考察市场惯例与商业需求,并得出最有效的顺位规则。①

整体而言,破产程序中以担保物权为中心展开的权

① See Harry C. Sigman, *Perfection and Priority of Security Rights*, European Company and Financial Law Review, Vol. 5, Special Issue, 2008, p. 146.

利顺位图谱,[①]全面体现了物权的排他效力,包括物权体系内的相互排他效力、担保物权对非物权性权利的排他效力,前者以私人意思自治原则解决物权之间的冲突,遵循设立时间在先、排他效力优先的原则。非物权性权利体系内部类型庞杂,不仅涵盖了债权、优先权等私权类型,甚至还包括国家公权,如国家征税权。[②]普通债权以债务人的全部财产作为受偿的财产基础,可以称为一般担保,物权担保与一般担保的重要区别不仅在于权利客体的不同,即分别为物与给付行为,还在于客体的范围有异,即分别为债务人的总财产与债务人的特定财产,由此导致物权担保债权与普通债权的清偿顺位的区别。当特定物与债务人财产发生交叉时,物权担保债权优先于普通债权就特定物优先受偿。[③] 国家公权于旨在处理私人债权债务关系的破产程序中无法以公权力的原貌主张利益,其往往转化为一般优先权的私权形态,在不影响重要的社会公共利益或者有其他方式能够实现公益的情形下,物权亦优先于一般优先权受偿,这也是依据担保物权以特定的担保物优先受偿的基本法理而作出的正当结论。特别优先权与担保物权在受偿财产基础的特定化方面具有相似性,因此,有些国家的民事立法例将特别优先权纳入担保物权体系,同时,特别优先权之上存有社会政策目标的特殊考量元素,往往优先于相互冲突的担保物权而就其特定物优先受偿。

一、担保物权的公示与清偿

担保物权成立之时,物权担保债权人对于债务人而言即取得就担保物受偿的特权,这对于尚未完成公示的采登记对抗主义的担保物权类型也同样适用。但担保物权人与债务人的其他债权人存在受偿竞争时,尤其在债务人丧失债务清偿能力之后,担保物权人若想实现预期的优先受偿目标,必须依法完成公示程

---

① 通过梳理我国《企业破产法》的相关规定,可以得出以下达致破产权利清偿顺位谱系:建设工程款优先权等特别优先权—物权担保债权—破产费用—共益债务—劳动债权—税收债权—普通破产债权—劣后债权。在其他国家破产立法中,也大致存在类似的破产权利清偿顺位,譬如,美国破产程序中的债权顺位规则为:物权担保债权—超级优先债权—管理费用—其他优先债权—普通破产债权—劣后债权。See Brian A. Blum, *Bankruptcy and Debtor/Creditor: Examples and Explanations*, Citic Publishing House, 2004, p.7-24. 其实,物权担保债权的优先顺位是一种笼统的表述,物权担保债权以及特别优先权与其他破产债权类型的清偿不具有可比性,因为前者以特定物为清偿基础,后者不可染指已设定担保负担的特定物,往往只能基于排除担保财产之后的剩余破产财产而受偿。

② 参见董学立:《物权法研究》,中国政法大学出版社2010年版,第19页。

③ 参见李磊明:《物权债权冲突解决机制研究》,法律出版社2012年版,第17页。

序以产生物权的对世效力，与其他物权担保债权人、普通债权人乃至担保物的买受人等主体形成有力的对抗。[①] 换言之，唯有依法公示的担保物权才是真正有效的担保，方能在争议财产上产生足以对抗第三人的优先受偿力。[②] 担保物权的公示对其实现优先受偿的权利核心内容而言至关重要，公示构成担保物权之优先受偿力的前提基础。

(一)担保物权的公示原则

作为物权体系的一员，担保物权须承受物权公示原则的约束，无论采取何种公示方式与公示效力的立法模式，担保物权若要产生对抗第三人的优先受偿力，即须依法采取有效的公示方式。

1. 公示为物权对抗效力的必备要件

物权担保债权人与普通债权人的本质区别在于其各自对债务人特定财产的债权优先级别不同，前者较后者在债务人的特定财产上拥有优先受偿权，物权担保债权人越是能够建立稳定的优先受偿权预期，担保物权的制度价值就越能够发挥出来，也就是立法要确保物权担保债权人在担保设立之时就得以准确地框定其法律地位、债权的数额以及后续面临的受偿风险。[③] 物权公示制度决定了物权担保债权人所承受未来风险的程度，是影响债权人权利预期的根本因素。申言之，不同于债权仅具相对效力，由于物权对物支配所衍生出的强大的排他性与对世性，任何第三人均有可能遭遇其优先效力的冲击与影响，为使市场主体不必承受过度的不可预测的不合理风险，维护市场交易安全，保障市场主体的知情权，权利公示成为其产生物权效力的强制要件。物权公示以人类社会能够操作的技术手段使物权具有能为市场主体所识别的有形外观，从而划定了物权人与其他权利人的权利边界，实现人欲有节与物流有序的格局。[④] 经由公示，担保物权人获得了法律保障的更为安全的优先受偿的预期利益，无须顾虑隐藏优先权

---

① 参见[美]杰伊·劳伦斯·韦斯特布鲁克、[美]查尔斯·布斯、[德]克里斯托弗·保勒斯、[英]哈里·拉贾克：《商事破产：全球视野下的比较分析》，王之洲译，中国政法大学出版社2018年版，第18页。

② 参见[英]费奥娜·托米：《英国公司和个人破产法》(第2版)，汤维建、刘静译，北京大学出版社2010年版，第331页。

③ See Douglas G. Baird & Thomas H. Jackson, *Possession and Ownership: An Examination of the Scope of Article* 9, Stanford Law Review, Vol. 35, Issue 2, 1983, p. 179.

④ 参见常鹏翱：《物权法的基础与进阶》，中国社会科学出版社2016年版，第272~273页。

的突袭,其他劣后担保物权人以及普通债权人也得以明晰自己能够获得清偿的位置,预判自身权利的价值,使市场整体交易信息更为透明,有助于培育诚信的市场环境。① 现代担保物权,尤其以抵押权为代表,摆脱对人的信用的依赖而以交换价值作为投资客体,日益凸显出其在金融市场上的流通功能,而严格的物权公示制度,也为担保物权的证券化与强化流通性奠定了基础。② 而且,在无公示制度的市场中,物权担保债权人须依赖第三方对债务人予以监督,以防范债务人的不当行为来保障债权利益的实现,但这一监督成本是高昂的,通过建立物权公示的法律规范,以低成本的方法公开相关信息,不仅节约了债权人的监督成本,还减少了债务人采取不当行为的动机,因为债务人没有了为不当行为的机会。③

物权立法的主旨目标在于确立物上支配秩序与保障动态交易安全,④受此指导,物权公示原则体现为作为设立物权效力要件的静态意义上的公示与物权发生变动的动态意义上的公示,前者属于物权既存状态的权利公示,后者则是对物权变动之客观事实的行为公示,以彰显物权变动的过程于外界,二者具有统一性,后者以前者为最终目的与归宿。以动产物权变动为例,其变动的行为过程往往是通过前后不同的占有状态推论出来的,交付过程转瞬即逝,难以公示。⑤ 权利成立时间在先者优先实现的理念,于担保物权中相应转化为就同一担保物上先完成公示的担保物权,取得较后公示担保物权的优先清偿顺位,当然,这一契合朴素公平思想的原则也可能被"机警"的法律"专业人士"利用,取得相比那些对债务人宽容的债权人更优越的权利地位,从而失去公允性。⑥

以物权公示对物权效力的影响力为视角,可以将物权变动模式分为公示生效主义与公示对抗主义。前者是将公示作为物权效力产生的前提,体现出公示

---

① 参见[美]杰伊·劳伦斯·韦斯特布鲁克、[美]查尔斯·布斯、[德]克里斯托弗·保勒斯、[英]哈里·拉贾克:《商事破产:全球视野下的比较分析》,王之洲译,中国政法大学出版社2018年版,第18页。

② 参见[日]我妻荣:《我妻荣民法讲义Ⅲ:新订担保物权法》,申政武、封涛、郑芙蓉译,中国法制出版社2008年版,第200~201页。

③ See Douglas G. Baird, *Notice Filing and the Problem of Ostensible Ownership*, Journal of Legal Studies, Vol. 12, Issue 1, 1983, p. 63 - 65.

④ 参见孙宪忠:《中国物权法总论》(第4版),法律出版社2018年版,第207~208页。

⑤ 参见冉克平:《物权法总论》,法律出版社2015年版,第88页。

⑥ 参见[德]鲍尔、[德]施蒂尔纳:《德国物权法》(上册),张双根译,法律出版社2004年版,第338页。

的形成力，公示同时衍生出针对第三人的对抗力；后者有利于鼓励交易，尊重私人意思自治的成果，但为平衡交易安全的价值考量，在承认未公示的物权变动有效的基础上，剥夺了其对抗第三人的效力，公示于其意义在于对抗力，而非形成力。[①] 同时，物权公示原则结合公信原则，使市场交易主体能够获得对物权公示外观的消极信赖，即便权利外观与实质不符，物权公示状态也将获得法律的维护，这就极大地促进了交易安全与便捷性。而与市场交易无关的非因法律行为发生的物权变动，无须适用公示原则与公信原则。[②] 需要注意的是，对于登记对抗主义下的物权登记公示模式而言，登记不具有公信力，因为未经登记，物权依然可以由当事人的合意产生并生效，权利人可以依法处分享有的物权，登记很可能无法反映出真实的权利状态，不能表征物权变动的效果，且在登记对抗主义下，登记机关对登记的申请仅开展形式审查，登记内容的真实性大打折扣，只是发挥着提醒潜在的交易主体关注物上负担的作用，赋予此类登记以公信力不具有正当性。[③] 日本法针对不动产采取登记对抗主义的立法模式，不动产登记公示的实体权利不一定契合正确的权利关系，社会不应对登记产生确信，所以，日本民法不承认登记的公信力。但对于动产物权以占有为公示方式，其认为动产物权均为占有公示生效主义，基于动产的占有人一般为物权人的盖然性，占有被赋予了公信力，日本《民法典》第 192 条据此规定了动产的善意取得制度。[④]

考察英美法系的担保权益公示体系，美国担保物权法的公示与效力的规范建构与大陆法系类似。在美国，债权人的担保权益必须“附着”（attach）于担保物之上，以便取得执行名义，在债务人违约时，担保人有必要扣押担保物以保障对债务人享有担保权益，但“附着”只是担保权益产生效力的第一步，还需要担保权益完善的环节。[⑤] 一旦债权人的担保权益依法进行了完善，那么全世界都将关注并尊重被担保的债权人在债务人的特定担保物上享有比普通债权人优先受偿的

---

① 参见马俊驹、陈本寒主编：《物权法》（第 2 版），复旦大学出版社 2014 年版，第 58 ~ 59 页。

② 参见程啸：《不动产登记法研究》，法律出版社 2011 年版，第 6 ~ 7 页。

③ 参见高圣平：《担保法论》，法律出版社 2009 年版，第 397 页。

④ 参见［日］近江幸治：《民法讲义Ⅱ：物权法》，王茵译，北京大学出版社 2006 年版，第 32 ~ 33 页。

⑤ See Bryan G. Bosta, *Bringing Article 9 up to Speed: The Need for a National Filing System*, University of Dayton Law Review, Vol. 31, Issue 1, 2005, p. 26 – 27.

权利。[①] 所以,美国法中的动产担保的物权变动模式实际上采取了登记对抗主义。[②] 详言之,在美国《统一商法典》第9编的规范体系中,当担保合同成立或债权人已控制担保物,且权利人已支付对价,债务人对担保物享有权利或者债务人有权面向担保物权人处分担保物时,担保权益完成"附着"程序,担保物权设立,担保物权人的担保权益得以拘束双方当事人。但唯有担保权益进一步完成"完善"(perfection)程序,即相当于大陆法系担保物权的公示,担保物权人的担保权益才具有对抗第三人的效力,即产生对世效力。[③] 其中,担保权益完善的方式包括:(1)融资声明登记,[④]其适用最为广泛,担保物权人须向登记机关申请登记担保声明书;(2)占有,其针对货币、有价证券、信用证权利、动产契据或物权凭证上设立的担保权益;[⑤](3)控制,其针对投资财产、储蓄账户、电子动产契据、信用证权利等财产类型;[⑥](4)随担保权益的自动附着而完善,其适用于一般消费品之上的价金担保权益等完善情形。[⑦] 担保物权人对作为担保物的储蓄账户或证券交易账户等的控制的排他性微弱,担保人往往可以保有处置担保物的权利,如保持储蓄账户中资金的流动,或继续交易证券账户中的证券,因此,控制的公示手段支持商事实践所需的灵活性需求,但控制通常由债务人与合作银行或证券中介机构的私人协议实现,公开性较差,在债务人违约的情况下,担保权人能够快捷、高效地就控制的账户实现担保权益。[⑧] 融资声明登记贯彻了人的编成主义,登记不具有公信力,担保合同未纳入登记内容中,登记机关对登记内容未予以实质审核,当担保声明书作成初始登记后,之后相关的修改、展期或其他变动的声

---

① See Michael I. Spak, *Filing Nationwide Perfectly or Get with the Trend*, Cleveland State Law Review, Vol. 47, Issue 1, 1999, p. 14.

② 参见龙俊:《物权变动模式的理想方案与现实选择》,载《法学杂志》2019年第7期。

③ 参见高圣平:《动产担保交易制度比较研究》,中国人民大学出版社2008年版,第11~12页。

④ 传统上,美国动产担保采取通知作为公示方法,即担保权人将其设定担保权的事实通知利害关系人,未经通知,不得对抗善意第三人。美国《统一信托收据法》确立了声明登记(notice-filing)制度,大大简化了动产担保权的公示程序。此后,美国《统一商法典》第9编对该声明登记制度作了进一步完善。参见高圣平:《动产抵押登记制度研究》,中国工商出版社2007年版,第43页。

⑤ See U. C. C. § 9-310(b)(6), 9-313.

⑥ See U. C. C. § 9-314(a).

⑦ See U. C. C. § 9-309.

⑧ See Harry C. Sigman, *Perfection and Priority of Security Rights*, European Company and Financial Law Review, Vol. 5, Special Issue, 2008, p. 150.

明书均与初始登记相连接来登记。[①] 在美国，对于不动产之上的担保权益而言，抵押权人必须通过在当地的不动产记录中记载权利内容以完善担保物权。[②] 在英国，根据英格兰和威尔士的法律，担保物权效力的产生同样需要经过附着与完善两个重要阶段，以便分别形成对抗债务人与第三人的效力。[③] 但在不动产物权登记方面，英国的产权登记簿记载详细，市场主体查阅登记簿即可直接确定不动产权属以及其上的负担；而在美国，对于不动产登记，除少数州实行托伦斯登记制外，绝大多数州采用了契据登记制，即通过录入契据的复制件形成数据库，当事人要经过复杂的检索才能确定不动产的权属。[④]

2. 占有的外观与公示

对物占有本身的外观容易产生疑惑性，其法效果有赖于占有人的意思表示。以所有的意思占有标的物，公示出的物权为所有权，以对债务人造成偿债压力的意思占有标的物的，相应表现为质权或留置权，其中，留置权为债权人自行强制扣留债务人的动产以"胁迫"债务人履行义务，此外，占有还可以作为物权性质的债权的公示手段，如租赁权。[⑤] 虽然于担保物权的效力而言，占有与登记具有平等性，其公示效力并无优劣之别，但结合实践来看，占有确实不如登记更有利于市场主体形成稳定的预期，以保障市场交易的安全。

在担保物权类型体系中，留置权是一种特殊的存在，不仅在一些国家民事立法例中，留置权并未被赋予担保物权的法律地位，或者仅将商事留置权视为担保物权，而且被纳入担保物权范畴中的留置权作为法定物权类型，不受物权公示原则的束缚，占有不是留置权的公示方法，而是留置权的形成方式。[⑥] 对于不动产来说，不动产物权人往往也维持着担保物的占有状态，但占有仅仅发挥着不动产物权的权利表征的作用，不能成为不动产物权的变动方式与确权依据，也不影响不动产物权的效力。[⑦] 此外，虽然物权法定原则对抵押权的内容要求是不移转标

---

① 参见高圣平：《动产抵押登记制度研究》，中国工商出版社2007年版，第58页。

② 参见[美]道格拉斯·G.贝尔德：《美国破产法精要》（第6版），徐阳光、武诗敏译，法律出版社2020年版，第13页。

③ 参见葛伟军：《英国公司法要义》，法律出版社2014年版，第358页。

④ 参见吴一鸣：《英美物权法：一个体系的发现》，上海人民出版社2011年版，第194～195页。

⑤ 参见陈华彬：《我国物权立法难点问题研究》，首都经济贸易大学出版社2014年版，第100页。

⑥ 参见王利明：《物权法研究》（第4版），中国人民大学出版社2016年版，第1392页。

⑦ 参见冉克平：《物权法总论》，法律出版社2015年版，第90页。

的物的占有，但当事人可以在物权之外的其他法律关系中实现抵押权人实际占有担保物的目标，因为并非基于担保物权法律关系而获得对标的物的占有权，所以该操作不违反物权法定原则。① 比如，抵押人在为抵押权人在不动产之上设定担保物权之后，作为不动产所有人的抵押人又与抵押权人签订地役权合同或租赁合同，抵押权人通过地役权这一用益物权法律关系或者租赁合同关系可以合法取得对不动产标的物的占有权。

3. 物权登记公示的主要立法模式

物权公示的效果是物权公示原则的核心问题，不同国家于物权公示领域的分歧主要在于立法模式的区别，可以分为物权公示对抗主义与公示生效主义两种立法体系。② 鉴于物权公示以登记与占有手段为主，其中，对于以占有为公示手段的质权、留置权等担保物权类型而言，占有公示均采取生效主义，物权公示对抗主义仅可适用于采取登记公示方式的担保物权类型，如抵押权。因此，物权公示生效主义与公示对抗主义，可以明确限定为物权登记生效主义与登记对抗主义之别。

结合物权登记模式的不同，就世界范围来看，物权登记的公示制度主要可以相应划分为契约登记制、权利登记制与托伦斯登记制。契据登记制以法国为代表，其不动产物权的得丧变更依据当事人的物权契约即可生效，非经登记不得对抗第三人，登记簿采取人的编成主义，登记事项则为物权契约所载内容，因登记机关对当事人的申请采取形式审查主义，故登记公示无公信力；权利登记制以德国为代表，不动产物权变动要求当事人达成物权变动的一致意思表示与登记公示的双重要件，未完成物权登记公示的，不发生物权变动的效力，登记机关对登记申请采取实质审查与物的编成主义，登记具有公信力；托伦斯登记制主要为英联邦国家所采纳，其具备权利登记制的基本特点，不同之处在于托伦斯登记制对土地采取任意登记制，且第一次登记时，除于登记簿中记载登记事项之外，还发给土地所有权人以权利证书，登记机关登记错误的，将承担损害赔偿责任，权利登记制则不然。③

① 参见程啸：《担保物权研究》，中国人民大学出版社 2017 年版，第 187 页。

② 参见冉克平：《物权法总论》，法律出版社 2015 年版，第 93 页。

③ 参见吴道霞编著：《物权法比较研究》，中国人民公安大学出版社 2004 年版，第 149 ~ 150 页。

4. 登记公示制度之于抵押权

担保物权滥觞于罗马法，罗马法起初在担保形态上呈现的是人质，要求设置担保一方的债务人作为人质向被担保一方提供劳动，后来罗马法允许债务人用个人财产清偿债务，用动产代替人质，允许被担保方使用，从而产生了质押。① 但罗马法的初始发展时期均以占有为权利的外观，以登记为公示手段的现代抵押权制度直至日耳曼法才浮现端倪，日耳曼新质以无须转移质物的占有为主要特征，并探索建立了公簿登记的公示方式。在 13 世纪末，日耳曼法允许当事人不经过法官裁判而以合意设立契约质并进行公簿登记，债务人得以于一物之上设立数质，实质意义上的抵押权产生，担保物权真正向对物的交换价值之支配的价值权方向转化。② 可以说，抵押权法律制度是历史发展到一定阶段以后法律技术的精致产物。③ 无论采取何种物权变动模式，抵押权的登记都是以抵押权的公示为核心，而不是登记抵押合同，但抵押合同为当事人施加了登记的义务。④ 未登记的动产抵押权设立之前提是当事人必须于抵押合同中约定有变动担保物权的意思，如果当事人于合同中约定非登记公示不成立动产抵押权，则依据私人自治的意思表示的内容，抵押人有办理登记的义务，登记公示后，抵押人才成立并具有对抗力。⑤

（二）动产抵押权的登记对抗

传统的转移标的物直接占有状态的质权，不仅影响了出质人对质物的使用与收益，也给质权人带来了不便，以保全债权为根本目的的质权人往往对保管与维护质物并不专业。针对质权的不足，不转移标的物占有的抵押权应运而生，其以登记为公示方式。然而，抵押权初始只针对不动产的财产设立，而对于动产之上设立担保物权的需求，要么回归设立质权的老路上，要么采取让与担保、所有权保留、融资租赁等移转权利的非典型动产担保方式。但后者移转权利的保障方式有过度担保之嫌，而为很多国家的民事立法所未认可，在此背景下，动产抵

---

① See Roger J. Goebel, *Reconstructing the Roman Law of Real Security*, Tulane Law Review, Vol. 36, Issue 1, 1961, p. 32 – 34.

② 参见陈本寒：《担保物权法比较研究》，武汉大学出版社 2003 年版，第 17 页。

③ 参见［日］我妻荣：《我妻荣民法讲义Ⅲ：新订担保物权法》，申政武、封涛、郑芙蓉译，中国法制出版社 2008 年版，第 199 页。

④ 参见唐义虎：《担保物权制度研究》，北京大学出版社 2011 年版，第 62 页。

⑤ 参见王利明：《物权法研究》（第 4 版），中国人民大学出版社 2016 年版，第 249 页。

押权的担保类型逐步兴起,其融合了质权与抵押权各自的优势,并最大限度地避免了二者的不足。与此同时,动产抵押权也对担保物权既有的公示体系造成了冲击,破坏了动产担保物权以占有为公示方式的固有原则,动产抵押权的公示方式与效力成为其最大的难点。

1. 物权的对抗力与登记对抗主义

物权的对抗力或称为对抗效力,特指物权所具有的对抗不特定第三人的效力,而非针对债务人的相对约束效力。有学者认为,物权的对抗效力与绝对效力的内容不同,后者主要表现为物权人之外的一切主体均须承担不得侵害物权的消极的不作为义务,任何依法设立的物权,即便未予以公示,尚未具有对抗效力,也具有绝对效力,无论他人是否知晓物权的权属状况,均不得以非法行为侵害物权,而前者指的是物权人享有否认善意第三人权利主张的积极的效力。① 然而,包括债权在内的任何权利均有排斥恶意第三人不法侵害的消极保障功能,这体现不出物权绝对效力的特点。物权绝对效力确有必要与对抗力予以区分,为登记对抗主义留有生存空间,若二者一致,就会出现未公示的物权不具有对抗力,却享有物权的绝对效力的矛盾结果。对此,可以采取扩张物权绝对效力范畴的方式,将物权的对抗力纳入绝对效力之中。除此以外,物权绝对效力最基本的表现形式是权利人对债务人完整的物权效力。采取登记对抗主义的担保物权依法设立之后,即使尚未登记,也产生针对债务人以及知晓物权成立事实之第三人的物权绝对效力,物权人对标的物的处分为有权处分,只是暂不具备针对善意第三人的对抗效力。对善意第三人而言,唯有登记的担保物权才是有效的物权。② 有学者也据此认为,物权得以对抗善意第三人的效力,即为物权的排他性,其并非物权的本质属性,而是基于物权公示才衍生出的特殊效力,就采登记对抗主义的未登记的担保物权来说,应对物权的排他性作此限制。③ 根据我国《民法典》第386条的规定,④一般情况下的担保物权体现为基于担保物的对世的优先受偿权,但在法律另有规定时则享有担保物权法律地位的权利可不具有优先受偿性,

---

① 参见尹田:《物权法》(第2版),北京大学出版社2017年版,第105页。

② 参见唐义虎:《担保物权制度研究》,北京大学出版社2011年版,第113页。

③ 参见姚瑞光:《民法物权论》,中国政法大学出版社2011年版,第3页。

④ 我国《民法典》第386条规定:"担保物权人在债务人不履行到期债务或者发生当事人约定的实现担保物权的情形,依法享有就担保财产优先受偿的权利,但是法律另有规定的除外。"

如未经登记的动产抵押权,从而在实定法层面确立了不具有对抗力的担保物权的合法性。

法国采取债权意思主义的物权变动模式,与物权公示对抗主义相配套,物权公示是其物权变动的对抗要件,即产生物权对抗效力的前提,而形式主义的物权变动模式下,以公示作为物权变动的成立要件。物权公示对抗主义将物权变动及其权属成立与公示相分离,即使肯定不具有对抗力的物权的存续,但其物权的特征已然晦暗不明,几乎徒留物权的称谓,而无物权的实质,使得担保非常不可靠,且其与债权的边界更加模糊不堪,极大地增加了法律适用的难度。法国的物权变动模式与其特殊国情相适应,未出现严重影响交易安全的局面。① 其担保合同的签署与生效被附加了十分严格与复杂的程序要求,担保合同必须在一名公职人员与公证员的见证下签署,并要求非常细致地描述担保物。② 可以说,法国的登记仅发挥着宣告的作用,登记的是法律行为,而非物权。③

其他国家在不具备相应配套制度的情况下,难借鉴法国的物权制度。但对于动产抵押权而言,登记对抗主义具有特殊的必要性。动产具有可移动性而交易频繁,动产担保交易对时效性与便捷性有着更高的要求,交易安全之价值追求相对处于次要的地位,而登记对抗主义的物权变动模式更加尊重当事人的意思表示内容,充分贯彻了私法自治的理念,促进了动产抵押法律关系的设立,有利于进一步满足市场主体的资金融通与商品流通的需求。而且,不登记不具有对抗善意第三人效力的规则,也间接起到了鼓励当事人积极登记的效果,是否通过支付登记成本以获取具有完全效力的动产抵押权,全赖于抵押权人的经济利益衡量与风险偏好。而对于已登记的动产抵押权,不特定第三人通过查阅公开的

---

① 有学者考证后指出,即使采取了登记对抗主义,法国不动产物权仍变动有序的原因在于:第一,在法国,有家庭公证人,其对不动产实体了如指掌,其为了保持自己的社会地位,对交易采取了慎重的调查。第二,在此,相当频繁地进行了登录(enregistrement),而第三者能够请求交付登录簿的誊本或副本,即登录簿被公示。因此,登录簿起到了很大的公示功能,而且相当有力。第三,抵押权保存登记官吏是从登录受理官吏中选任的,仅此为由,再加上,出于保存登记官吏自身的经验,即使保存登记官吏完全没有审查权,实际上也很少犯有错误。总之,法国的不动产物权交易,尽管法制上有不完备之处,但鉴于以上人员的能力、经验而并无大的过错。参见[日]星野英一:《现代民法基本问题》,段匡、杨永庄译,上海三联书店 2012 年版,第 363 ~ 364 页。

② 参见[美]杰伊·劳伦斯·韦斯特布鲁克、[美]查尔斯·布斯、[德]克里斯托弗·保勒斯、[英]哈里·拉贾克:《商事破产:全球视野下的比较分析》,王之洲译,中国政法大学出版社 2018 年版,第 26 页。

③ 参见尹田:《法国物权法》,法律出版社 2009 年版,第 533 页。

登记信息也能实现了解动产担保权属的目的,从而维护交易安全。动产抵押权适用登记对抗主义模式也是诸多国家民事立法例的普遍做法。在登记对抗主义下,授予担保权益不等同于认可担保权益享有优先受偿权。[①]

需要注意的是,特殊动产适用的登记效力与一般动产抵押权有些许区别。根据我国《民法典》第225条的规定,船舶、航空器、机动车等财产为特殊动产,[②]在法理上被视为准不动产,可以准用不动产变动的一些规则,如适用登记对抗主义,但并非否定了动产物权变动的交付主义。换言之,特殊动产的物权变动仍然以交付公示为效力要件,只是未登记,不具有对抗善意第三人的对抗力。[③] 同时,登记只是特殊动产物权确权的依据之一,可以辅助交付公示的认定,当二者冲突之时,原则上以动产交付事实确定权利人。比如,倘若有人已知道特殊动产已转让并交付的事实,还办理了登记,则其因具有恶意,不能依据登记获得特殊动产的物权,登记人此时成为恶意第三人,未办理登记的受让人因交付公示的完成而取得物权,得以对抗转让人与恶意第三人的主张。[④]

2. 动产抵押权的公示方式与法律效力

发展动产抵押权,不必转移担保物的占有状态,在不影响抵押人对动产的使用、收益的同时,满足了其融通资金的目的,并兼顾了抵押权人获得债权保全的目标,有效地克服了动产质权的不足,充分发挥了物之经济价值。[⑤] 但与不动产担保物权相对清晰的登记公示方式与效力规则设置不同,动产担保物权的公示呈现分裂状态,尤其以不转移占有的动产抵押权最为令人困惑,动产抵押权之公示甚至成为其规范的"命门",动产抵押法律制度的优劣直接取决于其公示制度能否被妥当设置。私法实体规范上的"纠葛"反映在破产法中,加剧了其对动产抵押权于债务人破产程序中行权予以统一、妥当规范的难度。

---

① See Hugh Beale, *The Future of Secured Credit in Europe: Concluding Remarks*, European Company and Financial Law Review, Vol. 5, Special Issue, 2008, p. 379.

② 特殊动产一般具有可识别性,属于可识别动产。所谓可识别动产,是指具有与同类动产相区别的规格、出厂编号等特殊标志(如交通工具、大型机器设备)的动产。那些可识别动产之外的不具有独特特征、不能与其他相同的种类物相区别的动产,被称为一般动产。参见李珏:《动产抵押法律制度研究》,中国社会科学出版社2019年版,第13页。

③ 参见崔建远:《物权:规范与学说——以中国物权法的解释论为中心》(上册),清华大学出版社2011年版,第76页。

④ 参见王利明:《物权法研究》(第4版),中国人民大学出版社2016年版,第365页。

⑤ 参见高圣平:《动产抵押登记制度研究》,中国工商出版社2007年版,第16页。

对于动产抵押权的公示方式,因其不转移标的物占有的基本特点,显然占有已不可能作为其公示方法,比较法上更多地采用登记方式。登记之外的公示方法不具有统一适用的可行性,往往只针对部分动产类型,或者产生了基于动产买卖行为并开具购置发票来背书担保的情况,且购置发票背书的担保负担也无法克服被人为修改的问题,由此,登记成为动产抵押权公示所依赖的“救命稻草”。于动产抵押权而言,虽然登记并不产生担保物权的形成力,但可以向第三人标示标的物上的担保权利负担,并以登记的对抗力确立冲突权利之间的清偿顺位。① 我国《民法典》第403条确立了动产抵押权的登记对抗效力,从而明确了登记于动产抵押权法律关系中的公示地位与法律效力。② 但有学者认为,动产所有权采取占有的公示方式,而动产抵押权采取登记的公示方式,基于同样的动产却产生不同的公示方式,不易于实践适用,使物权公示制度体系也出现了混乱的局面。③ 笔者认为,所有权与担保物权虽然均为物权类型,但针对同一类型的物,如动产,二者不一定须采取同样的物权变动公示手段,公示方式有异不必然代表会发生冲突,所有权与担保物权在物权体系之下的殊异不亚于共性,所有动产物权的变动采占有公示方式不构成不可更改的教义。况且在同一动产之上,担保物权体系内部的公示方式尚不可避免地存在区别,倘若动产抵押权与动产质权的公示方式均采取占有方式,则二者的权界也将消失,作为独立权利类型的动产抵押权或动产质权将不复存在。

在动产抵押权登记对抗主义模式下,动产抵押权的矛盾焦点将转移到构建全面、便捷、开放、功能友好型的权利与动产担保物权统一登记系统问题之上。全国性的动产物权统一登记系统将通过实时更新系统内担保交易的最新信息而提高效率,这将有助于限制债务人的欺诈行为,尤其在债务人就同一担保物向多名债权人进行重复抵押之时。④ 统一登记系统还有力地降低了分散登记产生的

---

① 参见高圣平:《担保法论》,法律出版社2009年版,第398~399页。

② 在我国《民法典》出台之后,行政法规即对部分动产类型的抵押权尝试采取登记对抗主义的公示模式。譬如,2019年,国家市场监督管理总局对《动产抵押登记办法》进行了修订,其第2条规定:“企业、个体工商户、农业生产经营者以《中华人民共和国物权法》第一百八十条第一款第四项、第一百八十一条规定的动产抵押的,应当向抵押人住所地的县级市场监督管理部门(以下简称登记机关)办理登记。抵押权自抵押合同生效时设立;未经登记,不得对抗善意第三人。”

③ 参见李珏:《动产抵押法律制度研究》,中国社会科学出版社2019年版,第66页。

④ See Bryan G. Bosta, *Bringing Article 9 up to Speed: The Need for a National Filing System*, University of Dayton Law Review, Vol. 31, Issue 1, 2005, p. 34.

高昂的行政成本,以及多头登记与查询成本,也减少了分散登记的立法成本。[①]现代社会中的市场主体对物的形式占有动机减弱,而倾向于对物开展观念上的、实质意义的支配,动产与权利担保物权登记制度的统一与登记技术的探索与发展,就是在此科技发展的社会背景下进行的,顺应了时代的潮流与要求。在现代社会互联网科技、大数据技术等高速发展的社会环境下,设立并妥善维护相对完美的以人的编成主义为核心的登记系统成为可能,毕竟具有担保价值的动产类型也是有限的,社会公众也相应普遍提升了通过网络获取信息的能力。即便如此,第三人针对交易所涉动产仍有选择是否查询抵押权登记的自由,第三人可以通过与相对人合同约定等方式,明确得到相对人对动产上无抵押权负担的承诺,否则相对人将依合同承担对第三人的赔偿责任。在动产的经济价值较小,或动产对第三人而言具有较强的可替代性,其相信在相对人违约后也能够以获得经济赔偿的方式弥补动产抵押权的负担等情况下,第三人倾向于节约调查的成本,登记系统存在与否对其没有影响;在作为交易标的物的动产对第三人相对重要时,即便不存在登记系统,第三人也会通过委托律师进行尽职调查等多样化方式寻求抵押信息的确信,此时,即使尚不完善的登记系统,其在信息的全面、准确性上,以及获取抵押权信息的成本上,也往往较第三人委托调查的方式具有优势。同时,传统上动产物权普遍采取占有的公示手段,而占有的表征与权利的实际状态的一致性与登记不可同日而语,虽然权利与动产担保统一登记系统因登记机关对登记事项主要采取形式审查而不具有公信力,但登记的抵押人毕竟要受到登记规则与欺诈登记法律责任的约束,抵押人对动产标的物的占有完全处于私人自治的领域内,私法强制性规范难以介入以对其进行约束。对价值巨大、重要的动产而言,抵押登记公示切实地提升了其交易的安全性。如此分析,采动产抵押权登记对抗主义,并未增加市场交易第三人的成本,在一定程度上实现了交易安全与交易效率价值的共赢。就比较法进行考察,美国担保权益登记系统设置的初衷在于允许任何人提出查询申请,系统中所有的登记记录均须相互关联,有检索需求者能够从系统中定位并查阅到所有的相关信息,以此形成自己的结论。但登记机关并非"看门人",不对登记信息进行实质审查,如果债权人与债务人之

---

① 参见谢鸿飞:《动产担保物权的规则变革与法律适用》,载《国家检察官学院学报》2020 年第 4 期。

间就登记文件的有效性发生争议并不能自行解决问题,将由法院裁决。[①] 其主要功能目标在于兼容有效的商业惯例,为市场主体提供一种简洁、低廉、易于操作与查询的担保权益信息管理机制。详言之,其发挥了两项重要职能:首先,登记系统支持了潜在信贷供给者的尽职调查需求,但必须强调的是,登记系统不是其获取相对方相关经营与财务安全信息的唯一或主要来源,担保人的贷款申请书与财务账册、对外债权人的情况等反映出的信息往往对于信贷供给者的决策而言更为重要,其从登记系统上获得的信息将酌情对此进行补充。可见,担保交易登记系统的重要功能在于为担保人施加担保信息充分披露的义务负担,它的存在意义在于为信贷供给者提出进一步调查的警告,而不是作为直接的信息与数据来源。其次,登记系统还提供了数据证书来防止不当回溯,从而节省了公证或其他司法程序所产生的昂贵费用。[②] 也就是说,在登记对抗主义的物权变动模式之下,动产和权利担保登记系统的功能不在于创设一项新的权利,而在于为与担保人进行市场交易的第三人提供必要的安全信息,以及为确定竞存权利之间的优先清偿顺位提供判断基础。[③]

从世界范围来看,动产担保交易登记区分为统一登记制与分别登记制,如在美国《统一商法典》的规定下,一般采取由州务卿或管理州登记系统的私人团体登记的中央登记制,也保留了不动产相关担保物的地方登记与运输领域的特殊登记,但美国未区分不同担保物而是将所有动产担保纳入统一登记系统,所以,仍属于统一登记制。[④]

我国《民法典》第 395 条采用了抵押财产"负面清单"的方式,即法律、行政法规未禁止抵押的财产,都可以作为动产抵押的标的,从而极大地扩张了动产抵押物的范围,动产抵押物于抵押权上的共性多于个性,为简化适用规则,提高实践效率,不宜在登记制度中区分动产担保物的类型。因此,应《民法典》的规范要求,我国于 2021 年 1 月 1 日起,在全国范围内全面实施动产和权利担保统一

---

① See Charles Cheatham, *Changes in Filing Procedures under Revised Article* 9, Oklahoma City University Law Review, Vol. 25, Issues 1 and 2, 2000, p. 253.

② See Harry C. Sigman, *Perfection and Priority of Security Rights*, European Company and Financial Law Review, Vol. 5, Special Issue, 2008, p. 151.

③ 参见高圣平:《〈民法典〉视野下统一动产和权利担保登记制度的构造》,载《浙江工商大学学报》2020 年第 5 期。

④ 参见李珏:《动产抵押法律制度研究》,中国社会科学出版社 2019 年版,第 78 页。

登记制度。[①] 动产担保物权于登记之日而非担保物权合同成立之时产生对抗力。

动产抵押的事实之公示不仅对满足第三人的知情权显有裨益,而且是保障债权人(抵押权人)与债务人(抵押人)权益的重要要求。动产抵押权的设立意味着一项财产之上至少存在债权人的担保权益与债务人的所有权益两份财产权益,债权人需要告知外部,债务人手中的所有权设有担保负担,并非完全自由的所有权,债务人也需要对外告知,债权人持有的财产权益仅为保全固定数额的债务,而不意味着享有抵押物的全部价值。[②] 在动产担保交易中,动产担保物权人可结合对商业保密性需要、交易安全与交易效率等相互存在一定程度抵牾之价值的衡量,自由评估动产担保物权登记对其的影响,来最终选择是否进行登记。采取登记对抗主义也是兼顾区别其他动产物权类型的变动以占有为公示方法的需要,在动产抵押权的物权变动中,占有不再具有法律效力,但不妨害占有仍在交易实践中作为辅助交易主体判断商业风险的依据,尤其在当事人变动动产抵押权而未进行登记公示的情况下,占有标的物的状态将发挥重大作用,动产善意取得制度具有适用的余地。在已办理登记的动产抵押权中,基于动产占有状态的善意取得,受到动产抵押权登记所产生的对抗力的限制,以此解决占有与登记公示的冲突问题。[③] 登记对抗主义也将进一步凸显社会信用体系建设的价值,增强动产抵押法律制度的弹性与包容性,尊重市场主体在交易中的主观能动性与创造性,在客观上鼓励了创新性商业行为的产生。

3. 未登记的动产抵押权不得对抗破产债权人

我国《民法典》第414条规定了已登记与未登记或均未登记的抵押权之间的清偿顺位规则,但未明确未登记的抵押权是否可以对抗普通债权人,普通债权人与未登记的抵押权人之间对债务人的责任财产形成权利争夺。根据第414条的规定,在不涉及其他权利人时,未登记抵押的抵押权人可以直接支配抵押物,但

---

① 2020年12月22日,国务院发布《关于实施动产和权利担保统一登记的决定》(国发〔2020〕18号),明确了动产与权利担保统一登记体系的实施事宜,由中国人民银行承担相关登记工作,中国人民银行征信中心具体开展服务性登记工作。市场主体登记与查询事宜均以互联网的方式在中国人民银行征信中心的动产融资统一登记公示系统自主办理,登记机构不对登记内容进行实质审查。

② 参见[英]F. H. 劳森、[英]伯纳德·冉得:《英国财产法导论》,曹培译,法律出版社2009年版,第155页。

③ 参见唐义虎:《担保物权制度研究》,北京大学出版社2011年版,第114页。

出现善意第三人时，未登记抵押不具有主动的排他性。事实上，在不牵扯其他权利人时，没有必要设立抵押权，设立抵押权的初衷和目的就是排除其他债权人的竞争性受偿，其排除的正当性源于权利的公示，让交易第三人在风险可控的情况下，保障其决策自由。

我国多数学者依据物权法法理，在我国《民法典》出台前往往认为，动产抵押权未经登记，不得对抗善意第三人，"第三人"为动产物权人等物上第三人，不包括普通债权人，基于物权对债权的优先性原则，即使没有登记公示，动产抵押权已经成立，基于物权的本性自当优先于债权，不会发生物权与债权对抗的问题。[①] 王泽鉴教授也主张，物权的效力恒优先于债权，只要动产抵押权设立，登记与否不影响其对债权的对抗力，否则将混淆物权与债权二分的民事法律体系。[②] 也有学者主张，"善意第三人"的范围应采最广义说，应包括破产债权人与申请执行人在内，否则对于无须移转占有也未登记的动产抵押权而言，普通债权人不可识别，尤其在破产或执行程序中，债权人对担保物产生权利主张请求，若赋予动产担保物权对抗债权效力，有失公允。[③] 有学者将动产抵押权所针对的善意第三人总结为三类群体，包括标的物上的其他所有权人（如标的物的买受人）、有效的担保物权人；执行债权人；担保人（债务人）的破产管理人，其代表了债务人的所有普通债权人。[④] 高圣平教授持类似观点，主张未登记的动产抵押权不得对抗善意受让人、租赁权人，以及其他担保权人、执行债权人、参与分配债权人、普通破产债权人和破产管理人。[⑤] 还有学者认为，侵权人、继承人、连环交易中的前手或者后手、狭义的一般债权人和特定物债权人等，属于未登记的动产抵押权人可以对抗的绝对可对抗的第三人，无论该第三人是善意还是恶意，而普通破产债权人、扣押债权人与参与分配债权人等则为未登记的动产抵押权人不可以对抗的绝对不可对抗的第三人。[⑥] 在我国，动产抵押权适用登记对抗主义的物权变动模式，

---

① 参见申卫星：《物权法原理》（第 2 版），中国人民大学出版社 2016 年版，第 320 ~ 321 页；王利明：《物权法研究》（第 4 版），中国人民大学出版社 2016 年版，第 1187 页。

② 参见王泽鉴：《动产担保交易法上登记之对抗力、公信力与善意取得》，载王泽鉴：《民法学说与判例研究》（第 1 册），中国政法大学出版社 2005 年版，第 228 页。

③ 参见程啸：《担保物权研究》，中国人民大学出版社 2017 年版，第 289 ~ 290 页。

④ See Wolfgang Faber, *Proprietary Security Rights in Movables-European Developments*, Juridica International, Vol. 22, 2014, p. 31.

⑤ 参见高圣平：《民法典动产担保权登记对抗规则的解释论》，载《中外法学》2020 年第 4 期。

⑥ 参见龙俊：《中国物权法上的登记对抗主义》，载《法学研究》2012 年第 5 期。

在债务人破产程序中未登记的动产抵押权人与普通债权人之间产生了强烈对立的利害关系,有学者主张此时的“善意第三人”包括任何与破产财产有关的第三人,当然涵盖普通破产债权人在内,无论个别破产债权人是否已知动产抵押权合意设立的事实,均将所有破产债权人视为一个整体,未登记的动产抵押权不得对抗破产债权人。[①] 陈计男教授认为,在债务人破产程序启动之前,不得对抗善意第三人的担保权利,也不得对抗破产管理人,因为破产债权人中往往存在不知情的善意第三人,不论人数多少,应一并解释为其担保权益在破产程序中仍不具有对抗力。[②]

笔者认为,通过加大未公示担保权的不利益来迫使动产担保物权人及时进行公示,体现了“消灭隐形担保”的民事立法政策的选择,动产抵押权的登记可以视为抵押权人的一项不真正义务。换言之,针对破产法外的未公示的动产抵押权的对抗力,基于立法政策的考量,在法理许可的条件下,可以进行有选择性的削弱化处理,我国《担保制度司法解释》的相关规定也彰显了这一点,[③]故不宜赋予未登记的抵押权以对抗普通债权人的效力。同时,根据破产法尊重私法实体规范的精神,应尽量消除只有在债务人破产时才能适用的实体法规则,也就是说,具体类型的债权在破产程序的对抗力涉及非破产实体法规范,在破产程序内外的对抗力规则应尽量保持一致性,以防破产法对非破产实体法规范的修改,引起当事人恶意地选择适用破产程序。在债务人破产程序中,未登记的动产抵押权之对抗力同样止步于普通破产债权。此外,假设未登记的动产抵押权能够对抗破产债权人,因前者的设立完全依赖当事人的意思自治,几乎无对外标示的形式,在债务人丧失债权清偿能力时,所有者权益为零,债务人极有可能产生与关联方或内部人员等特定债权人串通倒签担保合同的情况,只要避开破产临界期的限制,当事人即可通过伪造担保合同而获得担保物权的优先受偿力,以实现偏

① 参见李永军:《破产法——理论与规范研究》,中国政法大学出版社 2013 年版,第 310 ~ 311 页。

② 参见陈计男:《破产法论》,台北,三民书局股份有限公司 2004 年版,第 193 页。

③ 我国《担保制度司法解释》第 54 条第 3 项规定:抵押人的其他债权人向人民法院申请保全或者执行抵押财产,人民法院已经作出财产保全裁定或者采取执行措施,抵押权人主张对抵押财产优先受偿的,人民法院不予支持。第 54 条第 4 项规定:抵押人破产,抵押权人主张对抵押财产优先受偿的,人民法院不予支持。

颇清偿的不法目的。[①]

在我国,于执行程序中的债权虽然与普通债权在破产程序中没有本质的区别,但在破产程序之外,前者无疑处于更有利的清偿位置,将在债权平等原则下,基于“时间优先”的规则先行获得偿付。即使我国民事立法未采取司法担保债权的概念,也不应否认执行债权实质上的优先地位。对于完成了公示手续、依法成立并生效的担保物权,执行债权必然不会对其产生对立的威胁,但未完成登记公示的动产抵押权,能否对抗执行债权,存在可商榷的余地。考虑到破产程序作为概括执行程序的特点,且破产事件与执行均为司法程序的具体类型,在司法权主导方面没有本质区别,债务人破产程序的启动,可以视为所有债权仅进入了“执行”阶段。[②] 所以,可以考虑执行程序与破产程序于未登记的动产抵押权事项上采取一致的处理规则。前已述及,普通债权尚能对抗未登记的动产抵押权,举轻以明重,司法权介入保护的执行债权与破产债权更应具有对抗未登记的动产抵押权之效力。

(三)质权变动的公示方式的发展

现代社会中的质权不仅将标的物由动产扩展到部分财产权利类型,极大地丰富了质权的内容,与此同时,为了突破因转移质物占有而使出质人丧失对质物使用权的传统弊端,还于内部发展出了流动质押、金钱质押等多样化的占有公示方式与动产质押形态。质权的自我革命延续着传统质权的发展势头,并未在动产抵押权的显化中被弱化。

1. 质权的演进与公示方式

质权是通过转移标的物的占有以使债务人积极清偿债务的意定担保物权,如果债务人不清偿,质权人可以就占有的标的物的交换价值优先受偿。[③] 质权标的包括动产与某些权利,动产质权采取占有公示生效主义,而权利质权则区分不同的权利类型,相应采取登记生效主义,或者以交付权利凭证为质权生效要件,抑或通过背书方式完成权利质权的生效公示。动产质权的发展早于权利质权,

---

① 参见任一民:《既存债务追加物保的破产撤销问题》,载《法学》2015 年第 10 期。

② 譬如,在德国破产法中,破产程序的启动属于查封/扣押措施,可归入执行体系内。参见[德]乌尔里希·福尔斯特:《德国破产法》(第 7 版),张宇晖译,中国法制出版社 2020 年版,第 13～14 页。

③ 参见[日]我妻荣:《我妻荣民法讲义Ⅲ:新订担保物权法》,申政武、封涛、郑芙蓉译,中国法制出版社 2008 年版,第 106 页。

后者主要为现代法治社会的产物。可以说,物权的法律观念肇始于对物的占有,[①]随着担保物权的演化,不转移占有的抵押权从质权中分化出来,不动产以登记而非占有为公示方式,不动产不再为质权的标的物。与不动产不同,移动动产往往不会减损物的价值,这为动产质权以占有为公示方式提供了可行性。

为实现占有的外在标示性的公示效果,维护质权对标的物的留置效力,保障第三人的权益,各国民事立法一般禁止以占有改定的方式设立动产质权,因为占有改定完全依赖当事人之间的意志,不具有公示的功能。[②] 譬如,日本《民法典》第345条、德国《民法典》第1253条第1款、瑞士《民法典》第888条第2款均就此予以规定。我国《民法典》第228条在规定占有改定时,规定物权自当事人约定占有改定的协议生效时发生效力,而非规定动产物权设立,尤其针对动产质权的情形,第228条称谓的物权所发生的效力应被限缩解释为质押合同的债权效力,而非物权的生效效力。我国原《最高人民法院关于适用〈中华人民共和国担保法〉若干问题的解释》(以下简称《担保法司法解释》)第87条第1款关于质押采取占有改定的交付方式的,质押合同不生效的规定也是不妥的,因为虽然物权不成立,但质押合同的债权效力不能被否定。其他的转移标的物占有状态的交付方式,如现实交付、简易交付和指示交付,均可产生设立动产质权的效果。其中,为实现设立质权的目标,现实交付也不用排除占有辅助人、被指令人、居间人等第三人的加入,而指示交付的方式尤其为银行等金融机构所青睐,避免了其保管质物的不便,又实现了质物监管的目的。

有的国家立法赋予执行债权人扣押质权人的法律地位,优先于普通债权人受偿,如德国《民事诉讼法》第804条第2款规定,在强制执行立法无特殊规定的情况下,德国法中的扣押质权与法定质权、意定质权具有相同的法律性质。[③] 德国《破产法》第50条第1款规定,扣押质权人享有破产别除权。德国法中的扣押

---

① 当人们对物的事实上的占有关系,即私的排他的占有关系受到法律的确认后,这种关系也就具有了法权的性质。也就是说,占有人对物的占有也就变成了一种受法律保护的权利(物权)。至此,物权诞生了,从对莽莽世界大自然万物的本能的占有起,到形成法律上的权利,物权最终完成了它的进化历程。参见陈华彬:《我国物权立法难点问题研究》,首都经济贸易大学出版社2014年版,第6~7页。

② 参见[日]近江幸治:《担保物权法》,祝娅、王卫军、房兆融译,法律出版社2000年版,第68页、第261页。

③ 参见[德]M. 沃尔夫:《物权法》(第2版),吴越、李大雪译,法律出版社2004年版,第345页。

质权人与美国《统一商法典》中的司法担保债权人遵循着同样的立法理念,均将执行债权人置于优先于普通债权人的地位。我国民事执行程序中虽然也承认执行债权事实上的优先性,但并未将其纳入担保物权体系中,因为,其于我国债务人破产程序中不享有担保物权的优先受偿力,而这更有利于破产法实现公平、集体清偿的价值目标。

2. 流动质押及监管责任

为兼顾动产所有人的融资与利用标的物需求,动产抵押权以及所有权保留、融资租赁、让与担保等非典型担保形式在实践中兴起,但动产抵押权毕竟因公示难题存在不安全或不经济的问题,而非典型担保的合法性地位在不同国家中的待遇各异,在大陆法系国家中并未普遍被民事立法所认可。由此,在质权体系内部,司法实践中不断探索着无须实际转移占有的公示方法,以达致类似动产抵押权的实质效果。比如,通过标的物的证券化的路径,占有证券被视为占有标的物,质权设立的同时并不影响标的物的使用价值的发挥,①但标的物证券化的技术不适用于所有的财产类型,而且证券化存在不菲的成本。近年来,我国实践中适用较多的是流动质押的方式。

根据我国《九民纪要》第63条的规定,针对流动质押,或称为动态质押的情形,②当质物交付第三方监管人时,质物的控制权已从出质人之处转移,当监管人受债权人委托监管质物时,即使债权人、出质人与监管人三方签订监管协议,也可以判断质物已为债权人控制,不影响质权的有效设立,不构成质物交付的占有改定,流动质押中的三方监管协议实质上构成了指示交付的法律关系。三方监管协议往往兼具委托合同与保管合同或仓储合同的性质,是一种混合合同,监管人负有维护标的物事实上与法律权属上的安全的义务。③“动产动态质押克服了动产静态质押、动产浮动抵押和仓单质押的规则缺陷,融聚了三者的制度优势,

---

① 参见[日]我妻荣:《我妻荣民法讲义Ⅲ:新订担保物权法》,申政武、封涛、郑芙蓉译,中国法制出版社2008年版,第97~98页。

② 2013年11月1日我国生效的《动产质押监管服务规范》将动产质押监管定义为:“出质人以合法占有的物品向质权人出质,作为偿还债务的担保,监管人接受质权人的委托,在一定期限内代质权人对质物进行占有、管理的行为。”2015年3月1日实施了《担保存货第三方管理规范》国家标准(GB/T 31300—2014),我国的第三方质押监管进一步规范化。

③ 参见程啸:《担保物权研究》,中国人民大学出版社2017年版,第517页。

兼顾了质物的流动性与质权的担保力。”[①]我国《担保制度司法解释》第55条也明确规定债权人、出质人与监管人三者可以通过订立三方协议实现设立质权的目的,其中要求对债务人提供担保的特定财产予以实际控制的监管人必须由债权人委托监管,监管人实际控制财产之日,质权设立。关于流动质押的性质,学界有所争议,主要有新型动产质权说、新型担保物权说、新型金融担保业务说等观点。[②] 笔者赞成新型金融担保业务说,流动质押是在动产质押的传统公示体系之下的创新之举,与一般动产质押的公示并无本质不同。因此,企业破产程序中的流动质押的清偿顺位,也一并遵循动产质押的普遍适用规则。

容易引发争议的是,动态质押标的物不同于一般动产质押中的特定物,流动质押常常针对可替代的种类物标的,如同型号的钢材等动产,但此项约定亦未违反物权法法理中的特定性原则,即动态质押通过确定标的物的数量、标准或价值等而予以标的物范围的特定化,是一种着眼于质权人设定动态质押目的的特定化,并不拘泥于实体物上的机械的标的物特定。也就是说,通过合目的性解释,动态质押标的物能够被纳入物权标的物特定化的框架内。所以,即使不同的标的物在第三方监管人的仓库发生混同,只要监管人能够妥善保管并依约交付协议确定之标准的标的物时,即符合监管责任的要求。但第三方必须严格对质物进行实质监管,尤其对于租借外部仓库的情形,债权人作为委托方也应加强核查,我国于2012年后发生的“钢贸危机”对此提供了重要的警示。[③] 可以说,严格监管是动态质押的关键,动态质押标的物“特定化”的维持有赖于第三方实施的有效的监管。根据我国《担保制度司法解释》第55条第1款的规定,倘若监管人违约向出质人发放质物,或因管理不善导致质物被错误提货抑或质物实体上毁损灭失,质权人可依据监管协议向监管人追究违约责任,出质人对此无过错的,

① 参见孙鹏、邓达江:《动产动态质押的裁判分歧与应对路径》,载《河北法学》2020年第8期。

② 参见云晋升:《动态质押中的权利冲突及解决》,载《北京理工大学学报(社会科学版)》2020年第5期。

③ 在“钢贸危机”中,钢贸企业与银行、大型国有企业和上市公司之间的融资交易在很多情况下采用质押的方式,并且是变通质押(第三方协议监管)的方式。这是因为,在钢贸融资中,钢贸企业向银行贷款时,受经营范围、场地等限制,银行接受钢材质押时,几乎都不实际占有质物,而是将其存放于钢材市场中,采用第三方仓储物流企业协议监管的方式实现对质押物的占有。但由于监管流于形式、银行疏于核查、担保信息未能共享等原因,钢贸企业往往以同一批钢材向不同银行重复质押,导致纠纷发生时多位债权人对同一批钢材均主张质权的情形时有发生。参见王乐兵:《担保法专论》,对外经济贸易大学出版社2018年版,第183页。

质权消灭，质权人不得向出质人追究法律责任。当监管不力，标的物的特定性丧失之后，动态质押也将消失，权利人因丧失担保物权的私法实体权利的依据，而不得在债务人破产程序中主张就特定担保物优先受偿。

3. 金钱质押的成立要件

担保物权以特定物的交换价值为权利人优先受偿权的保障，①质权亦不例外，但对于种类物，如金钱，如果能够通过一定的法律技术实现特定化，也存在成为质权标的物的可能性。金钱，即货币，作为法定流通工具，它是一种特殊的动产类型，受市场交换中一般等价物的基本功能的限制，应当适用"占有即所有"规则，以满足其高度流通性的需求。② 但这一规则可以由当事人约定排除，并须采取一系列金钱特定化的配套方式，以实现将金钱作为质物等设定担保物权的目的，此时的金钱质押仍然为动产质押，与债权质押等权利质押类型不同。金钱特定化的方法有多种，如可以将纸质货币之上的编码逐一记录下来，避免与占有人所有的其他货币混同一并处分，特定化的纸质货币转化为封金，或者可以通过专用账户的形式实现货币的特定化，占有人无权动用专用账户中的资金，抑或有义务维持专用账户中资金价值的不变。前者将金钱固定化，而后者在一定条件下允许资金的流动。③ 根据我国《民法典》第429条的规定，质权的设置前提在于出质人应交付质押财产，金钱特定化形成的封金可以向质权人进行实物交付，而专用账户的交付可以采取转移账户控制权的途径。

除此之外，我国司法实践中还存在保证金账户的做法，银行等金融机构债权人为了保障借贷资金的安全，要求债务人于债权人处开立专用账户，存入一定金

---

① 在罗马法上曾承认得以不特定物之代替物为质权的标的物，以此种不特定物设定的质权称为不规则质权。这种不规则质权，是由质权人先取得质物的所有权，到债务人履行债务时，再以同种同量之物返还给出质人，但现代各国法律上一般不承认这种不规则质权。参见郭明瑞、房绍坤：《担保法》(第3版)，中国政法大学出版社2015年版，第163页。

② 我国《最高人民法院关于银行、信用社扣划预付货款收贷应否退还问题的批复》规定：根据《中华人民共和国民法通则》第72条的规定，一方当事人按照合同约定将预付货款汇入对方当事人账户，对方当事人即取得该款项的所有权，但是双方当事人另有约定的除外。预付款人将预付货款汇入对方当事人账户后，即丧失了该款项的所有权。因此，该款项被银行、信用社或者其他金融机构扣划还贷后，预付款人无权向银行、信用社或者其他金融机构请求返还。人民法院在审理这类经济纠纷案件时，不应当将银行、信用社或者其他金融机构列为第三人参加诉讼。

③ 我国已失效的《担保法司法解释》第85条规定："债务人或者第三人将其金钱以特户、封金、保证金等形式特定化后，移交债权人占有作为债权的担保，债务人不履行债务时，债权人可以以该金钱优先受偿。"其遵循的法理仍具有可适用性。

额的保证金作为保全债权的质物,当债务人违约之后,债权人可以根据合同约定扣划该专用账户内的资金以优先受偿。保证金专用账户中的资金实行专款专用,账户中的货币金额不能随意变动,与债务人的一般结算账户不同。[①] 其中,保证金账户中金钱的特定化是关键,即使出现了账户内资金的流动,只要不影响金钱的特定化,且账户仍在债权人的控制与管理之下,都不影响其质押的法律定性。[②] 我国《担保制度司法解释》第70条明确规定了保证金账户构成担保物权的效力,债权人可以在特定情形下主张就该账户内的款项优先受偿。保证金账户中的货币实现特定化后,质押权成立,当债务人步入破产程序后,质权人须遵循破产程序中担保物权的实现程序优先受偿,其受到破产法体系强制力的束缚,如适用破产自动中止规则、由破产管理人变现担保物等,因此,债权人依据保证金合同所享有的直接扣划保证金账户资金的权利因债务人破产事宜而被取消。

有学者认为,无论设立专用账户还是保证金账户,债权人对相关金钱的控制不只是占有,金钱存入相关账户之后,债务人即丧失对金钱的所有权,债权人与债务人之间只产生债之关系,不会形成具有对抗善意第三人的质权。[③] 需要明晰的是,现代动产质押摆脱了机械、僵化的实物占有的形式,而强调事实上对标的物的控制,债务人对于进入特定账户中的金钱并未丧失所有权,只是因失去控制权而实际被限制了处分权,专用账户或保证金账户符合转移特定化货币的控制权之广义占有的特征,其作为质押标的物的资格应被肯认。对特定范围金钱的控制权成为标的物特定化的"密钥",控制是一种可作用于无形标的物之上的物权公示方法,并兼顾了部分特殊的有形动产的最新实践公示需求,其灵活性与安全性的特点契合了金钱数字化的发展趋势,与传统的有形动产之上的占有公示方法形成对比,可以视为占有公示的现代演化。控制的方式超越了占有对权利客体的有形支配的外观,又弥合了登记的权利人对自身权利实时状况的漠视,能够充分实现权利人对权利本身的事实上的管理与控制的目的。[④] 完成标的物控

---

① 譬如,我国《最高人民法院关于审理期货纠纷案件若干问题的规定》第59条第1款规定:"期货交易所、期货公司为债务人的,人民法院不得冻结、划拨期货公司在期货交易所或者客户在期货公司保证金账户中的资金。"

② 参见2015年11月19日最高人民法院审判委员会发布的第54号指导案例"中国农业发展银行安徽省分行诉张某标、安徽长江融资担保集团有限公司执行异议之诉纠纷案"。

③ 参见尹田:《物权法》(第2版),北京大学出版社2017年版,第581~582页。

④ 参见耿林:《论银行账户担保的控制公示方法》,载《法学杂志》2020年第2期。

制权移转即可成立金钱质押，权利人在债务人破产程序中可享受担保物权的优先受偿待遇。不同于金钱特定化的专用账户或保证金账户的形式，实践中存在的理财账户质押、出口退税账户质押、附属于收费权质押的收费账户质押等账户质押，[①]账户内的金钱处于浮动与开放的状态，没有完成特定化，因此，账户质押应当属于权利质押的范畴而非动产质押。[②]

（四）担保物权预告登记的法律效力

预告登记具有保全债权、顺位保留与破产保护的多重效力，其效力的发挥有赖于预告登记向本登记转化的渠道的畅通。基于破产法尊重私法实体规范理念的考量，破产程序中担保物权预告登记的效力应得以维持，并进行“加速”转化处理。

1. 预告登记的制度价值

预告登记制度正式确立于德国《民法典》，其第 883 条第 1 款规定，在土地物权的设立过程中，为以变动物权为目标的债权请求权人提供临时担保手段，并保全其权利的未来顺位，在土地登记簿上特设预告登记制度。[③] 预告登记的发生场景是债权人意图依约进行的不动产物权变动的客观条件尚不具备，债权人只享有对未来物权的期待权，法律为保护债权人的预期利益而特设预告登记制度。[④]即使债务人违背约定对已预告登记的标的物进行处分，对于预告登记权利人而言，该处分在与其请求权内容相冲突的范围内也不产生效力（德国《民法典》第 888 条），以此实现对权利人的保护。瑞士《民法典》第 961 条也规定：“不动产登记簿中的预告登记，不妨碍后顺位的权利登记。”[⑤]但权利人也可以通过追认，同意违反预告登记的处分行为，并使该处分对已生效，预告登记的担保作用也因之终止。[⑥] 由此，预告登记以登记的公示手段，使以变动物权为目的的债权请求权

① 参见罗小红：《账户质押法律问题研究》，载《法学杂志》2008 年第 4 期。

② 参见刘保玉：《我国特别法上的担保物权之规范梳理与立法改进》，载董学立主编：《担保法理论与实践》（第 1 辑），中国法制出版社 2015 年版，第 65 页。

③ 参见［德］鲍尔、［德］施蒂尔纳：《德国物权法》（上册），张双根译，法律出版社 2004 年版，第 416 页。

④ 参见孙宪忠等：《物权法的实施》（第 1 卷：物权确定），社会科学文献出版社 2013 年版，第 87～88 页。

⑤ 《瑞士民法典》，于海涌、赵希璇译，法律出版社 2016 年版，第 329 页。

⑥ 参见［德］M. 沃尔夫：《物权法》（第 2 版），吴越、李大雪译，法律出版社 2004 年版，第 213 页。

产生了一定的物权效力,预告登记使债权成为具有物权性的期待权。[①] 预告登记保全债权的效力在于针对第三人的对抗力,使该债权在一定程度上具有了物权的排他效力,是债权物权化的表现形式之一。[②] 对于采登记对抗主义的物权类型而言,如果债权人进行了预告登记,其物权则实质可以产生对抗第三人的效力。[③]

预告登记以当事人合意约定相关登记事宜为要件,其以赋予债权人于未来获得物权效力为目标,但在预告登记阶段,权利人尚未取得物权,其债权人的法律地位并未被改变,因此,预告登记的制度主旨决定了其只能为暂时性的存在,当其制度目标实现,预告登记即转为本登记,预告登记即消灭。[④] 这也是预告登记与本登记的主要区别,本登记具有终局、确定的法律效力,所以其又被称为终局登记,预告登记无此终局效力。[⑤] 根据我国《民法典》第 221 条的规定,预告登记只适用于当事人签订不动产物权协议的情形,法定预告登记被排除在外,不动产抵押权可以进行预告登记,包括预售商品房抵押权、现房抵押权、土地使用权抵押权等不动产抵押权的预告登记情形。预告登记后,在能够进行本登记之日起 90 日内未申请登记的,预告登记失效。同时,我国《民法典》第 221 条采取了绝对不发生物权效力的做法,对于权利人以及权利人之外的第三人,均不具有物权变动的效力。我国《民法典》对债务人违反预告登记的处分行为效力的评价,无疑减少了实践中的争议,便于司法实践的统一适用。而且,不动产的预告登记事项可被公开查询,具备了公示的绝对影响力,第三人受此制约也符合公平原则,不会破坏交易安全。

我国民事立法针对预告登记的主要问题在于,未明确规定其顺位保留的效力,容易造成司法适用的混乱。虽然我国民事立法对违反预告登记的处分行为采取了绝对无效的规则,但根据抵押权的原理并不禁止重复抵押的情形,甚至为了发挥担保物权的价值,立法还鼓励重复抵押的行为。若承认预告登记的顺位

---

① 相对于既得权,期待权包括物权性的期待权和债权性的期待权。前者是指取得物权的某些要件已经实现,而剩下的条件若实现即可取得物权的期待状态。就其消极方面而言,取得物权的过程尚未完成,所期待的物权尚未取得;就其积极方面来说,物权的取得已经进入完成的过程,当事人已经有所期待。参见崔建远:《物权:规范与学说——以中国物权法的解释论为中心》(上册),清华大学出版社 2011 年版,第 35 页。

② 参见郑云瑞:《物权法论》,北京大学出版社 2011 年版,第 108 页。

③ 参见冉克平:《物权法总论》,法律出版社 2015 年版,第 399~400 页。

④ 参见郭明瑞:《物权法通义》,商务印书馆 2019 年版,第 51~52 页。

⑤ 参见程啸:《不动产登记法研究》,法律出版社 2011 年版,第 46 页。

保留效力，预告登记的不动产再次抵押，对享受在先顺位的预告登记抵押权人而言并无不利影响，绝对无效的规则适用于不动产抵押权的预告登记没有意义，所以，预告登记的顺位保留效力仍有确立的必要。① 顺位保留效力可以从预告登记的债权保全价值主旨中通过法理推论出来，预告登记的顺位保留效力是债权人对抗其他主体进行冲突性本登记的前提，预告登记具有物权的排他效力，以此保护债权请求权的实现。如果预告登记的顺位在后续环节不予以保留，不仅在本登记阶段产生重复登记的问题，徒增登记成本，而且会使预告登记权利人无法否定违反预告登记的处分之受让人进行登记的物权效力，使预告登记保全债权的目的落空。而且，顺位保留效力在使预告登记权利人获得债权的充分保障的同时，也使其承受了预告登记标的物灭失的风险。

2. 担保物权预告登记的破产维持效力

在大陆法系国家，预告登记的法律效力主要体现在保全债权与顺位保留的双重作用中，而其功能的发挥主要在于向物权转化的面向。预告登记的顺位保留作用集中展现在以预告登记的时间而非本登记的时间作为物权设立的时点，破产法应尊重非破产法实体规范的内容，是否纳入破产撤销权的破产临界期的判断时间也应当从预告登记之时开始计算，这无疑赋予了预告登记债权人一定程度上摆脱破产撤销权的“特权”，而且，债务人破产程序中预告登记效力的维持，也限制了破产管理人对双方均未履行完毕合同的选择履行权，管理人不能拒绝履行被预告登记所担保的债权。② 在德国，预告登记还具有破产保护功能，但其只是保全债权人取得物权的优先权而不是优先受偿权，即于债务人破产程序中促进预告登记向本登记的转化，而非直接将预告登记的债权视为物权。③ 德国《破产法》第 106 条规定，已进行预告登记的债权人，在债务人破产后，仍可以向破产管理人请求债权的实现，债务人对该债权人还负有其他义务且未履行的，也一并适用此规则。这也是债权人进行预告登记的主要目的，即预告登记所保护的债权能够从债务人承担的其他债务中独立出来，在债务人破产程序中被赋予优先受偿的地位。④ 所谓的预告登记能够发挥完全法律效力的关键在于，其在破

---

① 参见程啸：《担保物权研究》，中国人民大学出版社 2017 年版，第 296 页。

② 参见[德]M. 沃尔夫：《物权法》（第 2 版），吴越、李大雪译，法律出版社 2004 年版，第 215 页。

③ 参见孙宪忠：《德国当代物权法》，法律出版社 1997 年版，第 154 页。

④ 参见武立宏：《不动产登记法律制度要论》，中国政法大学出版社 2015 年版，第 182 页。

产程序中能够继续按照既定的方向与轨道向本登记转化,只是破产赋予其以“加速度”。申言之,破产程序本身应当不具有阻碍预告登记转向本登记的破坏力,物权立法对违反预告登记的处分行为的无效评价,也应通过解释覆盖破产管理人对标的物的处分行为,而且债务人破产的事实使办理本登记的条件提前成就,可以加速预告登记向本登记的转化。预告登记使债务人对标的物的处分权能受限,倘若破产法不肯认预告登记的效力,债务人被限制的处分权将因其破产程序的启动而恢复,它不仅极大影响了预告登记制度的价值,也造成了破产程序内外适用法律规范的巨大隔阂,为当事人不当利用破产程序以追求不合理的利益提供了诱因。[①] 我国破产法未对担保物权的预告登记效力进行评价,结合比较立法例,对于破产程序中已进行预告登记的被担保债权的处理,从法理上可以采取阶段论的分析视角,视预告登记之被担保债权所处的具体阶段而定。

具体而言,在债务人的破产程序启动后,就债务人的特定财产所设置的担保物权的预告登记尚未转为本登记的,法院受理破产申请裁定作出即视为预告登记转为本登记的条件具备,预告登记权利人可以向破产管理人申请进行本登记。在破产程序中担保物权受到自动中止限制的情况下,预告登记权利人申请进行本登记的权利亦不受影响,因为预告登记权利人在进行本登记前所享有的只是具有物权性质的债权,并非完美的担保物权,况且限制担保物权人的行权时间是基于破产程序进行的需要,而预告登记转为本登记的行为本身不会影响破产程序的进展。在担保物权的预告登记人进行本登记之后,其所享有的债权将成为正式的物权担保债权,此时方可享有担保物权人在破产程序中的权利,并负担担保物权人在破产程序中的义务。综言之,预告登记的基本功能是保全债权的实现,在破产程序中以加速到期的方式延续并维护预告登记权利人进行本登记的权利,这在根本上意味着预告登记的法律效力在破产程序中被予以认可,在破产程序中预告登记权利的处置将由其转为本登记后的权利形态所决定,或为基于所有权的破产取回权,或为基于担保物权的破产别除效力,在预告登记转化为本登记之前,预告登记权利人有权对抗破产管理人对预告登记的标的物的处分行为。当然,以上针对担保物权之预告登记的处理进路仅以登记的特定物于破产程序中尚存在为前提,倘若标的物已于事实上毁损或在法律上不存在,由于预告

① 参见任一民:《期房交易合同在破产法上的效力研究》,载《法律适用》2016 年第 5 期。

登记转为本登记的目的就在于通过将债权转化为物权,以物权效力保护债权的实现,特定的标的物灭失,债权人进行预告登记的目标已然落空,因失去登记所指向的特定物,预告登记无法转为本登记。此时,权利人只能向债务人主张违约损害赔偿,并在破产程序中与普通破产债权处于同一清偿顺位。[①] 我国《担保制度司法解释》第 52 条第 2 款明确承认了预告登记的抵押权人在抵押人破产程序中就抵押物的优先受偿权,但也将预告登记的设立纳入破产撤销权的破产临界期内,在破产程序启动前一年内,债务人对没有担保物权的债务设立抵押预告登记的,将属于破产可撤销的增设物保的行为,而得以被破产管理人撤销。

二、物权体系内担保物权的竞存

物权优先原则可以分为内部与外部两个作用方向。于外部而言,主要针对普通债权。就物权内部来说,依据物权的排他性,多项并存的物权内部的权利实现也须呈现差序格局,物权的公示时间成为构成互有关联的物权优先顺位相区别的核心基准,即便物权的类型与内容完全相同,其权利的实现仍然可以保持良序,同时,物权内部优先原则使一物得以承载多重物权而最大限度地发挥物之效用,但根据在先顺位的担保物权的优先受偿力,后顺位担保物权的受偿利益遭受严重影响,甚至仅余担保物权之名,而无优先受偿之实,市场交易的理性主义决定了一物之上负担的担保物权不会太多。[②] 担保物权的竞存是历史的产物,在罗马法信托质的时代,以担保物的所有权担保并可充抵被保全的债权,难以产生担保物权的竞存,而在近现代社会,随着禁止流担保约定、不转移占有型的担保物权类型兴起等一系列制度规则的适用,担保物权的竞存才真正成为问题。[③] 担保物权于债务人破产程序中也是如此,企业破产程序中担保物权的竞存体现了担保物权的对内效力,而担保物权与物权之外的权利类型,尤其是普通债权之破产清偿顺位之比较,则涉及的是担保物权的对外效力问题。同一标的物上同时负担两项以上的担保物权时,应遵循破产法尊重私法实体规范的理念,依据私法实体规范确立各项破产程序中担保物权的清偿顺序,以保证破产公平价值的实现

---

① 参见王荣珍:《不动产预告登记制度研究》,人民出版社 2015 年版,第 205 页。

② 参见常鹏翱:《物权法的基础与进阶》,中国社会科学出版社 2016 年版,第 321 页、第 330 页。

③ 参见徐海燕、李莉:《物权担保前沿理论与实务探讨》,中国法制出版社 2012 年版,第 35 ~ 36 页。

与破产程序的顺畅进行。[①]

（一）同类型担保物权之间的竞存

根据我国《民法典》的规定，我国担保物权的法定类型主要包括抵押权、质权、留置权，以及所有权保留、融资租赁、有追索权的保理，而传统的非典型担保形态由于采取了权利让与的担保方式，同类型权利之间竞存的可能性很小，有必要深入探究的主要是典型担保物权类型的竞存问题。

1. 抵押权之间的竞存

抵押权之间的竞存，因物权变动的立法模式的差异而增添了更多的复杂性，包括采取登记生效主义的不动产抵押权，以及采取登记对抗主义的动产抵押权。依据我国《民法典》第 414 条的规定，无论登记公示对于具体抵押权类型的效力如何，一律以登记作为确立抵押权之间清偿顺位的主要标准，并结合登记时间的要素辅助判断。已登记的抵押权优先于未登记的抵押权受偿，当电子化登记系统被普遍采用并于实践中普及之后，一般不可能存在抵押权登记时间完全相同的情形，能够区分出抵押权登记的先后时点。竞存抵押权均登记的，以登记时间的先后受偿；抵押权均未登记的，譬如，未依法设立的不动产抵押权与已合意成立的动产抵押权，二者在均不具有对抗力的层面是一致的，按照各自的债权比例平等受偿。对于其他可以登记的担保物权，如所有权保留、融资租赁、有追索权的保理等传统民法上被视为非典型担保的方式，我国《民法典》赋予了其通过登记参照适用担保物权规则的合法性资格，其与担保物权性的权利竞存的，也一并适用抵押权的冲突规则。我国《民法典》第 414 条第 1 款规定了抵押权相互之间的清偿顺位，第 2 款为其他担保物权以及非典型担保合同适用第 1 款规则提供了指引，使第 1 款的适用范围大为扩张，弥补《物权法》上的漏洞，如《物权法》上未规定登记的数个权利质权的清偿顺位规则。也就是说，我国《民法典》统一以取得对抗第三人效力的时间先后来判断竞存的担保物权之间的优先顺位，其适用不以相关权利人的善意为前提。[②]

对于动产抵押权之间的竞存，即使抵押权人登记时已明知另一方抵押权人已先行合意设立了抵押权，只是尚未登记，仍不影响登记在先者优先的规则适

---

① 参见王欣新：《破产别除权理论与实务研究》，载《政法论坛》2007 年第 1 期。

② 参见高圣平：《民法典动产担保权优先顺位规则的解释论》，载《清华法学》2020 年第 3 期。

用，采用登记对抗主义的动产抵押权的登记虽不具有担保物权的形成力，但在优化营商环境的社会经济背景下，消灭隐形担保、维护交易安全的立法政策体现出对之鼓励的鲜明态度，此时的先登记者难谓恶意，其主观状态与抵押权的清偿顺位无涉。

对于动产浮动抵押而言，我国《民法典》第396条予以认可，在浮动抵押物上，抵押人又将其中的部分动产设定了动产抵押的，浮动抵押与动产抵押权竞存时采取何种处理方式？我国《九民纪要》第64条实质上主张可以适用《民法典》第414条的抵押权竞存规则，登记在先的浮动抵押将优先于登记在后的动产抵押，我国立法中浮动抵押的担保物权效力并未被降等。而且，需要注意的是，于浮动抵押物上设立动产抵押的权利人与我国《民法典》第404条规定的正常经营活动中的买受人不同，其不享有第404条赋予买受人的“超级优先权”。

抵押权的顺位冲突规则可以为市场主体预先建立合理的利益预期，以至于可以在抵押权甚至被保全的债权产生之前，即可依据担保权益的内容预判相应的对价。在实践中，受到后顺位抵押权担保的借贷债权，其借贷条件更为苛刻，往往意味着更高的利率与债权人严格的监控，甚至在德国，债权人有时不支付足额贷款，而是事先扣除“贴水”（Damnum），也称为“减水”（Disagio），即预计的后顺位抵押权的风险费用。[①] 可见，抵押权的清偿顺位代表着实质性的担保利益，不同顺位的抵押权人可享受的债权保障存在很大的差异。有学者认为，在抵押权顺位竞争中处于劣势的抵押权，相较于优先顺位的抵押权，将沦为相对权，就此意义而言，担保物权也可能具有相对性。[②] 笔者认为此观点不妥，尤其在抵押权顺位未采取固定主义立法模式的情况下，后顺位抵押权不排除因前顺位抵押权的意外变动而获得顺位升进的可能利益，竞存抵押权的清偿只是顺位的差别，而不存在相对性之理。在竞存抵押权的实现环节，无论是先顺位抵押权人，还是后顺位抵押权人申请拍卖抵押物的，顺位最先的抵押权人均得以优先受偿，其抵押权实现条件未成就的，可以提存其优先受偿的款项，但在债务人破产程序中不存在这一问题，债务人作为抵押人的所有抵押权于破产程序中均“加速”成熟。[③]

---

① 参见［德］鲍尔、［德］施蒂尔纳：《德国物权法》（上册），张双根译，法律出版社2004年版，第336～337页。

② 参见唐义虎：《担保物权制度研究》，北京大学出版社2011年版，第237页。

③ 参见姚瑞光：《民法物权论》，中国政法大学出版社2011年版，第144页。

关于抵押权顺位的变更原则，由于德国《民法典》第 1163 条第 1 款规定了所有人抵押制度，其适用前提与基础在于抵押权的顺位固定原则，所以，可以视为德国《民法典》实质上采纳了顺位固定原则，在先顺位抵押权消灭后，后顺位抵押权不能递进，只能由抵押物的所有人取得被消灭的抵押权之优先顺位。与德国民事立法不同，瑞士《民法典》第 814 条第 2 款虽然明确规定采取抵押权顺位固定原则，但在先顺位的抵押权位置并不能为所有人享有，而适用空白担保位置制度，保留被消灭的先顺位担保位置，不动产抵押物的所有人可以另行设定新的抵押权填补空白位置，同样实现所有人抵押制度的目的，但在新抵押权设定之前，抵押物变价的，所得价金由各抵押权按顺位受偿，实质上发生了顺位升进的效果。① 抵押权顺位固定主义产生于投资型的抵押权立法体系中，顺位升进主义的立法体系强调抵押权传统的保全债权的功能，凸显了抵押权的附属性，适用何种主义主要看孕育其制度的立法规范背景。② 在不实行所有人抵押制度的国家，没有必要采取抵押权顺位固定主义原则，而顺位升进主义是大部分大陆法系国家采用的方式。日本、法国的民事立法，均坚持担保物权的附随性，被担保的债权消灭的，抵押权一并消灭，后顺位抵押权升进。③

我国民事立法仍坚守着抵押权保障债权的传统功能，立法没有确立所有人抵押的合法地位，抵押权顺位升进主义更适合我国。根据我国《民法典》第 409 条的规定，抵押权顺位适用升进主义原则，抵押权人可以放弃抵押权或顺位利益，也可以协议变更抵押权顺位，但变更未经其他抵押权人同意的，不得对其产生不利影响。第 409 条第 2 款规定的抵押权人放弃顺位利益的，其他担保人在抵押权人丧失优先受偿的财产利益的范围内免除担保责任的规定，也印证了抵押权顺位主义的立法原则。抵押权顺位的变更与抛弃可以使抵押权人对抵押物之交换价值的利用更为灵活，满足其调整复杂的利害关系的目标，只是其他抵押权人不受不利影响即可。④ 抵押权的顺位升进不会损害普通债权人的利益，而且符合后顺位抵押权人的合理期待，其不构成不当得利，否则，后顺位抵押权在抵押

---

① 参见郑云瑞：《物权法论》，北京大学出版社 2011 年版，第 331～332 页。

② 参见高圣平：《担保法论》，法律出版社 2009 年版，第 348 页。

③ 参见程啸：《担保物权研究》，中国人民大学出版社 2017 年版，第 363 页。

④ 参见王泽鉴：《民法物权》，北京大学出版社 2009 年版，第 362 页。

物升值之外往往难以具备就抵押权受偿的机会。① 得与失的不确定性兼具，方是风险的实质性内涵，如果采取顺位固定主义，一定程度上消除了后顺位抵押权人对得之可能性的期盼，影响其风险的预期，进而将对担保信贷市场上重复抵押的发展造成阻碍。在债务人破产程序中，还存在另一种消灭顺位在先抵押权的方式，即破产管理人通过行使破产撤销权而依法撤销了在先抵押权，后顺位抵押权人依据顺位升进规则因之获得了实在的财产利益，这也成为担保物权人积极申请债务人破产的动因之一。②

2. 质权之间的竞存

除权利质权之外，质权往往针对动产有体物，而不动产之上往往适用严格的登记制度，可以设立抵押权，不仅与质权的占有公示方式不同，而且没必要再同时采取转移标的物占有的相对效率低下的不动产质权方式，混用不动产抵押权与不动产质权，将使二权的界限更为模糊。③ 动产质权是一种占有质，质权人有权占有质物，除此之外，质权人原则上不得对质物进行使用、收益。虽然我国《民法典》第 430 条规定质权人有权收取质物的孳息，但质权人也只能就孳息满足保全债权的目的，而不得收益。④ 占有于动产质权有着特殊的意义，不仅于质权人而言构成公示方式，也成为质权人之债权受偿的重要手段，通过转移质物的占有，对出质人使用质物造成不便，并对出质人形成心理压迫感，时刻警示其积极履行债务以收回质物。⑤ 日本法中的不动产质权是一种利息质，而非占有质，根据日本《民法典》第 356 条的规定，不动产质权人可以享有质物的收益以充抵债务，当收益超过本金的利息时，标的物将自动消灭担保负担以返还所有人处，而二者相等时，不偿还本金，担保负担将永远持续。在金融业蓬勃发展的今天，金融债权人只关注担保物的保全债权的价值，基于专业性的限制，债权人难以对不动产质物进行收益，不动产质权已然式微。⑥

---

① 参见王利明：《物权法研究》（第 4 版），中国人民大学出版社 2016 年版，第 1203 页。

② 参见［美］查尔斯·J. 泰步：《美国破产法新论》（第 3 版），韩长印、何欢、王之洲译，中国政法大学出版社 2017 年版，第 514 ~ 515 页。

③ 参见王利明：《物权法研究》（第 4 版），中国人民大学出版社 2016 年版，第 1305 ~ 1306 页。

④ 参见崔建远：《物权：规范与学说——以中国物权法的解释论为中心》（下册），清华大学出版社 2011 年版，第 865 页。

⑤ 参见费安玲、刘智慧、高富平：《物权法》，高等教育出版社 2011 年版，第 460 ~ 461 页。

⑥ 参见［日］我妻荣：《我妻荣民法讲义Ⅲ：新订担保物权法》，申政武、封涛、郑芙蓉译，中国法制出版社 2008 年版，第 5 页。

动产质权因移转对质物的直接占有而设立，不会在同一物上产生两项以上的质权，但对于依指示交付等间接占有方式设立质权的，可能会产生一物数质的情况，而直接占有与间接占有均为动产质权的公示方式，其公示效力没有区别，成立时间在先的质权优先，但依据善意取得制度而后成立的质权可以推翻先成立质权的优先顺位。[①] 除此之外，还存在因转质造成的质权竞存之情形。转质是质权人将质权与被担保的债权一并出质于转质权人的行为，其法律性质可以被界定为应收账款质押。[②] 转质的正当性在于，在质权实现条件成就前，它可以使质权人固定在质物上的资金被再次利用。[③] 转质分为以自己责任的责任转质与获得出质人同意的承诺转质两类。我国《民法典》第434条只是规定了未经出质人同意转质，质物因之受损的，质权人的法律赔偿责任，但未明确我国立法认可何种转质。通过采取反对解释的视角，质权人可以在获得出质人同意的情况下转质，贯彻了私人自治原则，但对责任转质的情形缺乏禁止性规定，可以认为我国民事立法中也存在责任转质的空间，只是质权人可能会因之担责。[④] 相较而言，日本《民法典》第348条、第350条分别规定了责任转质与承诺转质。责任转质受有重大限制，要求原质权人可以转质的担保价值必须在原质权的担保价值范围内，而承诺转质不受此制约。[⑤] 而且，由承诺转质产生的转质权与原质权相互独立，转质权优先于原质权实现，转质权的成就条件与原质权人的债权是否已届清偿期或是否已被清偿无关。[⑥] 因此，就转质而发生的质权竞存专指转质权与原质权的冲突，质权人受到其处分质物的意思表示的束缚，转质权优先于原质权，不同转质的类型只是转质的担保价值不同，不影响转质权的优先顺位。

由于权利质权类型采取了登记、背书等多样化的公示方式，与动产质权单一的占有公示方法不同，所以权利质权的竞存规则与动产质权差异较大，登记公示

---

① 参见唐义虎：《担保物权制度研究》，北京大学出版社2011年版，第239～241页。

② 参见曹士兵：《中国担保制度与担保方法——根据物权法修订》，中国法制出版社2008年版，第312页。

③ 参见[日]我妻荣：《我妻荣民法讲义Ⅲ：新订担保物权法》，申政武、封涛、郑芙蓉译，中国法制出版社2008年版，第137页。

④ 参见王利明：《物权法研究》（第4版），中国人民大学出版社2016年版，第1319页。

⑤ 参见[日]我妻荣：《我妻荣民法讲义Ⅲ：新订担保物权法》，申政武、封涛、郑芙蓉译，中国法制出版社2008年版，第143页。

⑥ 参见郭明瑞、房绍坤：《担保法》（第3版），中国政法大学出版社2015年版，第167页。

的多项权利质权的竞存更多地可以参照适用抵押权之间的竞存规则,而权利质权人转质的,可一并适用动产转质权的优先顺位规则。动产与权利质权的竞存顺位规则,于债务人破产程序中保持不变。

3. 留置权之间的竞存

当留置权人留置标的物之后,留置权成立,在留置权实现条件成就之前,留置权人可能将标的物交由他人保管、储存或进一步加工、修理等,从而留置权人只保留对留置物的间接占有,因权利人仍对标的物享有返还原物的物权请求权,留置权不受影响。当留置权人因未履行对他人的保管费、仓储费、加工费、修理费等债务,而被他人留置标的物,即发生留置权的竞存。① 关于此时留置权的竞存处理规则,应当遵循留置权优先于意定担保物权的法理,即对留置物进行维护、修理,提升了留置物价值的留置权人,应当优先受偿,即使竞存的留置权人均为增进留置物的价值作出了相应的贡献,考虑到成立在先的留置权人对于后成立的留置权人存有违约行为,具有一定的可归责性,而后者对于前者没有做出任何不妥的行为,后成立的留置权始终应当优先于先成立的留置权就标的物优先受偿,当债务人破产后,留置权的竞存顺位得以维持。

(二)不同类型担保物权之间的竞存

抵押权、质权与留置权三者之间,由于公示方法不同,主要存在就同一标的物的动产抵押权与动产质权的竞存、留置了抵押物或质物的留置权与其他担保物权的竞存等行权冲突问题,笔者将对此进行探析。

1. 抵押权与质权竞存

抵押权与质权的物权公示方式不同,基于同一动产标的物,可能发生动产抵押权与质权的竞存,此时,抵押物与质物发生了重合。我国原《担保法司法解释》第 79 条第 1 款规定同一财产之上并存的已登记的抵押权优先于质权,我国原《物权法》没有相应的规定,而我国《民法典》第 415 条规定抵押权与质权竞合的,标的物的变价款按照公示的时间先后确立清偿顺位,相当于《民法典》修正了原

① 参见唐义虎:《担保物权制度研究》,北京大学出版社 2011 年版,第 245 ~ 246 页。

《担保法司法解释》视登记的公示效力优于占有交付的规则,①而将二者的公示效力等同视之,并适用公示在先、担保物权顺位在先的统一规则处理二者的竞存问题。需要辨别的是,动产抵押权的成立时间往往与其产生对抗力的时间不一致,后者是抵押权登记的时间,当动产抵押权尚未登记时,因不具有对抗力,无须再与质权比较公示时间,质权直接取得优先顺位。我国《九民纪要》第 65 条规定未办理登记的动产抵押权因已设立,故优先于未设立的质权,这一观点是不合理的,没有公示的质权不成立,谈不上质权与动产抵押权的竞存,没有登记的抵押权因不具有对抗力,而处于与普通债权同样的清偿顺位,尤其在债务人破产程序中更无对抗破产债权之理,未设立的质权与未登记的动产抵押权应按照债权比例,与普通债权同顺位一并受偿。

2. 抵押权、质权与留置权竞存

我国《民法典》第 456 条确立了留置权优先于意定担保物权的规则,排除了公示时间在先、清偿顺位优先的原则的适用。留置权人优先的原因在于留置权人直接占有或控制了标的物,倘若不承认留置权人的优先顺位,意定担保物权人难以从留置权人处取得担保物来处分以优先受偿,且留置权所担保的债权与留置物一般具有直接关联,留置权人对标的物的保值与增值付出了劳动,增进了标的物的价值,使全体担保物权人均可能从中受益,应对留置权人这一施惠人给予优先顺位的待遇以平衡竞存的担保物权人之间的权益。② 还有学者提出,留置权属于费用型担保物权,而抵押权、质权等意定担保物权主要为融资型担保物权,二者虽然均为保全债权的实现,但所追求实现的债权类型不同,费用型债权中蕴含着劳动者权益保障的要求,费用型担保物权因之优先。③ 倘若留置权人不能优

① 有学者主张,考虑到提高物的利用效率、促进物尽其用,以优化资源配置,应当鼓励当事人以最能够提高物的利用效率的方式进行动产担保交易。从目前商业实践来看,以移转动产占有的方式完成的担保交易尤其没有效率。为此,可以在效力体系中适当提升非移转占有之担保权的效力,而给予移转占有的担保交易以较低的效力层次,从而促使当事人积极采用非移转占有的形式进行动产担保交易,以提高物的利用效率,更好地促进市场资金融通和工商企业的蓬勃发展。参见张晓娟:《动产担保法律制度现代化研究》,中国政法大学出版社 2013 年版,第 202 页。笔者认为此观点不妥,因为转移动产占有型的担保物权,如质权,在现代社会经济实践中已然发展出流动质押、权利质押等多样化的形态,在满足转移标的物占有的公示要求的同时,尽量兼顾了出质人对质物的使用需求,质权不代表着低效或无效,抵押权较质权并不具有天然的优势,而应选择将适用权交由市场主体理性判断,立法不宜过分干预。

② 参见郭明瑞:《物权法通义》,商务印书馆 2019 年版,第 413 ~ 414 页。

③ 参见张先贵:《物权基本原理研究》,合肥工业大学出版社 2018 年版,第 21 页。

先受偿，留置权人为保障自身债权，可能会采取要求定作人预支费用或交付保证金等预防措施，这将增加市场交易的费用。并且，留置权人所主张的费用债权往往只占标的物交换价值的一部分，留置权人优先受偿后，其他担保物权人还可以就担保物的剩余价值先后受偿，而其他担保物权人优先受偿的话，担保物很可能不会存有剩余价值供留置权人受偿，不利于担保物权人间的公平。① 留置权的优先顺位也是其他国家所普遍采取的立法例。② 留置权作为法定担保物权，其优先顺位亦为立法明确赋予，从而排斥当事人约定修改的权利。

然而，我国《民法典》第456条仅针对同一财产上意定担保物权设立在先，留置权成立在后的情形，对于债务人的违约行为导致其所有的标的物被留置的，即留置权最早成立，债务人又以指示交付等间接占有的方式在留置物上为第三人设立质押负担的，留置权公示在先，质权人往往也明知质物上既有的留置权负担，应承受由此造成的顺位不利益，留置权仍具有优先顺位。当留置权成立后，留置权人经标的物的所有人即债务人的同意，将标的物质押给第三人的，质权设立，虽然留置权公示在先，但质权根据留置权人的意思表示设立，可以推定留置权人愿意受到质权的限制，以实现其融资等目的。此时，应当认定质权优先于留置权受偿。即使留置权人未经过债务人的同意而设质，第三人善意的话，也可以通过善意取得制度获得质权，设立的质权仍优先于留置权。同理，留置权人于标的物上设立动产抵押权的情形，应当适用同样的留置权劣后受偿的规则。③ 当留置权人未经债务人同意而为第三人设立质权或抵押权，第三人明知此情况则为恶意，第三人的质权或动产抵押权不能成立，也就不涉及质权或抵押权与留置权的顺位冲突问题。④

3. 留置权显化的规制

我国民事立法的留置权不仅包括主要针对合同债权的民事留置权，而且涵盖了不必受留置动产与债权属于同一法律关系之限制的商事留置权，我国的留

---

① 参见王利明：《物权法研究》(第4版)，中国人民大学出版社2016年版，第1439～1440页。

② 譬如，根据美国《统一商法典》的规定，即使已知标的物上负担有担保权益，但依照商业交易习惯，付出了劳务或材料的成本，因债务人违约而留置标的物的留置权人，除立法另有规定外，留置权优先于已有效设立的担保权。See U. C. C § 9－1310.

③ 参见唐义虎：《担保物权制度研究》，北京大学出版社2011年版，第253～257页。

④ 参见李珏：《动产抵押法律制度研究》，中国社会科学出版社2019年版，第211页。

置权出现了显化的现象。[①] 在有些国家的立法中,留置权的效力进一步扩张,甚至可以专门适用于债务人资不抵债情形下的留置,可以豁免于破产撤销权的行使。[②] 虽然我国的留置权仍处于破产法体系强制力的约束下,但结合留置权所具有的相较于先成立的意定担保物权的优先顺位效力,为均衡担保物权人之间的权利效力,我国民事立法还对留置权施加了一系列限制措施。比如,留置权作为法定担保物权,不同于法定优先权的绝对禁止私人自治的要求,根据物权法定原则,当事人虽无权变更法律规定的留置权的效力,但可以通过约定事先排除留置权的适用,之后即便发生了法定的留置权的成立条件,债权人的留置权也不能成立,我国《民法典》第449条[③]对此予以规定。[④] 又如,担保物权具有不可分性,不论是否足额担保,担保物的全部价值担保各部分债权,各担保物担保债权的全部,以此增强担保物权对债权的保全功能。我国《民法典》第450条突破了担保物权的不可分性的限制,其规定当留置物为可分物时,留置权人不得过度留置标的物,留置物的价值应当与所保全的债权额相当。

(三)动产购置款抵押权人的超级优先顺位

主要针对浮动抵押制度,美国动产担保交易制度中存在的动产购置款抵押权(purchase money security interests,PMSI)具有超级优先顺位。[⑤] 动产购置款抵押权,主要是指用动产担保购买该动产的价款债权的担保物权形态,实质上是一种售后抵押权。其优先顺位的合理性在于动产购置款抵押权人通过向抵押人(债务人)发放贷款增加了债务人的责任财产,从而使债务人的全体债权人均得以受益,权利人这一普惠性的"利他行为"应获得清偿顺位方面的"奖励",况且,权利人本身即对标的物享有所有权,虽然获得了动产购置款抵押权的超级优先

---

① 参见董学立:《物权法研究》,中国政法大学出版社2010年版,第113页。

② 《瑞士民法典》第897条规定了"资不抵债"情形下成立的留置权,其规定:"1.即使债权尚未到清偿期限,如债务人资不抵债,则债权人也可以行使留置权。2.在债务人交付标的物后,债务人才变得资不抵债,或者债权人才知道债务人已经资不抵债,在这种情形下行使留置权,尽管将违反债务人的指示,或违反债权人按确定用途利用标的物之义务,债权人仍可以享有留置权。"参见《瑞士民法典》,于海涌、赵希璇译,法律出版社2016年版,第311页。

③ 我国《民法典》第449条规定:"法律规定或者当事人约定不得留置的动产,不得留置。"

④ 参见房绍坤、王洪平:《债法要论》,华中科技大学出版社2013年版,第124页。

⑤ See U.C.C § 9-324.

顺位,但相对于所有权的保障已然降级。[①] 其有利于债务人获取融资,无须提供额外的抵押物,而可以直接以所要购置的标的物作为担保物保障购置款债权即可。同时,动产购置款抵押权的本初目的在于打破在先的总括担保(如浮动抵押)创设的“优势垄断”(situational monopoly),这种不当的垄断地位将加剧债务人的资金紧张与经营困难的局面,不仅打压了企业债务人的利益,而且有损整体工商福祉。[②] 可以说,动产浮动抵押制度因其权利自动附着于债务人的未来财产之上,而存在阻碍债务人进一步融资的“原罪”,包括其过度担保的天然倾向与对债务人二次融资的破坏性。[③] 动产浮动抵押制度内部难以自我克服其负面效应,有赖于外部特设的担保物权制度与浮动抵押形成对抗,以限制动产浮动抵押对整个担保物权体系所产生的“副作用”。

我国《民法典》第416条对动产购置款抵押权清偿顺位的规定,突破了公示在先、顺位在先的担保物权竞存的统一原则,在宽限期内登记的动产购置款抵押权的效力溯及设立之时,且优先于买受人的其他担保物权人,即便后者公示在先,但留置权仍然除外。对我国《民法典》规定的留置权人优先于抵押权人就同一标的物受偿的内容进行体系化解释,其中的抵押权应当包括动产购置款抵押权,从中也可以得出动产购置款抵押权不得对抗留置权的结论,同时,留置权人在买受人购置的动产上往往附加了额外的价值或通过保值而避免动产价值的贬损,在法理层面,留置权人也应保持对动产购置款抵押权人的优先受偿权。作为例外情况,根据我国《民法典》第404条的规定,所有的动产抵押权,包括动产购置款抵押权在内,不得对抗正常经营活动的买受人,也就是说,当抵押物的第二买受人支付了合理价款并取得抵押物之后,无论动产购置款抵押权是否在10日的法定宽限期内依法登记,其不具有对抗第二买受人的优先效力,也不得优先于第二买受人的其他担保物权人受偿,以此保障正常经营活动中的消费者权益。动产购置款抵押权人的超级优先顺位在债务人破产程序中应获得尊重。处于债务人破产程序中的附加了动产购置款抵押权的债权清偿顺位也应延续留置权

---

① See Gerard McCormack, *Secured Credit under English and American Law*, Cambridge University Press, 2004, p.85.

② 参见谢鸿飞:《价款债权抵押权的运行机理与规则构造》,载《清华法学》2020年第3期。

③ 参见刘晶:《从美国购买价金担保制度看我国浮动抵押效力的合理限制》,载《学术交流》2020年第10期。

人、正常经营活动的买受人均优先于动产购置款抵押权人的既定私法规则，企业破产法自无特殊调整的必要。

《联合国国际贸易法委员会担保交易立法指南》（UNCITRAL Legislative Guide on Secured Transactions，以下简称《联合国担保交易立法指南》）规定动产购置款抵押权的范围，除狭义层面之外，包括出卖人对标的物保留的所有权、融资租赁的出租人对标的物保有的所有权情形，即采取了广义的动产购置款抵押权的视角。鉴于动产购置款抵押权所具有的强大的超级优先顺位，其范围不宜过度扩张，以避免破坏担保物权顺位的统一原则，我国《民法典》规定办理了登记公示的所有权保留与融资租赁可以参照担保物权的适用规则，并未明确将其纳入我国动产抵押权体系之内，且保留所有权人与融资租赁权的出租人已然享有形式所有权的优厚的担保保障，再将其全部权利适用的情形均纳入动产购置款抵押权这一“超级优先权”范畴不妥，将造成担保物权人与担保人权益的失衡。同时，动产购置款抵押权最早是为对抗登记在先的浮动抵押权而设置的，因为浮动抵押权的抵押物往往囊括了债务人的所有财产，且保持了抵押物范围的流动性，债务人购置的动产也将被自动纳入浮动抵押权的特定财产基础之中。在既存动产浮动抵押权的情况下，如果没有特殊的保障措施，为动产出卖人设立的常规的意定担保物权无法实现担保其债权实现的目标，反而直接增进了动产浮动抵押权人的财产利益，出卖人纯粹“为他人做嫁衣裳”，严重影响了出卖人向债务人融资购置动产的积极性。为债务人提供融资购置特定动产而设置抵押权，即贷款人作为担保权人的广义动产购置款抵押权，因其与所有权保留、融资租赁的权利边界模糊，容易混同，三者应遵循同样的清偿顺位设置原理。况且，倘若放开动产购置款抵押权的范围至贷款人的动产购置款抵押权，作为贷款人的银行等金融机构为规避贷款风险，将更倾向于选择拥有优势清偿顺位的动产购置款抵押权，从而进一步极大地扩张了其适用的空间，其在担保物权体系中“超级优先”受偿的例外地位将成为常态，影响一般抵押权制度价值的发挥，破坏担保物权体系的和谐与稳定。虽然就债务人而言，动产购置款抵押权范围的扩张对其融资有利，但过度剥夺了竞存清偿的其他担保物权人的利益。

与此同时，我国《民法典》的动产购置款抵押权的优先力并未局限于动产浮动抵押权，而扩展至除留置权外的所有的担保物权类型，得以对抗的担保物权对象已扩张，不宜再过度扩展动产购置款抵押权本身的外延。而所有权保留、融资租赁、为债务人提供融资购置特定动产而设置抵押权等与动产购置款抵押权具有结构重叠部分的权利类型，与动产购置款抵押权具有同样的融资功能与特殊权利保障需求，尤其在动产浮动抵押权设定之后，有必要为其采取额外的优先顺序待遇以对抗“搭便车”的动产浮动抵押权人。同时，也须“剥夺”因债务人就融资取得的该特定动产再行设定担保而产生的其他担保物权人与类动产购置款抵押权人产生权利的竞争，因为债务人融资取得的动产超越了前者权利人的合理预期，由其分享该利益将造成不当得利的不公平结果。因此，我国《担保制度司法解释》第 57 条在与动产浮动抵押竞合的特定场域下，赋予了保留所有权的出卖人、融资租赁的出租人、提供融资而就购置动产设置抵押权的债权人以享有动产购置款抵押权清偿顺位规则的资格，其超级优先顺位不仅可以对抗动产浮动抵押权人，还可以对抗买受人在该特定动产上为他人设立的担保物权。除因债务人融资产生的特定动产之外，在债务人其他财产上享有担保物权的权利人，与保留所有权的出卖人、融资租赁的出租人、为债务人提供融资购置动产的抵押权人之间的顺位规则，应当适用统一的登记在先、顺位在先的原则，而不再有超级优先顺位规则的例外适用。我国《担保制度司法解释》第 57 条实际采取了一种对动产购置款抵押权范围的有限扩张的方式，以兼顾担保物权体系的和谐与特殊情形下权益的均衡。我国动产购置款抵押权的登记宽限期较短，在一定程度上限制了权利人的特权发挥作用的时空范围，所以，动产购置款抵押权在动产浮动抵押场域下的适当扩张，不会对我国担保物权的顺位体系造成过大的冲击，同时也真正契合了该制度保护融资人权利、缓解借款人融资难困境的规范目的。而对于两个以上竞存的动产购置款抵押权，其间的清偿顺位存在登记在先、顺位优先，以及区分不同动产购置款抵押权类型来确定清偿顺位的方式，如根据美国《统一商法典》第 9 编第 324(g)条之(1)项规定，狭义的动产购置款抵押权优先于贷款人的动产购置款抵押权等。[①] 笔者认为，虽然出卖人较贷款人在动产购置款抵押权实现过程中承受了更多的风险，前者劣后于后者受偿的话，前者将失去特定标的物，而出卖人优先受偿，贷款人尚存受偿的机会，但是，狭义与广义的动产购置款抵押权之间的损益与风险等角度的衡量已然进行过，其结果是我国担

---

① 参见房绍坤、柳佩莹：《论购买价款担保权的超级优先效力》，载《学习与实践》2020 年第 4 期。

保物权法定体系仅肯认了针对动产浮动抵押的广义的动产购置款抵押权，在这一适用场域中，不同类型的动产购置款抵押权不再具有天然的优劣之别，应统一按照登记与否以及登记时间先后的规则确定清偿顺位。债务人破产程序中的动产购置款抵押权的范围以及其清偿顺位规则，也应当区分是否遭遇动产浮动抵押权的不同情形区别对待。

（四）动产浮动抵押权的清偿顺位

动产浮动抵押制度的出现，扩大了抵押权人得以优先受偿的财产范围，也在保留抵押物处分自由的基础上满足了抵押人融资的需求，但也正因为其效力波及面的扩大，使其他权利人，尤其是普通债权人的债权受偿利益受到严重的影响，尤其体现在债务人破产程序中，对于浮动抵押制度的威胁，破产法应有所行动。

1. 动产浮动抵押权的内涵

浮动抵押制度的主要优点在于使得债务人“流动”的资产也具有了设定物权担保的能力，但其为权利人所造成的特别风险也在于此，结晶前的浮动抵押物在一定程度上可以说是没有价值的，处于变动中的浮动抵押物在此时尚未固定成为债权人实现债权利益的担保物，债务人仍然保有自愿或非自愿处置该物的权利，债务人的这些自由权均会削弱浮动抵押权的安全价值。① 我国《民法典》第396 条确立了动产浮动抵押权的合法性地位，其较固定抵押权而言，用于担保债权的动产担保物处于变动的状态，结合其第 411 条的规定，只有在债务人违约或者发生当事人约定的实现抵押权的条件，或抵押人破产或者解散时，动产抵押财产的范围才得以确定，进而动产浮动抵押权人就确定后的抵押物优先受偿。所以，在抵押财产范围最终确定之前，债务人的相关动产还不确定是否构成浮动抵押权人优先受偿的财产基础，债务人仍然可以就其享有所有权的动产设定动产固定抵押或质押。我国《民法典》第 396 条将浮动抵押权人优先受偿的财产规定为“抵押财产确定时的动产”，修改了《物权法》第 181 条的“实现抵押权时的动产”的规定，按照担保物权的行权顺序，浮动抵押财产确定后，权利人才具有实现抵押权的可能，《民法典》规定的浮动抵押财产的确定时点早于权利实现时点，可

① See A. K. M. Masudul Haque, *The Floating Charge as a Security Device*, University of Western Sydney Law Review, Vol. 10, 2006, p. 33 – 34.

以避免动产浮动抵押权人为将抵押财产确定后增加的财产纳入受偿范围,而人为地选择延迟实现浮动抵押权的问题,有利于提升抵押权实现的效率。同时,动产浮动抵押财产确定后,抵押权人的受偿范围仍可能发生变动,其受到《民法典》第404条的正常经营活动中抵押财产的买受人规则的约束。①

浮动抵押法律制度源于英国。英国的浮动抵押权可以设置于债务人的所有财产之上,而不限于动产,由此发生浮动抵押财产结晶(确定)事由后,债务人的全部财产将均受浮动抵押权效力的制约,所以,英国破产立法中规定了债务人公司的接管程序,由浮动抵押权人指定或申请法院指定接管人。② 不仅限于此,在英国判例法中,有的法官还认为,由于浮动抵押财产包括将来物,所以,即便在抵押财产结晶后,浮动抵押权人对于抵押人嗣后获得的财产依然可以主张抵押权。③ 其实,这也是英国囊括债务人一切集合财产的最广义的浮动抵押权的应然效力所及。在不适用财产无限制的浮动抵押制度的国家,不存在债务人接管程序的适用空间。这也是英国浮动抵押制度与我国限定抵押财产类型与范围的动产浮动抵押制度的重大区别。企业破产管理人制度与浮动抵押中的接管人制度相冲突,在摒弃企业财产一体担保之举后,不应当采取担保物权中的接管人制度。美国《统一商法典》规定的浮动留置权(floating lien)相当于英国于动产之上设定的浮动抵押权,当事人可以签订担保协议,在债务人后续获得的财产之上设立担保权益。④ 浮动抵押制度的本质在于浮动抵押财产确定之前,抵押人享有自由处分抵押物的权利,浮动抵押权人不得就物权变动后的抵押物行使追及权,而只得以就确定后的抵押财产实现抵押权。⑤ 在市场交易实践中,金融机构债权人往往将浮动抵押权与账户质押结合使用,以进一步保障债权的安全,其可以通过对企业债务人账户的日常监管,控制抵押物的变价进程。⑥

---

① 美国《统一商法典》中也规定了依照商业惯例交易的买受人不受追及的规则。See U. C. C §9 - 320(a).

② 参见王仰光:《动产浮动抵押权制度研究》,法律出版社2012年版,第6页。

③ See N. W. Robbie & Co. Ltd. v. Witney Warehouse Co. Ltd., [1963]1 WLR 1324.

④ See U. C. C § 9 - 204(a).

⑤ 参见王仰光:《动产浮动抵押权制度研究》,法律出版社2012年版,第5页。

⑥ See Goldsberry & Jeanette L, *Perfection of Nonpossessory Security Interests under Revised Article 9: Consequences of the Practical and Conceptual Incompatibility of US and English Secured Transactions law*, Chicago Journal of International Law, Vol. 3, Issue 1, 2002, p. 242.

2. 动产浮动抵押权与其他担保物权的竞存

动产浮动抵押与动产固定抵押一并适用动产抵押权的登记对抗主义规则，其与竞合的其他担保物权的清偿顺位遵循我国《民法典》第414条的登记与否、登记时间先后的标准处理,而同一动产之上的浮动抵押权之间的清偿顺位的冲突亦按照此规则解决。美国《统一商法典》中的动产浮动抵押权的竞合处理规则,均由公示的先后顺序决定。[①] 美国商事实践中得以成立浮动抵押的财产往往限于动产,[②]更类似于大陆法系国家立法中针对债务人嗣后财产所设定的财团抵押类型。[③] 英国浮动抵押制度因不限于动产,往往囊括了债务人的全部财产,因此,为限制浮动抵押权人过大的权限,特限制浮动抵押权的清偿顺位,即使后设立的固定抵押权也将优先于先设立的浮动抵押权的清偿顺位。[④]

针对进入浮动抵押财产范围的动产,在"流入"之前其上已负担了动产购置款抵押权的,则不适用登记在先、顺位在先的规则,为保障债务人的融资需求的实现,虽然动产浮动抵押权登记在先,只要在宽限期内登记的登记时间在后的动产购置款抵押权也将优先于动产浮动抵押权受偿,我国《民法典》第416条对此予以明确规定。动产浮动抵押权人较动产购置款抵押权人的相对劣后清偿,于其并未产生不利益,因为倘若后登记的动产购置款抵押权不享有优先顺位,则债权人很可能就不会提供融资供债务人购买该特定动产,浮动抵押财产中也因而不会"流入"该动产,动产购置款抵押权优先的结果是浮动抵押权人获得了额外"流入"的动产之上的第二顺位的抵押权,依据抵押权的顺位升进主义,其还有取得第一顺位抵押权的期待。[⑤] 在两方权利人均从中受益的格局下,动产浮动抵押权人没必要阻止动产购置款抵押权的顺位"插队"。

---

① See U. C. C § 9 - 322.

② 在美国,"总括担保"(blanket lien)或"支配担保"(dominant security interest)的担保物范围也同样极为宽泛,但在实践中,这种担保方式比较少见。不少大陆法系国家也不存在如英国担保物范围如此之广的单个担保物权种类。即便是法国担保制度中所谓的"企业抵押"(enterprise mortgage),其担保物也并不包括企业存货。参见[美]杰伊·劳伦斯·韦斯特布鲁克、[美]查尔斯·布斯、[德]克里斯托弗·保勒斯、[英]哈里·拉贾克:《商事破产:全球视野下的比较分析》,王之洲译,中国政法大学出版社2018年版,第26~27页。

③ 参见吴兴光、蔡红、刘睿、盛琨:《美国〈统一商法典〉研究》,社会科学文献出版社2015年版,第391页。

④ 参见王仰光:《动产浮动抵押权制度研究》,法律出版社2012年版,第11~12页。

⑤ 参见董学立:《浮动抵押的财产变动与效力限制》,载董学立主编:《担保法理论与实践》(第1辑),中国法制出版社2015年版,第114页。

3. 英国接管程序的改革

在英国,由于实行可以施加于债务人一切财产之上的浮动抵押制度,而企业债务人处于日常经营活动中,其财产的价值因范围的变动与债务人的自由处分而极不确定,浮动抵押权人承受着很大的风险,故英国破产立法肯认了19世纪以来商事探索的实践,①允许浮动抵押权人在债务人陷入经营困境的例外情况下,介入债务人的生产经营中,以避免企业财务状况进一步恶化而破产,维护企业的整体价值。② 英国的公司破产程序分为清算(liquidation)、接管(receivership)、自愿安排(company voluntary arrangement, CVA)、管理(administration)四种,相较于管理程序的勃兴,接管程序因与全体债权人公平受偿的破产法理念相悖而逐渐式微。③

物权担保债权人因其就特定物享有的优先受偿权,一般无权控制破产程序或债务人,这与普通破产债权人不同,依据状态依存理论,可以说,在债务人丧失债务清偿能力之后,债务人企业在根本上归属于享有企业剩余价值索取权与剩余管理权的普通破产债权人,但如果物权担保债权人所享受的担保权益的范围足够广泛,乃至于权利人可以主张就企业债务人的全部财产价值受优先受偿请求权的支配,那么,此时的物权担保债权人的财产优先受偿权可以被视为已转换为企业实体的优先权。④ 这也是接管程序的产生逻辑。接管程序是基于浮动抵押合同而产生的,因其以服务于浮动抵押权的实现为核心目标,未涉及债务人的其他债权人的受偿事宜,严格说来,其并不属于典型的破产程序。⑤ 这种接管制度被认为会导致过多的清算和膨胀的破产成本,因为在企业破产财产的价值高于物权担保债权金额的情况下,浮动抵押权人缺乏最大化破产财产价值和最小

---

① 参见[英]费奥娜·托米:《英国公司和个人破产法》(第2版),汤维建、刘静译,北京大学出版社2010年版,第49页。

② 参见王利明:《物权法研究》(第4版),中国人民大学出版社2016年版,第1279页。

③ 在英国,经过清算程序的破产案件占据绝对比重。经统计,英格兰和威尔士2004年到2010年的公司破产案件中,公司清算的案件数占77.1%,相较而言,接管案件数量占4.2%,自愿安排占3%,管理程序占15.6%。但值得关注的是,类比破产重整程序的管理程序案件数量总体呈现上升趋势,从2004年的10.4%增长为2009年的15.5%。See Goode, Roy, *Principles of Corporate Insolvency Law* (4th ed), Sweet &Maxwell, p.29－30.

④ See Christopher W. Frost, *Secured Credit and Effective Entity Priority*, Connecticut Law Review, Vol. 51, Issue 3, 2019, p.581.

⑤ 参见葛伟军:《英国公司法要义》,法律出版社2014年版,第444页。

化程序成本的动机。[①] 将对企业债务人的接管权交由单一的浮动抵押权人,将造成其与次级债权人之间激烈的利益冲突。[②] 在深入贯彻破产法最大化破产财产价值、公平保障全体债权人利益的价值理念的背景下,英国 2002 年《企业法》对 1986 年《破产法》规定的浮动抵押权人的接管制度作出修改,主要目的在于:第一,使更多的企业能够通过破产挽救程序生存下来,实现经营事业的再生;第二,在破产程序中,在债权人之间创造一个更公平的竞争环境。[③] 对于"合格浮动抵押",禁止 2003 年 9 月 15 日之后设立的浮动抵押的权利人任命接管人,除非该抵押符合法定的例外情况,同时,使公司债务人在无须取得法院法令时,也能进入管理程序。[④] 英国 2002 年《企业法》修改破产接管制度的主要目标,是通过新的管理机制促进管理人对所有债权人负责,努力增进破产财产的价值,其主要影响在于削弱物权担保债权人对企业债务人破产程序控制权的同时,增加了普通破产债权人在破产程序中的话语权。其改变通过两项新设制度实现:对所有债权人施加的法律义务,以及债权人会议批准事项的权限要求。[⑤]

4. 破产程序中动产浮动抵押权的限制

企业就如同是由荒岛上的机器人所组成的,除了以市场价格购买的可替代原材料和运送给客户的最终产品,没有人或物会进来或离开,只要债权人在破产申请时对债务人所有财产享有物权担保权益,那么企业在破产期间的任何增值都应属于该债权人。[⑥] 因此,浮动抵押制度对抵押财产范围的扩张,给破产制度带来了极大冲击,尤其是效力及于债务人当前与未来所有财产的英国式浮动抵押制度,囊括了债务人在各个阶段的所有财产,一旦债务人步入破产程序,普通债权人将"颗粒无收",在浮动抵押制度带来的"恐慌"之下,破产法有对其展开

---

① See Philippe Aghion, Oliver Hart & John Moore, *The Economics of Bankruptcy Reform*, Journal of Law, Economics and Organization, Vol. 8, Issue 3, 1992, p. 530.

② See Finch Vanessa, *Security, Insolvency and Risk: Who Pays the Price?* Modern Law Review, Vol. 62, Issue 5, 1999, p. 633.

③ See Louise Gullifer, *The Reforms of the Enterprise Act* 2002 *and the Floating Charge as a Security Device*, Canadian Business Law Journal, Vol. 46, Issue 3, 2008, p. 404 – 405.

④ 参见葛伟军:《英国公司法要义》,法律出版社 2014 年版,第 444 ~ 445 页。

⑤ See John Armour, Audrey Hsu & Adrian Walters, *The Costs and Benefits of Secured Creditor Control in Bankruptcy: Evidence from the UK*, Review of Law and Economics, Vol. 8, Issue 1, 2012, p. 108.

⑥ See Douglas G. Baird, *The Rights of Secured Creditors After ResCap*, University of Illinois Law Review, Vol. 2015, Issue 2, 2015, p. 858.

限制的必要。[①]

英国法中，虽然浮动抵押权的受偿财产范围极广，但其清偿顺位受到很大的限制。整体而言，分为否定浮动抵押权人对无风险调节能力债权人，即法定优先权人的优先顺位，以及将浮动抵押权人所享有的一部分比例的债权作为普通债权对待。[②] 对于前者，根据英国《破产法》的相关规定，税收债权、劳动者债权、社会保险基金债权等法定优先权的清偿顺位在浮动抵押权人之先，而劣后于固定抵押权人，[③]固定抵押权优先于浮动抵押权。[④] 对于后者，英国针对债务人破产程序中的浮动抵押权人所享有的物权担保债权，就其在担保物上优先受偿额中提取一定比例，归入破产财团中供全体债权人受偿，体现出对普通债权人利益的保障，以避免出现浮动抵押权人就全部破产财产享有优先受偿权，而普通债权人的债权清偿率为零的情况。具体而言，英国 2002 年《企业法》采纳了《科克报告》提取 10% 的浮动抵押财产价值供普通债权人比例受偿的建议，建构了"法定份额资金"(prescribed part fund)制度，以此也可避免英国《企业法》取消税收优先权之后的清偿利益全部由浮动抵押权人享有，而普通债权人完全无机会分享的问题，在公司清算与管理程序中，清算人、重整管理人或者接管人从浮动抵押财产的净资产中提取的"法定份额"只能由普通债权人来受偿，除非该金额超过全部普通债权总额，否则，浮动抵押权人不得从中受益，即使不足额担保下浮动抵押权人未优先受偿的债权部分转为了普通债权，其也无权参与"法定份额资金"的分配。[⑤] 日本《破产法》第 42 条规定，与英国浮动抵押权相似的几乎涵盖企业债务人一切财产以用于担保的企业担保权，与一般的扣押权一样，不构成基于特定财产的担保物权，在破产程序中不享有破产别除权的地位。[⑥] 日本破产立法从抵押财产的视角，通过对浮动抵押物特定性的否定，取消了浮动抵押权人的破产优先受偿权。

---

① 参见徐阳光：《英国个人破产与债务清理制度》，法律出版社 2020 年版，第 108 页。

② See Lucian Arye Bebchuk &Jesse M. Fried, *The Uneasy Case for the Priority of Secured Claims in Bankruptcy*, Yale Law Journal, Vol. 105, Issue 4, 1996, p. 904.

③ See Insolvency Act 1986, s 40, s 175; Companies Act 2006, s 754.

④ See Insolvency Act 1986, s 15, s 245.

⑤ 参见徐阳光：《英国个人破产与债务清理制度》，法律出版社 2020 年版，第 108 ~ 109 页。

⑥ 参见[日]谷口安平主编：《日本倒产法概述》，[日]佐藤孝弘、田言等译，中国政法大学出版社 2017 年版，第 118 页。

美国《破产法典》是在破产撤销权的规范框架下对动产浮动抵押权予以限制，这是结合浮动抵押权的抵押财产于确定前不断变化的特点，为适应破产程序公平清偿债权的价值目标而进行的必要限制，并未额外增加浮动抵押权人于破产程序中的不利益。申言之，由于动产浮动抵押财产不断变化，浮动担保债权人与债务人存在串通以谋求偏颇清偿利益的可能，即在债务人进入破产程序前夕，债务人通过增加新的原材料、存货，甚至以自有的一般财产购进新设备，扩充浮动抵押财产的范围，尤其在不足额担保的情况下，浮动抵押权人在破产程序启动后，将因债务人预先的特殊操作而获得不正当的优先受偿利益。美国《破产法典》对此规定，在破产申请提交之前90日内的破产临界期内，若浮动抵押权人的担保权益较临界期开始时点获得改善，将视为构成偏颇性清偿行为，而得为破产管理人撤销。① 浮动抵押权人于破产临界期内担保物价值的增加能够豁免于破产撤销的事由被严格限缩，往往局限于整个行业的市场行情的变化，即原有担保财产价值本身的增长，而非债务人行为所导致的变化。②

在各国立法限制浮动抵押权的清偿顺位的背景下，出现了债权人选择固定抵押权而非浮动抵押权的现象，债权人可以通过扩展固定抵押物，在保有优先的清偿顺位的基础上，增加债权的保障力度。③ 可见，破产程序中浮动抵押权的受限应适度，应设置适合本国立法体系的浮动抵押权的清偿顺位，否则将干扰浮动抵押制度价值的发挥，得不偿失。

我国动产浮动抵押的担保物范围被限定在生产设备、原材料、半成品、产品中，不包括其他动产与不动产、权利等财产类型，所以，是一种狭义的动产浮动抵押，浮动抵押权人的优先受偿效力往往不会及于债务人的全部财产之上，其对固定抵押权与普通债权人权益的影响被控制在最小限度内。由于我国的动产浮动抵押权人并未从该制度中享受过度的权益保障，也就不必承受如英国法、日本法中的清偿顺位的刻意的降级处理，保持与其他担保物权一致的清偿顺位冲突规则的适用即可，但浮动抵押权的抵押物变动的特点容易造成破产临界期的偏颇

---

① See 11 U. S. Code § 547(c)(5).

② 参见[美]道格拉斯·G. 贝尔德：《美国破产法精要》(第6版)，徐阳光、武诗敏译，法律出版社2020年版，第192页；[美]查尔斯·J. 泰步：《美国破产法新论》(第3版)，韩长印、何欢、王之洲译，中国政法大学出版社2017年版，第549页。

③ 参见高圣平：《动产担保交易制度比较研究》，中国人民大学出版社2008年版，第53页。

性清偿问题，应受到破产撤销权的特别规制。然而，担保物权作为具有破产别除效力的优先受偿权利群体，在当代社会担保物权制度“大行其道”的背景下，其在破产程序中整体性地挤占了普通债权人的受偿机会，普通债权人于破产程序中的“陪跑”现象频发，不利于权利人的权益平衡，故我国的全体担保物权有吸收英国法中的“法定份额资金”制度经验的必要，在担保物变价款中提取一定比例的资金，用于清偿普通债权人的债权，并对小额的普通债权的权利人予以适当倾斜性“照顾”，以彰显破产法的公平原则。

5. 动产浮动抵押权的保护

有争议的是，关于动产浮动抵押权的确定事由，我国《民法典》第411条列举的事项中仅提及“抵押人被宣告破产”，而不涉及抵押人破产重整与破产和解等与破产宣告无涉的破产环节，于后者程序中，动产浮动抵押权的抵押财产确定时点如何，存在争议。针对我国《民法典》第411条的规定，如果按照文义解释的规则将得出不妥的结论。首先，其与我国《企业破产法》所确立的破产清算、破产重整、破产和解三元一体的破产程序体系不符，因为只有破产清算具有宣告债务人破产的环节，而破产重整与破产和解同样存在在破产程序中确认动产浮动抵押财产范围的明确时点的需求。其次，我国《企业破产法》以法院受理当事人提出的破产申请裁定作为破产程序启动的时点，从而对债务人的对外债权债务等法律关系产生了全面的影响，破产法的体系强制力也在这一刻开始发挥作用，因此，应以该时点作为动产浮动抵押财产的确认时点。最后，即使在破产清算程序中，破产程序启动至法院宣告债务人破产之间存在一定的时差，若在宣告破产后动产浮动抵押财产才确定，那么在破产程序进行的关键环节，动产浮动抵押权人无法享受担保物权的优先受偿待遇，动产标的物仍在浮动之中，有违动产浮动抵押权制度的目的。[①] 因此，我国《民法典》第411条针对抵押人破产情形下的规范表述存在修改或扩大解释的空间与必要。

在实践中，诸多抵押物为企业债务人重整所必需，从而抵押权的实现受到破产程序的限制，对于牵扯债务人广泛动产的浮动抵押权而言，尤其有必要在破产重整程序中受限，但问题在于，企业债务人于破产重整程序中继续营运，并对动

---

① 参见王欣新：《〈民法典〉与破产法的衔接与协调》，载《山西大学学报（哲学社会科学版）》2021年第1期。

产浮动抵押物不断使用甚至消耗,倘若浮动抵押财产的范围不及时确定,浮动抵押权人的正当权益无疑将在重整程序中受损。① 鉴于此,笔者建议对我国《民法典》第411条第4项的兜底条款"严重影响债权实现的其他情形"予以目的性解释。即便是债务人破产重整或和解程序,企业债务人的民事主体资格得以延续,但仍然是以丧失债务清偿能力为债务人挽救程序的启动原因,其应当属于严重影响债权实现的情形,所以,破产重整、破产和解程序启动的时点应当为动产浮动抵押财产的确定时点。破产重整程序中,破产管理人为企业债务人重整所需而使用抵押物或对抵押物予以其他必要限制的,动产浮动抵押权将与其他担保物权一并享有破产程序中充分保护原则的保障。

(五)担保物权与所有权的竞存

担保物权与用益物权均为定限物权,其权能不及所有权完备,但不妨碍其作为物权的地位。"定限物权"一词由日本学者松冈义正创造,其权利内容渊源悠久,罗马法上称之为"ius in re aliena",定限物权制度的基本目的就在于通过对标的物予以一定范围的支配,从而对所有权的权能进行限制。② 而担保物权的设立更是以所有权为根基,其设立后于或同步于所有权,须以所有权所支配的特定物的存在为前提要件。③ 因此,担保物权与所有权基于同一标的物竞存时,考虑到设立担保物权往往体现了所有权人的意志,所有权人基于扩大所有之物的利用价值或使用收益等因素的考量,对物的支配权予以自我限制,所有权人应受到自我作出的意思表示的束缚,担保物权优先。而当设立担保物权的所有权人在之后发生主体变更的情形,新所有权人是否继受担保物权的限制,应当根据三方当事人之间的具体法律关系来确定。一般而言,在当事人无特别约定或未进行涤除标的物上之担保负担等操作的情况下,担保物权具有追及力,随着标的物的让与而继续约束新所有权人。此外,所有权劣后于担保物权实现的另一条件是所有权须具备完满的权能,倘若所有权仅通过权利让与或保留等手段作为债权的担保,则其与担保物权的顺位关系须根据二者公示与否以及公示时间来排序。譬如,在已登记的所有权保留的情况下,债务人将占有的标的物出质,保留所有

① 参见朱黎、华碧琼:《破产重整中浮动抵押权人权利保护问题研究》,载《宏观经济研究》2016年第11期。

② 参见陈华彬:《我国物权立法难点问题研究》,首都经济贸易大学出版社2014年版,第55页。

③ 参见董学立:《物权法研究》,中国政法大学出版社2010年版,第186页。

权人并无因此限制自我权利的意思表示，质权也并非以限制发挥担保功能的所有权而设定，此时先登记的所有权将优先于后设立的竞存的质权。①

（六）担保物权与租赁权的竞存

租赁人对租赁物的利用也体现为一种对物的支配，其未上升为物权，而在债权体系内予以规范的原因主要是立法政策的考量，立法者认为债权的定性可以满足承租人的经济与生活需要，而赋予承租人的租赁权以物权地位，将会妨碍出租人处分租赁物的自由，承租人以作为物权的租赁权融资，将可能损害出租人的利益，并对应于权利地位上升的租赁权，租赁对价也将一并上升，最终不利于以租赁实现生存利益的承租人。② 然而，租赁权虽然定位为债权，但因为其涉及承租人的居住利益，与生存权相关，受到宪法基本权利的重要保障，现代社会中的租赁权具备了一定的对抗物权的效力，逐步"成长"为物权性的特殊债权类型。我国《民法典》第 725 条规定了"买卖不破租赁"的规则，但其适用以承租人占有租赁物为要件，租赁物在租赁合同期限内发生物权变动的，不影响租赁合同的效力，租赁物的买受人将承受租赁物上的租赁权益的负担。虽然较我国《合同法》第 229 条增添了承租人占有租赁物的前提条件，③在一定程度上防范了倒签租赁合同以影响租赁物之物权变动的道德风险，但占有的状态因不可能被追溯查验仍存在伪造的可能。对此，租赁权适用"买卖不破租赁"规则可以为租赁权办理公证为要件，或者对不动产租赁建立登记制度，并参照适用物权的登记对抗原则，不动产租赁权未经登记，不得对抗租赁物的买受人等善意第三人。

我国《民法典》第 405 条规定了抵押权与抵押物的租赁权的竞存规则，同样在《物权法》第 190 条的基础上增加了占有租赁物要件的要求，而且使用了设立抵押权的表述，以取代《物权法》第 190 条的"订立抵押合同"的规定，抵押权而非抵押合同先于抵押物的租赁权设立的，租赁权不得对抗先设立的抵押权。需要注意的是，动产抵押权适用登记对抗主义，虽然未登记的动产抵押权设立在先，

---

① 参见张先贵：《物权基本原理研究》，合肥工业大学出版社 2018 年版，第 21 页。

② 参见崔建远：《物权：规范与学说——以中国物权法的解释论为中心》（上册），清华大学出版社 2011 年版，第 21 ~ 22 页。

③ 关注承租人对租赁物的占有状态是我国司法实践中的普遍做法，《民法典》的立法吸收了实践的经验。例如，我国《最高人民法院关于审理城镇房屋租赁合同纠纷案件具体应用法律若干问题的解释》第 5 条规定，在"一房数租"的情况下，人民法院将按照以下顺序确定履行合同的承租人：（1）合法占有租赁房屋的；（2）办理登记备案手续的；（3）合同成立在先的。

但因为没有登记不具有对抗善意第三人的效力,而之后成立的基于动产抵押物的租赁合同关系,承租人为善意的,未登记的动产抵押权也无法对抗承租人的租赁权。在出租人破产程序中,破产管理人应当着力结合承租人是否实际占有了租赁物来评判租赁合同关系是否切实成立,并针对与租赁权在同一标的物上相互冲突的抵押权的类型,考察抵押权公示是否已完成来明确其是否具备对抗力,进而比较租赁权与冲突担保物权之间的清偿顺位。承租人破产程序中租赁权与担保物权的竞合处理规则,同样遵循着私法实体规范。

对于先设立并公示的抵押权的实现,租赁权无对抗力,即便租赁权处于劣势,但倘若租赁物上的租赁权的存在不影响抵押权的变价,租赁关系还可以存续,虽然这种情况在实践中比较少见。如果租赁权的负担致使抵押物难以变现,使得抵押物流拍,抵押权人有权请求法院除去抵押物之上的租赁权负担后再进行变价。① 承租人虽然劣后,但因权利被法院除去而造成的损失应由出租人,也就是抵押物的所有人承担违约赔偿责任,在出租人破产程序中,承租人的违约损害赔偿债权相应转化为普通破产债权,只能享有就破产财产统一、比例清偿的顺位,这也是租赁权的债权属性所决定的。承租人可以通过抵押权的在先公示预先了解标的物上存在的抵押权负担,其之后签订租赁合同,表明其自愿承担可能被除去权利的相应风险。与此同时,作为承租人权益的补偿,即使其租赁权灭失,也可以在抵押物变现的过程中行使法定的优先购买权。在担保物变价过程中,担保物的优先购买权对担保权实现构成约束,②譬如,按份共有人对其他按份共有人的共有份额享有优先购买权。房屋承租人对租赁房屋的优先购买权,③是民事实体法规范而非破产程序本身带给担保物权法的约束,其与破产法治价值目标无涉,破产法应予以维持。

---

① 参见程啸:《担保物权研究》,中国人民大学出版社 2017 年版,第 379 页。

② 优先购买权的存在,可能于抵押物变价程序中不利于抵押权人的利益,因为抵押物的拍卖本应适用价高者得的原则,旨在实现抵押物的最大价值,此时,允许承租人等特定人主张优先购买权,会削弱竞买者竞买的积极性。参见高圣平:《担保法论》,法律出版社 2009 年版,第 373 页。但毕竟成立在先的抵押权得以除去租赁关系,以保障优先受偿权的实现,其受到优先购买权的限制也是当事人权利平衡原则的基本要求,不违反公平理念。

③ 我国《民法典》第 726 条规定:"出租人出卖租赁房屋的,应当在出卖之前的合理期限内通知承租人,承租人享有以同等条件优先购买的权利;但是,房屋按份共有人行使优先购买权或者出租人将房屋出卖给近亲属的除外。出租人履行通知义务后,承租人在十五日内未明确表示购买的,视为承租人放弃优先购买权。"

(七)抵押权与居住权的竞合

我国《民法典》第366条确立了居住权的用益物权地位,居住权人有权依照约定,对他人所有的住宅享有占有、使用的物权权能,以满足生活居住的基本需求。第368条规定居住权设立实行登记生效主义原则,当事人应向登记机构申请登记,登记之时居住权设立。因此,与其他用益物权类型一致,居住权与作为抵押物的住宅之上的不动产抵押权竞存时,应适用登记在先、实现优先的统一规则。不动产抵押权设立之后,抵押物上又设立居住权的,倘若居住权的存在影响抵押物的变现,可以参照适用租赁权除去规则,抵押权人向法院申请除去居住权负担。后设立的居住权人与承租人一样,应贯彻风险自担原则,其明知抵押权的存在而设立居住权的行为,意味着居住权人应承受配合抵押权实现的限制,包括在住宅所有人破产的情况下,无法实现原权利的原居住权人仅得对所有人主张违约损害赔偿债权或侵权损害赔偿债权,只能作为普通破产债权按比例受偿。因此,为满足居住权人稳定的居住预期,实现人民住有所居的目标,助力于我国养老产业的可持续发展,行政法规可以尝试禁止已设置抵押权负担的住宅之上再设立居住权,否则会徒增社会不稳定因素。

三、企业破产程序中担保物权与优先权的清偿顺位

基于特殊社会政策的考量,一国民事立法往往对特殊的债权类型赋予优先权以特别保障,其中,优先权可以划分为对债务人的一般财产优先受偿的一般优先权,以及就债务人的特定财产优先受偿的特别优先权,二者在债务人破产程序中与担保物权的优先受偿力发生一定的抵牾,有必要结合不同的优先权类型分类探讨、比较清偿顺位,以明晰破产程序中担保物权与优先权的竞存规则。

(一)优先权原理

优先权无须公示,直接依法律规定,符合法定构成要件即成立。动产、不动产等有体物,以及权利等无体物均可能成为优先权所依赖的受偿财产。① 学界对优先权的性质存在争议。有学者主张法定担保权说,认为优先权是为担保特殊债权而设定的法定担保物权。② 但大部分学者主张特殊债权的优先受偿效力说,

---

① 参见[日]三潴信三:《物权法提要》,孙芳译,中国政法大学出版社2005年版,第244页。

② 参见申卫星:《论优先权同其他担保物权之区别与竞合》,载《法制与社会发展》2001年第3期;郑云瑞:《物权法论》,北京大学出版社2011年版,第396页。

认为优先权只是基于公平的理由，于特殊债权享受优先清偿的待遇而已，与担保物权大异其趣。[①] 特殊债权是国家立法基于债之发生原因、社会影响力、公平价值等考量因素，而于普通债权之外赋予就债务人一般财产优先受偿效力的特别债权，其涉及劳动者工资、社会保险金、税款等蕴含着社会公共利益、国家利益以及弱势群体利益的具体债权类型。[②] 优先权的法定担保物权说不妥，法定担保物权既然为担保物权的权利类型，便须遵守担保物权的核心规范，即使优先权法定的特点免除了其公示的要求，但担保物权是以支配特定财产的交换价值为主要目的的担保权利，一般优先权则面对债务人的一般财产要求优先清偿，与担保物权的本质相悖。

法国民事立法对优先权予以了统一的规范，并纳入担保物权体系，总体上划分为动产优先权与不动产优先权，又于二者之下分别细分为一般优先权与特别优先权，呈现四种优先权形态。[③] 日本民事立法借鉴了法国法的做法，将优先权称为先取特权，并划分为一般先取特权与特别先取特权，但日本民法仅将特别先取特权认定为担保物权。[④] 日本《民法典》第 329 条第 2 款规定，特别先取特权优

---

① 参见吴传颐编著：《比较破产法》，商务印书馆 2013 年版，第 267 页；郭明瑞、房绍坤：《担保法》（第 3 版），中国政法大学出版社 2015 年版，第 204 页。

② 参见蔡斌：《中国法定担保的类型配置研究》，人民出版社 2018 年版，第 53～54 页。

③ 法国《民法典》列举了多项优先权的具体类型，但鉴于《民法典》的篇幅，其往往只是对具体优先权予以原则性规定，而由特别法另行细化规范。譬如，法国《民法典》第 2101 条规定下列债权的债权人对债务人的一般动产享有优先权，并按下列顺位行使：(1) 诉讼费用。除一般诉讼费用之外，这里的诉讼费用还包括债权人为全体债权人利益而保存或清理债务人财产而支出的费用，如查封费用、扣押的费用、代位诉权的诉讼费用等。(2) 丧葬费用。(3) 最后一次生病的医疗费。(4) 报酬：①受雇人过去 1 年及当年的报酬；②在农业方面，过去 1 年及当年迟延支付报酬的债权；③雇工及学徒最后 6 个月的报酬；④定期劳动合同终止时的补偿以及临时工作的雇主对其雇工就工作的临时性的补偿；⑤定期劳动合同的非法解除（未预先通知、程序不合法）或滥用权利；⑥对于工资照付的假期应付的补贴；⑦最后，在受到限制的条件下，根据职业劳资协议（又称“集体合同”）或劳动法规、习惯或某些法律条文应支付的解雇补贴。(5) 为债务人及其家属提供的生活资料。(6) 某些因工伤事故应付的补贴。1945 年 10 月 4 日命令具体规定了担保属于社会保障性质的分摊额的优先权与雇工的优先权在行使上居同一顺位等。此外，财税优先权根据其得以设定的法律条文而列入有关顺位之中。参见尹田：《法国物权法》，法律出版社 2009 年版，第 475 页、第 490 页。

④ 日本民事立法中先取特权的种类有 3 类：(1) 一般先取特权，包括共益费用、受雇人的报酬、殡葬费用、日用品的供给、国税、地税等；(2) 动产先取特权，包括不动产的租赁、旅客的宿泊、旅客或货物的运送、公职人员职务上的过失、动产的保存、动产的买卖、种苗或肥料的供给、农工业的劳役；(3) 不动产先取特权，包括不动产的保存，不动产的工事、不动产的买卖。动产先取特权和不动产先取特权，称为特别先取特权，先取特权的顺位依次为共益费用、特别先取特权、一般先取特权。参见孙东雅：《民事优先权研究》，中国法制出版社 2018 年版，第 49～50 页。

先于一般先取特权,但共益费用的先取特权例外。就特定财产优先受偿而言,特别优先权与担保物权有一定类似性,较法国法而言,日本法的做法更符合担保物权法理。我国民事立法虽未将特别优先权确立为担保物权类型,其适用效力实质上也在很大程度上参照了法定担保物权的普遍规则,如建设工程款优先权。但无论一般优先权,还是特别优先权,优先权无须公示的特点,与担保物权的公示理念相悖,于交易安全有一定的破坏力,即便有着特殊债权的公平保障要求,各国立法于优先权的设置也无不体现出审慎的态度。① 而且优先权的本质反映了国家对特殊经济关系中债之法律关系的积极干预,以此协调并重塑当事人之间的利益关系。② 但在市场机制为主导调控资源配置的社会经济背景下,国家之手不宜过多介入市场经济的具体法律关系之中。债务人破产程序中的优先权的范围也不宜过宽,否则将影响破产法平等清偿之本旨。而且,在现代社会担保物权制度被广泛适用的实践背景下,于企业破产程序中,优先清偿物权担保债权后的破产财产往往所剩无几,再设置繁杂的优先权规则体系没有实际意义。③ 就破产程序中的既存优先权所发挥的效果来看,不一定能够实现制度设想的保障特殊群体获偿的目的,如在大型企业重整程序中,劳动债权、税收债权等即使不享受优先权待遇,也不会影响其全额获偿的结果,因为企业债务人要继续营运,必然须支付劳动者工资,而且几乎不存在欠税问题,否则,其也难以通过重整实现事业再生。④ 而且,所谓的社会公平目标不能以破坏经济效率为代价,否则能够实现的社会公平也仅仅是“昙花一现”。倘若破产法对物权担保债权人施以实质性限制以向劳动债权人等特殊债权人群体予以倾斜性清偿保障,作为自愿债权人的物权担保债权人在今后的商事实践中将提高信贷成本,企业融资困难将进一步加剧,昂贵的融资成本又会削弱经济的活力,经济活动的数量减少,会影响国家的就业市场,以此形成恶性循环,劳动债权人的根本利益不会通过效率低下的破产法律制度获得保障,而是会收到相反的预期效果。因此,破产法尊重私法

---

① 参见[日]近江幸治:《担保物权法》,祝娅、王卫军、房兆融译,法律出版社 2000 年版,第 32 页。

② 参见[日]我妻荣:《我妻荣民法讲义Ⅲ:新订担保物权法》,申政武、封涛、郑芙蓉译,中国法制出版社 2008 年版,第 51 页。

③ 参见许德风:《破产法基本原则再认识》,载《法学》2009 年第 8 期。

④ 参见[美]道格拉斯 · G. 贝尔德:《美国破产法精要》(第 6 版),徐阳光、武诗敏译,法律出版社 2020 年版,第 88 页。

实体规范,也就是不凌驾于市场机制的自发调节力量,尽量减少破产法对市场运行的破坏。①

有学者认为,在债务人破产的情况下,容易激发道德风险,一些债权人可能会利用其优势地位,伪造担保物权以摆脱破产程序对其实体权利内容的限制以实现优先受偿的目标,而债务人为谋求不当利益也可能从事欺诈或偏颇清偿行为,对此,有必要赋予特殊债权人以优先权,来减少欺诈行为对其的不利影响。②笔者不同意该论,采取设置破产优先权的方式也无法避免欺诈行为对其造成的负面影响,一般优先权无法与担保物权形成竞合。因为破产优先权所得以受偿的财产基础大多为债务人的一般财产,在破产程序中体现为破产财产,除建设工程款优先权等具有留置权特征的优先权类型外,破产优先权无法与担保物权争夺对担保物的优先受偿。当因债务人欺诈行为导致债务人财产减少至一定水平以下,即无法满足全部优先权的清偿要求时,将在破产程序中不可避免地削减破产优先权人的清偿利益。而且,该论所着眼调整的利益分配方向不妥当,破产优先权所"剥夺"的是普通债权人的利益,而后者对于债务人所为的欺诈行为往往是无辜的,对债权人的"处罚"不当地转嫁了责任,优先权制度所谓的实质正义的追求最终可能有违基本正义的要求。而且债权人或债务人所为欺诈行为,不是由破产程序造成的,反而破产法通过破产撤销权、破产无效制度等着力规制相关的欺诈与偏颇清偿行为,有利于在破产程序中树立诚实信用之风,并纠正道德风险所产生的不良影响。

一般优先权于债务人破产程序中,主要体现为我国《企业破产法》第 113 条规定的劳动债权、税收债权,以及作为破产程序债权的破产费用、共益债务等优先权类型,在一般优先权内部,根据所致力于实现价值的重要性与债权实现的迫切性而相应设置出不同的清偿顺位。③ 我国破产法中一般优先权的清偿先后顺位体现为:破产费用、共益债务、劳动债权、税收债权。破产法对优先权的整体设置原则在于尽量不增设非破产实体规范中所不存在的优先权类型,如侵权责任债权,这也是破产法尊重私法实体规范理念的要求。但也有观点认为,非破产法

---

① See Robert K. Rasmussen & David A. Skeel Jr., *The Economic Analysis of Corporate Bankruptcy Law*, American Bankruptcy Institute Law Review, Vol. 3, Issue 1, 1995, p. 87.

② 参见蔡斌:《中国法定担保的类型配置研究》,人民出版社 2018 年版,第 55 ~ 56 页。

③ 参见王欣新:《破产法》(第 4 版),中国人民大学出版社 2019 年版,第 367 页。

规范中应当赋予侵权责任债权人以优先权人的地位，这样可以促使债权人尝试通过贷款合同或其他形式的监督影响企业债务人的行为，以此减少企业的侵权行为。[①] 然而，在责任保险广泛普及的社会环境中，侵权责任债权人的获偿利益需要实体法赋予优先权并在债务人破产程序中予以维持的必要性极大地降低。[②] 商业保险公司作为经营、管理风险的专业机构，较银行等金融机构或市场交易相对方，更为擅长对风险的防范、监督与处理，债务人侵权行为的发生直接影响商业保险公司的切身经济利益，其具有相当的动力积极采取措施预防或妥当处理债务人的侵权风险，由商业保险公司而非其他市场主体监督债务人的行为无疑在效率上更有优势。基于债务人丧失债务清偿能力的事实，为保障普通债权人的权益，破产法宜对优先权的设置秉持谦抑性姿态。在现代社会，侵权债权人权利的维护更多应当是保险法的责任，而非破产法的负担。因此，我国《全国法院破产审判工作会议纪要》第 28 条规定的"人身损害赔偿债权优先于财产性债权"的清偿顺位原则有进一步商榷的余地。

（二）担保物权与税收债权的破产清偿顺位

税收债权享有优先顺位是世界上多数国家税收立法的普通做法，我国也不例外。《中华人民共和国税收征收管理法》（以下简称《税收征收管理法》）第 45 条确立了税收债权的一般优先权地位，纳税人欠款的税款在担保物权设立之前的，税收债权优先于担保物权，并使税务机关负担了定期公告纳税人欠税情况的义务。税收优先权有其存在的逻辑与价值，但不宜与担保物权产生竞存关系，其与担保物权争抢就担保物优先受偿的顺位本身有违民事法理，破坏了担保物权的制度价值，面临被变革的命运。

1. 税收优先权的存在价值

税法具有公法与私法的复合性特征，从税务机关角度而言，税法是为其行使征税权提供依据的法律，税收是一种公法；但从纳税人角度来看，税收是市场主

---

① 参见[美]道格拉斯·G. 贝尔德：《美国破产法精要》（第 6 版），徐阳光、武诗敏译，法律出版社 2020 年版，第 82～83 页。

② 破产优先权的配置打破了破产债权平等受偿的原则，体现的是一种特权，故而应是兜底性质的，如果说个别群体的权益能够在破产优先权制度之外得到有效保护或者补偿，那么该个别破产优先权则失去其存在的基础。参见钟健生：《破产程序中的优先权：冲突解决与体系建构》，载《西南民族大学学报（人文社科版）》2018 年第 5 期。

体进行经济活动时无法回避的重要规则，税法由此具有交易法的私法属性。[①] 这也使得税收债权兼具公法之债与私法之债的双重属性，但在债务人（纳税人）破产程序中，税务机关仅得以依据破产法的规定与程序规则主张税收债权，失去其他与破产集体清偿程序相冲突的税收征管行政权力，此时的税收债权主要体现为私法意义上的债权。然而，基于债权最终目的的考量，税收债权始终蕴含着公共利益的属性，不同于商业债权等私人债权，税收债权是国家财政收入的基础，税收优先权保障了国家发挥基本职能的财政能力，关乎国家安全与社会经济秩序，并避免了将债务人欠缴税款的负担转移于其他"无辜"的纳税人。[②] 而且，税收债权在市场活动中是没有调节能力的，税务机关难以预先与纳税人就税收债权事项达成协议，若不赋予税收债权一定的优先顺位，当事人可能通过设定担保等方式逃避税收债权的清偿，使国家利益受损。[③] 虽然税务机关享有行政强制权力，有足够的手段保障税收债权的实现，但在债务人进入破产程序之后，税务机关的权力被严格限制，不再享有行政权力的优势。如果税务机关不享有税收优先权，那么相应的应缴税款将不当地增加普通破产债权人的利益，在这种情况下，税收优先权的存在可以防止普通破产债权人享受此笔意外之财。[④] 取消税务机关的税收优先权，还可能会迫使税务机关在企业正常经营中放弃与债务人协商缓和税收支付条件的尝试，从而致使发生不必要的企业破产情况。[⑤] 赋予税收债权以优先权地位是多数国家的立法选择。日本《国税征收法》第 8 条、韩国《国税征收法》第 5 条均规定了税收债权就纳税人的一般财产所享有的优先权。美国《国内收入法典》规定，联邦政府在对纳税人催缴欠税事项无果后，得以对欠税人的全部财产享有留置权，即税收债权享有优先权地位。[⑥]

---

① 参见［日］中里实等编：《日本税法概论》，西村朝日律师事务所西村高等法务研究所监译，郑林根总校，法律出版社 2014 年版，第 2 页。

② See Barbara K. Morgan, *Should the Sovereign be Paid First—A Comparative International Analysis of the Priority for Tax Claims in Bankruptcy*, American Bankruptcy Law Journal, Vol. 74, Issue 4, 2000, p.463.

③ 参见许德风：《论破产债权的顺序》，载《当代法学》2013 年第 2 期。

④ See Barbara K. Morgan, *Should the Sovereign be Paid First—A Comparative International Analysis of the Priority for Tax Claims in Bankruptcy*, American Bankruptcy Law Journal, Vol. 74, Issue 4, 2000, p.464.

⑤ See Philip R. Wood, *Principles of International Insolvency*, Sweet &Maxwell, 1995, p.23 – 24.

⑥ See 26 U.S. Code § 6321.

2. 税收优先权取消论

有一些学者主张取消税收优先权，其主要理由在于：(1)税收优先权“抢夺了”普通债权人本应得到的受偿利益，可能使一些经济实力薄弱、抗市场风险能力低下的小额债权人遭遇财务困境，税收优先权以违反破产损失公平分担原则的方式，增加了债务人破产的社会成本。① (2)税收优先权无须公示或难以公示到位的弊端，影响了市场主体的交易预期与交易安全。② (3)在债务人的一般财产上设置优先权的做法，本身可能给债务人的融资人或生产材料供应商等债权人的利益造成损害，加剧了破产重整中的企业债务人的经营困境。③ (4)有学者认为，税收债权人与物权担保债权人均没有足够的利益动力与积极性去关心企业债务人的经营管理与财务状态，只有普通债权人为实现自身权益考虑而不得不关注企业债务人的前途命运。取消税收优先权，将扩大普通债权人的受偿比例，激励普通债权人致力于企业营运事业的重建与再生，促进市场资源的优化配置。④ (5)取消税收优先权有利于破产法的国际化与跨国破产案件中税收债权的处理。⑤ 倘若域外法院承认与执行内国破产程序的结果是将债务人位于域外的财产来优先清偿内国的税收债权，将极大影响域外法院进行破产国际合作的积极性。(6)并非所有的非自愿债权人都享有某种形式的优先权，而且，税收债权人并不构成非自愿债权人，因为税务机关在债务人非破产环境下通过多项措施增强了其实现税收债权的能力，一定程度上具备了调节债权的可能，如税收罚款与相对较高的欠税利息，对第三人施加的辅助税收征管的责任，以及便利税收征管的稽征程序等。⑥ (7)其他国家已逐步体现出弱化或取消税收优先权的趋势。英国 1986 年《破产法》规定，所得税、关税与社会保险税等税收债权属于优

---

① 参见张钦昱：《破产优先权之限制理论研究》，法律出版社 2016 年版，第 122 页。

② 参见蔡斌：《中国法定担保的类型配置研究》，人民出版社 2018 年版，第 318 页。

③ 参见[日]我妻荣：《我妻荣民法讲义Ⅲ：新订担保物权法》，申政武、封涛、郑芙蓉译，中国法制出版社 2008 年版，第 53 页。

④ 参见刘明尧：《破产债权制度研究》，中国社会科学出版社 2018 年版，第 226 页。

⑤ 参见石静遐：《跨国破产的法律问题研究》，武汉大学出版社 1999 年版，第 198 ~ 199 页。

⑥ See Barbara K. Morgan, *Should the Sovereign be Paid First—A Comparative International Analysis of the Priority for Tax Claims in Bankruptcy*, American Bankruptcy Law Journal, Vol. 74, Issue 4, 2000, p. 467.

先债权的范围。[①] 但英国2002年《企业法》取消了税收债权的优先地位。[②] 又如澳大利亚，其2001年《公司法》第556条将税收债权降级为普通债权的清偿顺位，之后几年，该国财政收入非减反升，原因可能在于，税务机关在债务人常态经营过程中即强化了税收的征收与管理的力度，因为税务机关于非破产环境下的积极勤勉，可以抵偿税收优先权被取消的损失。[③]

3. 我国税收优先权的变革

反对论尚不足以彻底推翻税收优先权的制度价值，对于包括债务人的融资人、材料供应商等普通债权人受偿利益的"挤占"，以及公示配套制度的不足，不唯税收优先权的弱点，全部优先权类型几乎都存在这一问题，但正因为与公共利益、国家利益、弱势群体利益等直接关联的特别债权有受优先保障的必要，优先权的弊端具有了正当性。取消税收优先权的国家是少数，在多数国家仍维持税收优先权的背景下，我国不宜以税收债权降级的代价去争取跨境破产的合作。所以，在维持我国税收优先权的基础上，笔者主张变革税收优先权针对担保物权的优先顺位规则，并予以税收优先权一定限制。

税收优先权本身就是立法政策衡量的结果，于法理层面具有灵活调整的空间，但将作为一般优先权的税收债权与就特定物优先受偿的担保物权强制竞存，于民事基本原理有悖，二者本无重叠的可能。[④] 我国《企业破产法》第109条已明确了担保物权的破产别除效力，担保物权于特定担保物之上得以产生对抗税收优先权的效力，相对而言，我国《企业破产法》第113条仅将税收债权列为第二顺位优先权，在破产费用、共益债务以及劳动债权之后，优先于普通债权受偿，破产立法并未肯定破产程序中税收债权优先于担保物权的可能。而且，就我国税收征管立法与破产立法规范予以体系解释，劳动债权是没有对担保物权的优先性可言的，且劳动债权优先于税收债权。若税收债权优先于后设立的担保物权，将得出劳动债权优先于在债务人欠税之后设立的担保物权，致使法律规范之间的

① See Insolvency Act 1986, s 386; Sch 6.

② See Enterprise Act 2002, s 251.

③ 参见［美］杰伊·劳伦斯·韦斯特布鲁克、［美］查尔斯·布斯、［德］克里斯托弗·保勒斯、［英］哈里·拉贾克：《商事破产：全球视野下的比较分析》，王之洲译，中国政法大学出版社2018年版，第72页。

④ 参见邹海林、周泽新：《破产法学的新发展》，中国社会科学出版社2013年版，第295～296页。

关系发生混乱。我国破产立法态度反映了对税法相关规范的特殊调整,体现了公平清偿债权的破产法理念,也是贯彻"国不与民争利"的社会原则的要求。[①] 依据法理取消税收债权较后设立的担保物权优先受偿的规定,不会对我国的财政收入产生多大的影响。毕竟较常态经营企业,破产企业占少数,税务机关因不得行使优先于担保物权的税收债权而受到的损失在其中又仅为小比例,对于拥有庞大财政收支能力的国家而言微不足道,但破产程序中优先于担保物权的税收优先权的设置,将对社会主义市场经济体制与民事基本法理产生持久的破坏。而且,从宏观层面看,税收债权人向担保物权人的"让利",有利于稳定金融体系,繁荣市场经济,国家税收未必会减少。[②] 其他国家设置的税收优先权往往不会影响担保物权的破产别除效力。譬如,在美国破产立法中,于债务人破产清算程序中,物权担保债权人将就担保物优先受偿,税务机关仅能够就剩余的破产财产就破产申请前的税收债权享有第八顺位的优先权。[③] 将税收债权置于较后的优先顺位,体现了美国立法者让更多的破产当事人分享破产财产,而不是使税收债权人独享破产财产的立法政策。[④]

同时,税收优先权强势的对抗效力须以完善的欠税公告制度为配套设施。我国《税收征收管理法》第 46 条也规定,纳税人发生欠税情况,在之后设立意定担保物权之前,应当向担保物权人说明欠税情况,担保物权人也可以请求税务机关提供纳税人的有关欠税的情况。但该条规范未明确纳税人没有履行说明义务的法律后果,是否影响税收债权较担保物权的优先顺位,没有立法依据。即使税法进行完善,对担保人违反对欠税情况的说明义务的损害赔偿责任予以补充规定,在债务人破产程序中也是没有太大意义的。因为债务人丧失了债务清偿能力,在以自有财产设定担保物权时,未向担保物权人说明其已然存在的欠税情况,对此要对担保物权人因担保物权劣后于税收优先权受偿而造成的损失承担损害赔偿责任,破产程序中的债务人也没有相应的支付能力。而我国《税收征收管理法》第 45 条规定的欠税公告制度,在我国税务征管实践中并未予以妥善建

---

① 参见王欣新:《破产法》(第 4 版),中国人民大学出版社 2019 年版,第 370 页。

② 参见[日]佐藤铁男:《破产法和其他法律领域的交叉——寻求其协调的序论性研究》,刘颖、侯欣怡译,载李曙光、刘延岭主编:《破产法评论》(第 1 卷),法律出版社 2018 年版,第 116 页。

③ See 11 U. S. Code § 507(a)(8).

④ 参见[美]查尔斯·J. 泰步:《美国破产法新论》(第 3 版),韩长印、何欢、王之洲译,中国政法大学出版社 2017 年版,第 775 页。

构,由于没有明确的法定公告时限,税务机关不能及时公告债务人欠税的情况,且相对人向税务机关申请查询债务人欠税事项缺乏程序规范,税务机关拒绝相对人查询申请的现象频现。因此,我国欠税公告制度不能发挥本应具备的公示功能,在未建立足以承载维护交易安全价值的欠税公告制度之前,税收债权也不应享有对担保物权的优先清偿顺位。当然,享有纳税物权担保的税收债权,应当属于担保物权与税收优先权竞合的情况。[①] 考虑到担保物权的破产别除效力,取消税收优先权对担保物权的优先顺位之后,税务机关在破产程序中主张纳税物权担保往往更有利于实现税收债权优先清偿的目标。

在比较法上,欠税公示的效力强大,甚至能够影响税收优先权的存续。譬如,法国税法赋予国库税收以优先权,但有些税收债权仅在于法院宣告纳税人破产之前办理登记公示,才能于债务人破产程序中维持优先效力。[②] 法国税务机关因此应向商事法院登记的税款类型包括:个人所得税、公司税、营业税、间接税和关税。[③] 又如,美国《国内收入法典》规定,税收的优先顺位产生之前提在于,其必须至适当的平台进行公告。[④] 否则,破产管理人可以依照美国《破产法典》的规定行使破产撤销权,将未公告的联邦税收优先权撤销,其将由此沦为普通破产债权。[⑤] 在我国欠税公告制度尚需一定时间进行完善的背景下,为保障国家税收利益,有必要保留税收优先权,不宜完全借鉴比较法的做法,将完善的欠税公示制度直接与税收优先权的存续挂钩。

此外,有学者针对我国《税收征收管理法》第45条的不合理规范的问题,主张对成立在先的税收债权的优先权行使予以一定的限制,其应当先就债务人的非担保财产优先受偿,无法覆盖税收债权额的,税收债权人方可就担保财产优先于担保物权人受偿,以此最大限度地在既定法律规范的前提下,减轻税收优先权对担保物权制度价值的破坏与对交易安全的影响。[⑥] 笔者赞同此过渡性措施建

---

① 参见钟健生:《破产程序中的优先权:冲突解决与体系建构》,载《西南民族大学学报(人文社科版)》2018年第5期。

② 参见尹田:《法国物权法》,法律出版社2009年版,第475页。

③ 参见沈达明、郑淑君编著:《比较破产法初论》,对外经济贸易大学出版社2015年版,第262页。

④ See 26 U.S. Code § 6323(a).

⑤ See 11 U.S. Code § 544(a), 545(2).

⑥ 参见程啸:《担保物权研究》,中国人民大学出版社2017年版,第399页。

议,我国《税收征收管理法》第45条并未具体明确税收优先权行使的财产顺序,对其行权进行目的性限缩解释,可以得出其应先就债务人的非担保财产实现债权的结论。

4. 对税收优先权的期限限制

有学者认为,劳动债权与税收债权产生之责任,往往在于债权人维权的不力,法律不应为保护权利的睡眠者而将损失转嫁给普通债权人。① 笔者认为,将劳动者与国家同等视之并施以同一负担不妥。劳动者因无公权力而对劳动债权的长期拖延难谓过错,作为理性自然人的劳动者也不希望本应享有的劳动报酬转为劳动债权且长期搁置。较劳动者而言,国家建立了专门的税收征管机关,赋予其税收强制征管权力,可以说,税务机关的征税权远比其在债务人破产程序中所主张的税收债权在实现税收征收目标方面更有力度。实践中,税务机关在与纳税人之间的关系中处于绝对的优越地位,纳税人长期拖欠税款大多与税务机关的征管不力有关,税务机关难辞其咎。对不同期限的税收债权予以区别保护的理念已为比较法所采纳。日本《破产法》第148条第1款第3项规定,在破产程序启动前产生的税收债权,于破产程序开始时税款缴纳期限未到期或缴纳期限已满不到1年的,可以成为较税收优先权的顺位更具优势的财团债权随时优先受偿。② 但对于纳税期限超过1年的长期税收债权,不再享有财团债权的优先顺位,日本《国税征收法》第8条规定,在债务人破产程序中仅得日本《破产法》第98条第1款规定,作为优先破产债权处理。③

我国对于破产程序前成立的税收债权没有区别不同的优先清偿顺位,而且税收债权与破产费用、共益债务等大陆法系国家破产法中的财团债权的本质不符,其并非破产程序运行所必需之费用,亦非为有利于全体债权人利益的债权类型,但给予长期税收债权以一定不利益的做法可以借鉴。因可归责性而剥夺一定期限之前的税收债权的优先性是合理的,可以将其降级为普通破产债权,以此可以作为对税收优先权的进一步限制措施。

(三)物权担保债权与劳动债权的破产清偿顺位之比较

在债务人破产程序中,劳动债权的形成是破产法的体系强制力作用于劳动

① 参见张钦昱:《破产优先权之限制理论研究》,法律出版社2016年版,第132页。

② 参见[日]山本和彦:《日本倒产处理法入门》,金春等译,法律出版社2016年版,第65页。

③ 参见[日]谷口安平主编:《日本倒产法概述》,[日]佐藤孝弘、田言等译,中国政法大学出版社2017年版,第76~77页。

合同法等劳动法律规范的结果。企业在经营过程中难免会遇到营业或财务的困境，从而产生降低劳动力成本的刚性需求，危困企业需要解雇员工或者修改劳动合同上的雇佣条件。但在现代法治国家，企业管理员工的自由是有限的，企业降低劳动力成本的措施往往受到劳动法律规范或集体谈判协议等障碍而不具有可行性，当企业债务人丧失债务清偿能力进入破产程序，在这一极端情况下，破产法能否推翻常规的劳动保护规范，为促进全体债权人的公平清偿或债务人企业经营的复兴以债务人的一些雇员的利益为代价吗？答案一般是肯定的，但在不同的法制背景的国家，对此的解读角度不同。美国破产法遵循"布纳原则"，通常不改变非破产实体规范的内容，除非破产立法政策为完成特殊价值目标有必要的调整需求，且不会涉及对基本权利核心内容的侵犯，也就是在合宪性的破产法体制强制力的框架下证成破产法修改常态下劳动规范的正当性。而在欧洲，破产法发挥了软化破产之外的高度不灵活的劳动法的平衡作用，实则与破产法的体系强制力视角具有本质的一致性。① 当然，劳动法律规范最好能够预先就企业破产情形下劳动关系的调整事宜予以规范，如此更有利于劳动法律与破产法的协调适用，如《中华人民共和国劳动合同法》第 41 条的规定。

我国学界在《企业破产法》出台之前，就劳动债权与担保物权何者优先有过争论，但主张劳动债权优先者大多受到我国政策性破产实践的影响，随着我国《企业破产法》的出台，担保物权就担保物优先受偿，在债务人破产程序中享有破产别除效力，劳动债权不再"凌驾"于担保物权之上具有了实定法依据，我国学界也逐渐就此形成共识。尽管如此，仍有学者认为我国破产立法并未明确规定担保物权优先于劳动债权，学理上仍存争议。② 所以，笔者就此主题在法理层面进一步进行探究，以固化共识。

---

① See Omer Kimhi & Arno Doebert, *Bankruptcy Law as a Balancing System: Lessons from a Competitive Analysis of the Intersection between Labor and Bankruptcy Law*, American Bankruptcy Institute Law Review, Vol. 23, 2015, p. 491 - 493.

② 有学者认为，我国《企业破产法》肯定了担保物权对债务人特定财产的优先受偿地位，但并没有就此作直接的、明确的规定。而且，担保财产也属债务人财产或破产财产的范畴，而破产法又没有将劳动债权得以优先受偿的债务人财产限定于"没有设定担保"的财产之上。因而，在作为债务人财产的有担保财产之上，担保物权与劳动债权孰先孰后，并没有直接的法律依据，还存在继续讨论和研究的空间。参见邹海林、周泽新：《破产法学的新发展》，中国社会科学出版社 2013 年版，第 293 ~ 294 页。

1. 劳动债权优先保护的正当性

对破产程序中劳动债权的清偿顺位不加干涉，即未设置劳动债权优先权的立法政策，其与古典自由主义的经济、政治思想一脉相承，也反映了个人主义的伦理学理论的思想，①但现代正义理论则倾向于对劳动债权赋予优先清偿顺位。拉德布鲁赫曾言，法律对于弱势群体的倾向性照顾与救济，将社会矫正思想置于自由、平等理念之上，使交换正义中融入分配正义的价值，并通过有组织的社会救济取代自我救济。② 社会资源的稀缺性注定带来主体利益冲突的不可避免性，而现代法律制度的可行性目标只能是均衡利益，也就是通过对行为主体的各种相互冲突的利益进行协调而最大限度地满足各行为主体对利益的期望。因此，公平、正义就成为现代法律制度的价值要素。③ 破产法作为现代法律制度亦不例外。因此，法律对社会弱势群体的特别保障具有必要性，体现了现代法治对实质正义的追求，债务人破产程序中劳动债权的优先权地位的确立，即凸显出破产法保障劳动者权益的理念。沃伦（Warren）教授与韦斯特布鲁克（Westbrook）教授指出，债务人的职工在理论上虽然可以通过调查企业的财务状况来保护自己免受对方资不抵债的风险，并以在他处另寻工作机会或者向债务人提出更高的工资来转移、消化风险，但在实践中，获取企业的必要信息会产生高昂的成本，其过程过于复杂，从而形成重大障碍，而职工转换雇主的成本也是其一般难以承受的。此外，一般的债权人可以通过向多名债务人提供信贷来分散风险，但职工却不能这样做，因为他们不太可能为一个以上的雇主工作。④ 巴布丘克（Bebchuk）教授与弗里德（Fried）教授进一步提出，在一些企业中，个别的职工有成为企业的自愿债权人的可能，其原则上可以与企业签订保证劳动债权的担保协议，但由于

---

① See Scott C. Pryor, *The Missing Piece of the Puzzle: Perspectives on the Wage Priority in Bankruptcy*, American Bankruptcy Institute Law Review, Vol. 16, Issue 1, 2008, p. 149.

② 参见［德］G. 拉德布鲁赫：《法哲学》，王朴译，法律出版社 2005 年版，第 129 页。

③ 正如星野英一教授所言，现代民法直率地盯准了把弱者作为强者处理而产生的痛苦和烦恼，并正在对此采取相应的对策，加强了对弱者的个别保护。参见［日］星野英一：《私法中的人——以民法财产法为中心》，王闯译，载梁慧星主编：《民商法论丛》（第 8 卷），法律出版社 1997 年版，第 190 页。

④ See Elizabeth Warren & Jay Lawrence Westbrook, *Contracting Out of Bankruptcy: An Empirical Intervention*, Harvard Law Review, Vol. 118, Issue 4, 2005, p. 1232.

他们的债权规模相对较小,一般来说,他们这样做是不经济的。[①] 因此,即便有规避债务人违约风险的可能性,职工却不具有从事相应避险行为的可行性。[②] 详言之,赋予劳动债权以优先权的立法地位的正当性还在于以下几个方面。

第一,劳动者基于与企业之间的劳动合同,就职工债权无法要求企业或第三人提供担保物权的保障,倘若职工债权不具有一定的优先清偿顺位,其将只能与普通债权按比例受偿。[③] 相较于市场交易中意定之债的债权人,劳动者并无可靠的风险规避手段。劳动债权的金额无法预先确定,不具有为其约定担保的条件,即便存在设定最高额抵押的可能性,但由于担保的高经济成本,实质上不具有可行性。[④]

第二,劳动者一般并非企业的经营管理人员,其缺乏对自身工作与福利待遇之外的企业经营与财务状态予以关注的内在动力,由此也难以及时获知企业是否丧失债务清偿能力。[⑤] 劳动者对已获知的风险的分析能力也是有限的,还可能低估风险的破坏力,由此限制了劳动者对企业破产风险的提前防范与妥善安排。劳动债权的优先顺位的设置,有助于弥补其获取信息与风险管理等方面的不足。

第三,相较于其他债权人,劳动者的经济实力较弱,债权损失对其生活的影响力更大,甚至可能对其正常的生存造成重大干扰。同时,劳动者与专门从事商业活动的债权人的谈判能力不具有可比性,其不擅于向雇主积极主张并维护自身合法权益,对于实现劳动债权的合法路径也常常缺乏全面的认知与妥善的运用。[⑥] 因此,破产立法有必要对劳动债权予以倾向性保护。

2. 劳动债权清偿顺位的学理争论

主张劳动债权优先说的学者的主要理由在于:(1)一般优先权难以登记公示,但为贯彻其实现特定公共利益或特定群体利益保障的目标,应直接赋予其优

---

① See Lucian Arye Bebchuk & Jesse M. Fried, *The Uneasy Case for the Priority of Secured Claims in Bankruptcy*, Yale Law Journal, Vol. 105, Issue 4, 1996, p. 885.

② See Scott C. Pryor, *The Missing Piece of the Puzzle: Perspectives on the Wage Priority in Bankruptcy*, American Bankruptcy Institute Law Review, Vol. 16, Issue 1, 2008, p. 148.

③ 参见王艳华:《劳动债权与担保权之争——市场化破产发展趋势中劳动债权的保护》,载《公民与法(法学版)》2010 年第 2 期。

④ 参见韩长印:《破产优先权的公共政策基础》,载《中国法学》2002 年第 3 期。

⑤ 参见张钦昱:《破产优先权之限制理论研究》,法律出版社 2016 年版,第 24 页。

⑥ See D. Bruce Gleig, *Unpaid Wages in Bankruptcy*, University of British Columbia Law Review, Vol. 21, Issue 1, 1987, p. 62.

先于担保物权的地位，劳动债权优先权即应如此，才能承载保护弱者的使命。[①](2)从劳动价值论角度来说，企业的发展与破产财产的价值蕴含职工的劳动力价值，因此劳动债权应对包括担保财产在内的所有破产财产行使优先受偿权。[②](3)劳动债权的实现代表着社会公共利益，而物权担保债权往往与社会公共利益并不具有直接关联，而只是私人利益的体现，社会公益优先于私人利益，劳动债权也应优先于担保物权。[③] (4)有学者认为，当某一债权人群体没有能力调节其与债务人的对价与债权债务协议条款时，物权担保债权人对其的优先清偿顺位应受到限制。[④]

与此针锋相对，主张担保物权优先的学者的主要依据在于：(1)作为一般优先权的劳动债权，其受偿的财产基础只能是提出担保财产之外的破产财产，[⑤]而不及于担保财产等特定财产。[⑥] (2)劳动债权优先于担保物权，将导致担保物权的保全债权之基本功能失效，市场主体必将另寻替代担保物权的债权保障方式，徒增了交易成本，对既存的市场秩序也造成了破坏。[⑦] (3)劳动债权优先并不利于职工的长远利益，因为无担保物权的安全保障，债权人为了避免潜在的破产损失，可能拒绝与拖欠职工工资的企业债务人产生经济往来，将加剧了企业债务人的经营困难。而且，在债务人破产程序启动前，劳动债权难以通过优先顺位实质上阻止担保物权的实现程序，这将导致担保物权人发现债务人存在丧失债务清偿能力的可能之时，就及时变现担保物以优先受偿，将进一步恶化企业的生存局面，劳动债权优先受偿的目标也无法实现。[⑧] (4)劳动债权在未有效公示的情况下，不应具有对抗担保物权优先受偿的效力。[⑨] (5)即使劳动债权优先于担保物权，在劳动债权之前，仍存在破产费用与共益债务的优先权，劳动债权人的利益

---

① 参见申卫星：《论优先权同其他担保物权之区别与竞合》，载《法制与社会发展》2001年第3期。

② 参见韩长印：《我国破产分配顺位的重构——“破产分配顺位”学术讨论综述》，载《上海交通大学学报(哲学社会科学版)》2005年第6期。

③ 参见邹海林主编：《中国商法的发展研究》，中国社会科学出版社2008年版，第143页。

④ See Barry E. Adler, *Financial and Political Theories of American Corporate Bankruptcy*, Stanford Law Review, Vol. 45, Issue 2, 1993, p. 340.

⑤ 假设担保财产在满足物权担保债权人的债权主张后没有剩余权益。

⑥ 参见韩长印：《我国别除权制度改革初论》，载《南京大学法律评论》2004年第1期。

⑦ 参见陈昶屹：《破产重整制度的建立与完善》，载《法律适用》2005年第3期。

⑧ 参见王欣新：《论职工债权在破产清偿中的优先顺序问题》，载《法学杂志》2005年第4期。

⑨ 参见王利明：《关于劳动债权与担保物权的关系》，载《法学家》2005年第2期。

主张可能仍无法全部满足，因此，劳动者权益的保障应探索市场化的配套机制，依赖破产程序的优先受偿实为效果不佳的下策。[①]

3. 劳动债权不得优先于担保物权就担保物受偿

破产法的价值目标中容纳了许多公共政策方面的考量元素，但有时它们之间的关系又是紧张的，最主要的平衡基点是破产法独特的公平清偿债务，以及促进债务人事业复苏的立法主旨。[②] 对比两方观点，主张担保物权优先一方更契合民事基本法理。

首先，根据国务院发布的《关于在若干城市试行国有企业破产有关问题的通知》（国发〔1994〕59 号），以及《关于在若干城市试行国有企业兼并破产和职工再就业有关问题的补充通知》（国发〔1997〕10 号），在我国 20 世纪 90 年代，适用政策性破产，担保物权的破产清偿顺位劣后于劳动债权。但在我国政策性破产时代，劳动债权在企业破产程序中优先于担保物权受偿的主要适用对象为列入相关政策性破产名单的国有企业，民营企业被排除在外。[③] 政策性破产本身是适用范围严格受限的阶段性产物，承载着我国特定的国有企业改革的历史任务，不具有普遍考察与探究沿用的价值。

其次，劳动者享有的作为基本权利的劳动权的保障依赖于用人单位与国家的合力，前者主要由劳动法规范体系调整，而后者立足于宪法基本权利的国家保护义务，生成国家的社会保障法律制度。在用人单位丧失债务清偿能力，进而进入企业破产程序的情况下，其已失去对劳动者的劳动权予以保障的基本能力，良法不能强人所难，此时，国家的社会保障法律制度将发挥着主要的践行分配正义的功能，以满足劳动者的生存需求，劳动权在这里成为受益权性质的基本权利，即社会权。申言之，破产债务人企业的职工债权一定程度上关涉职工的生存权的保障问题，这本无可厚非，但问题在于职工的生存权是否要通过分割担保债权人的利益来满足，社会个体的生存权属于基本权利范畴，应当由雇佣劳动者的企业就劳动关系中的雇佣报酬予以优先满足。完美的人力资源市场并不存在，市

---

① 参见齐明：《破产法学：基本原理与立法规范》，华中科技大学出版社 2013 年版，第 250 ~ 251 页。

② See Douglas P. Bartner & Robert A. Britton, *Make-Whole Claims and Bankruptcy Policy*, Harvard Business Law Review Online, Vol. 5, 2014 - 2015, p. 25.

③ 参见王艳华：《劳动债权与担保权之争——市场化破产发展趋势中劳动债权的保护》，载《公民与法（法学版）》2010 年第 2 期。

场机制与破产程序均无法解决劳动者失业与生存保障的问题。① 国家对作为基本权利的公民生存权负有国家保障义务，蕴含了兜底的责任，企业丧失债务清偿能力之际，职工基于企业拖欠的雇佣报酬所形成的职工债权难以满足，国家义务中的兜底责任生效，作为国家代表的政府应该积极通过完善劳动保障制度以及财政、社会性共建等多种手段，对职工的生存权予以保障，而非将此义务负担的内容不合理地转嫁于破产担保债权人。也就是说，当企业进入破产状态时，就业市场往往作为一个整体已对拖欠工资的风险进行了预先安排，可能的情况是，由市场驱动的工资中有一部分包含了"偿债溢价"，以防范拖欠职工工资的风险，如国家财政支出特定资金以应对该项风险。② 比较法上也体现了国家构建配套制度以转移破产程序中劳动债权的受偿需求。譬如，德国建立劳动者担保基金、退休金担保基金等多种劳动者权益保护基金，在破产体系之外，劳动者权益基本可以得到充分与及时的保护，而无须于破产程序中争抢破产财产，故德国《破产法》取消了劳动债权的优先权地位。③ 与此同时，破产程序以外的劳动者权益保障机制的设置，较冗长的破产程序，劳动债权的获偿效率显然更具有优势，而劳动者往往对劳动债权有着迫切的基于生存目的的使用需求，因此，支付效率也是劳动债权保护机制需要重点考量的要素。④ 但有学者质疑以财政资金来负担破产企业的劳动债权的支付义务的做法，认为用全体纳税人缴纳的税收来为私人破产企业的私人债权买单缺乏正当性。⑤ 笔者认为，财政支持作为过渡性措施具有必

---

① See Elizabeth Warren, *Bankruptcy Policymaking in an Imperfect World*, Michigan Law Review, Vol. 92, Issue 2, 1993, p. 336.

② See Scott C. Pryor, *The Missing Piece of the Puzzle: Perspectives on the Wage Priority in Bankruptcy*, American Bankruptcy Institute Law Review, Vol. 16, Issue 1, 2008, p. 148.

③ 参见张钦昱：《破产优先权之限制理论研究》，法律出版社 2016 年版，第 196 页。

④ 欧盟在 1980 年颁布了一项专门指令，《欧盟理事会就统一成员国针对破产程序中破产企业雇员相关法律的指令》[Council Directive of 20 October 1980 on the approximation of the Laws of the Member States relating to the protection of employees in the event of the insolvency of their employer(80/987/EEC)]，该指令第 3.1 条要求欧盟成员国设立一个保障机构，在雇员欠付工资债权无法在破产程序中获得全额清偿的情况下，向雇员补足欠付工资，对劳动者权益的实体与程序内容均进行了全面的保障。参见[美]杰伊·劳伦斯·韦斯特布鲁克、[美]查尔斯·布斯、[德]克里斯托弗·保勒斯、[英]哈里·拉贾克：《商事破产：全球视野下的比较分析》，王之洲译，中国政法大学出版社 2018 年版，第 155 页。

⑤ See Dejan Bodul, Bankruptcy Policy, *State Attitude towards Bankruptcy and State Interventionism*, *Economic and Social Development*, 16th International Scientific Conference on Economic and Social Development: The Legal Challenges of Modern World, Vol. 16, 2016, p. 277.

要性,但也应对得以从中获偿的劳动债权的范围予以适当的限制,以满足劳动者生存利益的债权额的清偿为限,而市场化方式更适宜作为长远的可持续的劳动债权保障机制,譬如,以预先抽取的企业与劳动者共同负担的款项组成保险基金,用来应对债务人违约的劳动债权支付的风险。

(四)担保物权与破产费用、共益债务的清偿顺位之比较

当破产管理人实际上介入担保财产的保管与变现等环节时,担保物权与破产费用、共益债务将可能产生重叠,根据"受益者付费"的原则,物权担保债权人应负担与其相关的必要的破产费用与共益债务。

1. 破产费用与共益债务的随时受偿

考察比较立法例,虽然名称各异,但破产立法实质上均设置了不依破产程序而随时清偿的破产费用与共益债务。我国破产立法中的破产费用与共益债务的优先权类型,于大陆国家的破产立法中往往合称为财团债权(Masseforderung),如德国《破产法》第54条、第55条与日本《破产法》第2条等,财团债权同样不受破产程序的束缚,而得以随时从破产财产中得到优先的个别受偿。所以,财团债权人亦无须负担债权申报、参加债权人会议与表决等程序义务。[①] 英国1986年《破产法》以破产费用统括共益债权,其破产债权的基本清偿顺序是破产费用、优先债权、普通债权。[②]

担保物权与破产费用、共益债务存在一定程度的交叉。根据我国《破产法解释二》第3条的规定,担保物在优先满足物权担保债权的清偿需求之后还有剩余价值的,或者于此担保物上的担保物权消灭的,可在债务人破产程序中用来清偿破产费用与共益债务以及其他破产债权。又如,根据我国《最高人民法院关于适用〈中华人民共和国企业破产法〉若干问题的规定(三)》(法释〔2019〕3号,以下简称《破产法解释三》)第2条的规定,经由债权人会议决议或法院许可,为企业债务人自行营业而借款所产生的融资债权,是债务人于破产程序中为了全体债权人的整体利益而负担的债务,契合我国《企业破产法》第42条规定的破产共益债务的特点,而依法可以享有共益债务的破产清偿顺位而随时、个别受偿。破产管理人或自行管理的债务人为该项借款的成立而设立抵押权,且抵押物于破产

① 参见陈计男:《破产法论》,台北,三民书局股份有限公司2004年版,第172页。

② See Insolvency Act 1986, s 328.

程序启动前已先行负担有其他抵押权的,依照我国《民法典》第 414 条规定的登记公示与否以及登记时间先后的抵押权竞合规则处理。需要注意的是,此时叠加担保物权与债权的于破产程序中成立的物权担保债权,出现了可作为共益债务与享有担保物权的竞合,物权担保债权人可以择一选择最有利的方式行权。

2. 物权担保债权人对破产成本的分担

企业破产产生直接成本与间接成本,前者包括律师、会计师和其他专业人员参与破产工作所产生的相关法律费用与管理费用,后者包括销售损失、增加的运营成本以及企业竞争力下降等可能的机会成本,较间接成本而言,直接成本更易量化。[①] 直接成本也因此得以在破产程序中成为可参与分配的重要债权类型。实践中,破产财产之上大多负担着担保物权,且担保财产占破产财产的比例不低,破产管理人的相当一部分工作实际上不可避免地是在审核担保物权以及其所保障的债权。对于非转移占有型的担保物权类型而言,破产管理人还须保管与维护担保物,因此,物权担保债权人作为管理人于破产程序中所开展工作的受益人,理应支付破产程序的成本——破产费用。我国《企业破产法》第 43 条也规定破产费用从破产财产中随时清偿,但我国破产立法确立担保物权免受破产清算程序的干扰,得以在破产清算程序之外自行实现权利,进而避免了分担破产费用的成本,这样一来,担保物权人便成为破产程序的“搭便车者”,将程序成本不合理地转嫁给了普通债权人负担。[②] 破产费用公平分担原则的基本要求是,以普通债权人承担的破产程序费用支付破产管理人的工作报酬与成本,物权担保债权人不可以在毫无付出的情况下要求管理人为其付出劳动。[③] 在笔者所主张的破产程序适用担保物权自动中止规则以及物权担保债权的优先受偿于破产程序中全程实现的模式架构下,物权担保债权人难以脱离破产程序而自行行权,从而具备了支付相应破产费用的可能,破产管理人保管担保财产与实现担保物权的费用,应由物权担保债权人负担。而且,依据《企业破产法》第 42 条的规定,共益债务包括破产财产致人损害所产生的债务,在担保物属于破产财产的立论下,管

---

① See Lawrence A. Weiss, *Bankruptcy in Corporate America: Direct Costs and Enforcement of Claims*, Journal of Legal Economics, Vol. 2, Issue 2, 1992, p. 79.

② 参见许德风:《论担保物权的经济意义及我国破产法的缺失》,载《清华法学》2007 年第 3 期。

③ 参见[德]乌尔里希·福尔斯特:《德国破产法》(第 7 版),张宇晖译,中国法制出版社 2020 年版,第 219 页。

理人保管担保物的过程中,因担保物本身的瑕疵或发生无法归责于管理人的风险而导致他人财产或人身损害所产生的侵权损害赔偿责任,也应归入共益债务中清偿,由此进一步论证了物权担保债权人于破产程序中行权并负担程序成本的必要性,因为破产财产本身也帮其分担着不小的风险。

申言之,保管与实现担保物权所产生的费用是一种"为债权的债权",应优先于被担保的原债权就担保物的变价款受偿。① 我国《民法典》第 389 条也将该类费用纳入担保物权优先受偿的法定范围中,因此,除当事人另有约定外,该类费用将在担保物的变价款中全部受偿,而无须再与普通债权人付出的破产费用,视担保物有无剩余权益而分担。当然,在破产程序伊始,破产管理人也可以基于维护全体债权人利益、促进破产财产价值最大化以及挽救困境企业的营业等价值的考虑,为获得物权担保债权人于法定要求之外的自我限权的"支持",而与物权担保债权人协商破产费用、共益债务的分担方式与比例,譬如,管理人与物权担保债权人可以协商约定在担保物的变价款中优先受偿一部分比例的保管与变现担保物的费用,而另外一部分的费用由担保物的剩余权益偿付。② 此外,破产程序中须处置的划拨土地所补缴的土地使用权出让金,应属于破产共益债务,从法理层面而言,亦应纳入共益债务的破产清偿顺位之中,而不宜在担保物权之前优先受偿。但其存在例外情形,即该土地标的物本身即为担保财产,当土地担保物不足以清偿其所保障的物权担保债权的情况下,破产普通债权人不存在分享担保物价值的可能,其无法从处置划拨土地中获益,针对拍卖划拨土地所要求缴纳的土地使用权出让金也就不符合破产共益债务的特点,此费用成本应当由担保物权人全额负担,并避免将成本转嫁于普通债权人负担之可能。对此,妥当的处理方式是依照《中华人民共和国城市房地产管理法》第 51 条所规定的,从拍卖划拨土地所得价款中优先清偿应缴纳的土地使用权出让金,就之后的剩余价款,抵押权人方可优先受偿。

当然,在计算物权担保债权人需承受多少破产费用成本时,须明晰管理人可以向其收取报酬的工作内容的范围,只有物权担保债权人从中得以获取利益,才有履行"受益者付费"的义务,管理人不得进行无意义的管理活动而要求物权担

---

① 参见张先贵:《物权基本原理研究》,合肥工业大学出版社 2018 年版,第 19~20 页。

② See Richard B. Levin, *Almost All You Ever Wanted to Know about Carve out*, American Bankruptcy Law Journal, Vol. 76, Issue 3, 2002, p. 458.

保债权人付费。而破产管理人对被担保债权和担保法律关系的审核与确认，以及发生争议后提起的债权确认之诉等工作，物权担保债权人非但无法受益，反而可能面临担保或债权被管理人否认的不利益风险。实质上，该项工作是为普通债权人利益而对担保物权的优先受偿申请严格把关的，普通债权人才是最终受益人，由破产费用负担该成本符合公平原则。①

我国《最高人民法院关于审理企业破产案件确定管理人报酬的规定》第 13 条认可了管理人对担保物的维护、变价与交付环节付出合理劳动的，物权担保债权人有义务应管理人的要求支付适当报酬，但却不合理地将管理人有权主张的报酬比例限制为破产财产价值总额的 10%。管理人得以向物权担保债权人主张的报酬的金额与比例，应根据具体的案件情况灵活确定，不宜设定最高比例的限制，管理人报酬的计算标准应与其正常标准一致，如破产财产之上，于债务人破产程序启动之前全部设立了担保物权时，破产财产即担保财产，尤其在担保财产无剩余权益的情况下，破产程序转变为担保物权的实现程序，管理人已然是为物权担保债权人的利益而服务，物权担保债权人理应负担全部的破产费用与共益债务。② 比较法上一般均支持破产管理人根据实际工作内容向受益的利害关系人要求支付报酬，而没有对担保物权的情况予以特别规制。

（五）破产担保物权与建设工程款优先权的顺位比较

隶属于优先权范畴的特别优先权，具有担保物权就担保物的交换价值优先受偿的特性，于债务人破产程序中可以产生破产别除效力。③ 特别优先权的行权规则可以参照担保物权的规范，将其视为法定担保物权，也正因为法律的特别规定，其得以豁免担保物权的公示负担，而由于特别优先权的受偿财产基础仅为特定物，特别优先权人与特定物之间往往具有直接的关联关系，第三人应对该特定物上可能存在相应的特别优先权有所预期，并预先进行风险规划，进而特别优先权的存在对交易安全的冲击远没有一般优先权大。我国的特别优先权类型由《民法典》以及特别法规定，主要包括建设工程款优先权，以及《中华人民共和国海商法》第 21 条规定的船舶优先权、《中华人民共和国民用航空法》第 19 条规定

① 参见王欣新：《破产法》（第 4 版），中国人民大学出版社 2019 年版，第 113 页。

② 参见王欣新：《破产费用、共益债务与物权担保债权间的清偿关系》，载《人民法院报》2015 年 9 月 2 日，第 7 版。

③ 参见王欣新：《破产法》（第 4 版），中国人民大学出版社 2019 年版，第 366 页。

的民用航空器优先权等。

建设工程款债权属于一种费用型债权,建设工程标的物的相当一部分价值是因为施工人投入了相关材料与劳动而产生的,即施工人进行了费用的垫付,从而使得建设工程标的物之上的所有权利人获益,基于公平原则的考量,建设工程款债权应具有优先权地位。[①] 比较法上普遍采取了建设工程款优先权的立法模式,如日本《民法典》第327条肯认了工匠、技师、承包人对债务人的不动产所主张的工程费用,在该不动产上享有先取特权,但该特别先取特权仅能就工程的不动产的价值增加部分主张,建设工程施工前的费用的预算额也须进行登记。[②] 日本法中的先取特权被纳入担保物权体系,所以其在破产程序中与担保物权一并被视为别除权。实质上日本民事立法对建设工程款债权的优先范围予以了限制,并附加了适当的登记配套制度。但前已述及,法定特别优先权的公示意义不是很大。承包人对建设工程的价值付出甚多,故建设工程款优先权的范围不宜进行限制,而且区分原工程价值与增加价值也不是很公平,在承包人未参与的情况下,原工程很可能表现为零价值。承继我国《合同法》第286条的规定,我国《民法典》第807条规定了建设工程款优先权,除根据建设工程的性质不宜折价、拍卖的以外,其权利的实现路径包括当事人协议折价或请求法院拍卖该工程,权利人在建设工程债权的范围内就该工程的变价款优先受偿,实质上与担保物权的实现程序类似。依据破产法尊重私法实体规范的理念,建设工程款债权的优先权地位将在债务人破产程序获得维持,并可以参照破产程序中担保物权的限制与保护规则,建设工程款优先权也须于破产程序中才能获得优先受偿。

针对同一建设工程标的物上存在的建设工程款优先权与抵押权,二者构成竞存,因建设工程款优先权无须公示,二者无法适用抵押权的登记时间的冲突处理规则。就建设工程款优先权的性质予以深入探析,其与法定担保物权具有同样的特征,而我国标准的法定担保物权为留置权,建设工程款优先权人或留置权人均对标的物进行了占有与控制,其对标的物的保值与增值贡献良多,若不允许其优先于抵押权,则将导致以法定担保物权人的财产利益清偿抵押权人的嫌疑,有失公允。而且,抵押权人若想优先行权而要求建设工程款优先权人或留置权

① 参见程啸:《担保物权研究》,中国人民大学出版社2017年版,第395页。

② 参见[日]近江幸治:《担保物权法》,祝娅、王卫军、房兆融译,法律出版社2000年版,第38页。

人交付标的物也存在重重困难，将增添实务中的纠纷。所以，建设工程款优先权宜享有留置权的竞存顺位，优先于同一标的物上的抵押权。有学者认为，权利的优先次序安排应当贯彻效率价值，若无原则地赋予特别优先权人以相对于抵押权人的绝对优先权，将使抵押权人因随时介入的优先权而承受无法预估的风险，影响交易安全，降低交易效率。① 但既然建设工程款优先权的公示义务被立法明确豁免，第三人就应当对其可能随时产生具有相当的预期，况且作为不动产的建设工程是否处于施工状态往往都有一定的外观可以展示出来，一定程度上发挥了权利公示的效果，抵押权人应当自担风险。即使在建设工程款优先权成立之前设立的不动产抵押权，抵押权人面对抵押物的建设规划与尚未建设的现状，应当负担对后续建设工程债权可能发生的合理预见义务。

---

① 参见王崇敏、李建华：《物权法立法专题研究》，法律出版社 2012 年版，第 352 ~ 353 页。

第五章　破产法对所有权移转型担保的效力评价

我国历来继受与延续着大陆法系概念法学的传统，在民事立法中的担保物权规范中可见一斑。随着现代社会商事实践的蓬勃发展，概念法学框架下的形式担保观受到了重大的挑战，其僵硬、固化的担保形态难以适应经济形势的变迁，出现了要求不断变动的经济实践去顺从古老的担保法律规范的怪异现象。即使在传统的大陆法系国家，在法典体例难以通过一时的修法实现彻底革新的限制下，也在司法领域实质认可了实践中担保的探索成果。譬如，德国在严守不动产抵押权与动产质权二元分立的法典构造的前提下，又通过司法判例承认了动产让与担保等不影响担保人对动产的使用需求的动产担保形态，补足了法典中担保物权制度供给的不足。我国民事立法借助制定《民法典》的契机，在总结、吸取我国担保司法实践中的经验、教训的基础上，于《民法典》中全面沿袭与完善抵押权、质权、留置权三类担保物权架构的同时，[①]在民事法律规范中埋下了实质担保观的伏笔，融合实质担保规范经验，通过登记公示手段全面整合典型担保物权与非典型担保形态，充分体现了法典与时俱进

---

① 沿袭传统之中亦有多项制度创新，包括发展动产抵押权规范体系，确立动产购置款抵押权的超级优先顺位等。

的时代精神。我国担保物权规范体系本身需要及时进行内部调适，而破产法尊重私法实体规范的理念也要求在私法实体规范发展的基础上，对破产法与担保物权规范进行互适性调整，尤其表现在对债务人破产程序中所有权移转型的传统非典型担保形态的法律效力的评价上。①

一、实质担保观下所有权移转型担保的合法化

近现代社会的商事实践获得了长远的发展，出现了所有权的价值化现象，所有权一度从物权体系的“王座”上跌落，而成为实现当事人担保目的的工具，所有权移转型担保从而在被赋予了全新内涵后华丽回归。但所有权移转型担保于大陆法系国家，长期被视为非典型担保而为实定法所未涉及，游离于合法化的边缘。在英美法系，有些国家的担保权法律规范中充分彰显了功能主义思想，创立了体现实质担保观的担保法律规范，影响深远，得到了两大法系诸多国家民事立法的认可。我国《民法典》也于形式主义担保物权框架下融入了实质担保观，从而为所有权移转型担保的合法化铺平了道路。

（一）现代社会中所有权的价值化发展

就各国所普遍认可的非典型担保的内涵与范围而言，其核心在于转移权利型担保，尤其体现在以转移所有权为担保手段的权利类型之中。因此，如何认定作为担保手段的“所有权”，成为解析非典型担保形态的关键。对社会生产环节中的原材料、存货以及应收账款等动产而言，财产之上的所有权归属并不重要，动产的关键价值在于其所能够产生的收益。占有作为动产物权的传统公示手段，为动产所有权与担保物权所共用，无疑将会致使二者的权利边界模糊化，但由于其不会有碍动产的收益目标，公示方式并无分置的必要，且随着动产担保物权制度的发展，动产抵押权以及浮动抵押制度为商事实践所广泛适用，尤其是英国式的涵盖债务人一切财产的浮动抵押。当债务人出现特定的经营与财务困难时，浮动抵押权人甚至有权接管债务人的所有财产与营业事务以实现权利，至此，所有权与担保物权的关系更加含混不清。

---

① 笔者在本书中所指的所有权移转型的非典型担保类型，意谓广义的所有权“移转”，既包括所有权保留、融资租赁等本该于一般交易形式中转移所有权而由担保权人特意保留所有权以实现担保目的的交易形式，也涵盖由债务人直接移转自我所有的动产所有权于债权人处，以获得融资支持的动产让与担保。

财产所有权是近代社会私有经济制度与社会秩序的基石，是个人人格存在与发展的财产基础，所有权人对财产的绝对自由支配权衍发出政治、社会层面的自由权利，所有权在激励、促进个人财富增长的同时，也推动民主与自由社会的形成，最终推动个人的全面发展。因此，财产所有权制度决定了一国的经济体制与经济秩序，受到宪法、民法等法律规范的共同调整，可以说，近代法律的根本精神在于所有权。① 但是，随着商品经济的发展，所有权逐渐凸显出价值化的趋势，所有权的价值化实则为所有权制度的固有本质。在近代社会中，所有权人已不再满足于纯粹地利用物质实体本身产生的孳息，而是寻求将物作为资本获取利益的机会。② 市场经济主体在民商事实践中创造出了丰富多彩的法律关系模式，物权法的立法重点逐渐转向用益物权与担保物权，所有权人有时也由对物的绝对支配转变为以对物利用与辅助融资为目的，所有权发生了价值化、观念化的变化。③ 所有权的价值化使所有权这一古老的法律制度焕发出新的光彩，在奠定物权法律体系之外，又进一步彰显出其工具性的价值。

自 19 世纪以来，欧洲的大陆法系国家奉行财产权统一理论，即"一物一权"，强调单一的完全所有权，以分割所有权为特征的信托制度长期在大陆法系国家面临学理上的障碍。④ 所有权的价值化趋势对大陆法系物权法理中的完全所有权概念产生冲击。完全所有权是大陆法系中物权理论的根基，其集合了占有、使用、收益与处分等各项权能，但所有权的本质在于作为整体性的浑然一体的权利，⑤其本身的内容不可分割，用益物权与担保物权作为定限物权，均是由所有权人分化出部分所有权的权能而形成，不是对所有权的部分取代，而是创设新的物权类型，所有权的权能分离不影响所有权人于整体意义上的权利主体地位，即便

---

① 参见陈华彬：《我国物权立法难点问题研究》，首都经济贸易大学出版社 2014 年版，第 111 页。

② 参见［日］我妻荣：《债权在近代法中的优越地位》，王书江、张雷译，中国大百科全书出版社 1999 年版，第 8 页。

③ 参见冉克平：《物权法总论》，法律出版社 2015 年版，第 16～17 页。

④ See Henry Hansmann & Reinier Kraakman, *Property, Contract, and Verification: The Numerus Clausus Problem and the Divisibility of Rights*, Journal of Legal Studies, Vol. 31, Issue 2 - Part 2, 2002, p. 375.

⑤ 有学者提出，整体意义上的所有权仍可以在权能理论下得以证成，完全所有权的标签意义在于其被忽视的归属权能，只要把握住归属权能，其余权能的分化不影响所有权的定性，而当归属权能失去之后，完全所有权也将不复存在。

所有权的各项权能分离殆尽，所有权已虚有化，仅存所有权的名义，其权利性质也不会改变。① 完全所有权理论首先于英美法系中遭遇重大冲击，英国法中出现的区分所有权理论主张对所有权可以进行质的分割，而不仅是量的权能的分离，其适用领域如信托法律关系中的"双重所有权"，受托人基于占有、管理的标的财产而享有普通法上的所有权，信托受益人基于对信托财产的收益权而成为衡平法上的所有权人，信托财产在分化的所有权之上具有独立性，进而得以具备真正的破产隔离功能。又如，英美法系于抵押法律关系之中，将标的物的所有权区分为法定所有权与经济所有权，而分别由抵押权人与抵押人享有，而不论标的物是动产还是不动产而有所不同。② 大陆法系国家在动产担保的强烈实践需求之下，于司法判例或学理上先行发展起来的让与担保、所有权保留等所有权移转型的非典型担保，也挑战了传统的完全所有权理论，使得作为担保手段的被移转或保留的所有权成为一种相对所有权。

有学者提出，整体意义上的所有权仍可以在权能理论下得以证成，完全所有权的标签意义在于其被忽视的归属权能，只要把握住归属权能，其余权能的分化不影响所有权的定性，而当归属权能失去之后，完全所有权也将不复存在。③ 笔者赞成此具体化所有权本质的观点，其可以较为周延地解释所有权的价值化现象，对于所有权移转型的非典型担保而言，直接将所有权的归属权能分化出来作为担保的"筹码"，原所有权人因失去归属权能而丧失了所有权，形式上受让所有权归属权能的权利人当然地成为新所有权人。至此，其交易形式的法律效力与一般的所有权转让交易没有根本区别，只是基于担保的实质功能目的，依据实定法规范，当新所有权人对受让的所有权或者所有权人保有的本应转让了的所有权登记公示，将其担保的实质目的公之于众之后，其权利性质依法发生改变，得以成为担保物权。因此，所有权移转型非典型担保与典型的担保物权均承继了所有权的部分权能，传统的权能分离理论也可以对二者产生同样法律效果的可能性进行论证。而且，否定了所有权移转型非典型担保的所有权让与的效力之后，带来相关的问题是，被移转所有权的物的归属在何方？物权的意义在于定分

① 参见王泽鉴：《民法物权：通则·所有权》，中国政法大学出版社2001年版，第150页。

② 参见高圣平：《担保法论》，法律出版社2009年版，第386页。

③ 参见赵莘莘：《英美财产法之Estate研究——以财产和财产权的分割为视角》，法律出版社2015年版，第149页。

止争与物尽其用，一物失去归属主体之后，不利于社会财产秩序的稳定，也容易引发争议。对此，同样的权能理论可以提供答案，由于享有担保物权性质的非典型担保权利人事实上持有标的物的归属权能，即使不能占有、使用、收益与处分标的物，也不妨碍其作为标的物归属权利人的主体地位，被转移所有权用于担保的标的物并没有失去归属主体，所以，所担心引发的无主物问题实为伪问题。

从担保物权制度的发展历史观察，罗马法中的信托质，以及日耳曼法中的古质均以所有权保障债权的实现，之后逐步发展出转移占有而非所有权的狭义的质权与不转移所有权与占有而采取登记公示方式的抵押权的二元分立的担保物权体系，担保物权成为定限物权而与所有权彻底分离。再到现代商事实践发展所创设的所有权移转型非典型担保形态，担保物权与所有权再度产生重叠，担保物权领域中的所有权的价值化呈现否定之否定的螺旋式的演化进程。形式上看其是对历史传统的回归，但内涵已然迥异，作为担保的被移转的所有权不再是完全所有权，而只是一种面向担保功能发生价值化的相对所有权。申言之，用于担保的所有权不再是对物的绝对支配权与主物权，而成为从物权。[①] 为与完全所有权相区别，在德国，此种作为担保工具而移转的所有权被称为“担保所有权”（Sicherungseigentum），权利人被称为“担保所有权人”（Sicherungseigentümer）。[②]

（二）实质担保观的演进与适用

在实用主义哲学的浸润之下，美国现实主义法学派于20世纪30年代兴起，其学说直接推动了担保权的功能主义思想的产生，并于担保实定法规范中得以落实，贯彻功能主义的美国担保法律规范彰显出的实质担保观，对英美法系与大陆法系的担保物权立法均产生了深远的影响，[③]为所有权移转型担保的法定化提供了重要的契机。

---

① 参见尹田：《法国物权法》，法律出版社2009年版，第37页。

② Vgl. Deutsches Rechtslexikon, Band 3, 2. Auflage, Verlag C. H. Beck, 1992, Seite 383 – 386. 转引自孙宪忠：《德国当代物权法》，法律出版社1997年版，第341页。

③ 动产担保交易法上的功能主义以美国《统一商法典》第9编为其滥觞，之后直接为加拿大普通法域及新西兰、澳大利亚的动产担保交易法所继受，并影响《联合国担保交易立法指南》、《联合国国际贸易法委员会担保交易示范法》和欧洲《示范民法典草案》的发展。参见高圣平：《动产担保交易的功能主义与形式主义——中国〈民法典〉的处理模式及其影响》，载《国外社会科学》2020年第4期。

1. 美国《统一商法典》的实质担保观

为解决当事人目的与交易形式不一致的问题,美国衡平法院创造了衡平抵押规则(equitable mortgage),倘若当事人以合同、租约或者其他合法形式实质上达到担保债权实现的目的,衡平法院将视其为抵押,而不论具体的交易行为如何。[①] 在此司法实践探索的基础上,美国以卡尔·卢埃林(Karl N. Llewellyn)为代表开展的现实主义法学运动,逐步发展出功能主义原则。民事担保领域中的功能主义强调以交易是否具有担保功能作为判断交易是否产生担保权益的唯一基准,以求在立法上同等对待同样功能的交易关系,建立统一的担保权益的法律规范体系。当事人对担保权益依法予以完善(公示)之后,将产生对世性的"广而告之"的效果,形成得以对抗善意第三人的对抗力,相当于设立了大陆法系国家立法中的担保物权。适用功能主义的担保法律规范并不排斥公示,相反其对抗隐形担保的努力,必然要求当事人意定成立的担保权益经过法定的公示之后才能对抗他人优先的权利主张,实质上与大陆法系国家中的物权公示原则殊途同归。担保权益的公示也可以消除部分交易关系的虚假外观,促使第三人得以透过交易现象直视其本质,将交易的担保功能与根本目的显性化,使转移所有权型的担保权益回归实定法的规制范围。

美国《统一商法典》第9编的主要目的与核心功能在于通过设置一种简便与统一的担保权益的结构,使更多的有担保的融资交易得以被规范调整,并较以前的法律规范更具效率性与确定性。[②] 此外,其重要功能还在于通过给予担保物权人更多的自由与保护,完善其公示规范,使其实体权利内容免受破产程序的攻击,更好地维护担保物权人在市场交易中对债权保障的合理预期。[③] 美国《统一商法典》以交易的经济实质决定是否可以适用第9编的规范,而依据当事人的合意在任何动产、不动产或权利等附着物上创设的保障债权实现的权利形式如何

---

① 参见[美]约翰·G. 斯普兰克林:《美国财产法精解》,钟书峰译,北京大学出版社2009年版,第361页。

② See Richard A. Mann & Michael J. Phillips, *The Timing of Perfection of Security Interests under the Uniform Commercial Code and the Bankruptcy Reform Act*, Akron Law Review, Vol. 15, Issue 2, 1981, p. 369.

③ See G. Ray Warner, *Revised Article 9 of UCC: Attachment, Filing and Foreclosure under Revised Article 9*, Commercial Law Bulletin, Vol. 16, Issue 2, 2001, p. 10.

不影响是否适用该规范。[1] 将得以适用第9编的权利称为担保权益,以此替代之前实定法与商事实践中纷繁复杂的各种各样的担保权称谓。担保权益允许由当事人以自由契约的方式创设,但须遵循必备的程序要件,在保障交易安全的同时,提高交易效率。[2] 担保权益适用统一的公示系统与顺位标准,分解以所有权归属为核心的传统物权体系,从而明确市场主体于交易前的合理预期,便于提早评估、管理风险,其所建构的实质性一元化的担保物权体系,对实践中的担保需求具有强大的包容度与亲和力。[3] 第9编扩大了债权人获得物权担保的能力,并降低了担保成本。[4] 担保权益作为第9编的基础概念,集中展现了功能主义的思想。从哲学角度讲,同一交易形式可能对应不同的交易实质,而不同的交易形式也可能基于同一交易实质而产生,所以,根据一项交易的实质内容而非外在形式来判断是否构成担保权益,是契合哲学本质观的认识论方法。担保权益效力所及的财产被称为担保物,根据担保物的性质或用途可以分为有体动产、投资动产、准无体财产权(如物权凭证、证券、担保债权凭证、信用证权利等)、其他无体财产权(如应收账款、储蓄账户、商事侵权损害赔偿请求权和一般无体财产权等)四类。[5] 担保权益的功能主义反映在担保物的范围上,极大地丰富了担保物的种类,而且担保权益的登记完善不要求对担保物的精细界定,只需一般描述以确定担保物的所属类别即可满足担保物登记的信息要求。担保权益的实现顺位也以功能方式而非权利形态来区分,美国《统一商法典》建立的统一、简洁的动产担保权益清偿顺位规则大致为:动产购置款抵押权优先于一般动产担保权;已登记的动产担保权益优先于未公示的;先公示的担保权益优先于后公示的;均未公示的担保权益,先设立者优先。[6] 不可否认的是,其针对均未公示的担保权益,以当事人合意的设立时间判定优先权,存在当事人串通的道德风险。我国《民法典》第414条针对均无对抗力的未登记的动产抵押权,按债权比例受偿的方法更为

---

① See U. C. C § 9-109(a)(1).

② 参见王崇敏、李建华:《物权法立法专题研究》,法律出版社2012年版,第43页。

③ 参见吴兴光、蔡红、刘睿、盛琨:《美国〈统一商法典〉研究》,社会科学文献出版社2015年版,第379~380页。

④ See Thomas E. Plank, *The Limited Security Interest in Non-Assignable Collateral under Revised Article* 9, American Bankruptcy Institute Law Review, Vol. 9, Issue 1, 2001, p. 323.

⑤ 参见高圣平:《动产抵押登记制度研究》,中国工商出版社2007年版,第47~50页。

⑥ 参见吴兴光、蔡红、刘睿、盛琨:《美国〈统一商法典〉研究》,社会科学文献出版社2015年版,第395页。

合理。

美国《统一商法典》在最大限度地提取传统形式主义担保法理的公约数的前提下,以功能主义统一烦琐的各项担保形态,尤其为动产担保交易的法律规制开创了新路。加拿大《动产担保法》(Personal Property Security Acts,PPSAs)等立法较为全面地吸收了美国《统一商法典》中实质担保观下的规范经验。担保物权的功能主义指导思想也成为国际趋势,相关的担保国际公约充分体现了这一点,如《联合国国际贸易法委员会担保交易示范法》(UNCITRAL Model Law on Secured Transactions,以下简称《联合国担保交易示范法》)、《开普敦公约》(Cape Town Convention)①、《欧洲私法的原则、定义与示范规则》(Principles, Definitions and Model Rules of European Private Law,DCFR)。在功能主义思想的影响下,诸多国家在担保物权立法规范中建立了实质担保观。可见,功能主义是更为宏观的理念原则,承继了实用主义的哲学思想,而实质担保观则是体现功能主义理念的关于担保物权体系设置的规范原则。

与此同时,贯彻功能主义思想的实质担保观放弃了对精致概念的细化设置的追求,其建立的一元化的担保权益的范畴对司法适用提出了挑战,法官必须深入私人自治内部以探究交易的真实目的,无疑对法官的专业能力与商事判断力提出了很高的要求。功能主义以单一的功能方法划分交易的类型,即便法官努力探求当事人的真意,最终的交易定性也很有可能与当事人的真实目的有所偏差,功能主义具有尊重当事人意思自治的表象,却可能产生因揣测私人意志而过度干涉私人自治的问题,所以,功能主义也许并非看上去那么美好,值得反思与完善。② 各国须根据本国立法与司法体制的具体情况选择是否借鉴实质担保观。

2. 所有权移转型担保的功能主义思想

他物权,尤其是担保物权,产生的初衷是为了功利性的物的利用价值,担保

---

① 《开普敦公约》由《移动设备国际利益公约》和《移动设备国际利益公约关于航空器设备特定问题的议定书》组成,是关于航空器融资租赁领域重要的国际公约。其借鉴了美国《统一商法典》第9编所采用的"担保权益"(security interest)的概念创设了"国际利益"的概念。根据《开普敦公约》第2条的规定,移动设备的国际利益是指根据书面协议设立的、属于债权人享有的、某个可识别的移动设备(主要包括航空器、铁路设备、空间资产以及矿业、农业和工程设备)上的特定权益,其包括:(1)担保协议的担保人所赋予的利益;(2)所有权保留协议的附条件卖方享有的利益;(3)租赁协议的出租人享有的利益。参见王乐兵:《担保法专论》,对外经济贸易大学出版社2018年版,第11页。

② 参见张晓娟:《动产担保法律制度现代化研究》,中国政法大学出版社2013年版,第95~96页。

物的归属关系并不是担保物权人所关心的对象。担保物权的价值目标中充斥着朴素的实用主义色彩,这是由担保物权作为价值权的特殊物权本质所决定的,其本身要求丰富担保形式以充分满足债务人的融资需求,降低融资成本,繁荣市场交易,促进物尽其用。进入现代社会,商事实践获得了长远的发展,实用主义中逐步衍生出针对担保物权的功能主义理念,功能主义与实用主义一脉相承,因此可以说,功能主义天然地与担保物权具有密切关联。担保物权作为物权体系中价值性最为明显的类型,强调担保物权人对担保物交换价值的控制,而淡化了权利人对担保物的占有式控制,相较而言,用益物权虽然凸显出物权的利用价值,但其功用的发挥往往仍牢牢建立在对标的物的现实支配上。因此,担保物权在现代经济社会中的发展进一步消解了以所有权为中心所建构的物权的支配力价值,推动了学界所谓"物权债权化"的现象。与此同时,所有权越发丧失其在物权价值体系中的主体地位,甚至沦为实现他物权设置目标的手段,如融资租赁、所有权保留、[①]让与担保等所谓非典型担保方式,实际上将形式上的所有权作为担保,以实现保障债权清偿以及担保形态多样化的目标。

在大陆法系国家,典型担保物权作为定限物权,其支配力只及于标的物的交换价值,担保物权的设定人享有标的物的所有权,但转移占有的动产质权形式越发不能满足商事实践中担保人对标的物的使用需要,作为职业放贷人的金融机构债权人也越发无法承受保管、维护质物的沉重负担,这本与担保物权人的担保目的无关。以登记为公示手段的抵押权,又因与动产占有公示的方式相悖,而仅得以于不动产之上发挥担保功能。为实现纯粹担保目的与同时增进双方当事人利益诉求的时代任务,德国、法国等大陆法系国家"被迫"实际上认可了实践探索

---

① 以所有权作为担保工具的背后目的往往在于融资,"所有权融资"是所有权保留的上位概念,前者的外延更宽泛,可以泛指一切通过允许融资提供者保留交易标的财产所有权而取得类似担保债权人地位的融资交易。在这种交易结构中,债权人所承受的风险甚至低于传统担保交易中担保债权人的风险。与按揭及其他类型抵押权不同,在所有权融资中,债权人将保有对标的财产的名义所有权(title)或实质所有权(ownership)。除雇佣、买卖以及融资租赁之外,所有权融资的例子在多种形式的交易融资中出现,包括:所有权保留,商业应收账款的折价、保理或扣存,售后回租,售后回购("售后回购"一般用于投资证券,是金融市场中十分重要的融资工具),以及股权借贷(stock borrowing)。或许,应收账款证券化与债权证券的重新打包出售(repackaging)及其各类变体,也可以归于此类。以上诸多制度工具的目的,都在于绕开要求债务人必须占有担保物的质权制度。各国对所有权融资工具的态度,从友好到敌意,变化很大。参见[美]杰伊·劳伦斯·韦斯特布鲁克、[美]查尔斯·布斯、[德]克里斯托弗·保勒斯、[英]哈里·拉贾克:《商事破产:全球视野下的比较分析》,王之洲译,中国政法大学出版社2018年版,第21页。

出的主要改造了传统所有权范畴的权利移转型担保。① 譬如,德国在判例与学说中获得正当性的担保信托(Sicherungstreuhand),担保权人(债权人)成为受托人,采用自益信托的表面形式追求自我债权的保全,担保信托主要包括动产所有权的让与担保、债权的让与担保与所有权保留。② 法国的所有权担保功能的强化进路与德国有所不同,其受到了破产重整程序中担保物权被大幅削弱的影响,主要作为风险的特殊规避手段,债权人力求在典型担保物权之外寻找新的不受重整限制的债权保障方式,而通过转移所有权既达到担保债权的目标,又因为其权利外观,在破产程序中因标的物不归属于债务人,而自然被排除于破产财产之外,权利人往往可以直接行使破产取回权,从而规避破产程序对权利实现的制约。③ 但法国的所有权移转型担保物权针对破产重整程序的规避目标注定不能长久得到实现,当担保物权私法实体制度较为开放时,在破产程序中担保物权的受限则相应较多,以减少过于泛滥的担保物权的实践适用对破产普通债权人利益的影响。实际上,法国《民法典》已然将所有权保留视为一种担保交易,出卖人并非享有标的物的完全所有权。④ 在日本破产法中,所有权移转型担保的破产规避之路已被封闭,虽然日本破产法学界基于其所有权的特殊处理而对采取别除权抑或取回权的方式存在争议,但多数说认为应将其视为担保权,即使权利人可以行使

---

① 参见高圣平:《动产担保交易制度比较研究》,中国人民大学出版社 2008 年版,第 43 页。

② 参见[德]鲍尔、[德]施蒂尔纳:《德国物权法》(上册),张双根译,法律出版社 2004 年版,第 41 页。

③ 在法国,所有权移转型担保常常采用 3 种形式:所有权保留、融资租赁、专门行业债权清单的转让。其中,专门行业债权清单的转让,即银行同意向商人发放一笔现金贷款,贷款人则将其对顾客的债权转移给银行。必要时,当贷款人的顾客向银行付款,这一支付金额即被列入贷款人已偿还的贷款之内。此种情形,银行的好处在于,如果其顾客(贷款人)陷入"破产",其可直接通过贷款人的顾客而获得支付,从而避免被列入债权人集团诉讼关系之中。参见尹田:《法国物权法》,法律出版社 2009 年版,第 471 ~ 472 页。

④ 法国《民法典》第 2367 条规定:"财产所有权可以因保留所有权条款的效力受到留置、作为担保。保留所有权条款中止由合同产生的转移所有权的效力,直至构成对价的债务完全清偿为止。照此保留的所有权是其担保清偿之债权的从权利。"参见《法国民法典》,罗结珍译,北京大学出版社 2010 年版,第 517 页。

破产取回权,也须承受归属清算或处分清算的义务负担。[①]

担保物权在发展过程中自我展现出来的功能主义色彩于英美法系中表现得更为明显,就权益移转型的担保形态而言,大陆法系国家往往为应对商事实践的需求也实际存在功能主义色彩,却在立法环节长期对其"犹抱琵琶半遮面",对于赋予非典型担保的合法地位一直顾虑重重。受制于物债二分体系下的担保物权的形式主义思想,所有权被严格限制在自物权的范围内,基于转移所有权以实现担保目标的所有权保留、融资租赁等交易形态就无法被定性为担保物权,进而被隔离于担保物权框架之外。[②] 而英美法系自始以来就呈现出典型担保与非典型担保并驾齐驱的担保权利格局,源于英国法的按揭(mortgage)能够适用于所有财产类型,虽然英国法中也存在动产质权制度,但按揭可谓是英国最重要的担保物权制度,其权利形式即为转移权利以担保债务的履行,只是为不动产担保交易的新需求,英国 1925 年通过新的财产法对按揭进行改革,将不动产之上的按揭设计成为定限物权,动产仍保留转移权利的形式。[③] 同时,英国司法界对担保也表现出关注交易的实质而非简单地通过形式判断是否构成担保权的态度。[④]

通常被认为归于大陆法系的《魁北克民法典》,其第 6 编"优先权及担保物权"经过修改,创立了担保权(hypothec)概念以统摄动产担保物权与不动产担保物权,并设立了单一的担保交易机制以应对多样化的担保形式所导致的法律适用冲突、交易烦琐、程序效率低下等问题,但其仍坚持了物权与债权二分的大陆法系基本民事法理的制度框架,以此成为两大法系担保权原理相互融合的典范。[⑤] 国际公约条款也体现出以功能主义融合不同国家担保规范冲突的倾向,如《联合国担保交易立法指南》的主旨思想之一也是强调对各种担保交易方式的平

---

① 根据日本最高裁判所的相关判例,让与担保权应准用更生担保权规则来处理[最高裁判所昭和四十一(1966 年)4 月 28 日,民事判例集 20 卷 4 号 900 页],融资租赁和所有权保留也同视为担保权[关于融资租赁合同,参考最高裁判所平成二十年(2008 年)12 月 16 日判决,民事判例集 64 卷 4 号 1107 页;关于所有权保留,还可以参考最高裁判所平成二十二年(2010 年)6 月 4 日判决,民事判例集 64 卷 4 号 1107 页]。参见[日]山本和彦:《日本倒产处理法入门》,金春等译,法律出版社 2016 年版,第 80 ~ 81 页。

② 参见高圣平:《〈民法典〉物上担保制度的发展与社会变迁》,载《探索与争鸣》2020 年第 5 期。

③ 参见[日]我妻荣:《我妻荣民法讲义Ⅲ:新订担保物权法》,申政武、封涛、郑芙蓉译,中国法制出版社 2008 年版,第 7 页。

④ See Welsh Development Agency v. Export Finance Co. Ltd. [1992] BBC 270.

⑤ 参见张晓娟:《动产担保法律制度现代化研究》,中国政法大学出版社 2013 年版,第 5 页。

等对待,以促进债权人之间的良性竞争,并降低债务人的融资成本。

其实,根据功能主义思想来设置担保物权的范围,符合担保物权制度的本质,因为担保物权的核心恰在于权利人就担保物的交换价值,在受担保的债权额度内享有优先受偿权,而担保物的类型、公示方式、权利的结构等因素仅仅是担保物权内部的分类依据,而无法决定是否构成担保物权本身,所有权移转型担保的本质与典型担保物权无异,应当回归于担保物权体系之内。①

3. 我国《民法典》对实质担保观的扬弃

"实质担保观以经济和功能标准而非以当事人的真意判断合同是否为担保合同、标的物是否为担保物、债权人权益是否为担保权益,并借助公示制度辅之以通知制度消除表面所有权和隐形担保。"②实质担保观契合了担保物权体系革新与扩张的需求,成为传统物权法体系发展的重要理论基础。我国《民法典》对之前既有的担保物权法律规范体系的最重大变革就在于吸收了功能主义的理念,于形式主义的担保物权架构下融合了实质担保观,在担保物权的设立、公示、清偿顺位等各环节建立了系统的实质担保规范,主要囊括了所有权移转型的担保形态,一定程度上实现了非典型担保的合法化。可以说,通过立法技术将形式上的所有权认定为担保物权,本身就体现了"形式胜于实质"(form over substance)的功能主义思想。③ 具体而言,我国《民法典》第 388 条第 1 款第 2 句中的"担保合同"通过功能主义的目的扩张解释可以涵盖移转所有权的协议,从而补足了其作为担保合同的法律性质。根据第 641 条的规定,未经登记的出卖人所保留的所有权,不得对抗善意第三人,从而登记成为其获得担保物权的对抗效力的合法路径,得以具备担保物权的核心内容,即就担保物优先受偿。第 745 条规定的出租人对租赁物享有的所有权亦适用同样的规则。但需要注意的是,《民法典》第 403 条对于动产抵押权要求适用登记对抗主义原则,未经登记,不产生对抗善意第三人的效力。所有权移转型的非典型担保主要针对动产标的物展开,同样无须转移标的物的占有,但其无权适用第 403 条,因为第 403 条特指动产抵押权,因无兜底条款而排除了其他担保权适用的可能。而且,严格来说,虽然第 641 条与第 745 条对所有权保留与融资租赁的登记效力表述为登记对抗主义,

---

① 参见董学立:《〈民法典〉担保物权法的进步与不足》,载《法治研究》2020 年第 4 期。

② 谢鸿飞:《〈民法典〉实质担保观的规则适用与冲突化解》,载《法学》2020 年第 9 期。

③ 参见高圣平:《动产担保交易制度比较研究》,中国人民大学出版社 2008 年版,第 171 页。

但因其作为所有权移转型的非典型担保,不适用第403条针对动产抵押权的合意设立的法律规定。也就是说,没有登记的非典型担保,非但不能获得对善意第三人的对抗力,也不构成类似未登记动产抵押权的无对抗力的担保物权,而仅具债之效力。所以,所有权保留与融资租赁实际上适用的是登记生效主义,其是转移所有权之外的权利的非典型担保,如保理,我国《民法典》在第768条通过明确保理权利实现顺位的登记标准,实际上也确立了保理通过登记成为担保物权的路径。基于登记,所有权保留、融资租赁等部分所有权移转型的非典型担保得以与其他担保物权处于同等的竞争平台之上,一并参照适用《民法典》第414条第1款确定的担保物权的顺位竞存规则,体现了我国担保物权公示与权利顺位制度的功能主义。

二、企业破产程序中所有权保留的效力

在所有权移转型的非典型担保中,与让与担保等交易形态仅存在于判例法中不同,大陆法系国家中的所有权保留往往得到成文法的支持,即便采取的是特别法的规范,我国《民法典》第641条第1款对买卖合同中的所有权保留的交易形式进行了界定,买受人无须另行提供物的担保或他人信用的担保,可先占有、使用标的物,但买受人未依约履行支付价款或者其他义务的,出卖人保留标的物的动产所有权,仅待双方当事人约定的特定条件成就时,出卖人才将标的物的所有权转移于买受人。我国《民法典》第641条认可当事人约定的交付动产而不转移所有权的效力,实质上改变了第224条动产物权变动自交付时生效的原则性规定,属于第224条"但书"规定的"法律另有规定的除外"之情形。对于已登记的保留所有权,虽然为兼顾担保物权的形式主义立法方法,并未于《民法典》物权编中明确赋予其以担保物权的法律地位,而是在合同编中予以规范,但为克服隐蔽权利的弊端,并对公示的以实质担保观评价的担保权利予以鼓励,特增设其享有针对善意第三人的对抗力的规范内容,相当于认可了已登记的保留所有权享有担保物权的优先受偿力。① 在形式主义和功能主义相结合的担保立法态度之下,出卖人所保留的所有权通过登记可被功能化为担保物权,但也保留了所有权

① 参见高圣平:《〈民法典〉视野下所有权保留交易的法律构成》,载《中州学刊》2020年第6期。

的部分元素。① 结合我国《破产法解释二》第38条的规范内容，其未区分出卖人保留所有权登记与否以产生对抗普通破产债权人的效力，而一概认定为出卖人可以主张取回标的物，较为不妥。考察保留所有权交易于破产程序中的效力，应当以破产管理人针对双方均未履行完毕的合同所行使的选择履行权制度为基础。②

（一）破产管理人对进行中的所有权保留买卖合同享有选择履行权

按照我国《破产法解释二》第34条的规定，在标的物所有权未依法转移给买受人前，一方当事人破产的，进行中的所有权保留买卖法律关系在破产程序中首先将被视为双方均未履行完毕的双务合同，根据我国《企业破产法》第18条的规定，破产管理人在此情形下享有选择履行权，管理人有权基于破产财产价值最大化与最有利于全体债权人的债权受偿利益的价值考量，而相应选择解除合同抑或继续履行合同。

无论出卖人破产，还是买受人破产，破产管理人均对进行中的所有权保留买卖合同享有选择履行权。德国《破产法》第107条只赋予了买受人的破产管理人以选择履行权，而对于出卖人破产的情形，根据该条第1款的规定，出卖人于其破产程序启动前保留动产标的物的所有权并向买受人转移占有的，买受人可以向出卖人的破产管理人要求履行买卖合同以及其他尚未履行的义务。③ 但考虑到保留所有权买卖合同中的出卖人向买受人转移了标的物的占有之后，已履行完毕部分主要合同义务，出卖人将保留的所有权之归属权能最终转移给买受人的义务的履行取决于买受人对其支付价款等相关合同义务的履行。也就是说，无论出卖人破产，还是买受人破产，于破产程序启动前成立的保留所有权买卖合同关系中，往往出卖人已履行完应先履行的部分主要合同义务，买受人支付价款的义务是其主合同义务，一般二者只是存在履行程度的不同，而无质的区别。试想，倘若买受人已履行完毕支付价款等所有合同义务，则破产程序中的所有权保留买卖合同不再是双方均未履行完毕的双务合同，仅仅因出卖人未依约移转所有权的归属权能而为单方未履行完毕的双务合同，与管理人享有并行使选择履

① 参见高圣平：《〈民法典〉视野下所有权保留交易的法律构成》，载《中州学刊》2020年第6期。

② 参见许德风：《论担保物权在破产程序中的实现》，载《环球法律评论》2011年第3期。

③ 参见［德］鲍尔、［德］施蒂尔纳：《德国物权法》（下册），申卫星、王洪亮译，法律出版社2006年版，第677页。

行权的条件无关。因此,破产程序中合同能否实质上得到继续履行主要取决于买受人对其剩余义务的履行情况,应当赋予出卖人的管理人以对合同的选择履行权,这不仅有利于产生对出卖人最有利的结果,而且于买受人并无实质损害,因为管理人若决定解除合同以取回标的物,仍应对买受人负担归属清算或处分清算的义务。[①] 而在买受人破产的情况下,买受人继续履行剩余的合同义务往往存在困难,甚至可能出现因继续履行合同而失去被拯救希望的情况(但也不排除获得标的物的完全所有权对买受人的破产财产的价值最大化或者实现事业的再生具有重大助益),因此,更应赋予买受人的管理人以针对待履行合同的选择履行权,这在一定程度上是由破产法的价值目标所决定的。于出卖人而言,因其享有经由登记可以获得的类似担保物权效力的破产取回权,也能够有力地保障其权利的实现。至于其因未登记而不得对抗普通破产债权人所不能取回标的物的情形,因为其于破产程序启动前未登记的行为具有可归责性,不符合我国民事立法消灭隐形担保、隐形物权的立法政策,出卖人应承受其自由意志选择所导致的不利后果。

针对德国《破产法》第 107 条规定的法理依据,学界有不同的看法。李永军教授认为,若将所有权保留定性为担保形式,而非形式上的"附条件的所有权转移",则出卖人的破产管理人不应享有合同的解除权,因为合同的履行更符合出卖人的目标,也与所有权保留的担保定性相契合,德国《破产法》第 107 条的规定是所有权保留的担保性质的推论结果,具有合理性。[②] 许德风教授也认为,德国《破产法》第 107 条未赋予出卖人的管理人以选择履行权,而是由买受人履行完毕支付价款等义务,进而由出卖人向买受人转移所有权,符合所有权保留制度的价值,否则,若出卖人的管理人选择拒绝履行合同,行使取回权,将产生不当得利的结果。[③] 莱因哈德·波克教授对此的解释是,对于所有权保留买卖合同的买方

① 在《民法典》出台前,有学者认为,买受人破产程序中的买受人保留所有权,只能作为纯粹的破产取回权处理,抑或作为担保物权就标的物优先受偿,破产取回权与别除权本质相悖,断无结合之理。参见邹海林、周泽新:《破产法学的新发展》,中国社会科学出版社 2013 年版,第 180 ~ 181 页。但附加归属清算或处分规则的破产取回权,使破产取回权与担保物权的别除效力发生了融合,以取回权的外观实现了担保物权的优先受偿的目的。

② 参见李永军:《破产法——理论与规范研究》,中国政法大学出版社 2013 年版,第 114 ~ 115 页。

③ 参见许德风:《破产法论——解释与功能比较的视角》,北京大学出版社 2015 年版,第 147 页。

而言，履行完毕支付价款等合同义务，就应当享有出卖人所移转的所有权，买方对此享有期待利益，构成具有一定物权性质的期待权，[①]破产立法对此也应予以保障，所以，在出卖人破产的情况下，破产管理人不得行使选择履行权。[②]

笔者认为，从功能主义视角而言，所有权保留买卖合同法律关系的本质性质确实在于担保出卖人的债权的实现，在出卖人与买受人均未丧失债务清偿能力的情况下，双方当事人继续履行完毕双务合同，往往是对双方利益最好的结果。但在出卖人或买受人一方进入破产程序的情况下，破产价值目标与债务人自身利益不一定具有完全的一致性，而破产管理人行使选择履行权的根本目的在于践行破产法的立法主旨，所以，赋予管理人对所有权保留买卖合同的选择履行权能够照顾到破产法的特殊调整需求，更具有灵活性。而且，通过适用归属清算或处分清算的取回规则，双方当事人的利益格局不会出现失衡，反而有利于在破产程序中的所有权保留法律关系中贯彻实质正义。

此外，我国立法不必赋予买受人以物权性质的期待权，主要理由在于：第一，根据德国《民法典》第 161 条的规定，买方的期待权具有对抗出卖人对标的物的处分权的效力，出卖人未获得买受人同意而对标的物的处分行为是无效的。[③] 即使买方不享有期待权，倘若所有权保留已登记，则出卖人仅得在担保物权的意义上享有保留的所有权，而无权以所有人的身份对标的物进行自由处分；而所有权保留未登记的，由于标的物为买受人占有，出卖人没有充分的公示方式证明其对标的物享有完全所有权，亦不得自由处分标的物。可见，买受人的期待权并不是限制出卖人处分行为的必然前提，在完全的物权公示制度上，市场交易已然自发形成了对出卖人处分标的物的限制。第二，买受人对未来获得标的物所有权的期待利益随着其支付价款的增加而上升，但无法确定固定的比例证明其期待利益发生了质的变化，而得以转变为一种固定的期待权，对于买受人支付了大部分价款而限制出卖人的取回权的法律规范是基于立法政策的临时性考量，于法理

---

① 根据德国《民法典》第 823 条、第 985 条、第 1004 条的规定，买受人作为期待权人受到法律保护，买受人还是标的物合法的直接占有人，根据德国《民法典》第 986 条、第 858 条的规定，买受人享有占有保护请求权。参见［德］鲍尔、［德］施蒂尔纳：《德国物权法》（下册），申卫星、王洪亮译，法律出版社 2006 年版，第 665 页。

② 参见［德］莱因哈德·波克：《德国破产法导论》（第 6 版），王艳柯译，北京大学出版社 2014 年版，第 89～90 页。

③ 参见［德］M. 沃尔夫：《物权法》（第 2 版），吴越、李大雪译，法律出版社 2004 年版，第 299 页。

上并无可靠依据。第三,倘若如德国法赋予买受人以期待权,并将其视为所有权的亚种,将形成出卖人与买受人各自享有标的物的相对所有权,又无人享有标的物的绝对所有权的局面,形成了类似于英美信托法上的双重所有权的权利格局,与大陆法系传统的一物一权法理相悖。如果不将期待权认定为类所有权,又无法律依据将其归为担保物权或用益物权体系,物权法定原则限制了期待权被作为定限物权的可能。第四,期待权若作为物权,可以成为买受人处分的对象,但出卖人的保留所有权尚存未登记的可能,买受人的期待权并无专门登记公示的规范要求,买受人对期待权的处分虽可获得如融资等一定的财产利益,但对交易安全破坏较大,不宜获得实定法的肯定。总之,我国物权立法并未规定具有物权效力的期待权类型,因此,我国破产立法无须基于保障买受人期待权的考虑,而禁止出卖人的破产管理人享有选择履行权,将期待权除外之后,买受人所享有的期待利益无法对抗破产法的调整要求。而且,虽然德国破产法无法影响买方的期待权,但买方不支付价款或不履行相关合同义务的,卖方的管理人可以行使民法上的救济权利,根据德国《民法典》第323条、第449条第2款、第985条的规定解除合同,并要求买受人返还标的物,这在一定程度上部分达到了出卖人的破产管理人享有选择履行权以取回标的物的效果。①

针对买受人破产与出卖人破产的不同情形,虽然破产管理人均享有选择履行权,但其行权要求不同,这是由我国《民法典》对保留所有权所可能展现的不同法律效力的规定以及破产法公平解决债权债务关系的价值主旨所决定的。目前,我国《破产法解释二》针对所有权保留的部分规范内容存有商榷的余地。笔者将以《民法典》及其司法解释关于保留所有权之对抗力的规定为基础,区分买受人破产与出卖人破产的不同情形,将破产管理人行使选择履行权的决定作为判断前提,研讨破产程序中所有权保留的法律效力问题。

(二)区分登记与否的保留所有权之对抗力

在所有权移转型担保中,所有权保留是一种重要的担保类型,随着非典型担保的合法化进程,在我国《民法典》中完成了合法化的历史任务。在民事立法确立了所有权保留既定的法律地位之后,破产法应以此为基础分析其对抗力,以明

---

① 参见[德]乌尔里希·福尔斯特:《德国破产法》(第7版),张宇晖译,中国法制出版社2020年版,第138~139页。

晰所有权保留在破产程序中的效力。

1. 当事人未丧失债务清偿能力时保留所有权的效力

物权担保利益不是相较于其他债权人的债权优先实现的一般优先权，而是对应特定担保物的特别优先权，因此，获得非占有型担保利益的债权人可能会造成隐形担保或表面所有权的问题，其有义务通过担保权益的公示来消除此项对交易安全的风险。在登记公示时，只需要将特定物上已经或在将来存在担保物权的负担公开即可，债权人无须登记担保交易的细节信息，其在善意地以登记公示的方式解决了隐形担保或表面所有权的问题之后，方有权就债务人的特定财产优先受偿。[①] 这也是我国《民法典》第 403 条针对动产抵押权的对抗力之规定所依据的核心法理。标的物的所有权与占有的分离历来被认为存在对第三人的欺诈风险，尤其对于动产标的物而言，倘若无有效的防范债务人不当行为的规则，允许当事人通过合同创设非占有型的物权担保权益对外部而言蕴含潜在的危险，因为债权人难以通过低成本的方式确定标的物上是否设定了担保负担。因此，将"表面所有权"等同于欺诈的观念是一条简单但有效的规则，以外部可见的占有公示方式作为判断的可行标准，来向第三人传递必要的信息，从而使其能够预先安排自我的市场行为。除非担保立法确立了其他的公示方式以解决表面所有权的问题，如物权担保债权人不必占有标的物，作为代价其必须依法公开登记相关信息，然后才能实现控制风险的目标，这也是现代担保物权公示制度的重大发展成果之一。[②] 而消灭隐形物权，与消灭隐形担保同理，且二者在移转所有权型的非典型担保中时常也难以精准区分，故消灭隐形物权亦为我国《民法典》基于物权的对世性所提出的物权规范建构的核心要求与目标，无公示的动产所有权造成的"表面所有权"问题，同样会对交易安全造成破坏。出卖人未予以登记的保留所有权，不具有物权的对世效力，只产生限于当事人之间的相对效力，当买受人违约或发生当事人约定的特定事项时，在不涉及第三人权益时的双方当事人之间，出卖人基于保留的所有权的归属权能有权取回标的物，或进行清算处理，或直接充抵债务，全凭当事人之间的约定内容，法律自无干涉的必要。之

---

① See Grant Gilmore, *The Good Faith Purchase Idea and the Uniform Commercial Code: Confessions of a Repentant Draftsman*, Georgia Law Review, Vol. 15, Issue 3, 1981, p. 605 - 613.

② See Douglas G. Baird & Thomas H. Jackson, *Possession and Ownership: An Examination of the Scope of Article 9*, Stanford Law Review, Vol. 35, Issue 2, 1983, p. 180 - 183.

所以承认此时出卖人的取回权,是因为买受人尚未丧失债务清偿能力,原则上,买受人的债务人仍得以基于债务人的一般财产而足额受偿,出卖人取回标的物以满足自身债权需求不影响买受人的其他普通债权人的公平受偿利益,未逾越当事人之间意思自治的范畴。申言之,出卖人与普通债权人的民事利益未形成对立的状态,买受人的普通债权人的利益不会受到出卖人取回标的物的影响,普通债权人享受的交易安全秩序不会受此波及,从最大限度地鼓励交易、促进契约自由的角度来衡量,普通债权人不构成交易安全价值所保障的第三人。

2. 未登记的保留所有权不得对抗买受人的普通破产债权人

在买受人破产的情况下,其普通债权人的债权受偿利益原则上没有得到全额满足的可能,出卖人对标的物的纯粹取回直接"剥夺"了普通债权人对该特定物受偿的机会,出卖人与普通债权人在买受人破产程序中就标的物形成了激烈的竞争,未经登记的保留所有权的出卖人,将与出卖人的普通债权人产生利益对立。《担保制度司法解释》第67条也规定了在所有权保留与融资租赁合同中,未登记的出卖人或出租人的所有权不得对抗的善意第三人的范围与效力参照该司法解释第54条的规定,而第54条将破产的抵押人的普通破产债权人明确纳入未登记的动产抵押权不得对抗的善意第三人的范围之中。因此,主张破产取回的出卖人与买受人的普通债权人发生利益冲突,倘若出卖人就其保留的所有权未予以登记,将在买受人破产程序中无法得到物权效力的认可,出卖人的取回请求权不具有对抗买受人的普通破产债权人的效力。我国《担保制度司法解释》第63条也明确规定,非典型担保具有物权效力的前提是当事人在法定的登记机构依法登记。日本破产法强调了出卖人保留取回权的对抗效力,无论纯粹破产取回权,抑或归属清算/处分清算型的破产取回,在日本破产立法中,权利人所基于的权利均须具有得以对抗破产债权人的要件,如登记公示。①

根据我国《民法典》的相关规定,若在买卖合同当事人之间进行保留所有权约定的出卖人,寻求就该交易方式进行登记,仅能依据功能主义的原则被登记为类担保物权,即采取视同担保物权的法律效力与实现路径,而绝无被登记机关肯定出卖人享有完全所有权之可能。出卖人登记的保留所有权就此将在买受人破

---

① 参见[日]山本和彦:《日本倒产处理法入门》,金春等译,法律出版社2016年版,第76~77页。

产程序中被实质上作为担保物权对待，当事人可以依据先前的保留所有权之协议条款，由出卖人在破产管理人处取回标的物，但受到其所登记的权利性质的限制，出卖人取回权中须负担清算的义务，标的物超越出卖人未受偿债权额的价值须返还于破产管理人，以纳入债务人财产中供普通破产债权人受偿；倘若当事人未就如何处置标的物达成合意，破产管理人可依据《民法典》的规定，直接按照担保物权的实现程序处理。

各国民事立法对以占有为公示手段的质权，往往排除采取占有改定方式的设定路径，因为它没有足够的公示外观，而动产所有权具有需要有效的公示手段的当然性，非此不足以保障交易安全。没有登记的保留所有权，也应当受到物权公示原则的约束，不宜成为完全意义上的所有权。现代担保物权法以消灭隐形担保为目标，通过强化动产担保物权的登记方式，完善担保物权的公示性，未予以登记的动产抵押权，不得对抗债务人破产程序中的普通债权人。[①] 采取举轻以明重的当然解释规则，隐形所有权、隐形用益物权同样违背了物权的公示原则，未公示的隐形所有权、隐形用益物权将对市场交易秩序带来巨大的冲击与不安全的隐患，担保物权立法的公示目标也应当在其他物权类型，包括所有权上予以贯彻，未予以公示的所有权更不宜具有对抗破产普通债权人的效力。出卖人就此享有的未登记的“所有权”，仅在当事人之间具有相对效力，不得对抗善意第三人，包括买受人破产程序中的普通破产债权人。由此意味着，在所有权保留未登记的情况下，买受人破产后，出卖人非但不能就标的物向破产管理人主张行使担保物权，原则上亦无权主张一般的破产取回权，因为基于债务人丧失债务清偿能力的事实，债务人不会因之构成不当得利，标的物将纳入破产财产作为普通破产债权人受偿的财产基础。

3. 登记为保留所有权之出卖人有效的避险方式

登记公示保留的所有权，本身有利于出卖人行使取回权，对出卖人有利。未登记的保留所有权，即使不涉及对抗第三人的效力问题，较登记的保留所有权，出卖人仍然存在取回不能的风险，因为买受人占有的未登记公示的标的物不易特定化，倘若买受人未能进行独立的仓储保存或者使标的物混同于买受人自有

---

① 参见《担保制度司法解释》第54条。

的财产中,那么出卖人将无法实际取回标的物,也就无法就其标的物优先受偿。[1]法国《商法典》第 L624 – 16 条规定,出卖人取回标的物的前提是标的物于破产程序开始时仍处于实物状态,对于虽然标的物混同于买受人的财产之中,但买受人持有与标的物同种类、同等质量的财产的,出卖人还可以行使取回权。[2] 如此便于标的物的特定化以使出卖人得以行使取回权。若采取登记公示的方式,即使实物形态消失,在不存在种类物的情况下,对于标的物的交换价值,出卖人仍有权优先受偿,如行使物上代位权,这在比较法上有所体现。譬如,德国学理上所称谓的于纵向上延长的所有权保留,即指称出卖人对再销售标的物或标的物的变形物的价款也保留所有权的情形。同时,德国学理上还有于横向上扩张的所有权保留之称谓,是指出卖人的所有权不仅担保其向买受人出卖标的物的价款,还担保出卖人对债务人的其他关联债权。延长与扩张的所有权保留在德国商事实践中,往往由当事人达成相应的延长或扩张所有权保留的协议条款来实现。[3]但此项约定若要产生对抗力,在我国民事立法背景下,仍须纳入保留所有权的标的物范围一并登记公示。此外,针对未登记的所有权保留,出卖人将动产标的物向买受人预先转移占有,就此埋下了买受人无权处分而导致出卖人取回不能的隐患,因为第三人得以基于买受人占有动产的外观而善意地取得标的物的物权,如设定意定担保物权。依据我国《民法典》第 414 条的规定,未登记的保留所有权无法对抗已公示的担保物权。对此,实践中有两种规避风险的方式:其一,出卖人放弃保留所有权,转变为常规买卖交易,并要求买受人在标的物上为出卖人设定动产抵押权。为求得对抗善意第三人的安全目的,动产抵押权需要完成登记,此种方式不属于所有权保留制度体系内的操作方式,且既然均需登记,出卖人早先针对保留所有权登记,自然也可以获得对抗善意第三人的效力,无须采取如此浪费成本的措施。其二,参照实践中依据 2014 年《最高人民法院关于审理融资租赁合同纠纷案件适用法律问题的解释》第 9 条规定所设立的融资租赁中的所有人抵押的模式,所有权人保留未登记的所有权,并要求买受人在标的物上

---

① 参见[美]杰伊·劳伦斯·韦斯特布鲁克、[美]查尔斯·布斯、[德]克里斯托弗·保勒斯、[英]哈里·拉贾克:《商事破产:全球视野下的比较分析》,王之洲译,中国政法大学出版社 2018 年版,第 70 页。

② 参见《法国商法典》(中册),罗结珍译,北京大学出版社 2015 年版,第 771 ~ 772 页。

③ 参见许德风:《破产法论——解释与功能比较的视角》,北京大学出版社 2015 年版,第 327 页;高圣平:《动产担保交易制度比较研究》,中国人民大学出版社 2008 年版,第 27 页。

为出卖人设立登记的动产抵押权。首先，该方式同样存在需要登记的问题；其次，所有权保留交易关系中的出卖人抵押权的设立尚无明确的法律依据。① 因此，实践中尚无有效、合法、低成本的规避买受人无权处分风险的方式，唯有出卖人积极登记保留的所有权，方为安全之道。

（三）买受人破产程序中所有权保留的效力

所有权保留买卖合同法律关系中，买受人破产后，出卖人行使取回权将直接遭遇买受人的普通破产债权人的对抗，出卖人基于登记的保留所有权才具备于买受人破产程序中被特别优先对待的资格。

1. 管理人决定解除合同的所有权保留效力

当买受人破产，破产管理人决定解除所有权保留买卖合同的，基于买受人未依约履行所有权保留买卖合同的事实，出卖人得以根据我国《民法典》第 566 条的规定，向买受人的破产管理人主张买受人承担违约责任，对于已经履行的合同内容，出卖人可以请求恢复原状与赔偿损失。首先，出卖人得以主张买受人承担的违约赔偿责任等均为债权请求权，在买受人破产程序中作为普通破产债权按债权额比例受偿。其次，出卖人已预先将标的物交由买受人占有、使用，在买受人违约时可以要求恢复原状，具体表现为向买受人请求取回标的物。前已述及，在买受人尚具有清偿能力之时，出卖人的取回请求可以得到支持，但若买受人破产，出卖人只有在其保留所有权已有效登记且并未被破产撤销的情况下，才可以向管理人主张破产取回权。因为登记的所有权保留被赋予准用担保物权的实现规则的资格，所以，此时出卖人的破产取回与基于完全所有权的破产取回存在本质区别，出卖人的破产取回权在享有担保物权效力的同时，应承受担保物权在破产重整程序中依法受到的限制，②而且出卖人的破产取回被附加了归属清算或处分清算的义务，也就是出卖人仅得以其债权额为限就标的物优先受偿。我国《破产法解释二》第 38 条第 2 款的规定实质上体现了出卖人取回标的物中的归属清算或处分清算的义务，包括出卖人在恢复对标的物享有的完整所有权的同时，须返还买受人已支付的价款，对于标的物价值明显减少造成出卖人损失的，出卖人可以扣除相应金额后将出卖人支付价款的剩余部分再予以返还。但第 38 条第 2

---

① 参见刘保玉：《我国特别法上的担保物权之规范梳理与立法改进》，载董学立主编：《担保法理论与实践》（第 1 辑），中国法制出版社 2015 年版，第 59 ~ 60 页。

② 参见《企业破产法》第 75 条第 1 款。

款规定，买受人已支付价款不足以弥补出卖人标的物贬损价值的，出卖人得以主张其相应债权作为共益债务的顺位清偿，其法理依据不足，该债权是由于管理人选择解除合同而非履行合同所致，我国《企业破产法》第 42 条明确列举的 6 类共益债务类型无法涵盖出卖人此时的债权请求权的情形，其只能作为普通破产债权主张。而且《破产法解释二》第 38 条不当地将出卖人有权取回标的物的范围涵盖了保留所有权未予以登记的情形，在《民法典》出台后应予以相应修改。

至于出卖人所享有的未登记的保留所有权，不具有对抗普通破产债权人的效力，买受人的破产管理人得以拒绝出卖人的取回请求，出卖人仅得以就其因此受到的损失以及合同中的违约责任的约定内容，主张买受人承担赔偿责任，出卖人在买受人破产程序中将因此成为普通破产债权人。

2. 管理人决定履行合同的所有权保留效力

当买受人破产，破产管理人决定继续履行所有权保留合同的，出卖人对于买受人所享有的债权在破产程序启动后适用加速到期规则，买受人的破产管理人可以选择继续履行合同，依约向出卖人清偿债务以及履行其他约定义务，之后，出卖人在债权诉求得以满足后应当依照合同约定移转标的物的所有权的归属权能，进而，破产管理人以履行合同义务的代价得以最终获得标的物的完全所有权。我国《破产法解释二》第 37 条第 1 款的规定没有问题。

但是，虽然买受人的破产管理人决定履行合同，但由于破产财产不足以支付履行合同的成本，或者破产管理人故意不履行相关合同义务，最终出现管理人未依约支付价款或者未履行抑或未履行完毕其他义务的结果，出卖人获得管理人继续履行的利益实际上已无望，出卖人应向管理人主张其承担违约赔偿责任。同时，根据我国《企业破产法》第 42 条的规定，管理人决定履行双方均未履行完毕的合同，而请求对方当事人履行所产生的债务，列入破产共益债务之中，出卖人的违约赔偿请求权可以享受破产共益债务的待遇，由破产财产随时清偿。此外，对于已预先完成登记的保留所有权的情形，出卖人在管理人继续履行不能时可以主张取回标的物，并根据双方各自义务的履行情况进行标的物的归属清算或处分清算的处理；同样，买受人已支付的价款不足以覆盖标的物价值的贬损的，出卖人在取回标的物后可向管理人主张损害赔偿，但由于管理人已选择履行合同在先，此项损害赔偿请求权应作为破产共益债务处理。取回适用归属清算或处分清算的规则之后，我国《破产法解释二》第 37 条第 2 款设定的买受人支付价款超过标的物价值的75%的限制取回规则不再具有必要性。第2款关于第三人善意取得标的物所有权或者其他物权的禁止取回的规定不合理,因为标的物的新所有权人在受让标的物之前,是能够通过统一的动产与权利登记系统了解到标的物上存在的保留所有权负担的,其在知晓相关信息后仍选择受让标的物,应适用风险自担规则,不会成为物权的善意取得人。登记的保留所有权准用担保物权的效力规则,出卖人也得以享有担保物权的追及效力,向标的物的新所有人主张取回,并适用归属清算或处分清算的规则,也就是说,标的物的新所有人得于标的物上负担类似担保物权性质的出卖人保留的所有权,这符合公平原则。对于第三人取得的标的物的其他物权,如针对用益物权,应适用与取得所有权一样的负担登记的保留所有权的规则;在取得担保物权情形下,出卖人基于已登记的保留所有权所主张的取回权可以直接依据《民法典》第414条关于担保物权之间权利冲突的清偿顺位规则处理,保留所有权较第三人取得标的物的担保物权登记在先的,出卖人将优先于担保物权人来行使取回权,进而其得以就标的物优先受偿。

对于未登记的保留所有权,因出卖人享有的相对所有权无对抗普通破产债权人的效力,出卖人无权主张破产取回。由此,我国《破产法解释二》第37条第2款所涉及的出卖人取回标的物的规定以及相应的取回除外的情形,不应再适用于未登记的保留所有权的情况。

(四)出卖人破产程序中所有权保留的效力

出卖人破产的,因出卖人享有保留的所有权,即所有权的归属权能在破产的出卖人处,出卖人的破产管理人是否取回买受人所占有的标的物,仅涉及双方当事人的利益。在出卖人破产的情况下,出卖人的利益应当相应转化为出卖人的全体债权人的清偿利益,但仍不妨碍将出卖人的全体债权人视为一个利益整体,而得以一致对外。因此,出卖人是否取回标的物与买受人的债权人或其他利害关系人无涉,不会影响交易安全与交易秩序。因而无论出卖人的保留所有权是否已登记,出卖人均可以基于所有权保留合同的基础债权债务关系,向债之关系的相对方行使取回权。所须辨析的是,出卖人的破产管理人取回标的物的权利只是民法意义上的取回权,而非破产取回权,因为破产取回权的内涵在于第三人基于其对标的物的所有权而向破产债务人主张取回不属于债务人所有的标的物,进而使该特定物不被纳入破产财产之中,而出卖人的破产管理人取回标的物的主要目的就在于将其纳入出卖人的破产财产范围。因此,出卖人破产时,破产管理人对取回权的行使适用私法实体规范。

倘若出卖人的破产管理人选择继续履行所有权保留买卖合同,买受人应当依约支付相应价款或者履行其他合同义务,破产管理人则须按照合同约定转移标的物的所有权归属。同时,我国《破产法解释二》第35条第2款、第3款所规定的破产管理人行使取回权与取回不能时,继续向买受人主张其继续履行义务或赔偿损失的内容,基本可以继续沿用,但出卖人的管理人取回标的物后应进行归属清算或处分清算,否则将构成不当得利。我国《担保制度司法解释》第64条明确规定了出卖人取回标的物的两种处理方式:按照担保物权的实现程序,拍卖、变卖标的物,出卖人就标的物的变价款优先受偿;拍卖、变卖标的物,将变价款扣除买受人未支付价款与必要费用于出卖人,剩余返还给买受人,相当于对标的物予以处分清算。当然,该规定也未明确排除出卖人与买受人协商将标的物折价,予以归属清算处理的可能。需要注意的是,关于《破产法解释二》第35条第2款中的第三人善意取得标的物所有权或者其他物权的内容,对出卖人已登记的保留所有权的情形不适用,其与笔者在买受人破产的部分的论证同理。

出卖人的破产管理人选择解除所有权保留买卖合同的,破产管理人可以取回标的物。陈计男教授认为,出卖人保留所有权,实质上是其对买受人的债权实现的担保。而在买受人看来,就其已向出卖人支付的部分价款同样有获得担保的需求,因为此时出卖人尚未向买受人转移标的物的所有权,买受人就标的物的占有可以视为担保买受人支付的价款不致落空而享有的质权担保。所以,于出卖人破产的场合,如果出卖人的破产管理人不接受买受人履行剩余合同义务以取得标的物所有权,而选择取回标的物,在买受人已支付的价款未获得返回的情况下,买受人有权拒绝破产管理人的取回请求。① 在法无明文规定的情况下,虽然我国买受人面向出卖人的物权性质的期待权并不成立,但其因占有而享受的类似质权担保的利益应受到破产法的保护,反映在出卖人的管理人行使取回权

① 参见陈计男:《破产法论》,台北,三民书局股份有限公司2004年版,第193~194页。

上即其必须承受归属清算或处分清算义务。[①] 此外，根据我国《破产法解释二》第 36 条第 1 款的规定，破产管理人向买受人主张取回标的物的法律依据在于我国《企业破产法》第 17 条，这是不妥的，因为《企业破产法》第 17 条特指管理人基于债务人对标的物所享有的完全所有权而向该标的物的占有人主张取回，而出卖人保留的所有权是仅余归属权能的相对所有权，出卖人的管理人同样可以向买受人要求取回标的物，但必须负担归属清算或处分清算的义务。我国《民法典》第 642 条第 1 款所规定的出卖人得以行使取回权的情形并不包括出卖人的单方解约，所以，出卖人的管理人在解除所有权保留合同后并无行使取回权的实定法依据，相关立法规范应当有针对性地予以完善。假设立法规范增设了此处破产管理人行使取回权的依据，《破产法解释二》第 36 条第 3 款规定，管理人取回标的物后，买受人基于履行合同义务所产生的债权作为共益债务清偿，符合我国《企业破产法》第 42 条的规定，[②]具有合理性。但该款第 2 句规定，买受人存在违反合同约定情形的，其债权将被降级为普通破产债权处理，这是没有法律依据，也不符合法理的。对于同时存在的买受人因履行合同义务而产生的债权与其违约行为，由出卖人的破产管理人综合衡量其债权主张与因违约所须负担的违约责任即可，若前者债权额大于后者的违约赔偿额，那么，买受人仍应就此差额债权主张享有破产共益债务的待遇。此外，《破产法解释二》第 36 条第 3 款还忽视了买受人在占有标的物期间造成标的物损耗的问题，对出卖人因此受到的损害应一并予以评价，在管理人确定按照共益债务清偿买受人主张的因履行合

---

① 英美法系中对所有权保留交易的法律性质的认定也存在不一致的现象，美国《统一商法典》第 1 - 201(37) 条，将出卖人保留所有权的效力限定为担保权效力，而依据英国买卖法的规定，所有权保留交易被认定为买卖，而不构成担保交易，同时，英美买卖法承认买受人享有对标的物的占有权，买受人除此之外对标的物没有其他财产权利。可见，不同国家的立法无论对所有权保留的定性如何，买受人享有合法占有标的物的权利是无疑义的。参见高圣平：《动产担保交易制度比较研究》，中国人民大学出版社 2008 年版，第 165 ~ 166 页。

② 美国《破产法典》针对双方均未履行完毕的合同于破产程序中继续履行，非债务人一方的合同债权将被作为管理费用优先受偿。See 11 U. S. Code § 365(g)(2). 鉴于美国破产立法未区分破产费用与共益债务，而统归于管理费用，其做法实质上与我国《企业破产法》第 42 条一致。日本《破产法》第 148 条第 1 款第 7 项也将一方当事人的货币支付请求权作为财团债权(包括破产费用与共益债务)对待，虽然财团债务也并不总是能够全额收回，但这样就可以最大限度地回避、缓和由于履行合同给另一方当事人带来的不利结果。参见[日]谷口安平主编：《日本倒产法概述》，[日]佐藤孝弘、田言等译，中国政法大学出版社 2017 年版，第 88 页。

同义务而产生的债权时,应扣除买受人造成的标的物的损耗,方为公允。①

三、融资租赁对所有权保留效力的参照适用

融资租赁已成为各国所普遍采用的较为成熟的交易模式,可以分为直租型的狭义的融资租赁与售后回租型的广义的融资租赁。如英国交易实践中的租购(hire purchase),即一种直租型融资租赁。② 严格来说,售后回租型融资租赁实质上承租人以支付租金的方式偿还其向出租人的融资,以标的物的所有权作为担保,与让与担保的形式与功能更为类似,不宜纳入融资租赁的范围内。③ 在直租型融资租赁的法律关系中,供应商不愿意将目标货物出租给承租人,承租人因税收原则或者缺乏信誉等因素而无力筹集足够的资金购买货物,抑或没有购买而只有使用目标货物的意愿。而出租人成为供应商与承租人这一对利益冲突的双方主体之间的沟通桥梁,承租人借助融资租赁方式,从供应商那里选择货物并安排出租人从供应商处购买,出租人再将目标货物出租给承租人使用,以实现承租人的目的。而根据约定,出租人在承租人支付相关价款或履行完毕相应义务之前,保有标的物的所有权。④ 我国《民法典》第735条也只规定了直租型的融资租赁法律关系,由出租人根据承租人使用特殊动产的需求,依照承租人指定的出卖人与租赁物,向出卖人支付购买租赁物的价款,由出卖人直接交付承租人使用标的物,作为对价,承租人依约向出租人支付租金。融资租赁的优点很多,如较承租人的财务状况而言,供应商更愿意与偿付能力可靠、稳定的出租人签订货物买卖合同,而且,融资租赁的三方交易结构的安排,并通过标的物的加速折旧、承租人的租金支付扣除等,使得出租人与承租人均有机会获得税收优惠。

融资租赁法律关系中的出租人相当于为承租人提供了购买目标动产标的物的融资款,而出租人所享有的租赁物的所有权,视为对承租人支付租金的债权实

---

① 参见王欣新:《破产法》(第4版),中国人民大学出版社2019年版,第174页。

② 租购由租赁和买卖两个法律关系组成,是指意图购买或使用动产的人在一定期限内租赁货物并支付租金,在租期届满时如果其已经支付了全部租金,就可以选择以一笔很少的价款买断该货物。参见黄泷一:《物权法定原则:普遍理论与中国选择》,法律出版社2019年版,第232~233页。

③ 参见唐义虎:《担保物权制度研究》,北京大学出版社2011年版,第12页。

④ See Peter W. Heermann, *The Structure of Lessees' and Lessors' Remedies Regarding Finance Leases of Equipment and Personal Property under United States and German Law*, Loyola of Los Angeles International and Comparative Law Journal, Vol. 15, Issue 2, 1993, p. 308.

现的担保。融资租赁交易方式的精妙之处就在于通过结合买卖与租赁两项交易模式，以融物的方式保证了出租人对承租人提供的实质上的融资款的专款专用，更好地服务于实体经济的发展。同样，根据我国《民法典》第745条的规定，出租人持有的租赁物的动产所有权，未登记的，不具有对抗善意第三人的效力，也就是仅能够在出租人与承租人之间产生相对的债权效力。唯有依法登记的出租人的所有权，才被视为担保物权，而可以参照担保物权的实现程序。也就是说，对于出租人未登记的对标的物所享有的所有权，因动产标的物已由承租人占有，出租人的所有权未向第三人展示出任何权利的外观，而且当事人之间的融资租赁合同因未公示而不为第三人所知晓，出租人也仅于承租人之间才享有对租赁物的所有权，但对于善意第三人而言，未登记所有权的出租人对租赁物不享有任何物权性质的权利，这与未登记的出卖人保留所有权的第三人效力是一致的。

我国《合同法》第242条规定，因租赁物的所有权归出租人享有，承租人仅得以依法占有与使用租赁物，承租人破产的，租赁物不应被纳入破产财产的范围。而我国《民法典》第745条删除了《合同法》第242条第2句的表述，意味着融资租赁中的出租人在依法登记其所有权的前提下，出租人对租赁物享有的形式意义上的"所有权"，将被参照担保物权的法律规则处理。承租人破产的，租赁物也将成为承租人以自我财产设定担保物权的担保物，而非占有的他人所有之物，出租人不得再对租赁物行使纯粹的破产取回权，而应按照担保物权的实现规则在承租人破产程序中主张权利，宜适用已登记的保留所有权买卖中出卖人行使取回权的特殊负担规则，即出租人也得以基于具有对抗力的已登记的所有权，而从承租人的破产财产中取回租赁物，但这里的取回同样应负担归属清算或处分清算的义务，以实现与担保物权的优先受偿类似的效果。同时，出租人的面向担保物权效力"改造"了的所有权，也应当承受承租人破产程序所施加于物权担保债权人行权的自动中止等限制规则，而且担保物作为破产财产的组成部分，只是被特定化而能够由担保物权人优先受偿，租赁物也不再被排除在承租人破产财产之外，而得以纳入破产程序中处理，出租人只能在承租人破产程序中向管理人主张取回租赁物。所以，我国《民法典》第745条对《合同法》相关内容的删减反映了《民法典》担保物权规范体系化的要求，是符合担保物权功能主义的建构进路的。

融资租赁关系中的出租人保有租赁物的所有权，即便只是相对所有权，但通过登记也足以保障其对承租人债权实现的安全，尤其是在承租人破产程序中，这也是出租人坚持保留所有权的主要目的。[①] 根据我国《民法典》第 752 条的规定，[②]承租人进入破产程序的，已无法履行支付剩余全部租金的义务，出租人可以解除合同，取回租赁物。当然，只有依法登记了所有权的出租人才享有对承租人的破产债权人的主张，从而得以行使租赁物的取回权并负担归属清算或处分清算义务。我国《民法典》第 758 条第 1 款[③]充分体现了担保物权实现中的清算义务的理念，也就是归属清算或处分清算义务。若承租人已支付的租金少于租赁物原价值减去出租人取回的租赁物的残值，出租人将针对此项差额向承租人的破产管理人申报普通破产债权。在我国司法实践中，法院也主张出租人取回租赁物后应负担妥当评估与处置租赁物的义务，以此方能保证归属清算或处分清算结果的正当性。[④] 我国《担保制度司法解释》第 65 条规定了当事人对租赁物价值有争议时确定其价值的方式，包括：当事人据此有约定的，约定优先；未约定或约定不明的，结合约定的租赁物的折旧与确价时租赁物的残值；仍有争议的，可以委托评估。由于租赁物被毁损、灭失或者附合、混合而无法被出租人取回，出租人可就此对承租人产生的赔偿请求权向破产管理人申报普通破产债权，涉及第三人侵权责任的，出租人有权于承租人破产程序之外，向侵权第三人主张侵权损害赔偿责任。需要注意的是，侵权责任的成立原则上以侵权人侵害绝对权为前提，侵权人对融资租赁的当事人而言处于第三人的地位，出租人只有有效登记的所有权才能产生绝对权的效力，从而其能够向第三人主张侵权损害赔偿。而出租人未登记的所有权，不具有对抗第三人的效力，即无法享有绝对权的法律资格，第三人对出租人的侵权责任不成立，出租人只能向承租人主张违约责任，而承租人的破产管理人有权基于对租赁物的合法占有权向第三人主张侵权损害

---

① 参见［英］费奥娜·托米：《英国公司和个人破产法》（第 2 版），汤维建、刘静译，北京大学出版社 2010 年版，第 319 页。

② 我国《民法典》第 752 条规定：“承租人应当按照约定支付租金。承租人经催告后在合理期限内仍不支付租金的，出租人可以请求支付全部租金；也可以解除合同，收回租赁物。”

③ 我国《民法典》第 758 条第 1 款规定：“当事人约定租赁期限届满租赁物归承租人所有，承租人已经支付大部分租金，但是无力支付剩余租金，出租人因此解除合同收回租赁物，收回的租赁物的价值超过承租人欠付的租金以及其他费用的，承租人可以请求相应返还。”

④ 如上海市高级人民法院 2020 年参考性案例第 90 号：科誉高瞻融资租赁（中国）有限公司诉上海特诚汽车运输有限公司等融资租赁合同纠纷案。参见上海金融法院民事判决书，（2019）沪 74 民终 439 号。

赔偿。

此外，在德国法中，承租人不享有如同保留所有权关系中的买受人一样的期待权，因为承租人不享受有条件的所有权移转的待遇。① 但这往往并不符合融资租赁的商事实践，融资租赁合同中一般也如所有权保留买卖合同中一样约定了承租人嗣后取得标的物所有权的条件，如融资租赁合同约定租赁期满后，承租人仅承担象征性的付款义务，而租赁物即归属于承租人的条款。在所有权移转的要件方面，承租人与买受人没有本质区别，应一并享有期待权，或者均不被赋予期待权，不应有所区别。而针对融资租赁合同是否构成待履行合同，日本法学界存在争议。肯定说认为，租赁期未届满的，承租人依法享有对租赁物的占有、使用权，出租人有义务尊重承租人的权利，而承租人有义务向出租人依约定期支付租金，二者存在对价关系，应适用双方均未履行完毕合同的规范；否定说认为，出租人向承租人交付标的物之后，出租人就不再负担任何义务。② 笔者赞同肯定说，若融资租赁合同约定租赁物所有权向承租人有条件转移，在租赁期尚未届满等租赁物所有权向承租人转移的条件尚未成就之时，融资租赁合同仅就出租人与承租人而言，实质上形成了类似保留所有权的双方均未履行完毕的双务合同关系，承租人定期支付租金的义务与买受人分期支付价款的义务相似，出租人与出卖人在交付标的物的占有后，其义务并未履行完毕，仍存在最终条件成就时转移标的物所有权的主合同义务，而出卖人保留所有权与出租人持有租赁物所有权的担保目的具有一致性，且二者的所有权均仅余归属权能，未经登记不得对抗善意第三人。因此，此时的融资租赁于破产程序中的效力的分析，仍须以破产管理人如何行使选择履行权为前提，可以参照适用所有权保留买卖合同关系中，出卖人破产与买受人破产不同场合下，破产管理人对选择履行权的行使与保有所有权的权利人对标的物取回权的行使与限制规则。

---

① 参见[德]M. 沃尔夫：《物权法》(第2版)，吴越、李大雪译，法律出版社2004年版，第324～325页。

② 参见[日]谷口安平主编：《日本倒产法概述》，[日]佐藤孝弘、田言等译，中国政法大学出版社2017年版，第109页。

结　论

企业破产法与担保物权法作为市场经济中重要的基本法律，共同以贯彻私法自治原则、维护市场交易安全以及辅助维持有序竞争的格局等价值目标为立法主旨。但企业破产法作为调整丧失债务清偿能力的企业债务人的债权债务关系的终极法律机制，有着独特的功能定位，无法与其他部门法的规范目标进行完全的调和。基于建构市场主体规范退出与困境事业重生的法治路径的目标考量，企业破产法在必要之处对所涉非破产法律规范进行了强制性改变，表现为企业破产法的体系强制力，破产程序中担保物权制度也面临被破产法系统评价与限制的命运。企业破产法为缓和其与非破产部门法之间紧张的局面，于内部发展出了"布纳原则"，强调对非破产的私法实体规范的尊重，破产法的体系强制力发挥作用的边界在于权利的核心内容，即破产法发挥体系强制力所调整的私法实体权利的范围限于权利的非核心内容，而应在破产程序中尊重与维持私法实体权利的核心内容，担保物权的优先受偿力应当得到企业破产法的切实保护。因此，企业破产程序中担保物权应在被保护与被限制之间的张力中，从法理基础与制度适用两个层面被予以全面的调适，以期弥合企业破产法与担保物权法之间的隔阂，建立二者对话与互适的平台。对于在法律规范体系中具有平等地位的企业破产法与担保物权法而言，为客观探究与妥当处理二者之间的关系,须超越普通法律,上升到作为根本法的宪法高度,以合宪性视角观察,这也是以宪法为中心的法律体系本身的法教义学的要求。宪法的主要内容包括公民的基本权利与国家机构,而宪法对私法规范的调和功能是通过蕴涵正义价值之精髓的基本权利条款产生的,合宪性路径的实质要素就在于基本权利理论。基本权利具有主观规范与客观价值秩序的双重属性与功能,后者衍生出基本权利的制度性保障功能,其使得包括私法在内的普通法律被强制施加了充实与保护基本权利的立法义务,基本权利的核心内容豁免于普通法律的改变。宪法视野下的担保物权属于财产权,由于财产权体系的庞杂,宪法基本权利规范中的财产权条款作用有限,担保物权法响应了宪法要求立法丰富财产权内容的号召,确立了以保障债权实现安全为功能目标,以特定标的物优先受偿为内容的担保物权。企业破产法的基本功能不包括确立财产权的立法类型与扩充财产权的内容,但其不可避免地涉及对债务人既存法律关系的二次评价。破产法作为普通法律,受到宪法基本权利的制度性保障功能的约束,破产法不得破坏财产权的核心内容。担保物权的优先受偿契合宪法权利平等的实质要求,其与破产程序中债权平等受偿原则不冲突。破产法基于特殊立法价值而得以对非破产法律规范施加体系强制力,其合宪性依据在于破产法是以建构经济秩序为目标的广义经济宪法。据此,破产法对担保物权的非核心内容具有调整的“权力”,但破产法行使体系强制力应保持谦抑性,遵循比例原则,非必要不改变担保物权的内容,并严守担保物权的优先受偿力这一财产权的价值秩序边界。

破产法是在担保物权法的影响下发展的,甚至可以说,担保物权法规则在一定程度上塑造了破产法规范,而破产法同样对担保物权法的制度价值的实现施加关键的影响。担保物权作为保障债权实现的重要的信用工具,有力地改善了市场的信用程度,打破了信贷双方信息不对称的僵局,降低了融资成本,促进了信贷业安全、快速发展,提升了市场交易的效率。现代社会中破产法与担保物权法交互作用的结果是,债务人破产后,担保物权的行权再也无法完全隔离于破产程序之外,担保物权人由享有破产别除权到保障优先受偿的破产别除效力,担保物权受到破产法全方位的程序约束。基于公平清偿债权的目标,破产法还对担保物权的实体权利拥有否认权,主要通过破产管理人对破产临界期增设物保的偏颇清偿行为行使破产撤销权来实现该目标,包括债务人在“借新还旧”的过程中增设的物保，而同时担保行为因存在对价，得以豁免于破产撤销。判断是否处于破产临界期的增设物保的时点为公示时间，对于采取登记对抗主义的动产抵押权而言也是如此。作为担保物权优先受偿基础的担保财产是特定化的破产财产，担保财产属于破产财产的范畴。对于债务人以自有财产为自己债务设定担保物权的情形而言，破产程序中的担保物权的优先受偿须结合破产债权，所形成的物权担保债权体现出担保物权与普通债权相叠加的特点，物权担保债权人原则上也应享有普通破产债权人的破产程序权利，负担相应的破产程序义务，但基于其中所蕴含的担保物权的优先受偿力，物权担保债权人在破产程序中的权利、义务内容也应当作出相应的调适。依据私法实体规范，享有优先受偿力的物权担保债权，其受偿范围以约定为主，不得超过主债务人的责任，无约定的，则依法包括主债权及其利息、违约金、损害赔偿金、保管担保财产和实现担保物权的费用。担保物权的物权效力，除体现制度核心内容的优先受偿力之外，还包括追及效力、物权请求权、物上代位等物权效力。物权请求权与追及效力可发生重叠，但在抵押人转移抵押物的情形下，适用物权的追及效力更为合适。对担保物权的物上代位的性质，宜采取法定债权质权说。担保物权的追及效力与物上代位同样可能发生冲突，但在追及效力能够发挥作用的领域，没必要适用担保物权的物上代位规则。

破产程序以实行债权平等受偿的集体清偿制度为主要特点，天然具有消灭优先性债权的倾向，而担保物权制度的价值精髓恰在于权利人就担保物的优先受偿力，其属于作为财产权的担保物权之核心内容，受到宪法基本权利的保障。作为广义经济宪法的破产法既须积极践行自身建构经济秩序的目标，也负担着宪法基本权利的制度性保障功能所施加的约束性义务，体现为破产法对担保物权的限制与保护之间的张力与平衡。破产程序中的物权担保债权属于破产债权，作为其优先受偿基础的担保财产也被纳入破产财产的范围内，物权担保债权人只能于债务人破产程序中行使优先受偿权，在不与担保物权的权利特征相冲突的情况下，将适用破产程序的通行规则。虽然破产法主要对担保物权施加了程序层面的限制，但相关限制规范较为零散，有必要从法理角度深入探究企业破产程序中担保物权受限的理论基础，以此梳理并形成体系化、统一化的担保物权的受限规范。从权利界限与权利冲突的角度而言，企业破产法限制担保物权的法理基础主要在于禁止权利滥用、权利交界处的必要容忍义务、合意约束，以及涉及公共利益的破产征收与准征收行为，除合意约束须通过担保物权人与破产管理人遵循私人自治原则完成外，其余三者具有强力限制性。权利滥用行为逾越了权利界限，从而区别于权利界限内的权利冲突。权利界限的必然模糊性决定了权利交界处的重叠，引发了权利冲突，权利人对此负有在行权时的必要容忍义务，给予其他权利人行权以必要的便利。对于破产个案中直接涉及社会公共利益的情形，公权力则参照征收与准征收的法理介入担保物权的限制过程，但须给予权利人充分的补偿。担保物权于破产程序中的受限集中于程序层面，为配合管理人的工作与破产程序进展，以及拯救债务人企业的特别需要，担保物权有必要于破产清算、重整、和解程序中全面适用自动中止规则，但须设置自动中止的期限、结束的环节以及权利人申请恢复担保物权行权的特定事由，以此限制破产管理人对担保物权的不当限制。而担保物权的实现环节仍应纳入破产程序的规制中，由破产管理人以客观中立的立场及时、妥当地处置担保物，不得无故拖延向担保物权人分配担保物的变价款。至于担保物权的实现方式，可以折价、拍卖、变卖，其中，担保物权的清算法理被主要运用于担保物的折价处置中，体现出担保物权对担保物的支配性与变价性的统一与中和，兼顾了担保物处置的效率与禁止流担保的要求。破产法限制担保物权的每一次尝试，均须伴随对担保物权优先受偿力等权利内容的充分保护原则的审视与救济，如此才能确保限制担保物权的合宪性。

破产法戴着它独有的“有色眼镜”，参与丰富多彩的权利的“游戏”中，在私法实体规范的基础上，根据破产法的价值主旨，塑造了全新的权利世界，形成了破产权利图谱。没有任何一个法律调整的领域，有如破产程序般涉及如此激烈的利益冲突，权利人相互竞争的主张既是行使正当权利的要求，又是深深植根于人性中的保障自我利益的利己表现。要求权利人放弃部分私人利益去寻求整体的和谐，需要提供具有充分说服力与正当性的理由。设置破产程序中权利的清偿顺位规则是破产法的核心功能之一，可以说，整体上凸显私法性的破产法是一部权利排序法，破产权利顺位遵循着私法实体规范的内容。与此同时，企业破产无疑会给其利害关系人带来经济损失，这一风险是不可避免且可为债权人所预期的，因为市场竞争将导致优胜劣汰，竞争失败的企业被市场淘汰具有必然性，某一市场主体的债务人进入破产程序可能是偶然的，但就整个债务人群体而言，其中一定比例的债务人经营失败则是必然的，破产法所要追求的是如何更好地应对这种企业竞争失败的后果。① 债务人丧失债务清偿能力的客观情况决定了全部债权人的预期利益难以实现，破产法又是损失分担法，破产法的精妙之处也在于如何公平地分配权利目标落空的损失。② 担保物权如同一位"大隐隐于市"的超脱的隐士，独立于激烈的破产利益冲突之外，但也因其持有的特定的担保财产，引发诸多权利人的"觊觎"。作为破产债权的物权担保债权，因被担保物权所保障而得以就担保物优先受偿，但其于债务人破产程序中的行权之路注定不是一帆风顺的，不仅基于破产法的特别价值目标的考量，物权担保债权受到破产法体系强制力的限制，而且在其冲出破产程序本身的束缚之后，仍然面临与各种优先性权利的竞争，包括所有权、居住权等其他物权类型，租赁权等物权性债权，以及税收优先权、劳动债权等一般优先权与建设工程款优先权等特别优先权，即使在担保物权群体中基于同一标的物也产生权利的竞存与内部的清偿顺位的竞争。破产程序作为处理债权债务关系的终极机制，市场交易活动中的各项权利类型集中于破产舞台上进行展示，加剧了权利清偿的冲突。在一切权利清偿顺位对立的背后，担保物权的公示制度成为梳理竞存权利乱象的主线，在妥当设置担保物权公示方式与效力原则的基础上，结合其他权利的特征与价值内涵，探索建构合理的破产权利清偿图谱成为可能。不同类型的担保物权结合担保物的特点往往采取不同的法定公示方式。动产抵押权克服了动产质权转移标的物占有的弊端，采取登记对抗主义模式，登记机关采取人的编成主义，于全国范围内建立统一的动产与权利登记系统，通过互联网便利当事人的登记与查询事宜，普通破产债权人应被纳入未登记的动产抵押权不得对抗的"善意第三人"的范畴中。动产质权制度在传统的动产质权的占有公示方法的基础上，探索出流动质押、金钱质押等新型动产质押形态，以实现质权人控制质物与出质人使用质物需求的兼顾。担保物权的预告登记制度为私法实体规范所规定，破产法应予以尊重，破产管理人不得对此行使针对双方均未履行完毕合同的选择履行权，预告登记在债务人破产程序中获得向本登记转化条件提前成就的待遇，在本登记完成之后，权利人即可成为担保物权人，于破产程序中可就担保物优先受偿。我国立法中的动产浮动抵押权不具有英国式

---

① See Robert K. Rasmussen & David A. Skeel Jr., *The Economic Analysis of Corporate Bankruptcy Law*, American Bankruptcy Institute Law Review, Vol. 3, Issue 1, 1995, p. 85.

② See Elizabeth Warren, *Bankruptcy Policy*, University of Chicago Law Review, Vol. 54, Issue 3, 1987, p. 775.

浮动抵押权宽泛的标的物范围与权利人对债务人所有财产的控制特权,与其他担保物权不存在本质的权利内容的差别,其清偿顺位不宜被采取特别的规制措施,但应于破产撤销权中否认动产浮动抵押权人与债务人串通进行的偏颇清偿行为。所有权劣后于竞存的担保物权实现,对于所有权保留、融资租赁等以所有权移转来担保债权的非典型担保形态,则应以担保物权的公示时间先后确立清偿顺位。优先权可以划分为一般优先权与特别优先权,债务人破产程序中的一般优先权主要包括破产费用、共益债务、税收债权与劳动债权,破产程序中的特别优先权以建设工程款优先权为代表。遵循担保物权法理,且在我国尚未建立完善的欠税公告制度作为配套制度设施的情况下,破产法应维护担保物权就担保物优先受偿的效力,税收债权不得就担保物优先于担保物权受偿。劳动债权亦不得与担保物权争抢担保物的优先受偿权,而应寻求国家责任的保障。根据"受益者付费"的原则,管理人从事保管与变现担保物工作的报酬与费用成本应由受益的担保物权人承担,在当事人无约定的情况下,于担保物的变价款中优先清偿。建设工程款优先权作为特别优先权而得就特定物优先受偿,在债务人破产程序中也可以产生破产别除效力。建设工程款优先权宜被界定为法定担保物权,具有留置权的特点,可于竞存的抵押权之前优先受偿。

大陆法系国家的民事法律体系以民事权利为主线进行建构,而物权与债权是民事法律权利体系中重要的权利类型,物债二分在一定程度上决定了民法学理的高度。我国企业破产法律制度体系以民事债权债务关系的清理为模板予以建构,而债之关系以信用交易为本质内容,可以说,破产源于信用交易,对其中所涉物权的评价过于简单,面对现代社会物权制度的发展与丰富的物权类型的变化,破产法"一刀切"式的对待方式有时会导致有失公允的结果。为应对时代的挑战与担保物权制度的演化,破产法有必要对实质担保观下以转移所有权为特征的传统非典型担保方式的法律效力进行妥适的评价。随着市场经济的发展,所有权移转型担保回归商事实践之中,在大陆法系以所有权为中心构建的物权体系中引发了不小的波动,再度使得所有权与担保物权的关系、所有权的价值、担保物权的权利构造范式,以及担保物权扩张的边界等看似传统实则维新的问题浮现出来。在担保领域出现的纷繁复杂的现象之中,所有权的价值化趋势是诱因,非典型担保的合法性路径的探索是表象,而功能主义思想指导下的实质担保观则导引着现代担保物权的发展进程,我国《民法典》担保物权规范有效地回应了新时代的实践要求。“典型”的非典型担保主要针对动产标的物，专指所有权保留、融资租赁、让与担保等所有权移转型担保形态，其以权利人保留、受让动产所有权的形式外观，实质上发挥着保障实现权利人的债权的功能，当事人担保目的的成就有赖于此对物担保的对抗效力的发挥，尤其在非典型担保设立人的破产程序中。而遵循物权法定原则与消灭隐形担保的立法政策，非典型担保享有担保物权的核心效力必须具有合法性依据，实定法须为非典型担保建立有效的公示路径，也就是实现非典型担保的成文化。担保权益即具体财产权类型的担保物权的核心权利内容，围绕统一的担保权益建构的实质担保观与其规范体系反映出本质观认识论的理性主义思想，并非仅仅涉及其形式上所展现的实用主义的哲学思想，这可以成为以法定主义路径建立的大陆法系国家的形式担保观的理论基础。实质担保观没有维持当事人私法自治的理念，而采取另外一种功能主义意义上的法定主义方式，将当事人的真实意思拟制为设立担保，以此全面扩张了担保制度的适用空间，且其扩张适用的对象主要为所有权固有的调整领域，其刚性程度丝毫不逊于形式担保观，甚至有过之。总体来看，实质担保观下担保物权的大发展是以所有权适用的相应萎缩为代价的。他物权，又被称为定限物权，以所有权为限制的基本对象，所有权被他物权逐渐拉下“神坛”，甚至沦为他物权的工具，实质担保观适应了时代的趋势，进一步消解了所有权的本体性价值，并面向担保物权重塑了所有权的功能意义。在所有权保留交易中，出卖人保留的所有权未经依法登记不享有对抗善意第三人的效力，当买受人破产，买受人的普通破产债权人构成善意第三人，出卖人因未登记保留的所有权而不得在破产程序中行使取回权。登记保留所有权的出卖人，基于其移转所有权的外观与权利的对抗力，有权向买受人的破产管理人主张取回标的物，但应参照担保物权的实现程序，适用归属清算或者处分清算的规则，出卖人此时的取回权是一种准担保物权，享有破产别除效力，同时应承受破产法施加于担保物权的程序限制。破产程序中的所有权保留买卖合同符合待履行合同的特点，破产管理人对此享有选择履行权，我国民事立法中保留所有权关系的买受人不享有如德国法中买受人的具有物权效力的期待权，这符合传统物权法理的要求，在出卖人破产之时，买受人的期待利益不会阻碍破产管理人享有选择履行权。依据我国《民法典》的规定，享有合法地位与转化为担保物权资格的融资租赁仅限于直租型，破产程序中融资租赁的效力可以参照所有权保留的规则。

后　记

博士学位论文精华版即将付梓，我倍感欣喜。博士学位论文的撰写过程如同博士学习阶段的科研工作一样不轻松，我努力将博士学位论文做成一门学问，而非纯粹的对策之研究。在写作中，恰逢我国《民法典》及其相关司法解释的出台，其中的担保物权法规范出现了重大变动，正所谓“差之毫厘失之千里”，法律规范中的一丝变动，所涉权益巨大，不可不万分慎重细察，这使我的博士学位论文写作之路呈现边学边写的特点，增大了写作的难度，于2021年年初才成稿。我在论文中试图提出一些创新性观点，采用新的研究视角，但碍于学力单薄，论证效果并不是很理想。但一项理论构想，即便是试错，也有其自身价值，至少证明了此路不通，其他学者可另寻他径。理论创新，无论实际上证实理论构想，还是证伪，发挥价值的必要前提是穷尽研究路径的极致，否则，前面的道路尚未探索，不排除存有一丝可能，这样就连试错的意义也将大打折扣。因此，我极为注重对资料的收集工作，并将整理资料的核心内容录入文档中以便于集中“火力”来分析、研究，整理形成了120余万字的资料库，在此基础上完成了篇幅42万字的博士学位论文，内含1500余条引注，重复率1.9%。在资料的运用中，我始终坚持中国问题导向，以建构适合中国的破产程序中的担保物权制度体系。国产纪录片《大国崛起》中有一句旁白，

“一个伟大的民族从来不甘于做最后一名，甚至也不屑于做第一名，而一定要做独一无二的那一个”。中国法学的发展亦应如此，只有民族的才是世界的。由于论文主题涉及传统理论较多，资料非常丰富，在收集与整理资料环节倍感艰辛之余，更加佩服如钱钟书等学术大家。钱先生所著《管锥编》，虽为考据学大作，但在没有电脑的时代引入数万条书证，现在想来都异常艰难。既然立志于学术，就要努力缩小与优秀学者的差距，本人志大才疏，惰性极强，未来非要下苦功不可。同时，在博士学位论文的写作中，我充分运用实用主义的研究方法，打破了法学体系内部门法的疆域，将公法学与私法学的基础理论融合，共同应用于破产法与担保物权法的调适主题的研究。况且我的博士学位论文主题本身就具有部门法交叉研究的特点，破产法与担保物权法的调适就是一个“我注六经，抑或是六经注我”的相互关联、映照的过程，难谓主次，二法的价值主旨均须受到尊重。然而，论文最终还是难以避免“博不精，专不透”的问题，不无遗憾。

回想成长历程，衡中3年培养了我追求卓越（衡中校训）、永不放弃的精神，那是一种为了理想而不懈奋斗的执着。在人民大学法学院攻读本科时，我徜徉于图书馆，遍览数百本书，在补足自身除应试教育之外的人文社科知识缺漏、建立自身思想基础的同时，也最终确立了“为天地立心、为生民立命、为往圣继绝学、为万世开太平”的人生志向。然而，基于种种际遇，硕士毕业后工作数年，逐步远离学术世界。承蒙徐阳光教授不弃，不以我大龄为弊，最终得以入徐阳光教授门下攻读经济法学博士，并以破产法为主要研究方向。徐老师圆了我的学术梦想，改变了我的人生轨迹，他不仅是我的学术导师，更是我的人生导师，感谢徐老师。徐老师治学严谨、学力深厚、勤奋非常、分秒必争，基本上全年无休，经常在办公室奋战到深夜，是我的榜样。每每试图放松自我要求之时，想起徐老师的谆谆教导与在办公室伏案辛勤耕耘的身影，便又打起精神，继续挑灯奋进。徐老师真诚待人、宽厚平和、言传身教、勉励后学，对每一名学子无不耐心指导、关怀备至。师恩似海，无以为报，先生德风，山高水长，博士毕业后我也将成为高校的一名人民教师，唯有将师门之风延续下去，以报师父教诲之恩。感谢我的硕士导师龙翼飞教授，无论在我求学还是工作阶段，抑或回归校园读博的时光，龙老师无时不在关心我的学习与生活情况，疏导我心中的困惑，为我指明人生的方向，支持我追求学术的目标，给予我法学知识与方法的指导。对于我在人生道路上遇到的障碍，龙老师总是尽全力给予我帮助。感谢我的师爷王欣新教授与徐孟洲教授，王老师与徐老师对于我的成长关怀备至，为我的学术研究提供各种重要的平台与机会，指导我的学习，纠正我的疏漏，并使我深切地感受到老一辈法学家的家国情怀、学术信念以及对国家与人民的无私奉献精神，更加坚定了我治学报国的理念。

感谢我的家人。我的妻子高萍全力支持我追求学术理想，以一己之力独自负担着我读博期间家庭的经济开支，使我得全身心投入学术研究中。而且在工作之余照顾孩子，使我可以投入更多的精力到博士学位论文的写作中。我们将从青丝到白发，共同谱写人生篇章。感谢我的父母。父亲临近花甲之年，仍在辛勤工作，减轻我的经济压力，对于我获得的每一项微不足道的成绩，父亲总是深感自豪，广而告之。母亲从家乡来到北京帮忙照看孩子、分担家务，从早忙到晚，这是一项最辛苦的“工作”，母亲的辛苦操劳给予我最大的支持。感谢我的岳母，千里迢迢来到北京，在一段时间里帮我们照顾孩子、分担家庭事务。也感谢我的女儿逸微。她的童年伊始即伴随爸爸整日的伏案写作，虽然非常淘气，但在我工作时却很懂事尽量不予打扰，在我休息的时候才跑过来玩。希望逸微健康、快乐、无忧无虑地成长，愿她在社会的规范中寻得内心的自由与安宁，以微知著，致中和。特别感谢我的奶奶，我小时候厌恶学习，做过中学数理化老师与校长的已退休的奶奶肩负起了我的“家庭教师”之责，予以我全面的启蒙教育，使我感受到学习是一件很有意义的事情。奶奶自幼聪慧好学，于 1960 年获得数学专业的大专学历，成为新中国的一名大学生。奶奶在 30 余年的从教生涯中，平易近人，质朴仁善，教书育人，诲人不倦，桃李满天下。奶奶爱党爱国，淡泊名利，言传身教，将青春年华全部奉献给义务教育事业。奶奶促使学习成为我的安身立命之本，“不祈多积，多文以为富”，我得以树立为学之志，勇对百难而不悔。在疫情肆虐的第三年，奶奶永远地离开了我们，我没能见到奶奶最后一面，难抑内心的悲伤与怀念。特以本书献给我的奶奶刘玉生。

学术之路并非总是充满阳光与鲜花，改用罗曼·罗兰的名言，在认清了学术的真相后，依然热爱学术的人，才是真正的学者。我愿成为一名真正的学者，在学术的道路上，尽管一时可能“找不到北”，但我仍将坚定地“一条道走到黑”！

范志勇

2023 年 3 月于北京